21세기 한국교회를 위한
베드로후서 강설

머리말

 이 책은 2025년 8월부터 12월까지 교회에서 베드로후서를 강설한 원고를 정리한 것입니다. 베드로 사도가 로마에 머물렀던 동안 소아시아 지역 그리스도인들을 향해 두 차례 편지를 보냈는데, 첫 번째 편지는 제5대 황제 네로(재위 54~68년)의 교회 박해 시기에(64~65년), 두 번째 편지는 베드로 자신의 순교 전이었습니다(65~67년). 그는 "예수 그리스도의 사도 베드로는 본도, 갈라디아, 갑바도기아, 아시아와 비두니아에 흩어진 나그네 곧 하나님 아버지의 미리 아심을 따라 성령이 거룩하게 하심으로 순종함과 예수 그리스도의 피 뿌림을 얻기 위하여 택하심을 받은 자들에게 편지하노니 은혜와 평강이 너희에게 더욱 많을지어다"(벧전 1:1~2)라는 인사와 함께 첫 번째 편지를 보냈고, "사랑하는 자들아 내가 이제 이 둘째 편지를 너희에게 쓰노니 이 두 편지로 너희의 진실한 마음을 일깨워 생각나게 하여 곧 거룩한 선지자들이 예언한 말씀과 주 되신 구주께서 너희의 사도들로 말미암아 명하신 것을 기억하게 하려 하노라"(벧후 3:1~2)라는 말씀과 같이 두 번째 편지를 보냈습니다. 이 책은 두 번째 편지에 대한 스무 번의 강설을 엮은 것으로, 1세기 당시(64~67년경)와 21세기 현재 한국교회의 상황을 연결해서 살펴볼 수 있도록 내용을 구성했습니다. 특히 베드로후서는 2~3세기에 교회를 혼란스럽게 했던 이단 영지주의(Gnosticism)의 사상적 씨앗을 확인한 베드로 사도가 소아시아 지역 그리스도인들에게 유언장을 보내는 심정으로 기록한 편지로 비교적 짧은 내용이지만, 성경과 그리스도인의 경건한 삶을 조롱한 거짓 선생들의 사상, 정욕을 추구하는 그들의 삶, 세상의 종말, 주 예수 그리스도의 재림, 세상에 대한 하나님의 심판, 새롭게 창조될 새 하늘과 새 땅에 관한 내용을 담고 있습니다.

각 강설은 앞뒤 맥락에 맞춰 베드로후서 전체 맥락을 충실하게 따라가도록 했으며, 정통 개혁주의 신앙 노선에 따라 강론과 해설을 풍부하게 담았습니다. 베드로후서의 전체적인 교훈을 온전히 이해하기 위해서 본 책에 앞서 지난 8월에 출간된 『21세기 한국교회를 위한 베드로전서 강설』을 먼저 읽으면 큰 도움이 될 것입니다. 약 2,000년 전의 시대적 상황을 자세히 들여다보고 현재 상황에 적용할 수 있도록 구성했기에 신영지주의(Neo-Gnosticism)와 온갖 이단 사상이 "악성 종양"(딤후 2:17)처럼 퍼져 있는 21세기 한국교회에 시의적절한 메시지가 될 것입니다. 베드로 사도의 교훈을 통해 그리스도인 독자와 한국교회가 영적인 병을 스스로 진단(diagnosis)하고, 그 예후(prognosis)에 대해 알게 되기를 바라고, 마지막 강설에 제시된 두 가지 처방을 통해 영적 건강을 되찾는 그리스도인이 되고 정상적인 교회가 되기를 먼저 소망합니다.

또한 이 강설은 그리스도인, 유사 그리스도인(사이비 기독교 지도자들과 사이비 기독교 신자들), 그리스도를 믿지 않는 독자, 그리스도에 대한 지식이 없는 독자, 그리고 심지어 그리스도를 조롱하는 독자에게도 꼭 필요한 메시지가 될 것입니다. 책 곳곳에서 불편하고 거북하고 충격적인 내용을 발견하더라도 아래 성경 말씀을 귀담아듣고 깊이 생각해 보는 기회가 되기를 바랍니다.

7. 이제 하늘과 땅은 그 동일한 말씀으로 불사르기 위하여 보호하신 바 되어 경건하지 아니한 사람들의 심판과 멸망의 날까지 보존하여 두신 것이니라
8. 사랑하는 자들아 주께는 하루가 천년 같고 천년이 하루 같다는 이 한 가지를 잊지 말라
9. 주의 약속은 어떤 이들이 더디다고 생각하는 것 같이 더딘 것이 아니라 오직 주께서는 너희를 대하여 오래 참으사 아무도 멸망하지 아니하고 다 회개하기에 이르기를 원하시느니라
10. 그러나 주의 날이 도둑같이 오리니 그날에는 하늘이 큰 소리로 떠나가고 물질이 뜨거운 불에 풀어지고 땅과 그중에 있는 모든 일이 드러나리로다(벧후 3:7~10)

1세기 당시 소아시아 지역 교회들 가운데 잘못된 두 가지 세계관이 존재하고 있었는데, 하나는 주 예수 그리스도의 재림 즉 세상의 종말이 금방 오지 않는 것으로 인해서 성경의 약속을 의심하는 세계관, 다른 하나는 성경의 약속은 믿을 수 없고 그래서 예수의 재림이나 세상의 종말은 결코 없을 것이라고 믿는 세계관이었습니다. 후자는 영지주의적

인 세계관이었고, 전자는 영지주의에 미혹될 수 있는 "굳세지 못한 자들"(벧후 3:16)의 세계관이었습니다. 영지주의적 사상을 가진 자들은 당시 철학과 종교에 대한 지식(gnosis)이 뛰어난 자들이었지만 성경과 사도들의 가르침에 대해서는 믿지 않으려 하고 자기들 생각대로 성경을 해석하는 자들이었는데, 베드로는 이들을 향해 "무식한 자들"(벧후 3:16)이라고 했습니다. 이들은 사실상 영적으로 무지한 자들로 영지주의적 세계관에 사로잡혀 있었습니다. 반면에 성경의 약속을 의심하는 세계관을 견지한 자들은 믿음이 약한 자들로 베드로는 이들을 "굳세지 못한 영혼들"(벧후 2:14)이라고 했습니다. 이러한 두 세계관이 공존하고 있던 소아시아 지역 교회들을 향해 베드로는 성경에 따른 올바른 세계관을 제시했습니다. 그런데 21세기 한국교회에도 잘못된 두 가지 세계관이 공존하고 있습니다. 1세기 당시에 하나님의 법에서 벗어난 불법적인 교훈, 하나님을 경외하지 않는 불경스러운 삶이 바로 당시 영지주의의 사상적 씨앗을 뿌렸던 자들과 그들에게 미혹되었거나 미혹될 수 있는 신자들의 신앙과 삶이었는데, 지금도 크게 다르지 않은 상황입니다. 그리스도인들이 영지주의를 떠올릴 때, 1~3세기 대표적 영지주의 인물들과 영지주의 사상(이원론, 금욕주의, 쾌락주의, 플라톤주의, 가현설, 일원론, 신플라톤주의, 유출설 등)을 생각하는 경우가 일반적인데, 베드로후서 강설을 통해서 성경을 무시하거나 의미를 벗어난 '불법적'(illegal)인 가르침, 그리고 하나님이 기뻐하시지 않는 '불경스러운'(impious) 행태가 영지주의적 이단 사상의 전형적인 모습이라는 사실을 깨닫기를 바랍니다. 어느 개인이든 교회든 영지주의 사상과 거리가 멀다고 생각하기 쉬운데, 철학 또는 세속 종교의 사상을 성경의 가르침에 혼합하는 것이 '불법적'이고, 기독교 신앙을 세속 문화로 포장하는 것이 '불경스러운' 혼합주의(Syncretism)를 추구하는 것이며, 이러한 혼합주의가 영지주의의 대표적인 성격임을 이 책을 통해 알게 되기를 바랍니다.

제20강에서 다루었듯이 대부분 교회가 지키는 성탄절(크리스마스)은 전형적인 혼합주의(Syncretism) 명절로, 영지주의적인 관습이라 할 수 있습니다. 성탄절은 성경에 제시되지 않은 '불법적인'(illegal) 절기로 *"사람의 계명"*을 따르는 명절입니다. 예수님은 *"사람의 계명으로 교훈을 삼아 가르치니 나를 헛되이 경배하는도다 하였느니라 너희가 하나님의 계명은 버리고 사람의 전통을 지키느니라 또 이르시되 너희가 너희 전통을 지키려고 하나님의 계명을 잘 저버리는도다"*(막 7:7~9)라고 말씀하셨습니다. 또한 *"푸른 나무 아래에서"*(사 57:5, 렘 2:20, 3:6 등) 제사하고 난잡한 성관계를 통해 다산(多産)의 복을 기원했던 관습과 관련한 '푸른 나무'의 현대판 미니어처(miniature) '크리스마스트리'를 교회당까지 가져올 정도로 '불경스러운'(impious) 행위를 이어가고 있는데, 여기에 더해 고대 농경신 축제 때 행했던 것과 유사한 선물교환, 예배당에서 현대식 록 음악에 맞춘 노래와 춤, 전례극(Liturgical Drama)이라는 이름으로 문맹률이 높았던 중세 시대에 행했던 연극이 되살아난 것과 같은 스킷(Skit), 17세기 이탈리아 성악곡에서 시작되어 교회로 들어 온 칸타타(Cantata), 중세 유럽의 동지 축제용 노래였던 캐롤(Carol), 화려한 색깔로 장식한 로맨틱한 분위기 등으로 아름답고 고상하게 보일지 몰라도 사실상 더욱 불경스러워졌습니다. 이 모든 것은 성경이 아닌 이교도 문화와 세속 관습에 기원을 두고 있습니다. 그래서 17세기에 영국과 미국의 청교도가 크리스마스를 지키는 행위를 금지했던 것입니다. 베드로 사도는 당시 세속 철학과 종교를 바탕으로 한 문화적 요소와 복음적 요소를 혼합한 영지주의적 이단 사상을 퍼뜨리는 자들을 향해 '불법적'이고 '불경스러운' 자들이라는 의미로 "무법한 자들"(벧후 2:7, 3:17)이라고 했습니다. 1세기 당시와 마찬가지로 21세기 한국교회가 경계해야 할 이단은 혼합주의 사상이요 혼합주의 영성입니다. 존 파이퍼(John Piper)는 "말세를 살아가는 삶의 중요한 측면 가운데 하나는 속지 않도록 깨어 경계해야 한다는 것"이라고 했습니다(조계광 역, 『주 예수여, 오시옵소서』, 310쪽). 혼합주의 영성인 신(新)영지주의에 미혹되지 않도록 철저히 경계하기를 바라고, 이 책을 통해 주 예수 그리스도의 재림과 함께 세상의 종말이 오고 심판이 이어진다는 예언(預言)의 말씀에 귀를 기울이는 계기가 되기를 바랍니다.

2025년 12월 용인에서 김세민

CONTENTS

제1강

은혜와 평강의 근원

베드로전서가 63~64년경에, 베드로후서는 65~67년경에 기록되었다고 알려져 있습니다. 전승에 따르면, 교회에 대한 네로 황제의 박해가 여전히 진행 중이었던 때에 베드로는 생명의 위협을 받았고, 로마의 그리스도인들은 베드로에게 로마를 떠나 몸을 피하라고 간청했습니다. 그리스도인들의 간절한 부탁을 받아들여서 로마를 벗어나려고 했지만, 그는 더 이상 벗어날 수가 없었습니다. 벗어나려는 그 앞에 예수님이 나타나셨기 때문입니다. 베드로는 "주님, 어디로 가시나이까?"(Domine, quo vadis?)라고 물었고, 예수님은 "나는 십자가에 못 박히려 로마에 가노라"라고 대답하셨습니다. 이에 베드로는 "주님, 또 십자가에 못 박히시는 겁니까?"라고 물었고, 예수님은 "그렇다, 베드로야. 나는 다시 십자가에 못 박힐 것이다"라고 하셨습니다. 베드로는 즉시 예수님이 무슨 뜻으로 말씀하셨는지 알 수 있었습니다. 베드로 자신이 로마에서 져야 할 순교의 십자가를 두고 왔다는 사실을 깨달은 것입니다. 그는 박해와 죽음이 두려워 로마를 벗어나고자 했고, 그리스도인들의 간청을 구실로 피신하는 자신이 부끄러웠던 것입니다. 그렇게 로마로 돌아온 베드로는 항상 순교를 각오하고 그리스도인들을 더욱 격려했을 것이라고 짐작할 수 있습니다. 베드로후서는 3장 1절 "사랑하는 자들아 내가 이제 이 둘째 편지를 너희에게 쓰노니 이 두 편지로 너희의 진실한 마음을 일깨워 생각나게 하여"라는 말씀에 근거해서, 베드로전서의 수신자들이었던 소아시아 지역 그리스도인들에게 보낸 편지였음을 알 수 있습니다. 그러나 베드로전서든 베드로후서든 당연히 로마에 있는 그리스도인들에게도 회람되었을 것이라는 생각을 해야 합니다. 점점 모이는 일이 위험해지고 있는 상황에서는 베드로 사도의 편지가 큰 역할을 했을 것입니다.

베드로전서를 통해 베드로는 하나님의 뜻을 두 가지로 제시했는데, 하나는 세상의 종말이 곧 온다는 것, 다른 하나는 그리스도인들의 "선행"(벧전 2:15, 20, 3:2, 6, 11, 13, 17) 즉 거룩한 삶이었습니다. 먼저 내일이라도 당장 세상의 종말이 올 수 있기에 깨어 준비하라는 것이었고, 동시에 종말이 올 때까지는 사회적 책무와 그리스도인의 거룩한 삶을 계속 이어가야 한다는 것이었습니다. 그런데 문제가 생기기 시작했습니다. 네로 황제의 박해가 시작되었고 그의 폭정은 더욱 심해졌으며, 로마와 제국의 속주들까지 도덕적으로 부패하고 타락한 삶이 확산하고 있었습니다. 그리스도인들에게 로마 사회에 '불법의 종교'(religio illicita)를 퍼뜨린다는 낙인이 찍혀 박해와 핍박은 계속 이어졌고, 그러는 사이 교회를 혼란스럽게 하는 이단 사상도 무시할 수 없는 존재감을 드러내기 시작했습니다. 그래서 베드로는 그의 첫 번째 편지와는 달리 이단 사상을 전파하는 거짓 교사들로 인한 폐해를 예상했고, 그런 이단 사상에 미혹되지 않도록 경고하기 위해 쓴 편지가 베드로후서입니다. 특히 거짓 교사들에 관한 베드로후서 2장 내용이 유다서와 거의 같아서 유다서를 기초로 편지를 쓴 것이라는 주장도 있지만, 베드로후서에는 거짓 교사들로 인한 폐해가 가까운 미래에 있을 것으로 언급되고(벧후 2:1~3 참조), 유다서에는 그 폐해가 진행 중인 듯한 내용으로 나옵니다(유 1:4, 8, 10~13,

16 참조). 결과적으로 판단할 때, 그리고 유다서 기록 연대를 70~80년으로 보는 견해가 지배적이라는 사실을 고려할 때, 베드로가 거짓 교사들에 대해 예언했다면, 유다는 베드로의 예언이 정확히 성취되고 있음을 기록한 것이라고 보는 것이 바람직합니다. 아울러, 베드로후서를 통해 1세기 이단 사상이 21세기에도 여전히 기승을 부리고 있음을 깨닫고 올바른 신앙을 지켜나갈 수 있기를 바랍니다.

베드로 사도는 처음에는 로마 교회든 소아시아 교회든 가장 큰 위협이 박해라고 생각해서 박해와 고난을 대비하고 이겨내도록 위로하고 격려하는 편지를 썼는데, 또 다른 문제의 위험성을 깨닫고 두 번째 편지를 쓰게 되었습니다. 이 문제는 교회 외부에서 압박해오는 박해보다 더 위험할 수 있는 것으로, 교회 내부에서 악한 영향력을 미칠 수 있는 거짓 가르침이었습니다. 사도들의 가르침을 잘못 이해해서 율법으로부터 자유를 얻었다면서 도덕적으로 더 이상 정죄 받을 일이 없다는 이단 사상에 속아 육체적 방종으로 빠지는 그리스도인들이 생겨났고, 베드로의 편지를 읽고 금방 오리라 생각했던 예수 그리스도의 재림과 세상의 종말이 몇 년이 흐르도록 오지 않자 그리스도의 재림과 하나님의 심판을 의심한 것입니다. 이에 베드로는 머잖은 장래에 이단 사상으로 인해 교회가 더욱 큰 어려움을 겪을 것이라 내다보고 미리 강력한 경고의 메시지를 보낸 것입니다.

대략적인 이해를 위해 미리 베드로후서 개요를 세 부분으로 나누어 말하자면, 먼저 서론은 인사를 포함한 그리스도를 아는 지식(1:1~15)에 관한 내용, 다음으로 본론은 거짓 교사들의 헛된 가르침(1:16~3:13), 마지막으로 결론은 사도의 당부와 송영(3:14~18)입니다. 이 구분은 해석자에 따라 얼마든지 달라질 수는 있습니다. 1장 전체를 서론 격인 도입부로 보는 견해도 있는데, 본 강설에서 1장 16절부터 21절을 본론 내용 즉 '거짓 교사들의 헛된 가르침'에 포함한 이유는 2장부터 본격적으로 언급을 하기 전에 먼저 암시적으로 드러냈기 때문입니다. *"교묘히 만든 이야기"*(16절, 거짓 교사들이 사도들의 교훈을 신화처럼 받아들였으나, 다른 한편으로는 베드로가 그들의 사상을 그렇게 인식함)와 *"성경의 모든 예언은 사사로이 풀 것이 아니니"*(20절)와 같은 내용이 베드로 사도가 2장에서 말하고자 한 거짓 교사들과 거짓 가르침을 염두에 둔 표현입니다. 2장부터 3장까지 읽고 나면 1장 16절부터 본론이 시작되었음을 알 수 있습니다.

우리는 먼저 베드로전서와 베드로후서 모두 그리스도인들을 향한 하나님의 뜻은 똑같은 것임을 알아야 합니다. 베드로는 첫 번째 하나님의 뜻으로 세상의 종말이 반드시 온다는 사실을 제시했습니다. 두 번째 뜻은 세상의 종말이 임박했음에도 불구하고 교회와 사회에서 거룩하고 윤리적인 삶인 '선행'을 이어가야 한다는 교훈이었습니다. 이 두 가지 하나님의 뜻을 베드로 사도가 교회에 심어주었는데, 거짓 교사들이 들어와서 종말은 없다고 가르쳤고, 종말이 없으니 육체적으로 자유를 누리고 살아도 된다면서 방종으로 이끌었습니다. 예수님 이후 교회 역사 2,000년을 보더라도 거짓 교사들이 예외 없이 추구하는 것 세 가지가 있는데 바로 돈, 성(性), 권력입니다(매튜 하몬, 존 파이퍼, 팀 켈러 책 참조). 베드로 당시 거짓 교사들 역시 교회에서 지도자 노릇을 하면서 돈과 성과 권력을 즐겼던 것입니다. 반면에 믿음이 연약한 자들은 금방 올 것이라 기대했던 그리스도가 오시지 않자 믿음이 흔들리기 시작했고, 경건하게 생활하면 할수록 더욱 박해받고 힘든 삶이 이어졌기에 거짓 교사들의 가르침에 쉽게 미혹될 수 있는 상황이었습니다. 이에 베드로는 교회가 당하게 될 심각한 위험을 감지한 것입니다.

베드로는 먼저 "예수 그리스도의 종이며 사도인 시몬 베드로는 우리 하나님과 구주 예수 그리스도의 의를 힘입어 동일하게 보배로운 믿음을 우리와 함께 받은 자들에게 편지하노니"라고 하면서 "보배로운 믿음을 우리와 함께 받은 자들"이라고 수신자를 상징적으로 표현했습니다. 3장 1절에 "사랑하는 자들아 내가 이제 이 둘째 편지를 너희에게 쓰노니"라는 언급이 있으므로 베드로전서 1장 1절에 언급된 "본도, 갈라디아, 갑바도기아, 아시아와 비두니아에 흩어진 나그네"라는 대상에게 두 번째 편지를 쓰게 되었음을 알 수 있습니다. 그러나 이 편지는 소아시아 지역은 물론이고 로마에 있는 교회에도 해당하는 편지임을 알기를 바랍니다. 처음 편지에는 "흩어진 나그네"라고 했는데, 다음에는 "보배로운 믿음을 우리와 함께 받은 자들"이라고 했습니다. 이 표현으로 비추어 볼 때, 사도들이 가지고 있는 믿음처럼 간직하고 지켜야 할 "보배로운 믿음"과는 전혀 다른 믿음, 즉 버리고 배척해야 할 '쓰레기 같은 믿음'의 위험성을 염두에 둔 표현이라 할 수 있습니다. 처음에는 로마와 로마 속주들 가운데 흩어져 있는 '크리스천 디아스포라'(Christian Diaspora)라는 호칭으로 접근했다면, 이제는 그들 모두가 올바른 믿음을 가진 자들이 아니라 그들 중에 거짓 선생들이 포함되어 있고, 그들의 속임수에 넘어가 성경의 교훈을 따르지 않는 자들이 많이 생겼기에 "보배로운 믿음을 우리와 함께 받은 자들"이라는 호칭을 통해 구별해서 접근했음을 알 수 있습니다. 이렇게 표현한 베드로의 의도를 앞으로 이어지는 본문과 강설을 통해서 명확히 이해하기를 바랍니다.

다음으로, 베드로전서와 다른 표현이 등장합니다. "예수 그리스도의 종이며 사도인 시몬 베드로"라는 소개 내용입니다. 첫 편지에서는 "예수 그리스도의 사도 베드로"라 하면서 사도라는 사실만 표현했다면, 둘째 편지에서는 "그리스도의 종"을 강조했고, 특별히 "시몬"이라는 원래 이름을 언급했습니다. '종'은 크게 세 가지 형태 즉 노예(δοῦλος, doulos, slave), 종(bondservant), 그리고 하인(servant)으로 구분할 수 있습니다. 노예(doulos)는 주인에게 전적으로 예속된 물건이나 가축과 같은 존재로 그 어떤 권리도 자유도 없었습니다. 영어 성경 대부분 종(bondservant)으로 번역되어 있는데, 가장 바람직한 번역은 노예(slave)입니다. 베드로는 바울 사도가 항상 그렇게 표현한 것처럼 자신도 '그리스도의 노예'라고 한 것입니다. 당시 그리스-로마 문화권의 사회에서 '겸손'은 오직 노예들만 가지는 덕목이요 품성이었는데, 베드로는 자기 스스로 '겸손'의 덕목을 가진 '노예'로 칭한 것입니다. 그만큼 교회들마다 지도자들 즉 교사들이 늘어나면서 그들이 그리스도의 품성을 가지기보다는 회중을 지배하고 장악하려는 주인의 모습으로 행세했음을 짐작할 수 있습니다. 가장 대표적이고 영향력이 컸던 사도였던 베드로 자신부터 철저히 자기 자신을 낮추는 자세를 보였던 것이고, 지배하려는 생각을 버리고 섬기려는 생각으로 교회를 이끌어야 한다는 가르침을 편지 처음부터 표현한 것입니다. 게다가 변화된 그를 위해 예수님이 새롭게 지어주신 "베드로"(반석, 바위의 의미)라는 이름 앞에 원래 이름 "시몬"(유대 이름으로는 '시므온')을 삽입했습니다. 다분히 의도적이라 할 수 있습니다. '시몬'은 '듣다' 또는 '순종하다'는 뜻을 가진 '시므온'(שִׁמְעוֹן Šim'ôn)으로 신명기 6장 4절에 나오는 "들으라"(쉐마)에서 어원을 찾을 수 있는 이름입니다. 그러나 '시몬'은 예수님으로부터 늘 들었던 "요한의 아들 시몬"(요 1:42, 21:15~17, 마 16:17)을 떠올리게 하는 이름으로, 욕심도 많고, 실수와 잘못도 저지르고, 부족하고 어리석은, 그러면서도 변화되기 전 교만했던 모습이요 사명을 감당하기 전의 모습으로, 세상에 태어나 일반 사람처럼 똑같이 본능적으로 관습적으로 살아가는 우리의 모습이기도 합니다. 베드로는 인간 중 가장 비천하고 힘이 없고, 오직 명령을 듣고 순종해야 하는 노예라는 표현을 했고, 동시에 사람 중에서는 하나님께 가장 가까운 사람으로 가장 높고 존귀한 "사도"라고 했습니다. '사도'는 구원자 하나님의 아들로부터 세우심을 받고 보내심을 받은 자로 하늘의 권세를 받은 특별한 존재입니다. "예수께서 나아와 말씀하여 이르시되 하늘과 땅의 모든 권세를 내게 주셨으니"(마 28:18)라는 말씀에서 알 수 있듯이 예수님은 사도들에게 말씀하셨고, "오직 성령이 너희에게 임하시면 너희가 권능을 받고 예루살렘과 온 유대와 사마리아와 땅 끝까지 이르러 내 증인이 되리라 하시니라"(행 1:8)는 말씀과 같이 하늘로부터 주어지는 "권능"을 사도들이 받게 될 것이라 하셨습니다. 그러므로 "예수 그리스도의 종이며 사도인 시몬 베드로"라는 표현 속에 하늘과 땅 차이의 신분과 이름이 내포되어 있습니다. 교회의 최고 지도자요 권위자인 사도를 먼저 드러내기보다는 로마 시대에서 가장 비천한 노예 신분을 먼저 드러냄으로써 교회 내에서 지도자와 교사 노릇을 하면서 신자들을 미혹하는 거짓 교사들과 구별하려는 의도가 있었다고 볼 수 있습니다. '시몬과 베드로'라는 이름 역시 그리스도께서 지어주신 이름보다는 어리석고 부족했음에도 누구보다 앞서려는 성격을 가졌던 원래 자기 모습을 드러내는 시몬이라는 이름을 넣음으로써 겸손을 드러낸 것입니다. '노예 시몬'과 '사도 베드로'는 땅과 하늘 차이만큼 크기에 편지를 읽는 그리스도인들이 참 지도자 베드로와 거짓 교사들의 차이를 깨달았을 것입니다.

다음으로 살펴볼 중요한 구절은 "우리 하나님과 구주 예수 그리스도의 의를 힘입어"라는 내용인데, 여기서 "우리 하나님과 구주 예수 그리스도"를 어떻게 해석하느냐가 매우 중요합니다. 헬라어 원문으로 볼 때는 "우리 하나님"과 "구주 예수 그리스도"로 볼 수도 있고, "우리 하나님"이요 "구주 예수 그리스도"로 볼 수 있기 때문입니다. 다만, "우리 하나님"이요 "구주 예수 그리스도"가 베드로 당시 상황으로 볼 때 더 합당한 해석이라 할 수 있습니다. 우리말 성경은 《공동번역》에는 "우리의 하느님이시며 구세주이신 예수 그리스도"로 번역되어 있고, 《원문번역주석성경》에는 "우리 하나님과 구원자이신 예수 그리스도"라고 되어 있지만 주석에서 정확히 그리스도를 하나님과 구원자로 칭한 것이라고 언급했습니다. 다른 번역본들에는 "우리 하나님과 구주 예수 그리스도"로 번역되어 있습니다. 영어성경의 경우에는 《NIV》와 《ESV》에는 "우리 하나님이요 구주 예수 그리스도"로, 《KJV》와 《NASB》 등에는 "우리 하나님과 구주 예수 그리스도"로 번역되어 있습니다. 다만, 하나님과 예수님을 따로 번역했더라도 삼위일체 하나님을 부인하지 않는 번역본들이고, 하나님의 위격과 그리스도의 위격을 명확히 드러냈기에 문제가 될 것은 없지만, 바울 사도의 갈라디아서를 통해 알 수 있듯이 베드로전서를 기록하기 이전 10여 년 전부터 유대주의자(또는 유대화주의자, Judaizers)로 인해 복음의 주체인 예수 그리스도가 소홀히 여겨지고, 이런 잘못된 신앙으로 인해 당시 서서히 교회 안으로 들어온 영지주의적 사상이나 에비온파(Ebionites)와 같은 이단 사상의 토대가 마련된 점을 고려할 때, 베드로 사도는 앞으로 교회를 어지럽게 할 거짓 교사들의 헛된 가르침을 예상하고 예수 그리스도는 곧 하나님이라는 사실을 편지 서두에서 명확히 했다고 보는 게 마땅합니다. 유대주의자든, 에비온파든, 영지주의자든 결국 사람으로 오신 예수 그리스도의 신성을 인정하지 않았고, 단지 모세 다음가는 선지자나 훌륭한 교사 정도로 여겼기에 베드로가 미리 '우리 하나님이요 구주인 예수 그리스도'라고 의도적으로 표현한 것이라고 받아들여야 베드로후서 전체 맥락에 어울립니다. 영지주의 경우도 궁극적으로는 예수님의 신성을 인정하지 않은 자들이라 할 수 있는데, 육체로 오신 그리스도의 신성을 실제로 수용하지 못하고 관념적으로만 이해했기에 결국은 예수님의 신성을 인정하지 않은 결과가 됩니다. 사도 요한은 "태초에 말씀이 계시니라 이 말씀이 하나님과 함께 계셨으니 이 말씀은 곧 하나님이시니라"(요 1:1)고 했고, 바울 역시 "조상들도 그들의 것이요 육신으로 하면 그리스도가 그들에게서 나셨으니 그는 만물 위에 계셔서 세세에 찬양을 받으실 하나님이시니라 아멘"(롬 9:5)이라고 했으며, 또한 "복스러운 소망과 우리의 크신 하나님 구주 예수 그리스도의 영광이 나타나심을 기다리게 하셨으니"(딛 2:13)라고 말하면서 예수 그리스도를 하나님이라고 불렀습니다. 그러므로 베드로 사도 역시 '하나님이요 우리 구주인 예수 그리스도의 의'라고 표현한 것임을 깨닫기를 바랍니다.

그다음으로 또 중요한 부분이 바로 "우리 하나님과 구주 예수 그리스도의 의"입니다. 사도 바울에 의해 많이 사용된 용어 '하나님의 의'(the Righteousness of God), 즉 '의'는 로마서에서만 63회나 등장할 정도로 중요한 용어입니다. '의'는 하나님의 속성 중 한 가지로 공유적 속성에 속하는데, 이는 하나님의 형상대로 창조된 인간에게도 주어진 속성이라는 점에서 하나님과 인간이 공유하는 속성이기에 그렇게 신학적으로 사용한 용어입니다. 크게 지성적인 속성, 도덕적인 속성, 주권적인 속성 등으로 나눌 수 있는데(헤르만 바빙크, 『개혁교의학 제2권』, 223~321쪽 참조), '의'는 하나님의 거룩한 속성을 드러내는 면과 깊은 관련이 있는 속성이고, 사실상 불가분의 속성이라고 할 수 있습니다. 거룩하기에 의롭고, 의롭기에 거룩한 분이 하나님입니다. 죄로 인해 타락한 인간은 공유적 속성이 모두 오염되고 파괴되어 거룩하지 못하기에 속되고, 의롭지 못하기에 죄악의 본성으로 생각하고 행동하기 마련입니다. 이런 측면에서 '하나님의 의'에 대해 접근할 때 '의'는 법정적이고 관계적이라 할 수 있습니다(마이클 호튼, 『언약적 관점에서 본 개혁주의 조직신학』, 273쪽). 법정적으로 이해하자면 '하나님의 의'는 하나님의 뜻에 따른 하나님의 판단과 행위입니다. 죄를 지은 인간을 재판하는 근거와 기준, 그리고 처벌하는 행위가 '하나님의 의'고, 이런 점에서 죄인에 대한 분노와 심판도 '하나님의 의'며, 하나님이 정하신 법에 따라 죄인을 용서하시고 자비를 베푸시는 것도 '하나님의 의'입니다. 하나님이 이스라엘 백성에게 언약으로써 율법을 주시고, 새로운 이스라엘 즉 영적 이스타엘 백성에게 새 언약으로 복음을 주심으로써 '하나님의 의'를 약속하셨기에 관계적으로 이해할 수 있습니다. 그러므로 '하나님의 의'는 언약과 율법과 자비와 공의에 직접 연관되어 있음을 알 수 있습니다. 그래서 마이클 호튼은 '하나님의 의'에 대해 이렇게 정리했습니다(위의 책, 274쪽).

> 하나님의 의는 하나님의 도덕적 의지의 계시(즉 율법)로써 모든 사람을 범죄자로 정죄한다. 또한 하나님의 의는 하나님의 구원 의지의 계시(즉 복음)로써 모든 믿는 자를 구원한다(롬 3:19~26). …… 하나님이 율법에서 드러내시는 의는 정죄를 가져오지만 하나님이 주시는 의의 선물은 칭의와 생명을 가져온다(롬 3:19~22).

사도 바울은 로마서 1장 17절 "복음에는 하나님의 의가 나타나서 믿음으로 믿음에 이르게 하나니 기록된 바 오직 의인은 믿음으로 말미암아 살리라 함과 같으니라"라는 말씀에서 복음에 '하나님의 의'가 나타났다고 했습니다. 복음도 '하나님의 의'고, 믿음도 '하나님의 의'며, 그 믿

음으로 살게 되는 것 또한 '하나님의 의'입니다. 그러므로 '하나님의 의'
에 따라 구원자로 세상에 오신 그리스도 역시 '하나님의 의'가 되고, 십
자가에서 하나님의 백성을 대신해서 속죄의 제물이 되었던 예수 그리스
도, 그리고 죽음에 이르는 그의 순종 역시 '하나님의 의'입니다. 그래서
이러한 '하나님의 의'를 믿는 자를 하나님은 의롭게 여겨주십니다. 이것
을 우리는 신학적 용어로 '하나님의 칭의'라고 합니다. 이렇게 볼 때, '하
나님의 의'는 하나님 당신의 속성이자 선택된 사람에게 주시는 선물입
니다. 이 선물은 율법을 지킴으로써, 또는 어떤 행위를 통해서 얻는 것
이 아니라 오직 예수 그리스도를 믿는 믿음으로 받게 되는 하나님의 은
혜입니다. 사도 베드로는 우리가 의롭게 되는 것이 전적으로 성부 하나
님의 뜻에 순종한 성자 예수 그리스도에게 있음을 강조하기 위해 "구주
예수 그리스도의 의"라고 한 것입니다. '하나님의 의'가 그리스도를 통
해 믿는 자들 즉 그리스도인들에게 주어졌기에 그리스도가 곧 '하나님
의 의'임을 깨닫기를 바랍니다.

베드로는 "그리스도의 의를 힘입어 동일하게 보배로운 믿음을 우리와
함께 받은 자들에게 편지하노니"라고 하면서 사도들이나 가르침을 받는
형제들 모두 "보배로운 믿음"을 하나님으로부터 받았다고 강조했습니다.
이는 앞에서 언급했듯이 "보배로운 믿음"과는 달리 배척해야 할 '싸구려
믿음'이요 '쓰레기 같은 믿음'이 무엇인지 확실히 밝히겠다는 의지를 엿
볼 수 있는 표현입니다. 값싼 불법 복제품이나 가짜 제품이 더 많이 팔
리기 시작하면 고가의 비용을 들여 개발한 진짜 제품 판매업체로서는
좌절감이 클 것입니다. 또한 어떤 제품이 진짜인지 가짜인지 모를 정도
로 정교한 모조품이라면 즉시 대책을 세워서 법적 조치를 준비할 것입
니다. 마치 그런 상황에서 분노하고 실망하고 충격을 받은 베드로가 교

회들을 향해 사이비 신앙에 빠지지 않도록 하려고 중대한 메시지를 전하기로 작심한 것입니다. 이런 의도로 베드로는 "하나님과 우리 주 예수를 앎으로 은혜와 평강이 너희에게 더욱 많을지어다"라고 축복함으로써 편지를 이어 갑니다. 그런데 이 축복의 인사말에도 일종의 이야기 속 복선(伏線)과 같은 단어가 깔려 있습니다. 바로 "앎"이라는 단어입니다. 이 '앎'이라는 단어는 '지식'이라는 말로 헬라어로는 ἐπίγνωσις(epignόsis)입니다. 그런데, 신약성경에는 분명한 구분은 아니지만 대략 두 가지로 구분해서 사용한 경우가 있음을 알 수 있습니다. γνῶσις(gnōsis)는 단순하고 단편적이고 이성적이고 과학적이고 철학적인 '지식'을 말할 때, 즉 일반적으로 말할 때 사용되는 경우가 많고, ἐπίγνωσις(epignόsis)는 모두가 대상에 대해 정확하고 구체적이고 경험적이고 관계적인 '지식'을 말할 때 사용되었습니다. 5~6절 "그러므로 너희가 더욱 힘써 너희 믿음에 덕을, 덕에 지식을, 지식에 절제를, 절제에 인내를, 인내에 경건을"이라는 구절에 언급된 지식은 단순히 그리스도에 대한 지식을 말한 것이고, 2절 "하나님과 우리 주 예수를 앎으로"에서 "앎"은 5~6절에 나열된 믿음, 덕, 지식, 절제, 인내, 경건을 모두 포함한 것으로, 하나님과 예수 그리스도를 명확히 앎으로써 성령의 인도하심을 따라 살아가도록 이끄는 '온전한 지식'입니다. 바울 사도가 "우리 주 예수 그리스도의 하나님, 영광의 아버지께서 지혜와 계시의 영을 너희에게 주사 하나님을 알게 하시고"(엡 1:17)라고 말한 것처럼 "지혜와 계시의 영"을 받음으로써 하나님을 알게 된 지식입니다. 또한 "이는 그들로 마음에 위안을 받고 사랑 안에서 연합하여 확실한 이해의 모든 풍성함과 하나님의 비밀인 그리스도를 깨닫게 하려 함이니"(골 2:2)라는 말씀에 언급된 "깨닫게 하려 함"과 같이 "하나님의 비밀인 그리스도"를 밝히 깨닫게 되는 지식입니다. 예수님도 제자들에게 "내 아버지께서 모든 것을 내게 주셨으니 아버지 외에는 아들을 아는 자가 없고 아들과 또 아들의 소원대로 계시를 받는 자 외에는 아버지를 아는 자가 없느니라"(마 11:27)고 말씀하셨을 때 "아는"(ἐπιγινώσκει, epiginōskei)이라는 말을 사용하셨습니다. 그렇다면 베드로는 당시 점점 참된 지식에서 멀어지고 있는 자들, 그렇게 되도록 미혹하는 거짓 교사들이 서서히 영향력을 행사하고 있음을 알게 되었고, 불과 몇 년 만에 박해와 고난 가운데 근심하는 교회가 베드로의 가장 큰 걱정이 아니라, 이단 사상과 거짓 교사들의 미혹에 넘어갈 약한 신자들이 베드로의 가장 큰 걱정거리가 된 것입니다. 그래서 베드로는 인사를 "하나님과 우리 주 예수를 앎으로 은혜와 평강이 너희에게 더욱 많을지어다"라고 한 것이며, "은혜와 평강"은 "하나님과 우리 주 예수를 앎으로" 누리게 되고, 이 역시 아는 만큼 더 많이 누리게 됨을 인사를 통해서 확실히 표현한 것입니다. 처음 편지에서는 "은혜와 평강이 너희에게 더욱 많을지어다"(벧전 1:2b)라고 했고, 끝인사도 "그리스도 안에 있는 너희 모든 이에게 평강이 있을지어다"(5:14b)라고 했습니다. 그러나 둘째 편지에서는 확연히 다르게 인사함을 알 수 있습니다. "하나님과 우리 주 예수를 앎으로" 즉 하나님과 우리 주 예수를 계시에 따라, 온전히, 경험적으로, 인격적으로 알 때 "은혜와 평강"을 누리게 됨을 확실히 깨닫기를 바랍니다. 아멘.

(2025년 8월 3일)

τὴν αἰώνιον βασιλείαν τοῦ κυρίου ἡμῶν
καὶ σωτῆρος Ἰησοῦ Χριστοῦ
우리 주 곧 구주 예수 그리스도의 영원한 나라(벧후 1:11)

산 자의 경건
vs. 죽은 자의 영성

3. 그의 신기한 능력으로 생명과 경건에 속한 모든 것을 우리에게 주셨으니 이는 자기의 영광과 덕으로써 우리를 부르신 이를 앎으로 말미암음이라

4. 이로써 그 보배롭고 지극히 큰 약속을 우리에게 주사 이 약속으로 말미암아 너희가 정욕 때문에 세상에서 썩어질 것을 피하여 신성한 성품에 참여하는 자가 되게 하려 하셨느니라

베드로 사도는 인사로 "하나님과 우리 주 예수를 앎으로 은혜와 평강이 너희에게 더욱 많을지어다"라고 축복했는데, 이때 "앎"(ἐπίγνωσις, epignósis)이라는 말을 강조했습니다. 그리고 인사에 이어 편지를 이어가는 3절을 보면 "그의 신기한 능력으로 생명과 경건에 속한 모든 것을 우리에게 주셨으니 이는 자기의 영광과 덕으로써 우리를 부르신 이를 앎으로 말미암음이라"고 함으로써 역시 "앎"이라는 말을 또 강조했습니다. 이 "앎"이라는 단어가 베드로후서 전체 맥락을 이해하는 데 매우 중요한 말임을 잊지 말기를 바랍니다.

지난 본문 즉 1장 1~2절은 "예수 그리스도의 종이며 사도인 시몬 베드로는 우리 하나님과 구주 예수 그리스도의 의를 힘입어 동일하게 보배로운 믿음을 우리와 함께 받은 자들에게 편지하노니 하나님과 우리 주 예수를 앎으로 은혜와 평강이 너희에게 더욱 많을지어다"라는 베드로의 인사말이었는데, 여기서 우리가 오늘 본문과 연결해서 살펴볼 때 잊지 말아야 할 부분이 있습니다. 먼저 "우리 하나님과 구주 예수 그리스도의 의"라는 부분은 '우리 하나님인 구주 예수 그리스도의 의'라는

사실이고, 다른 하나는 "하나님과 우리 주 예수를 앎으로"라는 부분인데, 그대로 '하나님을 앎'과 '우리 주 예수를 앎'으로 받아들이는 것입니다. 후자는 문법적으로도 모호함이 없어서 그대로 '삼위일체 하나님'의 제1위 하나님 성부, 그리고 제2위 하나님 성자 예수에 대한 '앎'으로 이해하기를 바랍니다.

그런 다음 이어서 "그의 신기한 능력으로 생명과 경건에 속한 모든 것을 우리에게 주셨으니 이는 자기의 영광과 덕으로써 우리를 부르신 이를 앎으로 말미암음이라"는 3절 말씀을 살펴보게 되는데, 여기서도 애매하게 해석되기도 하는 "그"가 누구를 지칭하는 대명사인지 명확히 알 필요가 있습니다. 《개역개정》으로 읽으면 하나님이 될 수도, 예수 그리스도가 될 수도 있습니다. 《새번역》으로 보면 그 대명사는 하나님을 지칭합니다. 반면에 《현대인의성경》은 "그리스도께서는 신적인 능력으로 생명과 경건에 관한 모든 것을 우리에게 주셨습니다."라고 번역함으로써 《새번역》과 달리 '그리스도'로 보았습니다. 우리는 여기서 어느 번역이 맞으면 다른 번역은 틀리게 되는 것은 아님을 알기를 바랍니다. 예수님이 곧 하나님이요, 하나님이 곧 예수님이기 때문입니다. 그러나 베드로후서의 전체 맥락에서 베드로의 깊은 의중을 파악하자면, 그리스도인들의 '앎'과 '예수 그리스도'의 "신적인 능력"이 강조됨을 명확히 알아야 합니다. 《원문번역주석성경》 역시 "그리스도께서는 자기의 신적인 능력으로"라고 함으로써 2절에서 나열된 제1위 하나님과 제2위 하나님, 즉 "하나님과 우리 주 예수"라는 두 위격(位格) 중에서 뒤에 나오는 "우리 주 예수"를 지칭하는 대명사 '그'가 바로 그리스도임을 확실히 알 수 있도록 "그리스도"로 옮겼습니다. 신약학으로 저명한 더글라스 무(Moo) 역시 보컴(Bauckham)과 같은 주요 주석 학자들의 예를 들면서 "그의 신적인 능력”을 “그리스도의 신적인 능력”으로 이해했습니다(Douglas J. Moo, *The NIV Application Commentary: 2 Peter and Jude*. p.41). 이 부분을 《개역개정》은 아쉽게도 “신기한 능력으로”라고 번역했는데, 더 명확한 이해를 위해 《현대인의성경》의 “그리스도께서는 신적인 능력으로 생명과 경건에 관한 모든 것을 우리에게 주셨습니다.”로 설명하고자 합니다. 특히 베드로는 1장 16절에서 “우리 주 예수 그리스도의 능력과 강림하심을 너희에게 알게 한 것이 교묘히 만든 이야기를 따른 것이 아니요 우리는 그의 크신 위엄을 친히 본 자라”고 함으로써, 하나님의 아들인 예수 그리스도가 사람으로 이 땅에 오셨지만, 사람이라면 이 세상에서 누구도 가질 수 없는 '신적 능력과 위엄'을 가지고 계심을 베드로 자신이 직접 체험한 사실을 강조하고, 이 편지를 읽게 될 그리스도인들이 예수님의 신성을 부인하려는 거짓 교사들의 가르침에 속지 않도록 경각심을 갖게 하려는 의도가 있었음을 깨닫기를 바랍니다.

“그리스도께서는 신적인 능력으로 생명과 경건에 관한 모든 것을 우리에게 주셨습니다.” 이 선언이야말로 베드로 사도가 이단 사상에 동요할 수 있는 그리스도인들에게 주는 최고의 말씀이었습니다. 베드로는 “생명과 경건에 관한 모든 것”을 그리스도께서 주셨다고 했습니다. 여기에 '주다'라는 동사는 베드로가 한 번, 그리고 베드로의 제자요 조력자였던 마가가 한 번 사용한 매우 특이한 단어로써, 줄 수 없는 것을 주는 경우나 전혀 받을 것이라 예상치 않은 선물을 받게 될 때 사용하는 것입니다. 마가복음에 “백부장에게 알아 본 후에 요셉에게 시체를 내주는지라”(막 15:45)는 구절이 나오는데, 빌라도가 예수님의 시체에 대해 백부장을 통해 알아본 후 아리마대 요셉이 요청한 걸 들어준 일에 대한 기록입니다. 보통 십자가형을 당하는 경우 하루 이상 또는 며칠 동안 극심한 고통을 당하면서 서서히 죽는데, 6시간도 지나지 않은 상황에서 죽은 사실을 확인한 빌라도는 요셉에게 시체를 넘겨준 것입니다. 십자가형으로 죽은 경우는 새 또는 짐승의 밥이 되도록 두는 일이 일반적이었고, 유가족의 간절한 요청이 있더라도 실제로 로마 당국이 요청을 받아들여서 시체를 가져가 장례를 치르도록 하는 경우도 거의 없는 아주 특별한 사례였기에, 마가는 "내주는지라"는 동사를 사용한 것입니다. 베드로 사도 역시 이 동사를 "생명과 경건에 관한 모든 것을 우리에게 주셨습니다."라는 말에 사용했습니다. 즉 받을 수 없는데 특별한 선물로, 특별한 은혜로 받았다는 뜻입니다. 그리스도께서 베드로가 말한 "우리" 즉 "보배로운 믿음을…받은 자들"에게 주셨다는 것입니다.

그렇다면 그리스도는 그런 은혜를 어떻게 주실 수 있을까요? 예수님은 "내 아버지께서 모든 것을 내게 주셨으니 아버지 외에는 아들을 아는 자가 없고 아들과 또 아들의 소원대로 계시를 받는 자 외에는 아버지를 아는 자가 없느니라"(마 11:27)라고 말씀하셨습니다. 그리스도는 하나님이 "모든 것을 내게 주셨으니"라고 하셨습니다. 그런데 놀라운 사실은 여기서 "주셨으니"라는 동사는 하나님이 그리스도께 '넘겨주셨다' 또는 '맡기셨다'라는 뜻입니다. 넘겨받거나 맡을 자격이 없는 분이 그렇게 넘겨받거나 맡은 것이 결코 아니라, 당연히 넘겨받거나 맡아야 할 존재로서 어느 때에 받아서 계속 가지고 계심을 뜻합니다. 신학적으로 이해할 때, 성부 하나님, 성자 하나님, 성령 하나님 사이에 맺어진 '구속 언약'(Pactum Salutis)에 따라 창세 전에 성부 하나님은 성자 하나님에게 하나님의 백성을 위한 구원에 필요한 모든 권한을 온전히 주셨습니다! 그러므로 예수님이 주신 "생명과 경건에 관한 모든 것"은 곧 하나님이 주신 것임을 확실히 믿어야 합니다. 성부와 성자 사이에서는 당연히 주고 받는 일이고, 하나님과 우리 사이에서는 받을 수 없는 우리에게 하나님이 은혜로 주신 것입니다. 그래서 예수님은 "생명과 경건에 관한 모든 것을" 받을 자격이 없는 우리에게 선물로 주셨습니다. 그 선물 중 하나는 "생명"(life) 즉 영생, 다른 하나는 "경건"(piety)입니다. 예수님은 "내가 진실로 진실로 너희에게 이르노니 내 말을 듣고 또 나 보내신 이를 믿는 자는 영생을 얻었고 심판에 이르지 아니하나니 사망에서 생명으로 옮겼느니라"(요 5:24)라고 하심으로써 믿는 자들에게 이미 영생이 주어졌음을 말씀하셨습니다. 유대인들 대부분은 하나님을 믿는 하나님의 백성이라고 하면서도 하나님의 아들 그리스도를 배척하고 영생을 주시는 구원자로 믿지 않았습니다. 예수 그리스도를 배척한 것이 바로 하나님을 믿지 않는 증거요, 그들이 하나님으로부터 생명과 경건 둘 다 받은 게 없음을 드러낸 것입니다. 사도 요한은 "또 증거는 이것이니 하나님이 우리에게 영생을 주신 것과 이 생명이 그의 아들 안에 있는 그것이니라 아들이 있는 자에게는 생명이 있고 하나님의 아들이 없는 자에게는 생명이 없느니라 내가 하나님의 아들의 이름을 믿는 너희에게 이것을 쓰는 것은 너희로 하여금 너희에게 영생이 있음을 알게 하려 함이라"(요일 5:11~13)라고 했습니다. 또한 우리는 "생명과 경건"을 이해하는데 있어서 서로 불가분의 관계임을 알아야 합니다. 그리스도로부터 생명의 은혜를 받지 못한 사람은 결코 경건을 나타낼 수 없습니다. 경건은 새 생명을 얻은 거듭난 자들의 성장 과정이요 성장의 열매기 때문입니다. 생명이 없이는 경건도 없습니다! 영생을 얻은 자만이 하나님을 참되게 예배할 수 있습니다. 그러나 당시 사도 시대에도 경건한 그리스도인들을 대적하거나 미혹하는 자들이 있었는데, 그들이 바로 생명이 없는 자들로, 죄와 사망으로 이미 죽은 상태에서 육체적 생명만 유지하면서 얻은 지식으로 경건의 모양을 나타내곤 하던 자들이었습니다. 경건의 모양

중 하나가 바로 영성(spirituality)입니다. 경건(pietas)은 하나님으로부터 주어진 은혜로 하나님의 말씀을 통해 형성해나가는 믿음의 삶인 반면에, 영성(spiritualitas)은 하나님과 그리스도를 알지 못하는 자들이 '종교성'이나 '종교심'으로 막연히 또는 인간의 경험이나 지식으로 신을 더듬어 찾는 마음이나 그런 행위입니다. 사도행전 17장에는 "바울이 아레오바고 가운데 서서 말하되 아덴 사람들아 너희를 보니 범사에 종교심이 많도다"(22절)는 말씀이 나오는데, 첫 사람 아담의 타락 이후 모든 사람에게는 "생명과 경건"이 없기에 죽음으로 향하는 본성과 그 죽음의 길에서 벗나가고자 하는 종교심, 또는 그 과정에서 일시적 평안과 복을 누리고자 하는 종교심만 있을 뿐입니다. 그래서 하나님은 이스라엘 백성에게 십계명을 주셨을 때도 제1계명으로 "너는 나 외에는 다른 신들을 네게 두지 말라"(출 20:3)는 계명을 주셨던 것입니다. 그 밖에 아홉 가지 계명들을 통해서도 알 수 있는 것은 그 어떤 사람도 의롭고 거룩하고 선한 사람이 없다는 사실입니다. 팀 켈러(Timothy Keller)는 이렇게 말했습니다(윤종석 역, 『팀 켈러의 내가 만든 신』, 25~26쪽).

예컨대 19세기 말과 20세기 초의 유럽 지식층은 루소의 성선설을 철석같이 믿었다. 인간은 선하게 태어났는데, 우리 사회의 모든 문제는 교육과 사회화가 부실한 탓이라는 것이다. 그러나 이런 환상은 2차 세계대전을 거치며 산산이 무너졌다. 영국 현대 복지제도의 입안자로 알려진 비어트리스 웹(Beatrice Webb)은 이렇게 썼다.

1890년이었던가? 한때는 일기장에 "인간의 타고난 선(善)에 내 모든 것을 걸었다"라고 썼다.
…… (35년이 지난 지금에야 깨닫지만) 인간 내면의 악한 충동과 본능은 영원하다. 아무리 (사회) 제도가 바뀌어도 부와 권력에 끌리는 마음

의 변화는 요원하다. …… 악한 충동을 제어하지 않는 한 지식이나 과학이 아무리 쌓여도 소용없다.

존 칼빈(John Calvin)도 『기독교강요』 제1권 제11장에서 인간의 생각이 얼마나 부패한지 인간의 본성 자체가 항상 '우상을 만들어내는 공장'이라고 했습니다. 그래서 죽은 사람을 존귀하게 여기기 위해 우상을 만들고, 죽은 자들을 기억하기 위해 또 우상에게 절을 하는 미신에 빠져 하나님을 모독하는 존재가 바로 하나님을 떠난 인간의 본질적인 모습이라고 했습니다. 세상을 살아가면서 사람의 모습 일부만 보거나, 분석심리학자 칼 융(Carl Gustav Jung)이 말한 '페르소나'(persona)만 보기에 악한 본성을 제대로 못 보는 것입니다. 페르소나는 교육과 인간관계를 통해 만들어진 일종의 가면입니다. 그 가면 때문에 원만한 사회생활이 가능한 것이지, 그게 없다면 간음과 강간과 살인과 거짓의 사악한 본성을 마주해야 하는 끔찍한 상황 속에 살게 됩니다. 구약성경에 기록된 대표적인 세 구절 즉 "만물보다 거짓되고 심히 부패한 것은 마음이라 누가 능히 이를 알리요마는"(렘 17:9)이라는 말씀과 "어리석은 자는 그의 마음에 이르기를 하나님이 없다 하는도다 그들은 부패하고 그 행실이 가증하니 선을 행하는 자가 없도다"(시 14:1)라는 말씀, 그리고 "이스라엘 자손들아 여호와의 말씀을 들으라 여호와께서 이 땅 주민과 논쟁하시나니 이 땅에는 진실도 없고 인애도 없고 하나님을 아는 지식도 없고 오직 저주와 속임과 살인과 도둑질과 간음뿐이요 포악하여 피가 피를 뒤이음이라"(호 4:1~2)라는 말씀과 신약성경에 기록된 예수님이 하신 말씀 즉 "마음에서 나오는 것은 악한 생각과 살인과 간음과 음란과 도둑질과 거짓 증언과 비방이니"(마 15:19)라는 말씀을 항상 기억하기를 바랍니다.

어떤 경우에는 경건과 영성이 백지 한 장처럼 차이가 없어 보일 수 있습니다. 마찬가지로 생명을 얻은 자와 생명이 없는 자 역시 차이가 없어 보일 수 있습니다. 그러나 하늘과 땅 차이임을 깨달아야 합니다. "생명과 경건의 모든 것"을 받은 그리스도인과 "생명과 경건"이 없는 사람의 차이를 분명히 아는 능력이 바로 영적 분별력입니다. 어떤 사람들이 스스로 남보다 뛰어나다는 영성을 앞세워 경건한 그리스도인들을 미혹하기 시작한 상황을 알아차린 베드로가 소아시아 지역 교회들을 일깨우기 위해 두 번째 편지를 쓴 것입니다. 당시 그리스도인들을 미혹하기 시작한 자들 대부분이 나중에 '영지주의자'(Gnostic)로 알려진 사람들과 같은 사상적 배경을 가지고 있었습니다. 그러나 당시에는 그런 영지주의의 사상적 씨앗이 존재했을 뿐이지, '영지주의자'로 정의되어 불리게 된 시기는 19세기 후반이었습니다. 또한 영지주의 관련 연구가 활발해지고 영지주의 사상이 다시 확산하기 시작한 시기는 20세기 중반입니다. 1945년 이집트 나그함마디(Nag Hammadi) 마을 근처에서 초기 '기독교 영지주의 복음서'가 무더기로 발견되었습니다. 당시 무하마드 알리 알-삼만(Muhammad Ali al-Samman)이라는 농부가 70cm 크기의 항아리를 발견했는데, 그 속에 가죽으로 장정(裝幀)한 12권의 파피루스 코덱스(Codex)가 들어있었던 것입니다. 당시 발견된 모든 문서는 현재 이집트 카이로(Cairo)의 콥트 박물관(Coptic Museum)에 소장되어 있는데, 대부분 영지주의 문서이고, 플라톤의 『국가론』의 번역본도 포함되어 있습니다. 이 문서들은 미국 성서학자 제임스 로빈슨(James Robinson) 등으로 구성된 전문가들이 공동으로 작업한 끝에 1977년 영어로 모두 번역되었고, 우리나라에서는 지난 2022년 4월에 재야신학자 이규호의 번역본이 출간되었습니다. 성서들에 대한 정경(Canon)을 결정하는 과정에서 공인되지 못한 문서들을 배척하거나 정죄하기 시작하면서 영지주의자들이 나그함마디 근처에 소재한 '파코미아 수도원'(Pachomian Monastery)에서 소장하다가 항아리에 밀봉해서 숨겼던 것으로 알려져 있습니다. 이 시기에 현재의 신약성경 27권을 정경으로 결정한 작업에 중요한 역할을 한 인물이 당시 이집트 알렉산드리아의 대주교 아타나시우스(Athanasius, 296~373)였습니다. 그런데 발견된 그 문서들이 영지주의 문서인지 어떻게 확인할 수 있었는가에 대한 의문이 생길 수 있을 것입니다. 바로 사도시대 이후 초대교회 교부 이레니우스(Irenaeus, 130~202)가 180년경에 『이단 논박(Adversus Haereses)』을 저술했기 때문입니다. 이 책은 기독교 정통교리를 세우고 지키는 데 지대한 역할을 한 책으로 모두 5권으로 구성되어 있습니다. 제1권은 이단들에 대한 설명, 제2권은 이단 사상들에 대한 논박, 제3~5권은 성경과 교회 전통에 따른 교리적 기초로 이루어져 있습니다. 헬라어로 기록된 원본은 소실되고 말았지만, 라틴어 번역본은 아직도 존재합니다. 이단을 규정하고 배척해서 정통 신앙을 유지해야 하는 교회로서는 이레니우스의 저술은 참으로 소중한 유산이 아닐 수 없습니다. 아울러 기독교 신앙의 보루(堡壘)요 유산이기도 한 신약성경 27권은 363년 라오디게아 종교회의(Council of Laodicea), 367년 아타나시우스의 27권 목록 제시, 393년 히포 종교회의(Council of Hippo), 그리고 397년 카르타고 종교회의(Council of Carthage)를 통해 정경으로 확정되었습니다. 특히 카르타고 회의에서 현재 우리가 사용하는 신약성경 목록으로 최종 확정된 일은 어거스틴(Augustine, 354~430)의 주도 아래 이루어졌고, 당시로부터 30년 전 아타나시우스가 제시했던 신약 27권이 그대로 정경으로 확정되었습니다. 이런 역사를 통해 알 수 있는 사실은 아무리 신앙적인 도움을 주는 부분이 있거나 복음의 진리를 상당 부분 기록한 책이라도 결코 성경에 포함될 수 없는 문서들이 초대교회 이후 약 300년간 교회 안팎으로 존재했고, 그런 문서들이 어떤 내용을 담고 있는지 1,600년이라는 세월이 흐른 뒤에 알 수 있게 되었다는 것입니다. 오히려 이런 문서들로 인해 초대교회 당시 신앙적 오류나 교리적 위험성에 관해 더 자세히 확인할 수 있게 되었고, 앞으로도 끊임없이 정통교리를 공격하고, 그리스도인들을 '영성'이라는 이름으로 미혹할 영지주의적 사상에 대비하는 데 이런 문서들이 도움이 되는 면도 있습니다.

바울과 베드로 등과 같은 사도들이 1세기에 존재했던 이단 사상의 씨앗들을 경계하도록 노력했다면, 이레니우스를 비롯한 교부들이 2세기에 교회 안팎에 자리 잡은 영지주의 이단 사상의 실체를 드러냈고, 4세기에 아타나시우스와 어거스틴과 같은 신학자들에 의해 신약성경의 정경화 작업이 완성됨으로써 더 이상 영지주의와 같은 이단 사상이 교회에서 활약하지 못하도록 울타리를 친 것과 같습니다. 아울러 아타나시우스는 그리스도를 믿는 신앙이 로마의 공인을 받은 후 처음으로 열린 공의회였던 니케아 종교회의에서 채택된 삼위일체 교리에도 결정적 역할을 한 인물로 유명합니다. 알려진 바에 의하면, 32세에 알렉산드리아 부제(副祭, 감독이나 사제의 보조자, 또는 집사)로 회의에 참석하여 성부 하나님과 성자 예수 그리스도의 '동일 본질' 즉 '호모우시오스'(ὁμοούσιος, homoousios)를 주장함으로써 정통 기독교 교리 확립에 지대한 영향을 미쳤습니다. 반면에 아리우스(Arius, 256~336)를 추종한 자들은 하나님과 예수님이 본질적으로 같지 않다면서 본질에 있어서 다르다는 뜻으로 '유사 본질' 즉 '호모이우시오스'(ὁμοιούσιος, homoiousios)를 주장하다 이단으로 정죄되었습니다. 그러므로 "그리스도께서는 신적인 능력으로 생명과 경건에 관한 모든 것을 우리에게 주셨습니다."라는 말씀을 확실히 믿어야 합니다. 좀 더 쉽게 풀이하자면, 이 구절은 "그리스도께서는 성부 하나님이 가지고 계시는 것과 똑같은 능력으로 영생과 경건에 관한 모든 은혜를 그리스도를 참으로 믿는 우리에게 주셨습니다"로 이해해야 합니다. 여기서 "주셨다"는 동사는 현재 완료형으로 이미 받았고, 또한 그 받은 상태가 계속 유지되고 있다는 뜻입니다. 그렇지만 우리가 받을 때는 직접적인 수단과 간접적인 수단이 있습니다. 직접적인 수단은 "자기의 영광과 덕으로써"(by His own glory and excellence)이고, 간접적인 수단은 "우리를 부르신 이를 앎으로 말미암음"(through the knowledge of the One having called us)입니다. 비슷한 예를 들면, "너희는 말세에 나타내기로 예비하신 구원을 얻기 위하여 믿음으로 말미암아 하나님의 능력으로 보호하심을 받았느니라"(벧전 1:5)는 말씀을 볼 때, 보호하심을 받게 되는 직접적인 수단은 "하나님의 능력"(by the power of God)이고, 간접적인 수단은 "믿음으로 말미암아"(through faith)입니다. 그러므로 두 가지 수단을 통해 받는데, 하나는 받는 자의 "앎"이고, 다른 하나는 주시는 분의 "영광과 덕"입니다. "앎"은 베드로 사도가 일반적인 '앎'인 '그노시스'(gnosis)와는 차이를 주려고 했던 '완전한 앎' 또는 '온전한 앎' 또는 '참된 앎'입니다. "영광과 덕"은 쉽게 보이면서도 간단히 알기 어려운 말입니다. 그러나 함축적이면서 단순하게 표현하자면, "영광"은 하나님의 본질적 속성이 가진 영원하고 완전한 아름다움이라 할 수 있습니다. 그래서 하나님의 영광은 창조된 세계와 사람들에게 나타나거나 드러납니다. 반면에 "덕"은 하나님의 본질적 속성이 드러나는 탁월한 행동이나 성품이라 할 수 있습니다. 그래서 영어로는 'virtue'보다는 'excellence'로 주로 번역되어 있습니다. "덕"은 '행동의 탁월성' 또는 '성품의 탁월성'으로 이해하기를 바랍니다. 하나님의 영광은 예수 그리스도에게서 드러납니다. "어두운 데에 빛이 비치라 말씀하셨던 그 하나님께서 예수 그리스도의 얼굴에 있는 하나님의 영광을 아는 빛을 우리 마음에 비추셨느니라"(고후 4:6)고 바울 사도가 교훈했습니다. 또한 예수 그리스도께서 하신 일이 바로 '하나님의 영광'입니다. 사도 요한이 "예수께서 이르시되 내 말이 네가 믿으면 하나님의 영광을 보리라 하지 아니하였느냐 하시니"(요 11:40)라고 기록한 말씀에서도 알 수 있습니다. 결국 간단히 줄이면 '예수 그리스도를 앎으로써'입니다. 이는 다르게 표현해서 '예수 그리스도를 믿음으로써'입니다. 하나님 또는 그리스도께서는 그분의 "신적인 능력으로" 우리에게 "생명과 경건에 속한 모든 것"을 주셨습니다. 그런데 '그리스도의 영광과 덕'이라는 직접적인 수단으로, 그리고 '앎' 또는 '믿음'이라는 간접적인 수단으로 받게 하셨습니다!

다음으로 살펴볼 4절 말씀은 "이로써 그 보배롭고 지극히 큰 약속을 우리에게 주사 이 약속으로 말미암아 너희가 정욕 때문에 세상에서 썩어질 것을 피하여 신성한 성품에 참여하는 자가 되게 하려 하셨느니라"입니다. "이로써"는 3절 뒷부분에 있는 "영광과 덕"이 자연스럽습니다. 그러므로 그리스도의 "영광과 덕"으로써 "그 보배롭고 지극히 큰 약속을 우리에게 주사"라고 이해할 수 있습니다. 또한 3절에서 사용된 '주다'라는 동사가 다시 사용되었는데, 이 "약속" 역시 특별한 은혜로 주신 것입니다! "보배롭고 지극히 큰 약속"은 "너희는 말세에 나타내기로 예비하신 구원을 얻기 위하여 믿음으로 말미암아 하나님의 능력으로 보호하심을 받았느니라"(벧전 1:5)는 말씀, "우리는 그의 약속대로 의가 있는 곳인 새 하늘과 새 땅을 바라보도다"(벧후 3:3)는 말씀, 그리고 "썩지 않고 더럽지 않고 쇠하지 아니하는 유업"(벧전 1:4)과 같은 말씀으로 받아들이기를 바랍니다. 그리고 "이 약속으로 말미암아 너희가 정욕 때문에 세상에서 썩어질 것을 피하여 신성한 성품에 참여하는 자가 되게 하려 하셨느니라"는 말씀이 이어집니다. "정욕 때문에 세상에서 썩어질 것을 피하여"라는 말씀과 같이 사람들의 정욕으로 인해 부패하고 타락하고 썩는 게 본질인 이 세상(κόσμος, cosmos)으로부터 피할 수 있도록 하는 건, 다름 아닌 어떤 이상한 가르침이 아니라 바로 예수 그리스도를 통해 주신 하나님의 약속이라는 사실입니다. 당시 소아시아 지역 교회들 가운데는 바울 사도가 우려했던 유대주의자들이 복음보다는 율법의 행위들을 강조함으로써 그리스도인들을 미혹하기 시작했고, 그리스 철학과 동양의 신비종교의 영향을 받은 사상가들이 교회 안팎에서 영향력을 행사하기 시작했던 것입니다. 그리스도인들은 교회에 속한 자들이지만 교회가 여전히 세상에 존재하기 때문에 결코 세상의 철학이나 종교나 문화에 영향을 받지 않아야 합니다. 우리는 당시 사도들이 세상에 대해 어떻게 생각했는지 말씀을 통해 알 수 있습니다.

"간음한 여인들아 세상과 벗된 것이 하나님과 원수 됨을 알지 못하느냐 그런즉 누구든지 세상과 벗이 되고자 하는 자는 스스로 하나님과 원수 되는 것이니라"(약 4:4)

"이 세상이나 세상에 있는 것들을 사랑하지 말라 누구든지 세상을 사랑하면 아버지의 사랑이 그 안에 있지 아니하니"(요일 2:15)

"데마는 이 세상을 사랑하여 나를 버리고 데살로니가로 갔고 그레스게는 갈라디아로, 디도는 달마디아로 갔고"(딤후 4:10)

"너희가 세상에 속하였으면 세상이 자기의 것을 사랑할 것이나 너희는 세상에 속한 자가 아니요 도리어 내가 너희를 세상에서 택하였기 때문에 세상이 너희를 미워하느니라"(요 5:19)

이처럼 그리스도인들에게 주어진 약속은 이 세상에 살면서도 세상을

 21세기 한국교회를 위한 **베드로후서 강설**

사랑하지 않고 세상과 벗이 되지 않으며, 세상의 정치와 문화와 관습에 빠지지 않고, 영원한 하나님의 나라를 바라보게 하고 하나님의 성품 즉 *"신성한 성품에 참여하는 자"*가 되게 함을 깨닫기를 바랍니다. 만약 어떤 그리스도인이 세상에 살면서 세상이 불편하지 않고 세상이 즐겁다면, 그것은 그 사람의 속성과 세상의 속성이 잘 어울린다는 의미입니다. 즉 세상의 속성에 자기의 인격과 성품이 잘 융화된다는 뜻이고, 이것은 곧 속되고 타락하고 부패한 세상의 성품에 참여한 것입니다. 특히 "정욕"은 하나님의 거룩한 속성에 반하는 것으로 육체의 욕심을 추구하는 마음입니다. 색욕(살전 4:5), 욕심(약 1:14~15), 육체의 소욕(갈 5:17), 몸의 사욕(롬 6:12), 정욕(요일 2:15~17), 탐욕(시 78:18, 엡 5:3) 등으로 일컫는 육체적 본성은 물질에 대한 욕심부터 성에 대한 뒤틀린 욕망, 먹고 마시는 것에 관한 지나친 식욕, 육체적 우월성과 아름다움을 과시하고자 하는 욕망, 권력과 명예에 대한 야망, 자랑하고 인정받고자 하는 욕심, 지적으로 높은 수준에 이르고자 하는 욕망 등이 있습니다. 그런데 개인의 정욕은 타인의 정욕과 하나가 됨으로써 더 큰 쾌감을 느낍니다. 서로의 정욕을 함께 인정하고 함께 채우고자 하는 연대 의식이 문화의 이름으로, 혁명의 이름으로 '시대 정신'(Zeitgeist)이 되기도 합니다. 프랑스 파리를 중심으로 시작된 '68혁명'은 반전(反戰) 운동이 출발점이었지만 반정부 운동으로, 성(性) 혁명으로, 환경주의 운동으로, 반기독교 운동으로 확산 및 연계되었고, 더욱 위험한 사실은 개인의 내면을 스스로 계발하고 영적인 깨달음을 통해 자아를 실현하는 뉴에이지 운동(New Age Movement)과 연합이 된 형태로 진보해가고 있다는 것입니다. 68혁명이 추구하는 바가 사회적이고 정치적인 변혁이라면, 뉴에이지 운동은 지성적이고 영적인 개인의 변혁을 통해 세상의 영성에 참여한다는 것입니다. 68혁명 당시 반전 운동에 참여했던 미국의 제42대 대통령 빌 클린턴(Bill Clinton)과 당시 부통령 앨 고어(Albert Gore Jr.)는 68혁명 세대가 정치적 기득권을 누린 대표적인 사례입니다. 클린턴 행정부 고위직에 많은 동성애자 관리들이 직무를 담당했고, 백악관 오벌 오피스(Oval Office)에서 20대 모니카 르윈스키가 2년간 인턴으로 근무하는 동안 클린턴은 그녀와 성관계를 가진 일로 탄핵 위기를 맞기도 했습니다. 세계적 리더 그룹이 된 68혁명 세대는 미국 민주당을 중심으로 해서 유럽 여러 나라 정치지도자들로서 억압된 성으로부터의 자유, 신자유주의 시장경제, 뉴에이지 영성을 모든 세계에 퍼뜨리고 있습니다. 게다가 반전 운동에 적극적으로 참여했던 68혁명 세대가 세계 여러 지역에서 일어나는 전쟁에 대해 강경 입장으로 돌아섰다는 사실입니다. 코소보 전쟁(Kosovo War)이 그러한 사례입니다. 또한 클린턴은 1994년 1차 북핵 위기 때 북한 영변 핵시설에 대한 정밀폭격을 검토했고, 당시 폭격이 시작되면 전쟁 발발로 인해 민간인 포함 약 150만 명의 사상자가 나올 거라는 전쟁 시나리오를 미 합참의장 존 샬리캐슈빌리(John Shalikashvili)가 클린턴에게 보고함으로써 전쟁 계획은 취소되었습니다. 만약 트럼프가 2024년 11월에 대통령으로 당선되지 못했다면, 우리나라는 전쟁을 피할 수 없었을 것입니다. 윤석열 정부에서 전쟁을 반드시 일으키려고 했기 때문입니다. 이제 우리는 이 시대의 영적 흐름을 살펴야 합니다. 기후 변화나 기후 재앙이라는 말로 막연한 불안감과 공포심을 조장하면서 세계를 하나의 어젠더(agenda)로 이끌고자 하는 '기후 위기론자'들, 지구를 신격화하는 환경주의자들, 문화마르크스주의자들, 뉴에이지 운동가들, 신자유주의자들, 무신론적 과학주의자들과 같은 사람들입니다. 이들이 바로 하나님을 멸시하는 교만한 인본주의자들입니다. 시편 기자는 "악인은 그의 마음의 욕심을 자랑하며 탐욕을 부리는 자는 여호와를 배반하여 멸시하나이다 악인은 그의 교만한 얼굴로 말하기를 여호와께서 이를 감찰하지 아니하신다 하며 그의 모든 사상에 하나님이 없다 하나이다”(시 10:3)라고 하나님을 향해 괴로운 마음을 토로했습니다. 이제 뉴에이지 운동이라는 새로운 영지주의가 그리스도인들이 하나님의 성품에 참여하지 못하도록, 대신 이 세상의 타락한 성품에 참여하도록 이끌어 갈 것입니다. 《개역개정》으로는 “그 보배롭고 지극히 큰 약속을 우리에게 주사 이 약속으로 말미암아 너희가 정욕 때문에 세상에서 썩어질 것을 피하여 신성한 성품에 참여하는 자가 되게 하려 하셨느니라”고 기록되어 있는데, 《현대인의성경》으로 보면, “이것으로 그리스도는 아주 소중하고 중대한 약속을 우리에게 주셨으며 이 약속을 통해 여러분이 세상의 파괴적인 정욕을 피하여 신의 성품에 참여하도록 하셨습니다.”로 기록되어 있습니다. 그리스도께서 주신 약속을 확실히 알고 믿음으로써 “파괴적”이고 “썩어질” 세상의 정욕에서 벗어나 “신성한 성품에 참여하는 자”가 되기를 바랍니다. 아멘.

(2025년 8월 10일)

제3강

코레고스(χορηγός)

지난 본문 "그의 신기한 능력으로 생명과 경건에 속한 모든 것을 우리에게 주셨으니 이는 자기의 영광과 덕으로써 우리를 부르신 이를 앎으로 말미암음이라 이로써 그 보배롭고 지극히 큰 약속을 우리에게 주사 이 약속으로 말미암아 너희가 정욕 때문에 세상에서 썩어질 것을 피하여 신성한 성품에 참여하는 자가 되게 하려 하셨느니라"(벧전 1:3~4)라는 말씀과 이번 본문은 연결해서 살펴봐야 하지만, 시간과 분량의 한계가 있어서 나누어 살펴보게 되었습니다. 베드로는 그리스도께서 우리에게 "신기한 능력으로"("신적인 능력으로"《현대인의성경》) "생명과 경건에 속한 모든 것을 우리에게 주셨"음을 우리가 "앎으로"써 "정욕 때문에 세상에서 썩어질 것을 피하여 신성한 성품에 참여하는 자가" 된다는 사실을 교훈했습니다.

이제 살펴볼 본문은 "생명과 경건"을 은혜로 받은 자들 즉 "보배로운 믿음"(벧전 1:1)을 가진 자들이 구체적으로 어떤 삶을 통해 "신성한 성품"에 참여하는지, 또는 참여할 수 있는지 보여주는 매우 중요한 내용입니다. 다시 한번 정리하자면, 그리스도께서는 우리에게 "생명과 경건"을 주셨습니다. 직접적인 수단인 "그의 신기한 능력으로" 즉 "신성한 능력"으로 주셨습니다. 우리는 간접적인 수단(이것조차도 은혜로 주신 것임)인 "우리를 부르신 이를 앎으로"(1:3) 즉 "보배로운 믿음"(1:1)으로 받은 것입니다. 그렇다면 믿음으로써 "생명과 경건에 속한 모든 것을" 받은 그리스도인들은 이미 생명 즉 영생을 누리고 있는 자들입니다. "내가 진실로 진실로 너희에게 이르노니 내 말을 듣고 또 나 보내신 이를 믿는 자는 영생을 얻었고 심판에 이르지 아니하나니 사망에서 생명으로 옮겼느니라"(요 5:24)라는 말씀과 같이 이미 영생을 얻었습니다. 이 생명은 영원히 멸망하지 않고 빼앗기지 않는 생명입니다. 예수님은 "내가 그들에게 영생을 주노니 영원히 멸망하지 아니할 것이요 또 그들을 내 손에서 빼앗을 자가 없느니라"(요 10:28)라고 약속하셨습니다. 그러나 "경건에 속한 모든 것" 또는 "경건"은 영생을 얻은 자가 이 세상에 있는 동안 하나님과 그리스도인들에 대해 맺는 거룩한 관계와 그와 관련한 삶입니다. 갓 태어난 아이가 생명을 가진 자로서 성장하는 동안 부모와 사람들과의 관계를 맺으며 살아가듯이 그리스도인들도 마찬가지입니다. 사도 바울은 "그러므로 나의 사랑하는 자들아 너희가 나 있을 때뿐 아니라 더욱 지금 나 없을 때에도 항상 복종하여 두렵고 떨림으로 너희 구원을 이루라"(빌 2:12)라고 교훈했습니다. "두렵고 떨림으로" 즉 하나님을 경외함으로써 "구원을 이루"어 나아가야 합니다. 여기서 "구원"은 새롭게 주어진 생명 그 자체를 가리키는 것이 아니라, 이 세상에 있는 동안 그 생명이 성장하는 과정과 결과를 가리킵니다. 그러므로 구원 즉 영생을 은혜로 받은 그리스도인들이 그리스도 안에서 하나님과의 관계를 시작하는 삶이 바로 경건입니다. 이번 본문을 통해 "경건에 속한 모든 것"이 그리스도인들의 삶에서 어떤 식으로 나타나는지, 또한 어떻게 나타내야 하는지 깨닫기를 바랍니다. 아울러, 그리스도로부터 생명의 은혜를 받지 못한 사람은 결코 경건을 나타낼 수 없습니다. 죽음으로 향하는 사람에게서는 '종교심'(행 17:22)밖에 나올 수 없고, 경건은 하나님으로부터 받는 것이기 때문입니다. 그래서 경건은 새 생명을 얻은 거듭난 자들의 성장 과정이요 성장의 열매입니다. 생명이 없이는 경건도 없음을 명심하기를 바랍니다!

생명과 경건의 관계는 구원을 얻은 것과 구원을 성취해가는 과정에 비유할 수 있듯이 '이미'(already) 임한 하나님 나라와 '아직'(not yet) 완성되지 않은 하나님 나라에 비유할 수 있습니다. 예수님은 제자들에게 "그러나 내가 하나님의 성령을 힘입어 귀신을 쫓아내는 것이면 하나님의 나라가 이미 너희에게 임하였느니라"(마 12:28)라고 하셨지만, 또 한편으로는 "내가 너희에게 이르노니 내가 이제부터 하나님의 나라가 임할 때까지 포도나무에서 난 것을 다시 마시지 아니하리라"(눅 22:18)라고 하심으로써 '아직' 임하지 않은 하나님 나라를 말씀하셨습니다. 베드로 사도 역시 "우리는 그의 약속대로 의가 있는 곳인 새 하늘과 새 땅을 바라보도다"(벧후 3:13)라고 함으로써 '아직' 오지 않은 하나님 나라인 "새 하늘과 새 땅"에 대해 교훈했습니다. 그러므로 예수 그리스도가 세상에 오심으로써 하나님 나라는 '이미' 시작되었지만, '아직' 완성되지 않았습니다. 예수님이 약속하신 대로 다시 오실 때 하나님 나라가 온전히 완성됩니다. 마찬가지로 그리스도인들은 이 세상에서 이미 영생을 얻었지만, 저세상 즉 완성될 하나님의 나라에서 온전히 누리게 됩니다. 그러기 전까지 이 세상에서 생명을 얻은 자들의 믿음의 삶이요 거룩한 삶이 바로 경건임을 깨닫기를 바랍니다.

이제 우리에게 주어진 생명(영생)이라는 본질은 믿음을 통해 경건의 여러 속성을 드러낼 것입니다. 살아있기에 살아있는 증거들이 나타날 것입니다. 꽃을 보는 사람들 눈에는 식물에서 꽃이 피어나겠지만, 식물은 스스로 꽃을 힘겹게 피울 것입니다. 마찬가지로 다른 사람들의 관점에서는 그리스도인들에게서 생명의 꽃들 또는 열매들이 나오겠지만, 그리스도인들은 각자 힘들고 어렵더라도 마침내 꽃들을 피우고 열매를 맺게 될 것입니다. 베드로는 소아시아 지역 교회들은 물론 모든 그리스도인에게 *"그러므로 너희가 더욱 힘써 너희 믿음에 덕을, 덕에 지식을, 지식에 절제를, 절제에 인내를, 인내에 경건을, 경건에 형제 우애를, 형제 우애에 사랑을 더하라"*고 명령했습니다. 여기서 먼저 알아야 할 네 가지는 첫째 *"너희가 더욱 힘써"*라는 부분, 둘째 *"너희 믿음에"*라는 부분, 셋째 *"더하라"*는 부분, 마지막 넷째 '여덟 가지로 이루어진 품성'입니다. 이 여덟 가지는 새로운 생명을 얻게 된 자들의 조화롭고 아름다운 거룩한 속성이요 *"신성한 성품에 참여하는"* 품성입니다. 이 여덟 가지 품성은 검은색, 갈색, 붉은색, 녹색, 살구색, 올리브색, 하늘색, 크림색 등의 다양한 색으로 인해 붙여진 '팔색조'(八色鳥)처럼 아름다운 조화를 이루는 그리스도인의 거룩한 덕목입니다.

첫째, 베드로는 *"너희가 더욱 힘써"*라고 시작했습니다. 더욱 힘쓰라는 말은 열심히, 간절히, 열정적으로, 헌신적으로 행하라는 뜻(고후 7:11~12, 8:16, 유 1:3)이 있고, 동시에 부지런히(히 6:11) 행하라는 뜻도 있습니다. 그러므로 게으름을 피우고 대충대충 하거나 뒤로 미루는 태도 또는 행동이 아니라, 부지런히, 그리고 그때그때 바로바로, 또한 철저히 하라는 뜻입니다.

둘째, 톱니바퀴처럼 이어지고, 또는 퍼즐 조각처럼 하나로 완성되는

데 있어서 가장 중심 또는 가장 기초가 되는 것이 바로 "너희 믿음에"라는 말씀에 있는 "믿음"입니다. 이 "믿음"은 나머지 일곱 개 목록을 떠받치는 기둥이요 토대입니다. 이는 마치 교회의 기초요 기둥이요 머리인 예수 그리스도와 같은 존재에 비유될 수 있습니다. 그리스도인들이 하나님의 '맏아들' 그리스도와 함께 '형제'들이지만 그리스도가 없으면 나머지 모든 형제가 존재할 수 없는 것과 똑같은 이치입니다. 이 "믿음"은 히브리서 11장에 나열되어 있듯이 하나님이 기뻐하시는 경건한 삶을 가능하게 했습니다. '모퉁이 돌' 예수 그리스도가 빠지면 교회라는 건물이 세워질 수 없듯이, 이 "믿음"이 없이는 덕, 지식, 절제, 인내, 경건, 형제우애, 그리고 사랑이 모두 하나를 이룰 수 없습니다. 이 "믿음"은 그리스도인에게 생명을 줌과 동시에 생명의 열매를 맺도록 해줍니다. 아울러 믿음 역시 *"형제들아 우리가 너희를 위하여 항상 하나님께 감사할지니 이것이 당연함은 너희의 믿음이 더욱 자라고 너희가 다 각기 서로 사랑함이 풍성함이니"*(살후 1:3)라는 말씀에서 알 수 있듯이, 본질적으로 하나님께 받은 은혜의 선물일지라도 그리스도인에게 있어 '자라나는 품성'임을 잊지 말기를 바랍니다.

셋째, *"더하라"*는 독특하면서도 매우 중요한 말씀을 보고자 합니다. 신약성경에서 오직 여기에만 나오는 동사 '더하다' 또는 '공급하다'(ἐπιχορηγήσατε, epichorēgēsate)라는 말은 베드로 사도가 특별히 선택해서 사용한 의도가 있었음을 알 수 있습니다. 우리말 성경으로는 문장 마지막에 *"더하라"*는 명령어가 나오지만, 헬라어 성경으로는 여덟 가지 목록 앞에 나와서 *"믿음"* 뒤에 일곱 가지가 계속 더해지는, 즉 공급되는 형태로 묘사되었습니다. 그래서 마지막에는 *"사랑"*이 공급됨으로 *"믿음"*의 온전함을 이루게 된다는 의미입니다. 여기서 '공급하다'는 말은

'필요한 모든 것을 공급하다'는 뜻입니다. 공급하는 사람을 뜻하는 명사가 '코레고스'(χορηγός, choregos)인데, 이 말에서 합창(코러스, chorus), 안무(choreography)라는 말이 생겨났습니다. '코레고스'는 재정적 도움을 주는 스폰서나 후원자와는 차원이 다른 사람이었습니다. BC 5세기에 그리스 아테네에서 디오니소스(Dionysos)를 기리는 축제가 열렸을 때, 가장 중요하고 큰 대회가 연극 경연대회였는데, 최고 수준으로 선정된 세 명의 극작가들 작품이 3일 동안 극장에서 공연되었고, 아테네 시민 2만 명이 참석할 수 있는 반원형 극장에서 각 극작가는 하루에 3개의 비극(Tragedy)과 1개의 사티로스극(Satyr)을 공연해야 했습니다. 배우 겸 합창단원들은 가면을 쓰고 노래하고 춤추며 연기를 했고, '코레고스'는 무대에 필요한 장치, 의상, 가면, 합창단에 필요한 모든 비용 즉 훈련비, 숙식비, 생활비 등을 공급했습니다. 그래서 '코레고스'는 아테네 귀족이 할 수 있는 일이었고, 상을 받으면 극작가와 함께 최고의 영예를 누릴 수 있었습니다. BC 5세기 당시 최고의 극작가 아이스킬로스(Aeschylus)의 작품은 《페르시아인들》(BC 472)이었고, '코레고스'는 23세의 귀족 페리클레스(Pericles, BC 495~429)였습니다. 그는 34세에 장군이 된 후 36세에 아테네 최고 권력자가 되었습니다. 그는 가난한 사람도 연극을 볼 수 있도록 관람 비용을 국가 재정으로 지출하는 정책을 내놓았습니다. 우리가 알아야 할 것은, 로마가 그리스제국을 이어서 동방과 서방, 그리고 지중해 세계를 정복했지만, 그리스 문화 즉 헬레니즘(Hellenism)은 정복하지 못하고 그대로 이어받게 되었다는 사실입니다. 그 정도로 헬레니즘의 영향력이 컸다는 것입니다. 19세기에 만들어진 말 '헬레니즘'은 BC 333년 알렉산더 대왕이 페르시아 제국을 정복한 때부터 시작해서 그 후 로마가 아프리카 북부 알렉산드리아와 카르타고를 정복한 BC 30년까지의 약 300년 시대를 꽃피운 문화를 말합니다. 어떤 경우는 헬레니즘이 로마에 미친 영향력이 커서 4세기까지, 즉 600년 이상으로 보기도 합니다. 특히 이집트 프톨레마이오스 왕조(Ptolemaic Dynasty)는 BC 305년부터 BC 30년까지 이집트를 다스린 헬레니즘 왕가였습니다. 알렉산더 대왕이 세운 도시 이집트 북부 알렉산드리아는 헬레니즘 문화의 중심 역할을 했고, 로마제국에도 지대한 영향을 미쳤습니다. 그러므로 소아시아 지역에서도 헬레니즘의 산물이었던 연극은 일반 사람들에게 일상의 일부였고, '코레고스'와 극작가와 합창단은 베드로 당시 로마나 로마 속주에 속한 모든 사람이 익숙하게 알고 있었습니다. 그래서 베드로가 '공급하다' 즉 '에피코레게사테'(epichorēgēsate)라는 동사를 의도적으로 사용했음을 알 수 있습니다. 그렇다고 베드로가 우상 디오니소스를 위한 축제에 참여하고 연극을 관람해도 된다고 가르친 건 아닙니다. 로마 시대 연극보다는 성적인 묘사가 훨씬 덜했지만 '사티로스'극의 '사티로스'가 그리스 신화에 나오는 반인반수(半人半獸)로 디오니소스 시종 역할을 하는 우상이었음을 잊지 말아야 합니다. 성욕이 강해서 항상 성기가 발기된 상태로 있는 존재여서 사티로스극 자체가 기본적으로 음란하고 퇴폐적으로 구성되었습니다. 베드로는 다만 누구나 알고 있던 문화적인 소재에서 '필요로 하는 모든 것을 공급하다'는 의미의 단어를 선택해서 사용한 것이지, 그리스–로마 문화를 수용하는 차원은 결코 아니었습니다. 고대 그리스에서 극작가가 공연할 연극 작품 4개를 만든 후 단원들을 훈련해서 무대에 오르도록 하기까지 약 1년 동안 필요한 모든 비용과 생활비와 의상과 소품과 장비 등을 '코레고스'가 전부 공급했습니다. 바로 이 '공급하다'는 말을 사용했다는 사실은 하나님이 뜻하신 대로 그리스도인들이 완벽한 삶의 작품을 인생의 무대(orchestra)에서 객석(theatron)에 있는 모든 사람 앞에 조화로운 합창(chorus)으로 드러내 보여야 하는데, 1장 3절 "경건에 속한 모든 것을 우리에게 주셨으니"라는 말씀에서 알 수 있듯이 그리스도인들은 "모든 것을" 가진 사람들이기 때문에 가진 것을 사용해서 영생을 얻게 된 자들의 본질적인 속성과 품성을 완벽하게 드러내야 했고, 이는 모든 그리스도인에게 적용되는 것입니다.

네 번째로 '여덟 가지로 이루어진 품성'을 알아볼 차례입니다. "그러므로 너희가 더욱 힘써 너희 믿음에 덕을, 덕에 지식을, 지식에 절제를, 절제에 인내를, 인내에 경건을, 경건에 형제 우애를, 형제 우애에 사랑을 더하라"는 명령은 심사숙고 끝에 톱니바퀴처럼 이어진 목록을 베드로 사도가 제시함으로써 넓은 의미의 '경건'을 묘사했습니다. 이 여덟 가지가 바로 경건의 삶입니다. 첫째, "믿음"입니다. 좁은 의미로 '믿음'은 하나님이 은혜로써 주신 선물입니다(엡 2:8). 이 믿음이 없으면 나머지 일곱 가지 품성을 만들어 낼 수 없습니다. 그러나 다른 한편으로는, 즉 넓은 의미로써 "믿음"은 하나님을 신뢰하고 하나님의 약속을 따라 살아가는 삶입니다. 이는 히브리서 11장에 믿음의 삶을 살았던 인물들에 대한 소개를 통해서도 알 수 있습니다. 야고보 사도는 "영혼 없는 몸이 죽은 것 같이 행함이 없는 믿음은 죽은 것이니라"(약 2:26)라는 말씀을 통해 머리로만 믿는 게 참된 믿음이 아니라 실천하는 삶이 있어야 참된 믿음이라고 했습니다. 야고보는 "내 형제들아 만일 사람이 믿음이 있노라 하고 행함이 없으면 무슨 유익이 있으리요 그 믿음이 능히 자기를 구원하겠느냐 만일 형제나 자매가 헐벗고 일용할 양식이 없는데 너희 중에 누구든지 그에게 이르되 평안히 가라, 덥게 하라, 배부르게 하라 하며 그 몸에 쓸 것을 주지 아니하면 무슨 유익이 있으리요 이와 같이 행함이 없는 믿음은 그 자체가 죽은 것이라"(약 2:14-17)라고 교훈했고, 사도 바울은 디모데에게 "믿음의 선한 싸움을 싸우라 영생을 취하라 이를 위하여 네가 부르심을 받았고 많은 증인 앞에서 선한 증언을 하였도다"(딤전 6:12)

라고 권면함으로써 믿음을 지키기 위해 그리스도 안에서 계속 싸워야 함을 강조했습니다. 믿음은 영지주의자들이 생각하는 '비밀스러운 깨달음'이 아니라 실천하는 삶임을 명심하기를 바랍니다.

둘째, "믿음에 덕을" 더하는 것입니다. 즉 "덕"(virtue, excellence)을 충분히 온전히 공급하라는 것입니다. 이는 믿음이라는 품성에 덕을 조금 더하라는 정도가 아닙니다. 믿음이라는 음식 메뉴에 덕이라는 특별한 소스를 더하라는 정도도 아닙니다. 그런 소스 정도로 생각하면, 없으면 아쉽고 부족하지만 결국 없어도 되는 것이 되고 맙니다. 덕은 믿음의 다른 면을 보여주는 것으로써, 도덕적으로 거룩한 품성 즉 도덕적으로 훌륭한 삶을 나타내는 것입니다. 한편으로는 그리스도인으로서 새롭게 갖춘 윤리적 품성이요 도덕적 힘(능력)이라 할 수 있습니다.

셋째, "덕에 지식을" 더하는 것입니다. 즉 지식을 온전히 공급하라는 뜻입니다. 여기서 베드로는 지식을 말할 때 '온전한 지식'(ἐπίγνωσις, epignósis) 대신 '지식'(γνῶσις, gnōsis)이라는 말을 그대로 사용했습니다. 순수한 지식의 측면을 고려한 것으로도 볼 수 있고, '온전히 공급하라'는 동사 자체가 적당한 지식이나 피상적인 지식을 배제하기에 굳이 사용하지 않았다고 짐작할 수 있습니다. 베드로는 일반적이고 과학적인 지식을 말한 것이 아닙니다. 하나님의 말씀에 대한 지식이요, 그 말씀을 통해 얻는 지혜와 분별력을 포괄한 의미로 말한 것입니다. "이제부터는 너희를 종이라 하지 아니하리니 종은 주인이 하는 것을 알지 못함이라 너희를 친구라 하였노니 내가 내 아버지께 들은 것을 다 너희에게 알게 하였음이라"(요 15:15)고 예수님이 제자들에게 말씀하셨을 때 "내가 내 아버지께 들은 것을 다 너희에게 알게 하였음이라"는 말씀은 하나님과 그리스도를 알고, 인격적 관계가 형성되었음을 뜻하는 지식입니다. 이런 의미에서 '영적 지식'이라 할 수 있지만, 그리스도인들이 얻게 되는 '영적 지식'은 하나님과 하나님의 말씀에 대한 지식, 즉 그리스도에 대한 지식, 그리고 교리적 이해를 통해 형성된 관계적이고 인격적인 지식입니다. 그러므로 "덕"을 대신할 만큼의 또 다른 면으로 볼 수 있는 품성으로서의 지식입니다. 그리스도인의 신앙 자체가 "덕"을 드러내고 베푸는 삶인데, 이는 곧 하나님에 대한 인격적인 "지식"을 갖춘 삶입니다.

넷째, "지식에 절제를" 더하는 것입니다. 즉 "절제"라는 품성을 온전히 공급하라는 뜻입니다. 이 절제는 "바울이 *의와 절제와 장차 오는 심판을 강론하니 벨릭스가 두려워하여 대답하되 지금은 가라 내가 틈이 있으면 너를 부르리라 하고*"(행 24:25)라는 말씀에 나오는 "절제"와 같은 뜻인데 자기 자신의 감정을 지배하고 억제하는 품성으로, 훈련으로 형성된 윤리적 품성입니다. 바울 사도가 지식 중심의 신앙생활에 빠져 있었던 고린도 교회를 향해 "*우상의 제물에 대하여는 우리가 다 지식이 있는 줄을 아나 지식은 교만하게 하며 사랑은 덕을 세우나니*"라고 한 말에서 "*지식은 교만하게 하며*"라는 부분에 해당하는 말씀입니다. 바리새인들과 제사장들의 지식은 그들을 교만하게 만들었습니다. 참된 지식이 있는 자는 반드시 "절제"(self-control)의 덕을 갖추게 마련입니다. 예레미야 선지자를 통해 하나님은 이스라엘 백성에게 "*네가 옛적부터 네 멍에를 꺾고 네 결박을 끊으며 말하기를 나는 순종하지 아니하리라 하고 모든 높은 산 위에서와 모든 푸른 나무 아래에서 너는 몸을 굽혀 행음하도다*"(렘 2:20)라고 말씀하셨습니다. 절제가 없는 삶은 하나님을 멀리하고 "*모든 높은 산 위에서와 모든 푸른 나무 아래에서 … 몸을 굽혀 행음*"하는 삶 즉 우상을 숭배하고 성적으로 타락한 삶을 살게 되어 있습니다.

"절제"는 자신을 억제하고 하나님께 온전히 맡기는 삶입니다.

　다섯째, "절제에 인내를" 더하는 것입니다. 즉 "인내"라는 품성을 온전히 공급하라는 뜻입니다. "절제"가 자기 자신을 제한하고 욕망에 대해 소극적으로 만드는 품성 즉 세상을 향하는 자기 자신을 철저히 막는 것이라면, "인내"는 밖으로부터 오는 공격과 시험으로부터 철저히 지켜내고 견뎌내는 것입니다. 그래서 예수님은 "또 너희가 내 이름으로 말미암아 모든 사람에게 미움을 받을 것이나 너희 머리털 하나도 상하지 아니하리라 너희의 인내로 너희 영혼을 얻으리라"(눅 21:17~19) 하셨습니다. 예수님은 믿음을 인내로 표현하셨습니다. 세상에 대해 굳건하게 견딤으로써 어떤 공격에도 굴하지 않고 쓰러지지 않는 품성입니다. 결국 "인내"는 하나님의 약속이 이루어지기까지 기다리는 의지입니다. 세상에 대해 견디고(standing fast), 하나님에 대해서는 참고 기다리는 것(expecting, or waiting)입니다. 야고보 사도 역시 "인내를 온전히 이루라 이는 너희로 온전하고 구비하여 조금도 부족함이 없게 하려 함이라"(약 1:4) 했고, 사도 요한도 "성도들의 인내가 여기 있나니 그들은 하나님의 계명과 예수에 대한 믿음을 지키는 자니라"(계 14:12)고 했습니다. 핍박과 환란으로부터 믿음을 단단히 지켜내는 것이고, 그리스도에 대한 믿음을 끝까지 지킴으로써 약속을 기다리는 것이 바로 "인내"입니다. 다른 한편으로는 유혹이나 뇌물이나 시험으로부터 자기를 지키고 하나님과 올바른 관계를 유지해나가는 것입니다. 하나님은 이스라엘 백성에게 "너는 뇌물을 받지 말라 뇌물은 밝은 자의 눈을 어둡게 하고 의로운 자의 말을 굽게 하느니라"(출 23:8) 하셨습니다. 뇌물은 사람의 도덕적 품성을 무너뜨립니다. 뇌물로부터 자기 자신을 지키는 것 역시 "인내"입니다.

여섯째, *"인내에 경건을"* 더하는 것입니다. 여기서 *"경건"*은 좁은 의미의 경건입니다. 넓은 의미의 '경건'은 본문에 나오는 이 여덟 가지 목록을 합친 것과 다름이 없습니다. *"경건"*은 하나님과 올바른 관계 속에서 항상 하나님을 예배하고 하나님의 뜻을 알아가는 것입니다. 바울 사도는 *"망령되고 허탄한 신화를 버리고 경건에 이르도록 네 자신을 연단하라 육체의 연단은 약간의 유익이 있으나 경건은 범사에 유익하니 금생과 내생에 약속이 있느니라"*(딤전 4:7~8)고 교훈했습니다. 옷을 벗고 몸을 단련하거나 운동 경기를 하면, 약간의 유익은 있겠지만, *"경건"*은 이 세상에서 누리는 기쁨과 오는 세상에서 영원히 누리게 되는 영생이 주어지는 일이기에 최고로 유익한 일이요 완전하고도 영원한 유익을 습니다. *"인내에 경건을"* 온전히 공급함으로써 어떤 환경이나 상황에서도 하나님을 예배하는 삶을 이어가기를 바랍니다.

일곱째, *"경건에 형제 우애를"* 더하는 것입니다. 하나님을 향한 *"경건"*의 삶에 *"형제 우애"*를 온전히 공급하라는 뜻입니다. 바울 사도는 *"형제를 사랑하여 서로 우애하고 존경하기를 서로 먼저 하며"*(롬 12:10)라고 교훈했는데, 이는 요한 사도가 *"우리가 이 계명을 주께 받았나니 하나님을 사랑하는 자는 또한 그 형제를 사랑할지니라"*(요일 4:21)고 한 교훈과 같이 '하나님을 향한 경건'은 반드시 '형제 사랑' 즉 *"형제 우애"*로 나타남을 뜻합니다. 야고보는 *"하나님 아버지 앞에서 정결하고 더러움이 없는 경건은 곧 고아와 과부를 그 환난 중에 돌보고 또 자기를 지켜 세속에 물들지 아니하는 그것이니라"*(약 1:27)라고 함으로써 하나님의 백성 또는 이웃에 속한 고아와 과부를 돌봐야 참된 경건이라고 교훈했습니다. 그러므로 하나님을 향한 경건한 삶의 또 다른 한 면은 형제를 향한 사랑이어야 합니다.

여덟째, "형제 우애에 사랑을 더하라"고 했습니다. "형제 우애"와 비슷하게 여길 수 있지만, "사랑"은 형제가 아닌 사람들 즉 그리스도 밖에 있는 사람들까지도 사랑의 대상으로 여기는 품성입니다. 그런데 이 "형제 우애"를 실천하는 사람들이 하나님이 원하시는 진정한 "사랑"을 할 수 있습니다. 또한 "형제 우애"는 "사랑"으로 확장되는 품성입니다. 베드로는 마지막 품성의 목록으로 "사랑"을 온전히 공급하라고 했는데, 이는 그리스도께서 보여주신 그 십자가 사랑을 본받아 실천하라는 명령입니다. 이렇게 믿음의 씨앗을 시작으로 해서 사랑의 꽃까지 활짝 피우도록 명령했습니다. 고대 그리스 극작가와 연극에 필요한 제반 비용을 온전히, 충분히, 그리고 모두 제공했던 '코레고스'처럼 당시 소아시아 지역 그리스도인들과 우리는 하나님으로부터 받은 선물 즉 "생명과 경건에 속한 모든 것"(벧전 1:3)이 있기에 모두가 '코레고스'입니다. 인생 즉 세상이라는 무대에서 객석에 있는 모든 사람에게 영광스러운 갈채를 받을 수 있도록 완벽하고 조화로운 합창을 공연할 수 있도록 필요한 모든 것을 스스로 공급해야 합니다. 고대 그리스 도시국가에서 집정관 '아르콘'(ἄρχων, archon)은 최고 권력자로서 3명의 극작가를 선별해서 3일 동안 경연하도록 한 후 최고의 극작가와 작품을 선정해서 최고의 영예를 누리도록 했습니다. 이때 극작가와 합창 단원의 모든 비용을 제공한 '코레고스' 역시 똑같은 영예를 누렸습니다. 마찬가지로 그리스도인들은 우주 만물의 통치자 하나님과 수많은 천사 앞에서 완벽하고 조화로운 '경건'의 합창(chorus)을 공연해야 합니다. 여덟 가지 품성이 서로 맞물리고 어우러져 하나님이 기뻐하시는 '경건의 삶'을 살아가도록 하나님은 우리에게 "생명과 경건에 속한 모든 것"을 이미 풍성히 주셨습니다. 그러므로 우리는 '코레고스'처럼 각자가 가지고 있는 것을 통해서 필요한 대로 모두 사용해야 하고 "더욱 힘써" 사용해야 합니다.

본문 8절 "이런 것이 너희에게 있어 흡족한즉 너희로 우리 주 예수 그리스도를 알기에 게으르지 않고 열매 없는 자가 되지 않게 하려니와"라는 말씀에서 알 수 있듯이 "이런 것" 즉 여덟 가지 품성이 충분히 있기에 밖으로 나타내야 합니다. "너희로 우리 주 예수 그리스도를 알기에"라고 했을 때 "알기에"(ἐπίγνωσιν)는 1장 3절 "앎으로"와 같은 말(epignosis)을 사용했습니다. 단순히 영지주의 사상을 가진 자들이 말하는 '신비한 지식' 또는 '영적인 비밀 지식'과는 차원이 다름을 알아야 합니다. 영지주의자들이 말하는 지식은 사람이 스스로 배우고 노력하거나 경험을 통해서, 또는 예로부터 사람에 의해 전해져 내려온 이야기를 받아서 얻는 것에 불과합니다. 그러나 베드로 사도가 강조한 참된 지식은 하나님으로부터 주어진 것으로, 예수 그리스도를 통해 알게 되는 지식입니다. "우리 주 예수 그리스도를 알기에 게으르지 않고 열매 없는 자가 되지 않게" 하나님이 우리에게 주셔서 우리가 가지고 있는 것을 최대한 활용해야 합니다. 베드로는 그런 품성들 또는 덕목들을 충분히 드러내야 한다고 교훈하기 위해 '코레고스'의 역할을 알고 있었던 당시 그리스도인들에게 '더하다' 즉 '공급하다'라는 아주 특별한 동사를 사용한 것임을 깨닫기를 바랍니다.

반면에 9절 "이런 것이 없는 자는 맹인이라 멀리 보지 못하고 그의 옛 죄가 깨끗하게 된 것을 잊었느니라"고 함으로써 예수 그리스도를 온전히 알지 못하면서 부분적인 또는 세속적이거나 철학적인 지식을 가지고 하나님을 믿는다고 하는 자들은 결국 영적으로 "멀리 보지 못하고" 이 세상에서 육신의 눈에 보이는 대로 자기에게 유익한 것들을 탐하게 되고, 예수 그리스도께서 다시 오시는 날에 누리게 될 영광스러운 축복에 대해 알지 못합니다. "그의 옛 죄가 깨끗하게 된 것을 잊었느니라"는 말씀은 누군가 예수 그리스도를 믿고 신앙을 고백한 후 세례를 받은 자라도 신앙이 더 이상 성장하지 못하고 답보(踏步) 상태에 있음으로써 죄 사함을 받은 사실에 대해서도 기억하지 못할 정도로 죄의 속성에 영향을 받는 자들입니다. 이런 자들과 달리 그리스도를 하나님으로 믿는 참된 그리스도인들은 "더욱 힘써"(1:5) 즉 열심히, 간절히, 열정적으로, 헌신적으로, 부지런히, 게으름을 피우거나 대충대충 하거나 뒤로 미루지 않고, 그때그때 바로바로, 또한 철저히 신앙생활을 함으로써, "열매 없는 자"가 아니라 '열매 있는 자'가 되고, "정욕 때문에 세상에서 썩어질 것을 피하여 신성한 성품에 참여하는 자"(1:4)가 되어야 함을 명심하기를 바랍니다. 아멘.

(2025년 8월 17일)

τὴν αἰώνιον βασιλείαν τοῦ κυρίου ἡμῶν
καὶ σωτῆρος Ἰησοῦ Χριστοῦ

우리 주 곧 구주 예수 그리스도의 영원한 나라(벧후 1:11)

엑소더스 & 에이소더스

지난 본문을 통해 신의 성품에 참여하는 여덟 가지 품성 또는 덕목에 대해 살펴보았습니다. 이번 본문은 "그러므로 형제들아 더욱 힘써 너희 부르심과 택하심을 굳게 하라 너희가 이것을 행한즉 언제든지 실족하지 아니하리라"(10절)는 말씀으로 시작되는데, 지난 본문 9절 "이런 것이 없는 자는 맹인이라 멀리 보지 못하고 그의 옛 죄가 깨끗하게 된 것을 잊었느니라"는 말씀에 비추어 볼 때 5~7절에 나열된 여덟 가지 품성에 대해 더욱 강조한 것임을 알 수 있습니다. 5절에서 사용한 "더욱 힘써"(σπουδὴν, 헬라어 원문은 명사형)라는 말의 동사형(σπουδάσατε)을 사용해서 "너희 부르심과 택하심을 굳게 하라"고 단호하게 명령했습니다. "부르심과 택하심" 자체는 하나님의 은혜에 해당하는 행위인데, "굳게 하라"고 한 것은 받은 은혜에 대한 확신을 강하게 하라는 뜻으로 앞에서 언급한 여덟 가지 품성과 관련되어 있습니다. 그래서 지난 본문과 이번 본문을 이어서 살펴보면 그리스도인들이 힘써야 할 것을 두 가지 측면으로 제시했음을 알 수 있습니다. 한편으로는 신에 성품에 참여하는 데 필요한 여덟 가지 실천적이고 윤리적인 품성을 각자의 삶에 온전히 공급하라는 것이었고, 다른 한편으로는 "부르심과 택하심"이라는 교리적 가르침을 굳건하게 하라는 것이었습니다. 이는 당시 베드로가 감지한 교회 내 이단 사상을 염두에 둔 가르침입니다. 하나님의 은혜로 영생을 얻은 자들의 삶 즉 경건의 삶을 실천적인 측면에서 자세히 나열했고, 교리적인 측면으로도 단순 명료하게 제시했습니다. 또한 10~11절을 통해서 우리는 베드로 사도가 이 두 번째 편지를 기록한 목적을 명확히 알 수 있습니다. 이 편지를 쓰게 된 직접적인 계기 즉 원인은 거짓 교사들이 퍼뜨린 거짓 교훈과 그로 인해 미혹을 당하게 될 일에 대한 염려 때문이었지만, 당시는 물론 모든 시대에 해당하는 그리스도인들에게 참된 경건을 가르침으로써, 거짓 가르침으로 인해 실족하지 않고 *"우리 주 곧 구주 예수 그리스도의 영원한 나라에 들어감"*을 돕는 것이 편지의 진정한 목적임을 깨닫기를 바랍니다.

먼저 베드로가 첫 번째 편지(베드로전서)와 달리 두 번째 편지에서는 교회에 위협이 되는 가장 큰 문제로 거짓 교사들과 거짓 가르침을 생각하게 되었는지 그 배경을 알 필요가 있습니다. 소아시아 지역에서 바울과 베드로에 의해 그리스도를 믿게 된 자들에게 신앙적으로 부정적인 영향을 미칠 수 있었었던 자들이 바로 유대화 주의자들(또는 유대주의자들)이었습니다. 이들은 그리스도를 믿고 교회에 속하게 되었지만, 여전히 유대교 전통을 버리지 못하고 할례와 같은 의식을 지켜야 진정한 구원을 얻을 수 있다고 주장해서 물의를 일으키기 시작했고, 이에 대해 바울 사도가 갈라디아 교회들을 향해 편지를 써서 유대화주의자들에게 속지 않도록 교훈한 내용이 바로 갈라디아서입니다. 문제는 이들 중 대부분 예수 그리스도를 선지자 중의 한 사람이나 둘째 모세로 간주함으로써 그리스도의 신성을 부인했다는 사실입니다(필립 샤프, 『교회사 전집1』, 440~441쪽). 이들의 사상은 없어지지 않고 2세기에 에비온주의(Ebionism)로 등장했고, 나중에는 영지주의로 이어졌습니다(위의 책, 441쪽). 또한 사도행전 8장 9절 "그 성에 시몬이라 하는 사람이 전부터 있어 마술을 행하여 사마리아 백성을 놀라게 하며 자칭 큰 자라 하니"라는 구절에 등장하는 '마술사' 시몬(Simon Magus, 또는 Simon the Sorcerer)이 교회사 최초로 이단의 창시자요 영지주의자 중 대표적 인물로 알려져 있습니다. "낮은 사람부터 높은 사람까지 다 따르며 이르되 이 사람은 크다 일컫는 하나님의 능력이라 하더라"(행 8:10)는 말씀에서 알 수 있듯이 당시 많은 사람을 미혹한 인물이었습니다. 반면에, 유대-기독교적인 전통 밖에서 스며든 영지주의가 있었는데, 이는 그리스도를 믿는 신앙을 헬라 문화권에서 존재해 온 이교처럼 만들어버리는 위험성을 가지고 있었습니다. 즉 교회가 당시 유대주의와 이교주의라는 강력한 사상에 노출되어 있었다는 사실입니다. 한편으로는 교회에 대한 유대화 시도가 있었고, 다른 한편으로는 이교화 시도가 있었던 것입니다. 당시 교회는 평균적으로 지식층에 미치지 못하는 수준이었기에 얼마든지 잘못된 가르침에 속을 수 있는 상황이었습니다. 바울의 갈라디아서가 유대주의를 물리치기 위한 서신이었다면, 베드로후서는 이교주의를 물리치기 위한 서신이었습니다.

당시 이교주의 사상 중 대표적인 사상이 바로 영지주의였는데, 베드로 당시에는 위협적인 사상으로 널리 확산하고 있지는 않았지만, 향후 확산이 우려되는 상황이었습니다. 그리스도인들의 경건에 악영향을 끼칠만한 요소가 드러나기 시작했기 때문입니다. 향후 교회에서 확산하게 된다면 하나님이 주신 경건에 기반한 '거룩한 윤리'가 아니라 인간이 만들어낸 영성에 기반한 '세속적인 윤리'가 교회를 어지럽게 할 위험이 있었습니다. 세속적인 윤리의 한 종류는 인위적으로 또는 극단적으로 만든 금욕주의 윤리였습니다. 영은 선하고 육체는 악한 것이라 여겼기에 육체를 강하게 부정하고 억압하는 윤리가 생겨났습니다. 그래서 육식을 끊고 채식주의자가 되고, 결혼까지 금하면서 독신주의자가 되는 신자들이 생겨났습니다. 이는 전적으로 육체를 악하고 천하게 본 사상에서 비롯된 잘못된 윤리였습니다. 이와 반대가 되는 세속적인 윤리가 생겨나기도 했습니다. 영은 선하고 육체는 악한 것이라 여긴 사상은 똑같았지만, 어차피 썩고 없어질 육체기에 오히려 쾌탁을 추구하는 쾌락주의, 율법의 교훈을 더 이상 지킬 필요가 없다는 반율법주의와 방종, 그리고 음분(淫奔)과 같은 성적 타락으로 향하는 속된 윤리가 유행하기도 했습니다. 1945년에 발견된 나그함마디 문서에서 찾아볼 수 있듯이 극단적 금욕주의자, 아니면 음분(淫奔)주의자였습니다. 피터 존스(Peter Jones)는 "한편 교부(敎父)들의 글이 보여주고 있듯이 일부의 영지주의자들은 규범적인 성의 창조자에 대한 반항의 일환으로써 성적 방종에 빠져들었다"라고 했습니다(이광식 역, 『교회와 사탄의 마지막 영적 전쟁』, 376쪽). 여기서 일부 영지주의자들이 전통적 규범을 깨뜨리고, '성(性)'의 창조자 하나님께 대한 반항으로써 성적 방종에 빠졌다고 했는데, 68혁명(1968 Movement/Revolution)의 구호였던 "It's forbidden to forbid!"(금지하는 것을 금지한다!)는 기존 규범을 깨뜨리는 것을 뜻하고, 68혁명은 다른 한편으로 "Let's stop the war, and let's have sex."(Make love, not war!)라는 구호에 나타나 있듯이 '성 해방'(Sexual Liberation)과 '성 혁명'(Sexual Revolution)이었기에 성을 창조하신 하나님의 뜻을 왜곡하고 전복해버리는 새로운 영지주의 운동이었음을 알 수 있습니다. 놀랍게도 이 68혁명의 흐름은 새로운 영지주의가 되어 '뉴에이지 운동'(New Age Movement)과 같이 교회를 무너뜨리고 미혹하는 사상과 운동으로 확대되고 있다는 사실입니다. 오늘날 한국교회는 특히 미국교회의 영향을 크게 받아서 앞으로 뉴에이지 교회가 되고 말 것입니다. 미국의 서점들은 기독교 서적이 압도적이었으나 지금은 뉴에이지 관련 책들이 기독교 서적 수와 맞먹거나 오히려 더 많은 정도가 되었다고 합니다(레이 윤겐, 『신비주의와 손잡은 기독교』, 17쪽). 퓨 리서치 센터(Pew Research Center) 조사에 따르면, 이제 미국인 거의 모두가 뉴에이지 관련 사상 1개 이상은 믿는 시대가 되었습니다. 그래서 우리나라도 점점 따라가고 있습니다. 이머징(Emerging) 교회 또는 이머전트(Emergent) 교회 역시 신비주의를 추구하고 명상이나 관상을 중시하는 면만 보더라도 뉴에이지 운동과 흐름을 같이 하고 있음을 알 수 있습니다. 이제 한국교회 지도자들은 교리와 신조를 가르치기보다는 CCM을 통해 감정을 고무하고 관상기도나 명상과 같은 수련을 앞세우며, 심리학에 기초한 자기계발이나 처세술을 가르침으로써 교회가 이교도적 영성과 세속주의에 빠지게 만들어버렸습니다. 1세기 교회에 이러한 이교 영성과 인본주의적인 교훈을 앞세우는 사람들이 보이자 베드로는 마치 유언을 쓰듯이 중대한 교훈을 전하게 된 것입니다. 실제로 베드로는 머잖은 장래에 죽게 될 것이라 예상하고 편지를 썼습니다. *"이는 우리 주 예수 그리스도께서 내게 지시하신 것 같이 나도 나의 장막을 벗어날 것이 임박한 줄을 앎이라"*(1:14)는 말을 통해 알 수 있습니다.

베드로의 상황을 고려할 때 본문 10~11절의 중요성은 아무리 강조해도 지나치지 않습니다. 10절 *"그러므로 형제들아 더욱 힘써 너희 부르심과 택하심을 굳게 하라 너희가 이것을 행한즉 언제든지 실족하지 아니하리라"*고 함으로써 구원은 전적으로 하나님께서 주신 것이지 사람의 행위로 얻는 게 아님을 교리적 언어로 못을 박았습니다. 마틴 로이드 존스(Martyn Lloyd-Jones)는 이 구절에 대해 이렇게 설명했습니다(지상우 역, 『베드로후서 강해』, 44쪽).

택하심과 부르심은 하나님께 속한 것이며 하나님이 하시는 일입니다. 사도는 이미 이것을 분명하게 보여주었습니다. 여러분은 1절에서 "예수 그리스도의 종과 사도인 시몬 베드로는 …… 동일하게 보배로운 믿음을 우리와 같이 받은 자들에게…."라는 매우 중요한 말씀의 의미를 파악하셨습니까? 그들은 그것을 만들어내지 않았습니다. 생성하지도 않았습니다. 그들은 그것을 얻었습니다. 하나님으로부터 선물로써 받은 것입니다. 믿음이란 우리가 "얻은 것"이며 "받은 것"입니다.

우리는 "부르심과 택하심"이 얼마나 중요하고 은혜로운 말씀인지 잊지 말아야 합니다. 이 말 자체에는 '하나님'의 행위가 전제되어 있습니다. 즉 우리를 향한 '하나님'의 "부르심과 택하심"입니다. 하나님이 친히 택하시고 부르신 사실을 잊지 말아야 합니다. 예수 그리스도가 약속하신 대로 오순절에 성령이 임함으로써 교회가 탄생하게 되었는데, 사실 그 전부터 이교에서 영지주의자들이 활동하고 있었습니다. 그런데 이들이 교회 안으로 들어오게 되면서 사상이 더욱 복잡해지고 다양하게 변모하게 된 것입니다. 특히 사회적으로 지식층에 속하지 않았던 신자들이 대부분이었던 1세기 당시 교회로서는 큰 문제가 아닐 수 없었습니다. 영지주의자들은 '영지'(Gnosis, 영적 지식 또는 비밀 지식)를 신봉하는 자들에게만 자기들이 진리라고 믿는 그 '영지'가 계시가 되고 전수된다고 믿고 가르쳤습니다. 그들은 모든 신 중에서 하위에 속한 조물주 즉 데미우르고스(δημιουργός, demiurge)가 구약성경에 나오는 여호와 하나님이라고 주장했고, 데미우르고스가 지은 이 물질 세상에서 영혼이 해방되는 것이 구원이라 여겼으며, 겉으로는 그리스도를 통해 구원이 성취된다고 믿는 것 같았지만 사실은 그리스도의 십자가 속죄가 아닌 '영지'의 전달을 통해 일부 사람들만 구원받는다고 믿었습니다. 그들이 믿은 그리스도는 사람의 몸으로 오신 여호와 하나님의 아들 예수가 아니라 가장 선한 신으로부터 보내심을 받아 영으로만 계시고 영으로 오신 분이었습니다. 그들이 보기에 악한 물질세계를 대표하는 육체를 가지고 계시는 예수님은 논리적으로 이해할 수 없는 존재였습니다. 그래서 가현설(假現設, Docetism)을 주장하는 이단 사상이 영지주의 한 계파로 생겨난 것입니다. 결국 그리스도에 대한 그들만의 신적 믿음으로 인해 예수 그리스도의 인성을 부인한 것인데, 그들이 믿은 예수 그리스도는 결코 사람의 육체로 존재할 수 없는 그들만의 완벽한 신적 존재였습니다. 결과적으로 가현설 역시 인간의 몸으로 오셔서 고난받으신 그리스도가 성경에 예언된 하나님의 아들이 아님을 주장한 것이기에 사실상 그리스도의 인성과 신성을 모두 부인한 것입니다. 그들이 믿었던 예수 그리스도는 관념으로만 존재하는 허상(虛像)에 불과했던 것입니다!

베드로 사도보다 약 30년 이상 더 살았던 사도 요한은 "사랑하는 자들아 영을 다 믿지 말고 오직 영들이 하나님께 속하였나 분별하라 많은 거짓 선지자가 세상에 나왔음이라 이로써 너희가 하나님의 영을 알지니 곧 예수 그리스도께서 육체로 오신 것을 시인하는 영마다 하나님께 속한 것이요 예수를 시인하지 아니하는 영마다 하나님께 속한 것이 아니니 이것이 곧 적그리스도의 영이니라 오리라 한 말을 너희가 들었거니와 지금 벌써 세상에 있느니라"(요일 4:1~3)고 교훈했는데, "예수 그리스도께서 육체로 오신 것을 시인하는 영마다 하나님께 속한 것이요 예수를 시인하지 아니하는 영마다 하나님께 속한 것이 아니니"라는 말씀에 언급된 "예수 그리스도"와 가현설을 주장하는 자들이 말한 '예수 그리스도'는 완전히 달랐습니다. 사도 요한은 육체로 오신 "예수 그리스도"를, 가현설은 육체로 올 수 없는 '예수 그리스도'를 의미한 것입니다. 사도 요한의 관점에서 어떤 사람들이 그리스도께서 육체로 오신 것을 부인했다고 한 것이고, 이것은 결국 육체로 오신 그리스도가 곧 여호와 하나님의 아들이라는 사실을 부인한 것이기에 영지주의자들은 그리스도의 신성을 전혀 인정하지 않은 것입니다. 그들이 인정했던 그리스도의 신성은 여호와 하나님과 상관이 없었습니다. 그들은 육체로 계시지 않는, 육체로 존재하실 수 없는 전혀 다른 그리스도를 믿었던 것입니다. 반면에 그리스도의 교회에 속한 자들은 신성을 지닌 채 육체로 오셔서 십자가의 고난까지 받으신 예수 그리스도를 믿었습니다. 영지주의자들은 거룩한 신이 속된 세상에 타락한 사람들처럼 똑같은 육체로 오셨다는 사실을 믿을 수 없었었습니다. 그래서 그리스도의 인성까지 확실히 부인하게 된 것입니다. 영지주의자들은 물질 즉 육체로부터 해방되는 것을 구원으로 믿었기에 그들의 논리로 이해할 수 없었던 예수 그리스도는 그들에게 구원자가 될 수 없었습니다!

이처럼 영지주의자들은 사도들이 전한 그리스도를 받아들일 수 없었고, 그들만의 지식으로 구원을 얻는다고 주장하고 가르친 것입니다. 예수 그리스도 안에서 성도를 향한 하나님의 '택하심과 부르심'은 이해할 수 없었고 믿으려 하지도 않았습니다. 현대 영지주의의 한 분파라 할 수 있는 뉴에이지 운동의 대표적 인물 스와미 묵타난다(Swami Muktananda, 1908~1982)는 그의 제자들에게 이렇게 가르쳤습니다. "네 자신의 자아에 무릎 꿇으라. 네 자신의 존재에 영광을 돌리고 예배하라. 소리 내어 읽는 것이 늘 네 안에서 울려 나오게 하라. 네 자신의 자아를 묵상하라. 신은 너의 모습으로 네 안에 거한다."(레이 윤겐, 『신비주의와 손잡은 기독교』, 33쪽에서 재인용) 이처럼 베드로 사도 당시나 지금의 영지주의자들은 하나님의 '택하심과 부르심'에 따른 구원이 아니라 전적으로 스스로 가진 능력을 통해 스스로 깨닫고 스스로 구원을 얻는 것입니다. 『진리의 복음서(Gospel of Truth)』라는 영지주의 문서에도 "만일 그(영지주의자)가 지식(gnosis)을 가지고 있다면 그는 하늘에서 온 자이다. 그가 부름을 받을 때 그는 언제나 들을 것이며, 대답할 것이며, 그를 부른 자와 대면할 것이며, 그리고 그에게로 올라갈 것이다."라고 기록되어 있습니다(위의 책, 376쪽에서 재인용). 영지주의자들에게는 구원자 그리스도도, 구원을 위해 택하시고 부르시는 하나님도 필요 없습니다. 그들 자신의 영적인 능력과 누군가로부터 전해 받거나 스스로 깨달은 지식을 통해 구원을 얻는다는 주장입니다.

그렇다면 "형제들아 더욱 힘써 너희 부르심과 택하심을 굳게 하라"는 말씀에 따른 순종의 결과가 무엇인지 알 필요가 있습니다. 본 강설 서두에서 "부르심과 택하심" 자체는 하나님의 은혜에 해당하는 행위인데, "굳게 하라"고 한 것은 받은 은혜에 대한 확신을 강하게 하라는 뜻으로 앞에서 언급한 여덟 가지 품성과 관련되어 있다고 했습니다. 그런 품성과 덕목을 충분히 갖추고 살아간다는 것은 "생명과 경건에 속한 모든 것"(1:3)을 받은 자임을 증명한 것이기에 구원에 대한 확신을 품는 은혜를 누리게 됩니다. 로이드 존스는 다음과 같이 설명했습니다(『베드로후서 강해』, 46쪽).

그렇다면 이 권고는 무엇입니까? 그것은 우리가 구원을 알도록 하려는 것입니다. …… 부르심과 택하심은 하나님께서 하시는 일입니다. 그러나 문제는 나를 부르셨고 택하셨다는 것을 알고 있는가 하는 것입니다. 그리고 여기에서 베드로는 이 그리스도인들에게 그것에 관하여 분명히 알도록 권고하고 있습니다. 요한일서 5장에서 요한은 똑같이 이야기하고 있습니다. "내가 하나님의 아들의 이름을 믿는 너희에게 이것을 쓰는 것은 너희로 하여금 너희에게 영생이 있음을 알게 하려 함이라."[요일 5:13] 즉, 이것을 우리는 확신해야 합니다. 그러므로 사도가 간절하게 호소하고 있는 바는 전통적으로 구원의 확신이라고 불리우는 바로 그것입니다.

로이드 존스는 특히 '구원의 확신'에 대해 자세한 설명을 했는데, 구원의 확신에 대해 잘못 알고 가르치는 사이비 기독교 집단 '구원파'의 가르침과 비교해볼 수 있기를 바랍니다. 구원파는 '현대판 한국 영지주의'라 할 수 있는데, 이 집단이 가르치는 사상은 죄에 대한 회개와 그리스도의 속죄를 믿음으로써 구원받는다는 기독교와는 달리 사실상 '깨달음'을 통해서 구원에 이른다는 것입니다. 그래서 초대교회 당시 영지주의와 다를 바 없습니다. 또한 회개를 한 번만 해야 하는데, 인생을 살아가는 동안 계속한다는 것은 죄를 완전히 용서받지 못했기 때문이고, 스스로 죄를 계속해서 고백하고 인정하는 것이기에 결국 구원받지 못한 증거라고 가르칩니다. 한번 구원받았다고 확신하면 더 이상 거룩한 삶이 필요 없다고 여기는 것과 마찬가지기에 초대교회 영지주의 중 반율법주의 사상을 이어가는 자들과 똑같은 집단임을 알 수 있습니다. 반면에 20세기 영국의 최고 강해 설교자 로이드 존스는 이렇게 가르쳤습니다(위의 책, 53쪽).

다음에는 무엇을 해야 합니까? 베드로는 우리의 믿음을 충만하게 하고 풍성하게 하자고 말합니다. 우리의 소망을 온전히 하나님께 그리고 우리를 위해 하나님께서 이루신 일에 두어야 합니다. 이렇게 한 후에 우리는 우리의 믿음에 여러 가지 것을 공급해야 합니다. 바로 이것이 신약성경의 방법입니다. 그리스도를 생각하는 일에만 머물지 말며 나가서 그리스도인의 생활을 실천하십시오. 이것은 매우 중요한 일입니다. 그러나 우리가 그를 위하여 일을 많이 할수록 그리스도에 대해 더욱더 확신을 갖게 될 것입니다. …… 그러므로 우리의 믿음에 덕을, 덕에 지식을, 지식에 절제를, 절제에 인내 등을 공급합시다. 바로 이것이 우리가 확신하는 방법입니다. 이 일들은 서로 상호작용을 하고 있습니다. 우리가 하나님의 일을 더 많이 행하고 그리스도인의 생활을 더 많이 실천하면 할수록 우리는 주님에 대하여 더 많이 확신하게 될 것입니다.

이처럼 5~7절에 나열된 여덟 가지를 우리 각자의 삶에 충분히 계속해서 공급함으로써 구원의 확신을 강하게 누리고, *"너희가 이것을 행한즉 언제든지 실족하지 아니하리라"*(*for as long as you practice these things, you will never stumble*; 《NASB》)는 말씀처럼 하나님의 나라에 들어가는 그날까지 구원을 잃어버리지 않을 것이라는 약속을 누리게 됩니다.

11절은 10절에 대한 반복이요 한 번 더 확증하는 교훈입니다. *"이같이 하면 우리 주 곧 구주 예수 그리스도의 영원한 나라에 들어감을 넉넉히 너희에게 주시리라"*고 함으로써 그리스도인들이 받는 구원과 구원받은 자들의 삶을 편지 서두에서 일목요연하면서도 간단히 정리해서 교훈했습니다. 베드로가 얼마나 논리적이면서도 정성을 들여 기록했는지 알 수 있습니다. 3~9절 내용에 대한 결론으로써 본문 10~11절은 참으로 훌륭하고 강력한 어조로, 그리고 확신에 찬 마음으로 전했습니다. 특히 11절 *"우리 주 곧 구주 예수 그리스도의 영원한 나라"*를 말하면서 *"우리 주 곧 구주"*(*Our Lord and Savior Jesus Christ*)라고 표현했는데, 이는 '우리 하나님 곧 우리 구주'라는 의미입니다. 베드로는 1장 1절, 11절, 2장 20절, 3장 2절, 18절, 이렇게 다섯 번이나 예수 그리스도가 곧 하나님이라는 사실을 명확히 가르쳤고, 여러 차례 강조했습니다. 베드로전서에서는 한 번도 나타나지 않은 표현입니다. 그만큼 예수 그리스도를 하나님으로 인정하지 않는 이단 사상이 확산할 조짐이었음을 알 수 있습니다.

다음으로 "예수 그리스도의 영원한 나라에 들어감"이라는 말에서 "들어감"(εἴσοδος, eisodus)이라는 말은 '출애굽' 또는 '나옴'을 뜻하는 ἔξοδος(exodus)와 반대되는 말입니다. 그리스도를 통해 "생명과 경건에 속한 모든 것"을 받은 그리스도인들은 그리스도를 믿고 난 후에 똑같은 땅과 장소에 있을지라도 이미 영적으로는 애굽에서 나온 자들입니다. "그러나 너희는 택하신 족속이요 왕 같은 제사장들이요 거룩한 나라요 그의 소유가 된 백성이니 이는 너희를 어두운 데서 불러내어 그의 기이한 빛에 들어가게 하신 이의 아름다운 덕을 선포하게 하려 하심이라"(벧전 2:9)는 말씀과 같이 "어두운 데서 불러내어"진, 즉 '엑소더스'를 경험한 자들입니다. 그러므로 이제 주님 안에 있는 자들이 되었고, 앞으로 "예수 그리스도의 영원한 나라에 들어감"을 약속받은 자들로 곧 '에이소더스'를 누릴 자들입니다. "넉넉히 너희에게 주시리라"는 말씀처럼 불안감이나 두려움 없이 확신에 찬 마음으로 "그리스도의 영원한 나라"에 들어가게 된다는 뜻이고, 더욱 중요한 사실은 "들어감"보다 "너희에게 주시리라"는 말씀입니다. 이는 들어가는 자들보다 그곳에 들어오게 하시고 그곳에서 맞아주시는 그리스도를 강조한 표현입니다.

새로운 영지주의라 할 수 있는 뉴에이지는 '뉴에이지 운동'을 일컫는 말인데, 그 '새로운 시대'가 바로 1960년대부터 시작해서 약 2,160년간 지속된다는 물병자리 시대(Aquarian/Aquarius Age)를 의미합니다(사람들에 따라 1850년대, 1960년대, 1980년대로 보기도 하고, 2050년대에 시작된다는 주장도 있음). 뉴에이지를 이끌어가는 자들은 그 이전은 '물고기자리'(Pisces) 시대로, 기독교의 상징이었던 물고기에 빗대어 예수 그리스도가 오시기 얼마 전부터 약 2,000년이라는 기독고 중심 시대였는데, 이제는 새로운 시대가 왔다고 주장합니다. 이들은 공교롭게도 중국의 문화대혁명과 유럽과 미국과 일본에서 일어난 1968년 혁명과도 깊은 관계가 있습니다. 뉴에이지 운동의 지도자로 유명했던 매릴린 퍼거슨(Marilyn Ferguson, 1938~2008)은 『물병자리 공모』(Aquarian Conspiracy)라는 책을 출간함으로써(정성호 역, 『의식혁명』), 뉴에이지 운동을 더욱 대중화하는 데 힘을 보탰습니다. 이제 우리 시대는 베드로 사도가 걱정하고 염려했던 그 당시보다 훨씬 심각한 상황입니다. 영지주의는 새롭게 옷을 갈아입은 '뉴에이지 운동'으로 기독교를 무너뜨리고 있고, 성경이 교훈하는 '경건'이 아닌 세상이 제시하는 '영성'을 추구하게 만들고 있습니다. 영성 훈련, 신지학(神智學, Theosophy), 명상, 관상, 요가, 신비주의, 반문화 운동, 반체제 운동, 자유주의, 세계주의(Globalism), PC(Political Correctness, 정치적 올바름), 신자유주의, 문화혁명, 의식혁명, 자연주의, 68혁명, 이머징(이머전트) 교회, 쿤달리니(Kundalini), 자기계발, 만트라(mantra), 신사상(New Thought), 네오막시즘(Neo-Marxism), 워크 마인드(Woke Mind), 페미니즘, 환경주의, 기후 위기론, 론다 번(Rhonda Byrne)의 '시크릿'(The Secret), 에프카카(FKK: Frei-Korper-Kultur, 나체주의 운동), 동성애, 프리메이슨(Freemason), 일원론, CCM 등으로 그리스도인들의 안방과 심령까지 파고들고 있습니다. 이러한 시대를 살아가는 그리스도인들은 본문 10~11절은 물론이고, 지난 몇 주일간 나눠서 살펴본 1장 1절부터 11절까지 이어진 교훈을 마음에 깊이 새기고 실천해야 합니다. 우리가 사는 세상은 이스라엘 백성이 430년간 살았던 애굽입니다. 그리스도를 구원자로 고백하고 그리스도를 따르는 그리스도인이 되었다면, 이미 출애굽을 한 자입니다. 저 영원한 천국 '가나안'으로 들어갈 사람들이라면 "더욱 힘써 너희 부르심과 택하심을 굳게 하라"는 말씀을 항상 기억하기를 바랍니다. 아멘.

(2025년 8월 24일)

τὴν αἰώνιον βασιλείαν τοῦ κυρίου ἡμῶν
καὶ σωτῆρος Ἰησοῦ Χριστοῦ

우리 주 곧 구주 예수 그리스도의 영원한 나라(벧후 1:11)

믿음에는 의심이 전제되어 있다?

12. 그러므로 너희가 이것을 알고 이미 있는 진리에 서 있으나 내가 항상 너희에게 생각나게 하려 하노라

13. 내가 이 장막에 있을 동안에 너희를 일깨워 생각나게 함이 옳은 줄로 여기노니

14. 이는 우리 주 예수 그리스도께서 내게 지시하신 것 같이 나도 나의 장막을 벗어날 것이 임박한 줄을 앎이라

15. 내가 힘써 너희로 하여금 내가 떠난 후에라도 어느 때나 이런 것을 생각나게 하려 하노라

　　본문 중 "내가 항상 너희에게 생각나게 하려 하노라"(12절)와 "너희를 일깨워 생각나게 함이 옳은 줄로 여기노니"(13절), 그리고 "이런 것을 생각나게 하려 하노라"(15절)와 같이 세 번이나 반복해서 같은 말을 언급함으로써 베드로 사도 자신이 이 편지를 쓰게 된 목적(10~11절)과 관련한 중요한 의도를 보여 줍니다. 아울러 "내가 이 장막에 있을 동안에"(13절)라는 말과 "우리 주 예수 그리스도께서 내게 지시하신 것 같이 나도 나의 장막을 벗어날 것이 임박한 줄을 앎이라"(14절), 그리고 "내가 떠난 후에라도"(15절)라는 말과 같이 세 번이나 반복해서 죽음이 가까이 왔음을 표현함으로써 이 편지가 사도 스스로 죽음을 내다보고 쓴 유언(遺言)의 성격을 가진 일종의 유언장이나 다름없음을 보여 줍니다. 물론 성경 전체가 예수 그리스도의 유언이기도 합니다. 이 세상에 육체로 오셔서 하나님의 백성을 위한 속죄의 죽음에 순종하셨기에 예수 그리스도에 대한, 그리고 예수 그리스도의 모든 말씀이 유언입니다. 그래서 구약성경을 '옛 유언'(Old Testament) 즉 '옛 언약'이라 하고, 신약성경을 '새 유

언'(New Testament) 즉 '새 언약'이라고 합니다. 유언은 유언하는 자가 죽어야 효력이 있는데, 그래서 히브리서 기자는 "유언은 유언한 자가 죽어야 되나니 유언은 그 사람이 죽은 후에야 유효한즉 유언한 자가 살아 있는 동안에는 효력이 없느니라 이러므로 첫 언약도 피 없이 세운 것이 아니니 모세가 율법대로 모든 계명을 온 백성에게 말한 후에 송아지와 염소의 피 및 물과 붉은 양털과 우슬초를 취하여 그 두루마리와 온 백성에게 뿌리며 이르되 이는 하나님이 너희에게 명하신 언약의 피라 하고 또한 이와 같이 피를 장막과 섬기는 일에 쓰는 모든 그릇에 뿌렸느니라 율법을 따라 거의 모든 물건이 피로써 정결하게 되나니 피흘림이 없은즉 사함이 없느니라"(히 9:16~22)라고 교훈한 것입니다. 또한 유언은 유언을 받는 상대방의 수락을 전혀 필요로 하지 않는다는 점에서 하나님의 무조건적 언약 즉 은혜 언약과 일맥상통함을 알 수 있습니다. 이처럼 베드로 사도 역시 죽음을 앞두고 소아시아 지역 교회들을 향해 신앙적 유언을 남기고자 쓴 것이고, 구체적인 의도는 "이것을 알고 이미 있는 진리"(12절)와 "이런 것"을 생각나게 하는 것이었습니다. 즉 베드로를 포함한 사도들이 전하고 가르쳤던 그리스도의 복음에 대해 더욱 확실히 기억하고 잊지 않도록 하는 것이었습니다.

우리는 지난 본문(10~11절) 강설을 통해 베드로가 둘째 편지를 기록하게 된 목적이 "우리 주 곧 구주 예수 그리스도의 영원한 나라에 들어감"을 돕는 것임을 알게 되었는데, 이번 본문에는 그 목적을 성취하기 위해서 베드로 사도가 의도한 구체적인 뜻이 저시되어 있습니다. 베드로는 사도 자신이 유언장과 같은 편지를 쓰게 된 목적을 이루기 위한 구체적인 목표를 설정하고 그 목표 두 가지를 제시한 것입니다. 그중 하나가 바로 이미 듣고 알게 된 복음과 그 교훈에 대해 늘 생각나게 하는 것이었습니다. 그렇게 함으로써 *"우리 주 곧 구주 예수 그리스도의 영원한 나라에 들어감"*을 돕는 일이 베드로가 이 편지를 쓰게 된 목적이었음을 깨달아야 합니다. 그다음으로 베드로의 구체적인 목표는 1장 16절부터 3장 13절까지 내용으로 거짓 교사들과 거짓 가르침에 대한 교훈입니다. 먼저 우리를 포함한 모든 그리스도인은 *"우리 주 곧 구주 예수 그리스도의 영원한 나라에 들어감"*을 위해 듣고 배움으로써 알게 된 복음을 잊어버리지 않기 위해 힘써야 합니다. 학생이 공부하면서 가장 어려운 일 중 하나가 바로 이미 배운 중요한 내용을 시험 때까지 잊어버리지 않도록 확실히 기억하는 일입니다. 기억은 우리 뇌가 경험을 부호화해서 저장하는 기능이지만, 저장된 기억을 끄집어내서 활용하는 우리의 역할에도 영향을 미칠 정도로 우리 삶에 있어서 가장 중요한 기능 중 하나가 바로 기억입니다. 기억이 없다면, 기억하지 못한다면, 기억 활용에 오류가 생긴다면, 우리는 심각한 상황에 놓이게 되고, 일상생활이 불가능하게 됩니다. 학생이 공부한 내용을 다 기억하지 못해도, 기억하는 훈련만으로도 인생을 살아가기 위한 훌륭한 학습입니다. 그러나 우리는 불완전한 기억 능력으로 세상을 살아갑니다. 그런데 왜 인간은 모든 것들을 기억하지 못할까요? 왜 기억해야만 하는 것들은 쉽게 잊어버리고, 기억하지 말아야 하는 것들은 계속해서 기억나는 것일까요? 마틴 로이드 존스는 이렇게 말했습니다(『베드로후서 강해』, 70~71쪽).

제가 성경을 읽고 그것을 명상할 때, 죄에 대한 사실과 죄에 대한 성경적 교훈이 다른 무엇보다도 이 기억의 문제에 있어서 더 명확하게 드러난다고 생각합니다. 우리가 기억하고자 하는 것은 항상 잊어버리고, 역으로 잊고 싶어 하는 것은 거의 잊을 수 없다는 것이 쉬운 문제가 아니기 때문일까요? …… 여러 해 동안 생각하고 있지 않고 있다가도 비슷한 일이 일어나면 다시 생각납니다. 그 모든 것은 죄의 결과입니다. …… 특히 이 기억의 문제에 있어서 죄의 영향이 가장 잘 나타납니다.

또한 죄의 결과로써 본능적으로, 아니면 의도적으로 기억하지 않으려는 속성도 있습니다. 로이드 존스가 "세상 사람들이 싫어하는 것 중 하나는 죄를 상기하는 것입니다"(위의 책, 77쪽)라고 했는데, 전적으로 동의하는 말입니다. 하나님에 의해 하나님의 형상으로 창조된 인간은 '하나님의 형상'에 속한 거의 모든 것들을 상실하고 말았고, 남아 있는 것조차도 올바른 것이 없습니다. 그래서 인간은 기억 능력에 한계가 생겼고, 심각한 오류가 생긴 것입니다. 특히 심각한 것은 예수 그리스도를 믿고 회개하기 전까지는 하나님께 불순종한 죄를 기억하지 못한다는 사실입니다. 정통교리를 고수하는 신앙인들은 이러한 상태의 원인을 당연히 죄로 여깁니다. 죄로 인한 전적 타락 또는 전적 브패(Total Depravity)가 기억 능력에까지 미친 것입니다.

인간은 이렇게 죄로 인해 무너진 기억 능력을 복원할 수 없기에 기억에 관련한 부단한 노력을 해왔습니다. 문자의 발명과 사용도 그렇고, 책도 그렇고, 19세기에 영국 과학자 마이클 패러데이(Michael Faraday)가 전기적 특성 관찰로 얻은 반도체 개념과 20세기 중반(1947년)에 벨(Bell) 연구소가 발명한 트랜지스터(Transistor)도 그렇습니다. 트랜지스터의 발명으로 커다란 진공관 라디오 시대에서 작은 트랜지스터 라디오 시대로 전환되었습니다. 이 라디오는 일본의 소니(Sony)가 1957년부터 대중화를 선도했고, 미국 텍사스 인스트루먼츠(Texas Instruments) 회사가 반도체로 만든 집적회로(IC)를 1958년에 출시하게 되면서 트랜지스터 시대에서 더 소형화되고 대용량화된 메모리 반도체 시대가 열렸으며, 우리나라도 1965에 처음으로 반도체 소자를 생산하게 되었습니다. 공교롭게도 집적화된 반도체는 기술적으로 '새로운 시대' 즉 '뉴에이지'(New Age)를 열었는데, 1960년대는 68혁명과 더불어 '뉴에이지 운동'이 시작된 시대였습니다. '반도체'(半導體)라는 말 자체가 반은 전기 신호를 흐르게 하는 전도체(傳導體), 반은 흐르지 않게 하는 절연체(絶緣體, 또는 부도체)라는 뜻인데, 전도체와 절연체의 중간 성질을 지닌 소자로 일종의 혼합체 성격을 지닌 소자입니다. '뉴에이지 운동'은 하나님과 소통할 수 없는 인간 즉 하나님과의 관계에서는 이미 '절연체'가 된 인간이 신과 직접 소통을 갈망한 끝에 찾아냈다고 하는 어떤 소통 방법을 활용하거나, 아니면 어떤 특별한 훈련을 통해 '전도체'가 되어 신과 통할 수 있다는 사상입니다. 그러므로 지금 우리는 기술적 '뉴에이지'뿐만 아니라 종교적 '뉴에이지'의 영향 아래 살고 있습니다. 반도체가 이끄는 새로운 시대든, 영성이 이끄는 새로운 시대든, 둘 다 인간의 노력으로 새로운 시대를 열고자 하는 공통점을 가지고 있습니다. 그러나 인간이 만들어낸 반도체와 영성은 마침내 하나님을 조롱하고 거역하는 인본주의 사상의 확산을 이끌 것이며, 인류의 종말에 이르러 무용지물이 될 것입니다. 인공지능(AI) 시대에 가장 많이 필요한 것들이 반도체요 에너지인데, 하나님이 창조하신 물질과 에너지로 하나님을 대적하는 시대가 될 것입니다. 심지어 영성을 추구하는 자들은 인간 스스로 각자의 몸에서 에너지를 만들어낼 수 있다면서 척추 아래에 있다고 믿는 '쿤달리니' 에너지를 깨우고자 노력합니다.

반면에, 그리스도인도 마찬가지로 전적으로 절연체인데, 인간이 땅에서 만들어낼 수 없고, 찾을 수도 없는 하늘의 영 즉 성령이 오심으로써 하나님과 소통하는, 즉 교제하는 일이 가능하게 되었습니다. 그것이 바로 하나님을 예배하는 것이고, 하나님으로부터 은혜와 은사를 받는 것입니다. 우리는 결코 영적으로도 반도체가 아닙니다. 하나님의 은혜를 받고서도 영혼과 육체는 여전히 전적으로 절연체입니다. 다시 말해서 우리는 죽을 수밖에 없는 육체를 가지고 있습니다. 그 육체에 있는 정신도 기억도 마찬가지입니다. 반도체에 전기 신호가 흐르고, 정보가 처리되고 기억되는 일은 당연한 일입니다. 그러나 절연체인 우리는 그렇게 되지 않습니다. 그러함에도 불구하고 하나님과 소통하는 일이 가능하게 된 것은 절연체에 역사하시는 하나님의 은혜요 능력 때문입니다. 우리는 그것을 기적이라 부릅니다. 절연체에 전기가 흐른다는 사실은 불가능한 일입니다. 그러나 하나님은 그것을 가능하게 하십니다! 하나님이 창조하신 흙이 그릇도 되고, 벽돌과 건물도 되고, 반도체도 되고, 사람도 됩니다. 여기까지는 당연히 가능한 일입니다. 그러나 죄로 인해 하나님과 소통할 수 없는 인간이 하나님을 만날 수 있는 길은 없습니다. "모든 사람이 죄를 범하였으매 하나님의 영광에 이르지 못하더니"(롬 3:23)라는 말씀처럼 결코 하나님의 근처에도 갈 수 없는 존재가 되었지만, "예수께서 이르시되 내가 곧 길이요 진리요 생명이니 나로 말미암지 않고는 아버지께로 올 자가 없느니라"(요 14:6)라는 말씀과 같이 하나님께로 나아갈 수 있는 길이 열렸습니다. 하나님과 소통하는 길이 생겼습니다. 예수 그리스도가 바로 하나님이 베푸신 은혜요 기적입니다! 예수 그리스도를 배제하고 인간이 직접 하나님과 소통할 수 있다는 것은 영지주의자들의 사상이고 거짓된 가르침입니다.

12절 "그러므로 너희가 이것을 알고 이미 있는 진리에 서 있으나 내가 항상 너희에게 생각나게 하려 하노라"라는 말씀은 그리스도 안에서 "이것" 즉 하나님의 "부르심과 택하심"을 알고 있는 자들에게 앞으로 어떻게 살아야 하는지 유언의 성격으로 전하는 당부의 말입니다. 그들은 "이미 있는 진리" 즉 그리스도와 사도들이 전하고 가르친 진리로, 이제 그리스도인들이 깨닫게 된 그 진리를 항상 기억하고 생각해야 했습니다. 우리가 운전을 시작할 때를 생각해 봅시다. 아직 면허를 딸 수 없는 나이라면 수영이나 자전거 타기를 생각해 보기를 바랍니다. 먼저 이론과 실기로 배우게 됩니다. 어떻게 해야 하는지 배운 것들을 기억해야 하고, 계속 반복해서 학습해야 합니다. 그러면 필요할 때 언제든지 실제로 운전을 할 수 있습니다. 진리도 삶에 적용하는 면에서는 마찬가지라 할 수 있습니다. 진리를 들으면, 그다음으로 깨달아야 합니다. 그리고 진리를 계속 기억하면서 지키고 실천해야 합니다. 그리스도를 안다는 건 진리를 듣고, 깨닫고, 기억하면서 진리의 교훈대로 실천하는 것입니다. 운전을 안다는 건 운전을 배우고, 깨닫고, 운전법을 기억하면서 그대로 실행에 옮기는 것입니다. 베드로 사도는 자기 자신의 죽음을 얼마 남겨두지 않은 상황에서 그리스도인들에게 유언을 남기듯이 중요한 말을 했습니다. 그것은 그들이 듣고 배우고 깨달은 진리를 계속해서 "생각나게" 하는 것이라 했습니다. 13절에서도 "내가 이 장막에 있을 동안에 너희를 일깨워 생각나게 함이 옳은 줄로 여기노니"라고 반복해서 강조했습니다. "일깨워 생각나게" 하려고 편지를 쓴 것입니다. "내가 이 장막에 있을 동안에" 즉 베드로 사도가 죽음을 맞이하기 전 살아있는 그 짧은 날들 동안 반드시 남기고 싶었던 말은 그들이 들은 진리를 늘 "생각나게 함"이었습니다. 그런데 베드로는 죽기 전의 삶 또는 인생에 대해 "장막에 있을 동안"이라고 했습니다. "장막"은 유목민이 목초지를 옮겨 다니면서 일시적으로 사용했던 천막을 뜻하는데, 육체를 그렇게 비유적으로 표현했습니다. 당시 영지주의 사상을 가진 자들이 육체를 일종의 감옥으로 표현했다는 점에서 감옥이나 천막이나 임시 거처라는 의미는 같을지라도, 육체에 대한 의식 자체가 완전히 달랐습니다. 영은 깨끗하고 육은 더럽다는 이원론적 철학에 영향을 받은 영지주의 사상으로 접근할 때 육체는 부정적으로 취급받았는데, 베드로 사도는 긍정적으로 묘사했습니다. 장막이 영구적이지 않다는 면에서 제한적이고, 이동과 함께 항상 옮겨야 한다는 점에서 수고가 필요했습니다. 우리가 육체를 가지고 이 세상에서 살아가는 동안 힘들고 아프고 제한적인 면이 있지만, 이 육체에 대한 부활과 영생이 약속되어 있다는 사실(고전 15장 참조)을 잊지 말기를 바랍니다.

베드로가 이처럼 유언을 남기듯 중요한 편지를 쓰게 된 배경 중 하나가 "이는 우리 주 예수 그리스도께서 내게 지시하신 것 같이 나도 나의 장막을 벗어날 것이 임박한 줄을 앎이라"라는 말씀과 같이 이 세상에 있는 날들이 얼마 남지 않았다고 여기고 예수님이 베드로에게 말씀하셨던 상황을 떠올린 것입니다. 베드로는 예수님이 십자가의 고난을 받으시기 전에 제자들에게 하셨던 말씀 중 특별히 베드로에게 하셨던 말씀을 잊지 않았습니다. 그 말씀은 결코 잊을 수가 없었을 것입니다. 예수님이 베드로의 생각과 행동을 미리 아시고, "시몬아, 시몬아, 보라 사탄이 너희를 밀 까부르듯 하려고 요구하였으나 그러나 내가 너를 위하여 네 믿음이 떨어지지 않기를 기도하였노니 너는 돌이킨 후에 네 형제를 굳게 하라"(눅 22:31~32)고 하셨기 때문입니다. 당시 베드로는 주님을 향해 "주여 내가 주와 함께 옥에도, 죽는 데에도 가기를 각오하였나이다"(눅 22:33)라고 장담했지만, 예수님은 "베드로야 내가 네게 말하노니 오늘 닭 울기 전에 네가 세 번 나를 모른다고 부인하리라"(눅 22:34)라고 하심으로써 앞으로 베드로에게 일어날 일을 미리 내다보시고 말씀하셨습니다. 실제로 베드로는 예수님이 대제사장의 집으로 끌려 들어가는 모습을 본 후부터 예수님에게서 멀어졌고, 예수님을 모른다는 말까지 하고 말았습니다(눅 22:54~60). 그리고 세 번째 닭 울음소리를 듣게 된 후 "주께서 돌이켜 베드로를 보시니 베드로가 주의 말씀 곧 오늘 닭 울기 전에 네가 세 번 나를 부인하리라 하심이 생각나서 밖에 나가서 심히 통곡하니라"(눅 22:61~62)는 말씀과 같이 그는 회개하고 통곡하면서 자기 자신의 나약함과 부족함과 악함을 온전히 깨닫게 되었습니다. 그리고 그때부터 "시몬아, 시몬아, 보라 사탄이 너희를 밀 까부르듯 하려고 요구하였으나 그러나 내가 너를 위하여 네 믿음이 떨어지지 않기를 기도하였노니 너는 돌이킨 후에 네 형제를 굳게 하라"(눅 22:31~32)는 말씀은 잊으래야 잊을 수 없었을 것입니다. 마치 플래시백처럼 수시로 떠오름으로써 베드로의 사명감을 키웠을 것입니다. 이제 베드로 자신이 믿음이 연약한 소아시아 지역 그리스도인들을 향해 그렇게 할 때가 된 것입니다. 그래서 십자가의 죽음을 앞두고 하셨던 예수님의 말씀을 기억하면서 자기 자신도 십자가의 죽음이 곧 예상되자 "이는 우리 주 예수 그리스도께서 내게 지시하신 것 같이 나도 나의 장막을 벗어날 것이 임박한 줄을 앎이라"라는 말을 한 것입니다. 이 부분의 글을 썼을 때 베드로는 어떤 심경이었을까요? 이원론적인 그리스 철학에 영향을 받은 자들이 페르시아 종교와 같은 동양 밀교를 혼합하여 교회 안에서 신비로운 사상을 전파하기 시작했을 때 학식과 지식 면에서 사회적으로 평균 이하였던 그리스도인들은 쉽게 속을 수 있는 상황이었습니다. 이때 베드로는 아직 제대로 세상을 알지도 못하고, 살아가는 방법을 제대로 배우지 못한 어린 자식들을 두고 세상을 떠나는 부모의 고통스러운 심정이었을 것입니다. 2010년 어느 신문 기사에 의하면, 한 외국어고등학교 학생이 엄마가 바랐던 성적이 나온 그날 투신자살했는데, 유언으로 남긴 글이 "이제 됐어?"였다고 합니다. 그 엄마는 자신의 욕심으로 사랑하는 딸을 허무하게 잃고 얼마나 충격이 컸을까요? 학업과 경쟁, 그리고 유흥과 쾌락을 즐기는 문화로 인해 학생 마약 사범이 급속도로 늘고 있습니다. 5년 만에 12배(대검찰청 자료: 2018년 123명, 2023년 1,477명)가 늘었는데, 2년이 지난 지금은 훨씬 더 늘었을 것입니다. 여러분은 자식들이 어떻게 자라나기를 기대합니까? 적당한 경쟁은 성장과 발전을 위해서도 필요하지만, 과도한 경쟁으로 인해 죽음으로 내모는 일은 없어야 합니다. 그리스도인 부모로서 자식에 대한 가장 큰 관심사는 높은 연봉도, 남부럽지 않은 결혼도, 충분한 물질적 여유도 아닙니다. 잠깐 '육체의 장막'에 머무는 동안 듣고 배운 진리를 확실하고 온전히 깨닫고 실천하게 하는 것이어야 합니다. 바울이 그의 영적인 아들이요 제자인 디모데에게 쓴 편지는 일종의 유언서와 같은 것인데, 그는 "모든 성경은 하나님의 감동으로 된 것으로 교훈과 책망과 바르게 함과 의로 교육하기에 유익하니 이는 하나님의 사람으로 온전하게 하며 모든 선한 일을 행할 능력을 갖추게 하려 함이라"(딤후 3:16~17)라고 교훈했습니다. 단지 교육 그 자체에서 그치는 것이 아니라 "모든 선한 일을 행할 능력을 갖추게 하려 함"이라고 했습니다. 우리가 성경의 교훈을 가르치고 배운다는 것은 듣고 깨닫는 것이 전부가 아니라, "하나님의 사람으로 온전하게" 되어야 하고, "모든 선한 일을 행할" 수 있어야 합니다. 그러드로 베드로는 그리스도인들에게 교훈을 남김으로써 "내가 힘써 너희로 하여금 내가 떠난 후에라도 어느 때나 이런 것을 생각나게 하려 하노라"라는 15절 말씀과 같이 계속해서 베드로의 교훈을 유언으로 받들어서 "그러므로 너희가 더욱 힘써 너희 믿음에 덕을, 덕에 지식을, 지식에 절제를, 절제에 인내를, 인내에 경건을, 경건에 형제 우애를, 형제 우애에 사랑을 더하라"(5~7절)는 명령을 항상 실천하라고 한 것입니다.

우리는 여기서 예수 그리스도를 믿는 믿음이 단지 어떤 지식이나 깨달음이 아닌, 관계적 지식(앎)으로 하나님의 성품에 참여하고 하나님의 자녀로 성장하는 것임을 알아야 합니다. 얼마 전에 우편함 속에 들어있는 어느 교회 주보를 보게 되었는데, 거기에는 "믿음에는 의심이 전제되어 있습니다. 믿음과 의심은 함께 가며, 믿음의 진전은 의심 없는 상태가 아니라 의심의 폭이 줄어드는 것을 의미합니다."라는 히브리서 11장 1절에 대한 설교 요약 내용이 기록되어 있었습니다. 이것이 바로 뉴에이지 사상에 빠진 한 예라고 볼 수 있습니다. 뉴에이지 영성으로 믿음을 바라볼 때 의심을 점점 없애 나가는 것이 훈련이요 성장이요 믿음의 삶입니다. 마치 명상을 수련하면서 신적 본질과 연결되는 '고양된 자아'를 경험하기 위해 마음에서 잡념을 없애고 아무 생각이 없는 '무념 상태'로 만드는 것과 유사합니다. 의심을 점차 없애 나감으로써 진정한 믿음에 이른다는 말은 뉴에이지 명상으로 잡념을 점차 없애 나감으로써 진정한 구원의 영역(자각, 변혁, 계몽, 자아실현, 우주적인 의식, 초의식)에 도달하게 되는 것과 다를 바 없습니다(레이 윤겐, 『신비주의와 손잡은 기독교』, 22~23쪽). 믿음과 관련해서 신약성경에 나오는 '의심하다'라는 단어가 διακρίνω(diakrino)인데, 이는 '다르게 판단하다'는 뜻입니다. 또는 어떤 것에 관해 판단이 분리된다는 뜻으로, 둘 사이에 이것이냐 저것이냐를 올바로 선택하지 못한 경우에 합당한 말입니다. 그래서 '의심하다'는 말로 번역은 될 수 있더라도 "믿음에는 의심이 전제되어 있습니다"라는 표현은 결코 성경적 표현이 아님을 알기를 바랍니다. 부활 후 예수님을 보고도 믿지 않은 제자 도마를 향해서 *"믿음 없는 자가 되지 말고 믿는 자가 되라"*(요 20:27)고 하셨을 때 *"믿음 없는 자"*(ἄπιστος) 즉 불신자, 그리고 *"믿는 자"*(πιστός) 즉 신자라고 말씀하셨습니다. "대한예수교장로회(합동) 소속의 건강한 교회"라고 기재된 주보였는데, 오히려 "믿음에는 순종이 전제되어 있습니다.”(롬 1:5, 16:26 참조)라고 해야 정답입니다. 베드로 역시 그리스도인들에게 의심을 점점 없애고 믿으라는 것이 아니라, 믿음을 가졌으면 순종 즉 실천하라는 뜻의 교훈을 한 것입니다. 영지주의 또는 뉴에이지 운동은 스스로 잡념을 없애고, 의심을 없애는 영성을 강조하지만, 그리스도께서 주시고 명하신 경건은 그리스도를 믿고 그분의 교훈에 따라 순종하는 것임을 깨닫기를 바랍니다.

베드로는 이 네 개의 구절에서 세 번씩이나 임박한 그의 죽음을 언급했고, 또 세 번씩이나 “생각나게”(12, 13, 15절)라는 말을 사용했습니다. 15절 “내가 힘써 너희로 하여금 내가 떠난 후에라도 어느 때나 이런 것을 생각나게 하려 하노라”라고 했을 때, 베드로는 그리스도인들이 복음에 대해 단순히 듣고 알고 깨닫는 일에만 그치지 말아야 함을 강조한 것입니다. 당시 영지주의 사상을 가진 자들에게 가장 중요한 것은 ‘깨달음’이었습니다. 그리고 그 깨달음을 통해 영혼이 물질세계의 속박에서 벗어난다고 했는데, 지금도 마찬가지입니다. 뉴에이지 즉 ‘물병자리 시대’는 인간 모두가 신이라는 사실을 깨닫는 시기라는 것입니다. 마리온 와인스타인(Marion Weistein)은 “물병자리 시대의 주요 주제는 신의 내재입니다. 물병자리 시대의 목표는 이 사상을 의미가 있는 현실로 가져오는 일입니다.”라고 했습니다(Positive Magic: Occult Self−Help, p.25 및 레인 윤겐, 『신비주의와 손잡은 기독교』, 18쪽). 그런데 베드로가 이 구절에서 “내가 떠난 후에라도 어느 때나 이런 것을 생각나게 하려 하노라”라고 한 말은 베드로의 죽음 이후에도 어떤 노력의 결과가 이어질 것이라는 뜻을 내포하고 있습니다. 아마도 베드로의 제자요 통역자요 동역자였던 마가를 통해 예수님에 대한 기록 즉 복음서를 준비하도록 했음을 염두에 둔 표현이었을 것입니다. 마가가 기록한 마가복음은 베드로가 순교할 무렵(67

년경)에 기록된 것으로 알려져 있습니다.

끝으로 이 베드로후서는 먼저 이미 듣고 알게 된 복음과 그 교훈에 대해 늘 생각나게 하는 것이었습니다. 그렇게 함으로써 그리스도인들이 "우리 주 곧 구주 예수 그리스도의 영원한 나라에 들어감"을 돕는 일이었고, 이것은 베드로가 이 편지를 쓰게 된 목적이었음을 깨닫기를 바랍니다. 아멘.

(2025년 8월 31일)

τὴν αἰώνιον βασιλείαν τοῦ κυρίου ἡμῶν
καὶ σωτῆρος Ἰησοῦ Χριστοῦ

우리 주 곧 구주 예수 그리스도의 영원한 나라(벧후 1:11)

교묘히 만든 이야기

16. 우리 주 예수 그리스도의 능력과 강림하심을 너희에게 알게 한 것이 교묘히 만든 이야기를 따른 것이 아니요 우리는 그의 크신 위엄을 친히 본 자라

17. 지극히 큰 영광 중에서 이러한 소리가 그에게 나기를 이는 내 사랑하는 아들이요 내 기뻐하는 자라 하실 때에 그가 하나님 아버지께 존귀와 영광을 받으셨느니라

18. 이 소리는 우리가 그와 함께 거룩한 산에 있을 때에 하늘로부터 난 것을 들은 것이라

첫 번째 강설에서 베드로후서 전체를 크게 세 부분으로 나누었는데, 서론(1:1~15)은 인사를 포함한 그리스도를 아는 지식에 관한 내용, 본론(1:16~3:13)은 거짓 교사들의 헛된 가르침에 관한 내용, 끝으로 결론(3:14~18)은 당부와 송영(頌榮) 부분으로 나누었습니다. 특히 이번 본문(1:16~18)을 '거짓 교사들의 헛된 가르침'에 포함한 이유는 2장부터 본격적으로 언급되는 거짓 가르침에 관한 내용이 암시적으로 드러나 있기 때문입니다. 베드로 사도의 의도를 명확히 알고 베드로후서 내용을 들여다봄으로써 더 확실히 이해할 수 있기를 바랍니다.

베드로는 먼저 소아시아 지역 교회들에 속한 모든 그리스도인이, 그리고 이 편지를 읽는 모든 그리스도인이 "우리 주 곧 구주 예수 그리스도의 영원한 나라에 들어감"(1:11)을 누리게 하는 목적으로 편지를 쓰게 되었음을 먼저 명확히 알아야 합니다. 요즘은 이 목적을 상실한 교회들이 주변에 많음을 알 수 있습니다. 목사가 해야 할 가장 중요한 일이 성도가 천국에 들어가도록 돕는 일인데, 오히려 세상에서 누릴 수 있는

복을 빌어주거나 성경에 계시된 천국과는 전혀 다른 천국을 제시함으로써 신자들의 돈과 육체와 재산을 노리는 경우가 많습니다. 그런 자들은 진리의 복음을 기억하도록 힘쓰지 않거나 아예 전하지도 않습니다. 게다가 잘못된 가르침을 분별할 수 있는 분별력을 키워주지도 않습니다. 대중가요와 크게 다를 바 없는 CCM이나 실컷 부르게 해서 감정의 카타르시스만 누리게 하는데, 어떤 분별력을 가질 수 있겠습니까? 그러나 베드로는 그리스도인들이 *"우리 주 곧 구주 예수 그리스도의 영원한 나라에 들어감"*(1:11)을 위해 먼저 복음의 진리를 항상 잊지 않도록 *"생각나게"*(1:12, 13, 15)하고자 했고, 다음으로는 거짓 교사들의 헛된 가르침이 무엇인지 분별할 수 있도록 자세히 알려주었습니다(1:16~3:13). 어떤 면에서 보면 부모가 어린 자식에게 전하는 교훈과 유사한 접근이라 할 수 있습니다. 부모는 먼저 아이에게 학교에 오가는 길에 낯선 사람의 말을 듣고 따라가지 말라고, 사탕이나 과자를 주더라도 따라가서는 안 된다고 계속 교훈합니다. 그리고 항상 부모의 말을 잊지 않도록 강조하고 생각나게 합니다. 그렇게 하는 이유는 세상에 얼마나 나쁜 사람이 많고, 세상이 얼마나 위험한 곳인지 부모는 이미 알기 때문이고, 아이는 아직 모르기 때문입니다. 게다가 아이는 세상 경험이 부족해서 세상을 좋게만 보려는 경향이 강하기 때문입니다. 그런 다음에 필요한 일은 납치 또는 유괴범에 대해 정확히 알려주는 설명이 필요합니다. 그들이 아이들을 어떻게 유혹하고, 또한 유혹하는 목적이 무엇인지 알게 해줍니다. 어느 정도 성인이 된 후에도 마찬가지입니다. 아직 인생 경험이 부족하기에 나쁜 사람에게 이용당하거나 사기당하지 않도록, 이단·사이비 사상에 빠지지 않도록 항상 이야기하고, 그런 사례들이나 사람들과 집단에 대해 가르쳐야 합니다. 베드로후서 전체를 이런 관점에서 들여다볼 수 있어야 합니다.

지난 본문까지 베드로는 진리의 복음을, 그리고 사도들이 전한 교훈을 항상 기억하도록 강조했습니다. 이제 본격적으로 거짓 가르침에 대해 언급을 시작하는데, *"우리 주 예수 그리스도의 능력과 강림하심을 너희에게 알게 한 것이 교묘히 만든 이야기를 따른 것이 아니요 우리는 그의 크신 위엄을 친히 본 자라"*(16절)고 함으로써 먼저 거짓 교사들이 생각하는 *"교묘히 만든 이야기"*에 대해 언급했습니다. 이는 '그럴듯하게 꾸민 이야기'라는 뜻으로, 명백한 거짓인데 진짜처럼 꾸민 이야기라는 뜻입니다. 베드로는 μύθοις(mythois)라는 말을 사용했는데, 이는 *"신화"*(딤전 1:4, 4:7) 또는 *"허탄한 이야기"*(딤후 4:4, 딛 1:14)입니다. 이 말이 영어 'myth'(신화, 지어낸 이야기, 미신)의 어원입니다. 일반적으로 어느 민족 사회든 사실을 조금 왜곡하거나 과장한 설화(說話)들 또는 사실이 아닌 이야기를 꾸며낸 전설들이 존재하는데, 인물들을 신격화하면 신화가 됩니다. 작가가 쓴 '그럴듯하게 꾸민 이야기'는 문학의 한 장르인 소설이 됩니다. 문제는 단순한 즐거움이나 교훈을 주기 위한 목적이 아니라, 신앙적인 목적으로 '그럴듯하게 꾸민 이야기'는 소설이든, 설화든, 신화든 모두 *"허탄한 이야기"*(딛 1:14, 딤후 4:4)요, *"허탄한 묵시"*(겔 12:24)요, *"허탄한 거짓"*(시 31:6)이요, *"허탄한 신화"*(딤전 4:7)로써 이런 것을 따르게 되면 하나님에게서 멀어지게 됩니다. 그런데 적반하장격으로 거짓 교사들은 그들의 사상이 *"교묘히 만든 이야기"*였는데 도리어 베드로를 포함한 사도가 전한 복음을 *"교묘히 만든 이야기"* 즉 신화나 꾸며낸 이야기로 치부해버렸던 것입니다. 그래서 베드로는 꾸며낸 이야기가 아니라 *"우리는 그의 크신 위엄을 친히 본 자라"*라고 강조한 것입니다.

나라와 민족의 흥망성쇠에 따라 역사도 왜곡되거나 날조되기도 하는데, 잘못된 역사 기록을 그대로 받아들이게 되면, 잘못된 성경 교리나 해석도 그대로 받아들이기 쉽습니다. 그 이유는 사람들이 쉽게 설득당하는 속성이 있기 때문입니다. 미국 애리조나 주립대학교 심리학 교수 로버트 치알디니(Robert B. Cialdini)가 저술한 『설득의 심리학』(2005, 이현우 역)에 소개된 6가지 법칙 중 '사회적 증거의 법칙'에 해당한다고 볼 수 있습니다. 누군가가 꾸민 이야기를 사회 구성원 대부분이 의심 없이 수용하게 되면 그 사회에 속한 사람은 사실이 아님에도 불구하고 누구나 쉽게 사실로 받아들이는 경향이 있습니다. 여기에 한 가지 더 적용할 수 있을 것 같은데, 이는 '권위의 법칙'으로 인해 설득당하는 경우입니다. 역사를 전공하고 가르치는 교수들이나 학자들의 권위를 인정하게 되면 자연스럽게 그들의 말과 연구 결과에 신뢰성을 부여하게 되므로 쉽게 설득당하게 됩니다. 그래서 반도사관 또는 식민사관에 의해 가르쳐지고 있는 우리나라 고대 역사에 심각한 오류가 있음에도 불구하고 학생들이 그대로 인정하고 배웁니다. 어쩌면 우리나라 헌법에 규정된 '대한민국의 영토는 한반도와 그 부속 도서로 한다'(헌법 제3조)는 조항이 제헌 당시에는 국가의 3요소 즉 주권과 국민과 영토를 명확히 함으로써 대한민국의 독립적인 정체성을 드러내는 측면이 있었지만, 지금에 와서는 오히려 왜곡된 역사를 그대로 수용하는 측면이 더욱 강화되도록 나쁜 영향을 미친 면도 있을 것입니다. 헌법에 영토를 명확히 규정하는 국가는 세계적으로도 드물다는 사실은 역사에 대한 우리의 인식에 문제는 없는지 생각해봐야 합니다. 영토를 한반도로 명문화함으로써 한반도를 훨씬 벗어난 우리 민족의 고대 역사에 대해서는 믿지 않으려는 경향이 강하기 때문입니다. 장개석이 1949년에 중국 북경에서 대만으로 가져온 고려 왕관은 왜 그곳에 있었을까요? 고구려의 명장 연개소문(淵蓋蘇文)이 군사훈련을 했던 연무대가 왜 지금 북경 순의구(順義區)에 있을까요? 연개소문에 의해 쫓기던 당나라 왕 이세민이 마른 우물에 들어갔는데, 거미들이 줄을 많이 쳐서 들키지 않고 살았다고 해서 나중에 우물터에 기념으로 세운 그 몽룡보탑이 왜 중국 강소성(장쑤성, 江苏省) 염성에 있을까요? 660년 백제가 나당 연합군에 의해 멸망할 당시 37개의 군과 200개의 성이 있었다고 『삼국사기』에 기록되어 있는데, 과연 한반도 백제 강역에서 200개의 성터는 어디에 있는 것일까요? 왜 마지막 왕 의자왕의 무덤은 중국 낙양 북망산에 있다고 알려져 있을까요? 백제 멸망 당시 가택이 76만 호였다고 하고, 이는 약 500만 인구로 추정해볼 수 있는데, 그렇다면 1,000년 후 조선시대 중기 1660년경 인구 500만에 비교할 때 백제 땅은 조선의 몇 배는 되어야 이해가 됩니다. 백제의 성씨들이 현재 중국에는 거의 모두 존재하는데, 왜 우리나라에는 극히 일부분만 존재할까요? 신라 장보고가 세운 적산법화원(赤山法華院)과 후손이 세운 8미터 높이 동상은 왜 지금 산둥반도에 있을까요? 그리고 장씨 성을 가진 사람들이 왜 그곳에 무수히 많은 것일까요? 한국교회 목사들이 성경을 설교하고 가르치는 데 심각한 오류가 있음에도 불구하고 신자들은 의심 없이 받아들이고 믿어버리는 경향이 강합니다. 잘못된 가르침은 당연히 의심해야 합니다. 즉 설득당하지 않아야 합니다. 심지어 온갖 성범죄를 저지르고 물질적 착취를 일삼는데도 그들의 *"허탄한 이야기"*와 *"허탄한 거짓"*을 따르는 것은 성경이 가르치는 믿음이 아니라 세상의 속임에 넘어간 것입니다. 즉 설득에 넘어간 것입니다. 성경은 사람들을 설득하지 않습니다. 성경은 사람들에게 죄와 심판을, 그리고 의와 구원을 선포할 뿐임을 명심하기를 바랍니다!

"우리 주 예수 그리스도의 능력과 강림하심을 너희에게 알게 한 것이 교묘히 만든 이야기를 따른 것이 아니요 우리는 그의 크신 위엄을 친히 본 자라"(16절)고 함으로써, 베드로가 *"교묘히 만든 이야기"*에 설득당해

서 "우리 주 예수 그리스도의 능력과 강림하심"을 알게 된 사실도 아니고, 당시 그리스도인들에게 어떤 사람들 즉 거짓 교사들이 주장하고 가르치는 식으로 "예수 그리스도의 능력과 강림하심"에 대해 교묘하게 이야기를 꾸며서 전하지도 않았음을 명백히 선언했습니다. 여기서 "능력"과 "강림하심"(또는 다시 오심, 재림)에 대한 말도 매우 중요한데, 뒤에서 자세히 다루고자 합니다. 우선 "우리는 그의 크신 위엄을 친히 본 자라"는 부분을 먼저 살펴보고자 합니다. 사실 16절은 신약성경의 핵심을 보여주는 구절이라 할 수 있을 정도로 중요하고도 계시적 무게가 실려있는 특별한 구절입니다. 신약성경은 구원자 예수 그리스도의 능력을 증거하고 그리스도의 재림(παρουσία, Parousia)을 계시합니다. 증거와 계시는 예수 그리스도를 직접 목격하고 함께 가르침을 받았던 사도들과 그들의 동역자들 또는 제자들(마가, 누가, 야고보)에 의해 성령의 감동으로 기록되었고, 후대에 교회가 공적 회의를 통해 신약의 정경(Canon)으로 공인했습니다. 베드로후서 두 번째 강설에서 함께 살펴보았듯이, 신약성경이 공인되어 확정되기까지는 363년 라오디게아 종교회의(Council of Laodicea), 367년 아타나시우스의 27권 목록 제시, 393년 히포 종교회의(Council of Hippo), 그리고 397년 카르타고 종교회의(Council of Carthage) 과정을 거쳤습니다. 최초의 기록부터 최종 공인까지 약 350년이 걸렸습니다. 이 과정에서 "교묘히 만든 이야기"는 부분적으로 왜곡된 내용이든, 날조된 이야기든 모두 정경에서 배제되었습니다. 심지어 사실을 기록한 내용이더라도 성령의 감동과 무관한 글들은 모두 배제되었습니다. 그러므로 베드로의 편지는 결코 "허탄한 이야기"(딛 1:14, 딤후 4:4), "허탄한 묵시"(겔 12:24), "허탄한 거짓"(시 31:6), "허탄한 신화"(딤전 4:7)가 아님을 확실히 깨닫기를 바랍니다. 베드로는 "예수 그리스도의 능력"과 "강림하심"에 대해서 말할 때 그가 그리스도와 함께하고 직접 가르침을 받음으로써 그가 받고 목격하고 알게 된 사실 그대로 전한 것이라 강조했습니다. 그래서 "우리는 그의 위엄을 친히 본 자라"고 목격한 사실을 강조한 것입니다. 베드로는 "능력"($\delta\upsilon\nu\alpha\mu\iota\nu$, 노벨이 고안한 다이너마이트 어원)을 친히 체험한 제자였습니다. 복음서에 등장하는 수많은 기적, 즉 그리스도의 능력으로 일어난 일들을 직접 현장에서 목격하고 체험한 대표적인 인물이었습니다. 지금 세계는 핵폭탄을 보유하고 있는 나라가 만약 핵폭탄을 사용하게 되면 언제든지 끔찍하고 절망스러운 대재앙을 당할 수 있는 위태로운 세계입니다. 1945년 8월 6일 미국이 일본 히로시마에 투하한 원자폭탄(15Kt)으로 당일부터 수개월 후까지 히로시마 전체 인구 33만 명 중에서 절반인 16만 명 정도가 사망했습니다. 미국이 현재 보유한 B83(1.2Mt)이 서울에 투하된다면 하루 만에 수백만 명의 시민이 죽게 될 정도고, 그 이후 사상자는 계속 늘어날 것입니다. 옛 소련이 만든 차르봄바 수소폭탄은 50Mt에 이를 정도로 무시무시한 핵폭탄입니다. 이런 폭탄 하나면 서울과 서울 주변 도시들이 모두 불바다가 될 것입니다. 그러나 "그리스도의 능력"은 "이제 하늘과 땅은 그 동일한 말씀으로 불사르기 위하여 보호하신 바 되어 경건하지 아니한 사람들의 심판과 멸망의 날까지 보존하여 두신 것이니라"(벧후 3:7)라는 예언과 "그 날에는 하늘이 큰 소리로 떠나가고 물질이 뜨거운 불에 풀어지고"(벧후 3:10)라는 예언이 성취되도록 할 것입니다. "그리스도의 능력"은 핵폭탄과 비교가 되지 않습니다. 사도 요한이 "태초에 말씀이 계시니라 이 말씀이 하나님과 함께 계셨으니 이 말씀은 곧 하나님이시니라 그가 태초에 하나님과 함께 계셨고 만물이 그로 말미암아 지은 바 되었으니 지은 것이 하나도 그가 없이는 된 것이 없느니라"(요 1:1~3)라고 기록한 말씀과 같이 예수 그리스도가 바로 창조주 하나님이라는 사실을 믿는다면 "예수 그리스도의 능력"에 대해 깨닫게 될 것입니다. 복음서에 기록된 그리스도의 능력에 의한 기적들은 능력의 극히 일부만 드러내셨을 뿐임을 알아야 합니다. 우주 만물을 창조하신 그 능력으로 언제든지 우주 만물을 한순간에 사라지게 하실 수 있는 분임을 잊지 말기를 바랍니다.

1세기 당시 그리스도인들이 지금 우리와 비교해서 "능력"(δύναμιν)이라는 단어 자체에 대해 제대로 알지 못했다면, 반대로 우리는 "강림하심"(παρουσία, 파루시아)에 대해 그들 보다 잘 모릅니다. 아무리 단어의 뜻을 알더라도 체감되지 않는 부분이 있습니다. 이 단어는 신약성경에서 아주 중요한 용어로 사용되었는데, 바로 예수 그리스도의 강림(살전 2:19, 4:15, 고전 15:23, 약 5:7, 벧후 3:4, 요일 2:28), 재림(다시 오심, 마 24:3, 27, 37, 39 등), 영광중에 나타나심(골 3:4), 하나님 날의 임함(벧후 3:12)으로 사용되었습니다. 물론, 제자들과 같이 사람에 대해 사용된 경우도 있었지만(고전 16:17, 고후 7:6 등), 이 '파루시아'라는 말은 당시 그리스–로마 시대에서는 누구나 익히 알고 있었던 개념입니다. 문자적 의미로 '오는'(coming), '도착'(arrival), '귀환'(return, coming back), 또는 '임재'나 '계심'(presence, being) 등의 뜻인데, 당시에 최고 통치자 즉 왕이나 황제, 또는 위대한 장군이 타국이나 먼 곳에 나가 있다가 본국으로 돌아오는 것, 돌아올 때 환영을 받는 것, 권능과 위엄이 있는 존재로 계속 또는 영원히 통치하는 개념까지 포함한 말입니다. 신약성경은 예수 그리스도에 대한 증거인데, 그리스도의 말씀과 성품과 능력과 하신 일을 드러내는 것뿐만 아니라, 하늘에 올라간 대로 하늘로부터 오실 분임을 증언합니다. 누가는 "올라가실 때에 제자들이 자세히 하늘을 쳐다보고 있는데 흰 옷 입은 두 사람이 그들 곁에 서서 이르되 갈릴리 사람들아 어찌하여 서서 하늘을 쳐다보느냐 너희 가운데서 하늘로 올려지신 이 예수는 하늘로 가심을 본 그대로 오시리라 하였느니라"(행 1:10~11)라고 함으로써 자기가 목격한 일과 귀로 들은 천사들의 말을 기록했습니다. 당시 통치자의 '파루시아'를 위해 사람들은 도시 전체와 도로를 깨끗하게 하고, 종려나무 가지를 들고 환영하러 나와서 함께 영광을 누렸습니다. 그러나 누구나 그 '파루시아'를 위해 준비했지만, 예수 그리스도의 '파루시아'는 누구나 준비하지 못합니다. 그 이유는 환영식을 준비할 수 있도록 예고된 날짜의 '파루시아'가 아니라 날짜가 예고되지 않는 갑작스러운 '파루시아'기 때문입니다. 마태는 그리스도께서 하신 말씀 즉 "번개가 동편에서 나서 서편까지 번쩍임 같이 인자의 임함(παρουσία)도 그러하리라"(마 24:27)라는 말씀을 그대로 기록했습니다. 그리스도는 지구상에 존재하는 모든 사람이 보고 알 수 있도록 임하실 것입니다. 그러나 갑작스럽게 오심으로 "그러나 주의 날이 도둑 같이 오리니 그 날에는 하늘이 큰 소리로 떠나가고 물질이 뜨거운 불에 풀어지고 땅과 그 중에 있는 모든 일이 드러나리로다"(벧후 3:10)라는 예언이 성취될 것입니다. 이렇게 '파루시아'는 갑작스러운 일이지만, 그러나 "보라 내가 도둑 같이 오리니 누구든지 깨어 자기 옷을 지켜 벌거벗고 다니지 아니하며 자기의 부끄러움을 보이지 아니하는 자는 복이 있도다"(계 16:15)라는 말씀과 "형제들아 너희는 어둠에 있지 아니하매 그 날이 도둑 같이 너희에게 임하지 못하리니"(살전 5:4)라는 말씀과 같이 그리스도인들에게는 준비할 수 있는 날들이 주어져 있다는 사실입니다. 그리스도의 '파루시아'를 아는 자들은 깨어 준비할 것입니다. 왜냐하면 그들도 함께 영광을 누리기 때문입니다(골 3:4). 그리스도를 믿는다는 사실은 그의 '능력'을 믿고 그의 '파루시아'를 믿는 것입니다. 이 둘은 서로 불가분의 관계입니다. 21세기 한국교회는 그리스도의 능력을 믿는다고 할 때 죄를 용서하시고 구원의 능력을 베푸는 분으로 믿어야 하는데, 건강의 복과 물질적 복을 베푸시는 능력자로 믿는 경향이 강합니다. 그래서 '파루시아'도 종말론적으로 믿기보다는 정치적으로 믿는 경향이 강합니다. 어떤 정치지도자를 통해 기득권을 누리고 안주하려는 신앙을 표출하는 어리석음을 드러냅니다. 아무리 사악한 통치자라도 단지 물질적으로 누리는 복을 지켜줄 정치지도자를 원하는 경향이 뚜렷함을 보게 됩니다. 성경을 통해 계시가 되거나 강조된 '파루시아'에 대한 준비도 없고, '파루시아'를 통해 누리게 될 그리스도의 영광과 교회의 영광에 관련해서도 관심도 없는 경우가 대부분이어서 참으로 안타까운 일이 아닐 수 없습니다. 한국교회가 고대해야 할 '파루시아'는 "*예수 그리스도의 강림하심*"인데, 제2의 이승만을 기다리고, 심지어 일본 초대 내각 총리가 되어, 일본이 천황제를 바탕으로 한 근대국가로 발전하는 데 큰 역할을 한 인물이었고, 우리나라에는 을사늑약 후에 조선의 초대 통감이 되어 일본이 강제로 한반도를 다스리도록 역할을 한 이토 히로부미(伊藤博文)와 같은 인물의 '파루시아'를 고대하고 있을 정도입니다. 윤석열 정부 때 남북한 전쟁이 일어났거나, 비상계엄에 따른 정권 강화에 성공했다면 1905년 을사늑약 후 120년이 된 2025년 을사년에 한국교회가 일왕(日王)의 '파루시아'를 맞이할 뻔했습니다. 윤석열과 기시다 총리 사이에서 이미 일왕의 방한을 추진했었기 때문입니다. 게다가 지난 7월 말에 지역 언론 〈충청메시지〉가 '열린공감TV' 보도를 인용해서 김충식이라는 인물과 통일교의 연관성, 그리고 일본 자위대의 연관성을 기사로 다루었는데, 예사롭지 않은 일들이 진행되고 있었음을 알 수 있습니다.

그리스도를 믿지 않는 일반인들은 왜 통일교나 신천지나 JMS, 그리고 대형 교회들은 그렇게 돈이 많은지 이해하지 못하겠다고 합니다. 그리스도를 믿는다고 하는 사람들에게서 예수 그리스도의 삶을 찾아볼 수 없다고 합니다. 지금 한국 사회는 여전히 가난하고 어려운 사람들로 넘쳐나는데, 교회들은 막대한 부동산과 재산을 가지고 있고, 자녀들이나 핵심 관계자들에게 쌓은 부와 재산을 상속해주고, 자녀들이나 특권층 지도자들은 재산과 교권을 세습하고 있습니다. 재산뿐만 아닙니다. 세상에서 누릴 수 있는 것들이라면, 불신자들 이상으로 누리고 있습니다. 돈, 쾌락, 명품, 성(sex), 마약 등등 이루 말할 수 없는 쾌락을 누리는 게 종교 지도자들의 당연한 일이 되고 말았습니다. 마치 예수님 시대에 종교 지도자들 즉 대제사장들, 서기관들, 바리새인들, 장로들이 그랬던 것처럼 똑같이 하나님의 이름을 빙자해서 사회적 기득권과 물질적 이득을 누리고 있습니다. 이들이 기다리는 것은 심판의 주 예수 그리스도의 '파루시아'가 아니라, 그들의 기득권과 재산을 지켜줄 정치지도자의 '파루시아'입니다. 일본 천황제라는 체제 속에서 기독교를 비롯한 불교와 신도(神道)가 천황을 숭배하면서 기득권을 누렸듯이 지금도 그런 체제를 그리워하고 있는 것이나 다름이 없습니다. 일본의 세 종교 중 기독교가 천황을 숭배하는 일에 가장 앞장섰고, 일본 기독교 지도자들은 천황을 숭배하면서 그리스도를 믿는 신앙이 가능함을 역설했습니다. 김산덕은『천황제와 일본 개신교』에서 "1870년대 이후 일본에서 시작된 일본 개신교의 특징은 천황제 이데올로기를 기초로 일본의 근대화를 위해 국민을 계몽시킴으로써 천황교 국가 세우기의 일익을 담당하는 것에 있었다"(위의 책, 131쪽)라고 기록했습니다. 바로 1920년대와 1930년대 한국 교회는 일본의 제도적 기독교에 편입됨으로써 일본 제국주의자들의 명령과 부당한 요구에 따를 수밖에 없게 되었지만, 일부 지도자들은 기독교 조직의 유지를 위해 먼저 자발적으로 신사참배에 참여할 정도였습니다(강성호,『한국 기독교 흑역사』, 11~12쪽). 기독교 대부분 일제 권력에 계몽되었던 부끄러운 역사를 우리는 잊지 말아야 합니다. 2024년 12월 3일 불법 계엄령을 지금도 일부 목사들은 "계몽령"이라 할 정도로 100년

전 일본 제국주의자들의 보호 속에서 특권을 누리고 권력자에게 아첨했던 당시 기독교 지도자들의 행동을 답습하고 있습니다. 왕과 같은 강력한 정치지도자를 하나님의 대리자처럼 떠받들면서 기득권을 지키고 더 많은 혜택을 누리고자 하는 사람들이 과연 *"예수 그리스도의 강림하심"* 즉 '그리스도의 파루시아'를 원하고 있을까요? 지난 9월 4일 〈경향신문〉은 "'정교유착 고리' 국가조찬기도회에 기독교 시민단체 '즉각 폐지하라'"는 기사를 냈고, 〈한국일보〉 역시 1966년 3월에 시작된 국가조찬기도회는 박정희 정권 때는 "하나님이 군사혁명을 성공으로 이끌어 주셨다"라고 했으며, 1980년에는 광주 학살의 책임자 전두환을 여호수아 장군이라고 칭송했다고, 지난 9월 2일 논설에서 '권력자에 바치는 기도'라는 제목으로 비판했습니다. 이러한 비성경적인 국가조찬기도회는 정교유착의 한 면을 보여주는 사례라 할 수 있습니다. 지난 7월 30일 〈CBS 노컷뉴스〉 칼럼에는 정통 기독교와 상관없는 신천지와 통일교가 국민의힘과 정치적으로 밀착 관계였다는 사실을 게재함으로써 정당이 유사 종교집단과 버젓이 손을 잡았다고 비꼬았습니다.

우리나라에서는 일제가 1919년 3·1운동을 계기로 1920년대부터 기독교에 대한 유화정책으로 선교사 회유와 기독교 단체 법인 허용 등으로 정치가 종교에 손을 내민 이후 정교유착 또는 밀착 관계가 100년이 넘었습니다. 그래서 일제 강점기에 일본 및 한국 기독교가 세속 권력과 하나가 되었던 것처럼, 그리고 한국교회와 종교집단이 세속 권력층 및 정당과 밀착 관계를 유지해온 것처럼, 마찬가지로 베드로 당시 일부 지식인들이 세속 철학과 세속 종교의 사상을 교회 속으로 가져와서 그리스도에 대해 *"교묘히 만든 이야기"*를 전하고 가르쳤는데, 과연 그들이 '파루시아'를 기다렸을까요? 정치든, 철학이든, 종교든, 세속적인 것과 복음을 혼합하지 말아야 합니다. 베드로는 그런 혼합주의자들이 어떤 자들이었는지 정확히 알고 있었습니다. 그들은 "주께서 강림하신다는 약속이 어디 있느냐 조상들이 잔 후로부터 만물이 처음 창조될 때와 같이 그냥 있다"(벧후 3:4)라고 했습니다. 3장 3절 "먼저 이것을 알지니 말세에 조롱하는 자들이 와서 자기의 정욕을 따라 행하며 조롱하여"라는 말씀처럼 그들은 "정욕"대로 살았고, 그렇게 가르쳤습니다. 교회에 심각한 이단 사상이 들어온 것입니다. 그리스 철학자 플라톤에 영향을 받은 이원론이 동양 신비종교와 결합해서 교회 속으로 밀교 형태로 들어왔는데, 나중에 이런 사상을 가르치고 전파한 자들이 '영지주의자'로 불리게 되었습니다. 전에도 언급했듯이 영혼의 감옥이나 다름없는 육체에서 벗어나기 위해 육체를 억압하는 극단적 금욕주의자들이 생겨났고, 구원에 아무 필요도 없는 육체는 죽기 전까지 맘껏 즐기도록 해야 한다는 극단적 쾌락주의 즉 '음분주의'(결혼에 의한 정상적인 성행위가 아닌 난잡한 성행위를 추구하는 생각)가 유행하기도 했습니다. 이는 그리스–로마의 쾌락적인 문화와 잘 어울리는 사상이었습니다. 그로 인해서 로마를 비롯한 로마의 속주들 가운데 속한 교회들이 양극단의 사상을 접하며 혼란스러워했던 것입니다. 그래서 베드로는 그들에게 "우리 주 예수 그리스도의 능력과 강림하심을 너희에게 알게 한 것이 교묘히 만든 이야기를 따른 것이 아니요 우리는 그의 크신 위엄을 친히 본 자라 지극히 큰 영광 중에서 이러한 소리가 그에게 나기를 이는 내 사랑하는 아들이요 내 기뻐하는 자라 하실 때에 그가 하나님 아버지께 존귀와 영광을 받으셨느니라 이 소리는 우리가 그와 함께 거룩한 산에 있을 때에 하늘로부터 난 것을 들은 것이라"고 하면서 베드로 자신이 요한과 야고보와 함께 직접 목격한 일을 생생하게 전한 것입니다. 당시 베드로의 제자요 통역자였던 마가는 이렇게 기록했습니다.

1. 또 그들에게 이르시되 내가 진실로 너희에게 이르노니 여기 서 있는 사람 중에는 죽기 전에 하나님의 나라가 권능으로 임하는 것을 볼 자들도 있느니라 하시니라

2. 엿새 후에 예수께서 베드로와 야고보와 요한을 데리시고 따로 높은 산에 올라가셨더니 그들 앞에서 변형되사

3. 그 옷이 광채가 나며 세상에서 빨래하는 자가 그렇게 희게 할 수 없을 만큼 매우 희어졌더라

4. 이에 엘리야가 모세와 함께 그들에게 나타나 예수와 더불어 말하거늘

5. 베드로가 예수께 고하되 랍비여 우리가 여기 있는 것이 좋사오니 우리가 초막 셋을 짓되 하나는 주를 위하여, 하나는 모세를 위하여, 하나는 엘리야를 위하여 하사이다 하니

6. 이는 그들이 몹시 무서워하므로 그가 무슨 말을 할지 알지 못함이더라

7. 마침 구름이 와서 그들을 덮으며 구름 속에서 소리가 나되 이는 내 사랑하는 아들이니 너희는 그의 말을 들으라 하는지라

8. 문득 둘러보니 아무도 보이지 아니하고 오직 예수와 자기들뿐이었더라
(막 9:1~8)

예수님은 "여기 서 있는 사람 중에는 죽기 전에 하나님의 나라가 권능으로 임하는 것을 볼 자들도 있느니라"(1절)고 하셨고, 이 말씀을 하신 후 엿새가 되어 베드로를 포함한 요한과 야고보와 함께 산으로 올라가셨고, 그들이 보는 앞에서 몸이 완전히 "변형"된 모습을 보여주셨습니다. 베드로가 전해준 내용을 마가가 기록했는데, "그 옷이 광채가 나며 세상에서 빨래하는 자가 그렇게 희게 할 수 없을 만큼 매우 희어졌더라"(3절)고 표현했습니다. 이 세상에서는 결코 경험할 수 없는 '영광스러운 모습'을 그들 세 사람에게만 특별히 보여주셨던 것입니다. 그런데 더욱 놀라운 일은 "엘리야가 모세와 함께 그들에게 나타나 예수와 더불

어 말하거늘"(4절)이라고 기록했듯이, 그때로부터 약 1,430년 전에 죽은 모세와 약 880년 전에 죽지 않고 하늘로 올라간 엘리야(왕하 2:11)가 예수님 옆에 나타난 일입니다. 세 명의 제자들은 "몹시 무서워" 어찌할 바를 몰랐고, 곧 "구름이 와서 그들을 덮으며 구름 속에서 소리가 나되 이는 내 사랑하는 아들이니 너희는 그의 말을 들으라"는 말씀과 같이 구름으로 인해 변화된 그리스도와 함께 나타난 모세와 엘리야를 더 이상 볼 수 없었고, 대신에 "이는 내 사랑하는 아들이니 너희는 그의 말을 들으라"는 하나님 아버지의 음성을 듣게 되었습니다. 이는 예수 그리스도의 권능으로 그들에게만 미리 영광스러운 그리스도의 부활을 보여주신 일이고, 이미 죽은 거룩한 신자들을 대표해서 모세와 엘리야의 부활을 미리 보여주신 것입니다. 부활 공동체가 바로 "하나님의 나라"임을 보여주신 사건입니다. 이 세상은 죽은 자들의 나라입니다. 그러므로 태어나면 모두가 죽습니다. 또한 그 죽음에 합당한 속된 삶과 교만하고 타락한 삶을 이어가게 마련입니다. 베드로는 예수 그리스도의 부활을 목격했을 뿐만 아니라(요 20:10) 모세와 엘리야의 부활도 미리 목격했던 것입니다. 그래서 베드로는 "우리는 그의 크신 위엄을 친히 본 자라"(16b)고 함으로써 사람들이 지어낸 "허탄한 이야기"(딤후 4:4, 딛 1:14)나 "허탄한 신화"(딤전 4:7)와는 차원이 다른 가르침임을 강조했습니다. 베드로는 직접 보고 듣고 가르침을 받은 사실을 그대로 증거하고 선포하고 가르쳤습니다. "우리는 그의 크신 위엄을 친히 본 자라"는 말씀만으로 모든 거짓 교사들의 입을 막는 강력한 선언이었습니다! 그러므로 그리스도를 구원자로 고백하는 믿음은 설득의 메시지를 들으면서, "허탄한 이야기"를 들으면서 조금씩 조금씩 의심을 없애나가고 결국에는 전적으로 믿음을 얻게 되는 것이 아닙니다. 믿음은 복음을 통해 예수 그리스도의 큰 '위엄' 을 영적으로 보고 아는 것입니다. 다만 영적 눈의 시력에 따라 어렴풋이

보거나 명확히 보는 차이만 있을 뿐입니다. 믿음은 의심의 마음을 함께 받는 게 아닙니다. 아기가 태어나 엄마를 믿기까지 수십 년 의심을 줄여가면서 엄마를 완전히 믿고 의지하지 않습니다. 아기는 엄마를 본능적으로 바로 알아봅니다. *"허탄한 이야기"*를 복음이라고 전하고 가르치는 속임수에 빠지지 않기를 바랍니다. 성경에 기록된 참된 복음을 통해 그리스도의 위엄을 영적인 눈으로 보고, 그리스도의 능력(Power)과 재림(Parousia)을 말씀으로 미리 체험하기를 바랍니다. 아멘.

(2025년 9월 7일)

예언(預言) vs. 예언(豫言)

19. 또 우리에게는 더 확실한 예언이 있어 어두운 데를 비추는 등불과 같으니 날이 새어 샛별이 너희 마음에 떠오르기까지 너희가 이것을 주의하는 것이 옳으니라

20. 먼저 알 것은 성경의 모든 예언은 사사로이 풀 것이 아니니

21. 예언은 언제든지 사람의 뜻으로 낸 것이 아니요 오직 성령의 감동하심을 받은 사람들이 하나님께 받아 말한 것임이라

베드로는 소아시아 지역 그리스도인들과 베드로후서를 읽는 모든 그리스도인이 "예수 그리스도의 영원한 나라"(1:11)에 들어가도록 돕기 위해 편지를 썼는데, 먼저 복음의 진리를 항상 잊지 않도록 "생각나게"(1:12, 13, 15) 하려는 첫 번째 목표가 있었습니다. 두 번째 목표는 거짓 교사들의 헛된 가르침이 무엇인지 분별할 수 있도록 자세히 알려주는 것이었습니다(1:16~3:13). 그래서 지난 본문 16절 "우리 주 예수 그리스도의 능력과 강림하심을 너희에게 알게 한 것이 교묘히 만든 이야기를 따른 것이 아니요 우리는 그의 크신 위엄을 친히 본 자라"(16절)는 말씀을 시작으로 거짓 교사들의 교훈이 도리어 "교묘히 만든 이야기"라고 암시했던 것입니다. 즉 '그럴듯하게 꾸민 이야기'라는 뜻으로, "신화"(딤전 1:4, 4:7) 또는 "허탄한 이야기"(딤후 4:4, 딛 1:14)라는 말입니다. 반면에 베드로는 "우리 주 예수 그리스도의 능력과 강림하심"(1:16)을 알게 된 확실한 증거 중 하나로써 "우리는 그의 크신 위엄을 친히 본 자라"(1:16)고 하면서 목격 증거를 제시했습니다. 베드로는 다른 두 제자 요한과 야고보와 함께 영광스러운 모습으로 변화된 그리스도의 모습을 직접 목격했고(마 17:1~9, 막 9:2~13, 눅 9:28~36), 하늘에서 들려온 하나님의 음성을 들었습니다. 당시 종교와 철학에 대해 박식한 지식인들

이 '그럴듯하게 꾸며낸 이야기'와는 비교조차 불가능한 차원의 경험을 이야기함으로써 베드로 사도는 거짓 교사들과 거짓 가르침을 완전히 무너뜨리고자 했습니다.

그런데 베드로 자신이 목격하고 들은 것보다도 더욱 놀라운 사실을 말하고자 했고, 그것이 바로 오늘 우리가 살펴볼 본문에 소개됩니다. *"또 우리에게는 더 확실한 예언이 있어"*라는 말로 시작을 한 내용입니다. 예수 그리스도가 하나님으로부터 영광을 받은 사실(1:17)을 직접 보고 들은 것이야말로 그리스도에 대한 확실한 증거가 되는데, 베드로를 포함한 그들이 보고 들은 당시 경험보다 *"더 확실한 예언"*이 있음을 말했습니다. 여기서 우리는 *"예언"*에 대해 세 가지 면을 우선 알아야 합니다. '베드로전서 강설' 제30강에서도 설명했듯이, 먼저 예언은 하나님 앞에 세움을 받은 자들이 하나님을 대신해서 전하는 말씀임을 항상 잊지 말아야 합니다. 그런 일을 위해 선택되어 세움을 받은 자를 예언자 또는 선지자라고 합니다. 이 경우는 마치 대통령의 대변인처럼 대통령을 대신해서 대통령 앞에서 전하는 사람에 비유할 수 있습니다. 다음으로는, '하나님으로부터 직접 받아서 전하도록 맡은 말씀'입니다. 여기서 '예'(預)는 '맡기다'는 뜻입니다. 하나님이 하신 말씀을 맡아서 전하는 일이 예언(預言)의 가장 중요한 면입니다. 맡겨진 말씀에는 하나님의 창조와 타락한 세상에 대한 과거 사실, 그리고 구원에 관련된 과거, 현재, 미래 일이 기록되어 있습니다. 그래서 예언자는 하나님의 말씀을 맡아서 전하는 자입니다. 끝으로 '미리'라는 뜻의 '예'(豫)를 포함하고 있는 면도 소홀히 할 수 없습니다. 세상이 말하는 '예언'(豫言)은 모두 미래에 대한 말입니다. 조선시대부터 내려온 정감록(鄭鑑錄), 남사고비결(南師古秘訣), 송하돈비결(松下豚秘訣, 송하비결)이나 '탄허 스님' 김금택의 예언은 모두 미래에 대한 예측과 미래에 대한 예언이라고 해석한 내용이 대부분입니다. 반면에 성경에서 말하는 예언(預言)은 '하나님 앞에서 전하는 말씀'이고, '맡겨진 말씀'이며, 어떤 일에 대해 '미리 알려주는 말씀'도 포함한다는 사실입니다. 그래서 예언에 대해 생각할 때 가장 중요한 것은 '하나님의 말씀'이라는 사실을 아는 것입니다. 또한 넓은 의미의 '예언'도 알 필요가 있습니다. 신약시대에 하나님의 영으로부터, 또는 그리스도의 대리자들이었던 사도들로부터 받은 말씀을 그대로 전달하거나 선포한 사람들을 예언자 또는 선지자라고 불렀는데(엡 2:20), 이 직분을 받은 자들은 '맡겨진 말씀'(또는 위탁받은 말씀)을 교회에 그대로 전달하고, 사람들에게 선포하고, 개인적으로든 집단적으로든 가르쳐주거나 설명해주는 역할을 했습니다. 또한 믿음이 약한 자들을 권면해서 강하게 해주는 일도 했습니다. 신약시대 선지자(예언자)들은 하나님의 영으로부터, 또는 그리스도의 대리자들이었던 사도들로부터 그들에게 전하도록 '맡겨진 말씀'(또는 위탁받은 말씀)을 그대로 전달하고, 선포하고, 알려주고, 가르쳐주고, 설명해줌으로써 하나님의 뜻도 전하고, 받은 말씀을 바탕으로 권면도 하며, 믿음도 견고하게 해주었던 것입니다. 예언자(선지자)의 예언(預言)이 왜곡되거나 뜻이 달라지지 않도록 유지해서 누군가가 그것을 다른 사람에게 전달하거나 가르치거나 설명하면 그 사람 역시 예언을 전한 자가 되기에 본질적으로 예언을 한 것입니다. 미래에 일어날 일이나 사건을 말하는 예언에 매몰되어 샤머니즘 신앙에 빠지지 않도록 조심해야 합니다. 그래서 우리는 사도 바울이 에베소 교회를 향해 *"너희는 사도들과 선지자들의 터 위에 세우심을 입은 자라 그리스도 예수께서 친히 모퉁잇돌이 되셨느니라"*(엡 2:20)라고 했던 말씀을 기억하고, 이러한 넓은 의미의 예언(預言)이 신약시대에 일반적이었음을 알아야 합니다.

그리스도의 교회가 세워지고 복음이 이방 세계로 퍼지기까지는 사도와 선지자 직분이 특정 소수에게 주어졌지만, 복음이 널리 퍼지고 소수의 직분 자들이 순회하면서 직분을 감당할 수 있는 여건이 점차 어렵게 되자, 지역 교회마다 직분을 감당할 자들이 필요하게 되었고, 목사와 교사의 은사를 받은 지도자들이 교회를 섬기게 되어 오늘에 이르게 되었습니다. 그러므로 목사와 교사는 이제 성경 66권을 바탕으로 예언자와 사도의 역할을 이어가야 합니다. 성경 외에 다른 계시를 주장하거나 말하는 예언자와 사도가 되겠다고 해서는 안 됩니다. 그렇게 한다면 1세기 당시나 21세기 지금이나 '영성'을 강조하며 사람의 행위로 신적 경지 또는 구원에 이를 수 있다는 영성주의자나 다름없기에 되기에 결국은 영지주의자라 할 수 있습니다. 1990년대가 되자 피터 와그너(Peter Wagner)와 같은 자들이 본격적으로 '신사도적 종교개혁 시대'가 시작되었다면서 신약성경 에베소서에 기록된 사도, 예언자(선지자), 전도자(복음을 전하는 자), 목사, 교사 직분(엡 4:11)의 완전한 회복을 통해 성령의 역사가 새롭게 일어나고 계시의 말씀이 다시 전해진다그 주장했는데, 이들이야말로 "교묘히 만든 이야기"를 들고나와서 성경의 권위와 교회의 질서를 무너뜨리고 있음을 알아야 합니다. 오늘날 미국과 한국을 중심으로 유행하고 있고, 세계적으로 점점 영향력을 행사하고 있는 '신사도 운동'은 1960년대에 시작된 '뉴에이지 운동'의 '기독교 버전'이라 할 수 있고, '신(新)영지주의'라 할 수 있습니다. 사도 바울을 비롯한 당시 그리스도의 제자들과는 다른 주장을 펼치면서, 예수 그리스도의 가르침과는 전혀 다른 가르침을 전했던 자들이 소아시아 지역 교회에서 영향력을 행사하기 시작했는데, 그들은 철학적이고 종교적인 지식을 복음에 혼합해서 가르치면서 사실상 '새로운 사도' 행세를 한 것입니다. 그들이 바로 2~3세기에 교회를 어지럽혔던 영지주의자들의 사상적 뿌리였습니다. 그들이 교회 안에서 복음의 가르침을 벗어난 헛된 가르침을 퍼뜨렸듯이 현대 신영지주의자들이 직통 계시를 주장하고, 사도들이 행했던 표적을 지금 다시 행할 수 있다는 거짓 가르침을 퍼뜨리고 있음을 알고 미혹되지 않기를 바랍니다.

베드로는 "또 우리에게는 더 확실한 예언이 있어 어두운 데를 비추는 등불과 같으니 날이 새어 샛별이 너희 마음에 떠오르기까지 너희가 이것을 주의하는 것이 옳으니라"라고 함으로써 자신이 목격한 증거는 "예언" 즉 구약성경에 기록된 그리스도에 대한 예언이 그 앞에서 성취된 증거의 하나였음을 말했습니다. 예수님은 예루살렘에서 엠마오로 가는 두 제자에게 나타나신 후 "모세와 모든 선지자의 글로 시작하여 모든 성경에 쓴 바 자기에 관한 것을 자세히 설명"(눅 24:27)해 주셨습니다. "모세와 선지자들"(눅 16:29, 31)은 구약성경을 가리키는 말이었습니다. 베드로와 다른 두 제자가 "거룩한 산"(1:18)에서 예수 그리스도 옆에 함께 나타난 모세와 엘리야를 보았는데, 그들이 바로 언약 백성의 대표적 인물이요 구약성경을 상징하는 인물로서, 그들의 모든 말과 행위와 삶이 예수 그리스도를 계시하는 예언이었음을 베드로는 확실히 깨닫게 되었습니다. 그래서 베드로에게는 예수님의 '변화 사건'(Transfiguration)이 그와 함께 경험한 요한과 야고보 외에는 개인적으로는 이 세상에서 그 누구도 경험할 수 없는 엄청난 사건이었지만, 구약성경에 기록된 예언의 말씀이 그리스도를 통해 성취되었고, 아직 성취되지 않고 남아 있는 일들도 앞으로 당연히 성취된다는 사실을 명확히 깨닫게 된 경험이었습니다. 그래서 그는 "더 확실한 예언"이라는 말을 함으로써 베드로 자신이 '변화산' 즉 "거룩한 산"에서 목격한 일보다 '더 확실한 증거'가 있음을 강조했습니다. 베드로의 편지를 읽는 사람들 즉 "거룩한 산"의 경험이 없는 그리스도인들에게는 구약시대 선지자들의 예언이 그리스도에 대한 "더 확실한" 증거가 된다는 뜻도 있고, 그가 경험한 일이 특별하고도 엄청난 사실임에도 불구하고 예언을 뒷받침해주는 증거에 불과하다는 겸손한 견해도 포함된 말임을 깨닫기를 바랍니다.

이어서 베드로는 예언이 "어두운 데를 비추는 등불과 같으니"라고 했습니다. "어두운 데"는 세상으로써 단지 물리적 공간이나 환경을 말하는 것만이 아닙니다. 영적인 면까지 포함한 말입니다. 인간이 타락함으로써 더럽고 음탕해진 세상을 뜻한 말입니다. 사도 요한은 "빛이 어둠에 비치되 어둠이 깨닫지 못하더라"(요 1:5)라고 함으로서 예수님을 "빛"으로, 세상을 "어둠"으로 비유했습니다. 또한 "그 정죄는 이것이니 곧 빛이 세상에 왔으되 사람들이 자기 행위가 악하므로 빛보다 어둠을 더 사랑한 것이니라"(요 3:19)라고 묘사했습니다. 예수 그리스도가 구원자로서 세상에 오셨음에도 불구하고 사람들은 그를 알아보지 못했고, 설령 예언을 듣고 그 예언대로 이루어지기를 소망한 자들도 그 행위가 악했기 때문에 "빛보다 어둠을 더 사랑한 것"이라 했습니다. 우리가 세상에 살면서 예수 그리스도를 전하고 복음의 진리를 전해도 사람들이 별 흥미를 보이지 않거나 관심이 없는 이유, 또는 의도적으로 피하는 이유는 바로 그들이 가지고 있는 '어둠에 대한 사랑' 때문입니다. 아더 핑크(Arthur Pink)는 『요한복음 강해』에서 이렇게 설명했습니다(지상우 역, 139쪽).

즉 그는 어둠을 사랑하므로 빛을 싫어한다. 이 말씀(요 3:19)은 그의 부패함을 잘 증언해 준다. 인간은 어두운 가운데 있을 뿐만 아니라 그 어둠을 사랑하기까지 한다. 그들은 진리의 빛보다 무지와 잘못과 미신을 좋아한다. 그리고 그들이 어둠을 사랑하고 빛을 싫어하는 이유는 바로 그들의 행위가 악하기 때문이다.

그러므로 복음을 듣지도 않으면서, 예수 그리스도를 믿지도 않으면서 선하고 의로운 사람처럼 행동하는 자들은 가장 가식적인 사람들입니다. 심지어 어떤 종교든 종교를 가진 것조차도 마음이 나약한 자들이기 때문이라고 하는 자들은 가장 사악한 자들입니다. 만약 그들이 다른 사람에 비해 비교적 정의롭고 선하게 보인다면, 그만큼 더 가식적이고 교만한 죄인임을 드러낸 확실한 증거라고 보아야 합니다. 그런 자들의 주장과 삶의 정당성은 죽지 않음에 있습니다. 그러나 *"죄의 삯은 사망이요"*(요 6:23)라는 말씀이 그런 자들도 결국 죽는다는 사실을 절대 진리로써 확인케 해줍니다. 예수님은 가식적인 종교 지도자들에게 이런 말씀을 하셨습니다(마 23:25~28).

25. 화 있을진저 외식하는 서기관들과 바리새인들이여 잔과 대접의 겉은 깨끗이 하되 그 안에는 탐욕과 방탕으로 가득하게 하는도다
26. 눈 먼 바리새인이여 너는 먼저 안을 깨끗이 하라 그리하면 겉도 깨끗하리라
27. 화 있을진저 외식하는 서기관들과 바리새인들이여 회칠한 무덤 같으니 겉으로는 아름답게 보이나 그 안에는 죽은 사람의 뼈와 모든 더러운 것이 가득하도다
28. 이와 같이 너희도 겉으로는 사람에게 옳게 보이되 안으로는 외식과 불법이 가득하도다

사람들의 어두운 마음과 음침한 세상을 비추는 등불이 바로 구원자 예수 그리스도에 대한 "예언" 즉 성경 말씀입니다. 비록 구원자 예수 그리스도께서 이런 세상에 오셨지만, 세상은 여전히 죄악으로 가득한 곳이고, 어둡고 음침하고 침울한 상태로 존재하고 있습니다. 세상은 결코 변혁이나 정화의 대상이 아닙니다. 예수님은 세상의 변혁과 정화를 위

해 오시지 않았습니다. 세상은 "이제 하늘과 땅은 그 동일한 말씀으로 불사르기 위하여 보호하신 바 되어 경건하지 아니한 사람들의 심판과 멸망의 날까지 보존하여 두신 것이니라"(벧후 3:7)라는 말씀과 같이 "경건하지 아니한 사람들의 심판과 멸망의 날까지 보존"되는 대상입니다. 다만 그리스도인이 얼마만큼 세상에서 빛(마 5:14~16)과 소금(마 5:13)의 행실을 드러내느냐에 따라 덜 어둡고 덜 부패할 뿐입니다. 과학의 진보로 인해 세상이 밝아졌다고 생각하는 자들은 참으로 어리석은 자들입니다. 지난 2001년에 미국에서 출간된 책『강간의 자연사: 성적 강제의 생물학적 기반들』(A Natural History of Rape: Biological Bases of Sexual Coercion)은 진화생물학자 랜디 쏜힐(Randy Thornhill)과 인류학자 크레이그 팔머(Craig Palmer)가 함께 쓴 책으로, 강간을 병리적 현상이 아니라 자연적이고 생물학적인 현상으로 해석했는데, 이는 강간이 오늘날에도 여전히 살아남은 행위라는 면에서 진화론적 이점이 있다고 주장한 것입니다. 다윗은 "어리석은 자는 그의 마음에 이르기를 하나님이 없다 하는도다 그들은 부패하고 그 행실이 가증하니 선을 행하는 자가 없도다"(시 14:1)라고 했습니다. 하나님의 존재를 믿지 않는 진화론자는 "어리석은 자"요 마음이 "부패하고 그 행실이 가증"한 자입니다. "만물보다 거짓되고 심히 부패한 것은 마음이라 누가 능히 이를 알리요마는"(렘 17:9)이라는 말씀처럼 아무리 세상이 진보하고 과학이 발전한다고 하더라도 하나님을 떠난 타락한 사람들의 마음은 전혀 변치 않는다는 사실을 잊지 말아야 합니다. 그러므로 세상이 존재하는 한 예수 그리스도에 대한 예언의 말씀 즉 성경은 "날이 새어 샛별이 너희 마음에 떠오르기까지" 즉 예수 그리스도의 재림(파루시아) 때까지 어두운 마음과 음침한 세상을 비추는 등불임을 확실히 알기를 바랍니다. 아울러 "너희가 이것을 주의하는 것이 옳으니라"라고 함으로써 베드로 사도의 신비로운 경험에 대해

들는 것보다 더 중요하고 "더 확실한 예언"인 성경 말씀에 주의를 기울여서 확고히 믿으라고 권면했음을 명심하기를 바랍니다.

이제 베드로는 성경 말씀의 중요성에 대해 특별히 강조한 후에 "먼저 알 것은 성경의 모든 예언은 사사로이 풀 것이 아니니 예언은 언제든지 사람의 뜻으로 낸 것이 아니요 오직 성령의 감동하심을 받은 사람들이 하나님께 받아 말한 것임이라"(20~21절)라는 말을 이어서 전했습니다. 지난 강설 본문도 다루어야 할 주제들이 많은 부분인데, 오늘 본문도 마찬가지입니다. 그러나 이번 강설에서 다루지 못한 부분은 다음 기회에 보충하기로 하고 전체적인 큰 내용으로만 다루고자 합니다. 베드로가 "먼저 알 것은"이라고 한 것은 단지 무엇을 나열할 때 첫 번째 순서를 말한 것이라기보다는 '우선순위' 또는 매우 중요한 사항임을 말하려는 의도입니다. 왜냐하면 말하고자 한 내용이 성경에 대한 근본적이고 올바른 접근을 말하고 있기 때문입니다. "성경의 모든 예언은 사사로이 풀 것이 아니니"라고 함으로써 성경 해석에 대한 교리적 기준을 제시했습니다. 그런데 이 표현을 어떻게 받아들이냐에 따라 엄청난 차이가 생겨납니다. "성경의 모든 예언"은 바울이 디모데에게 편지했던 내용 중 "모든 성경은 하나님의 감동으로 된 것으로 교훈과 책망과 바르게 함과 의로 교육하기에 유익하니"(딤후 3:16)라는 말씀에서 "모든 성경"과 같은 의미인데, 당시 베드로와 바울 시대 기준으로는 구약성경을 가리킨 것이었으나, 향후 정경으로 확정될 신약성경까지 가리키는 의미였음을 알아야 합니다. 왜냐하면 1세기 후반 약 50년에 걸쳐서 신약성경으로 공인될 27권의 책이 "하나님의 감동"으로 기록되고 있었기 때문입니다. 먼저 당시 기준으로만 볼 때, "성경의 모든 예언"은 지금 우리가 알고 있는 구약성경 39권이라 할 수 있습니다. 물론 당시에는 현재까지 이어져 온 구약

39권에 외경 6권을 포함한 45권이 헬라어로 번역되어 '70인역'(LXX)이라 불렸던 성경을 의미했습니다. 또한 구약 선지자들의 예언들만을 협의적(狹意的)으로 언급했을 가능성도 배제할 수는 없습니다. 그러나 우리가 알아야 할 사실은 당시 헬레니즘 문화권에서 흩어져 살고 있었던 디아스포라 유대인들 즉 히브리어를 알지 못하거나 거의 사용하지 않았던 유대인들을 위해 BC 3세기 중반에 72명의 율법 학자들이 이집트 북부 지역 알렉산드리아에 모여 번역 작업을 한 끝에 구약 헬라어 역본이 탄생했다는 것입니다. 그 이후로도 수정 번역이 BC 1세기까지 계속해서 진행되었습니다. 참고로, 우리가 사용하고 있는 구약성경 39권은 예루살렘 근처 얌니아(Jamnia)에서 90년에 열렸던 유대교 공의회에서 정경으로 확정되었습니다. 성경에 대한 순서나 분류가 기독교가 사용하는 것과는 약간 달랐지만, 우리가 사용하는 39권이 그때 정경으로 확정되었습니다. 결과적으로 베드로 당시에 외경을 포함한 구약성경은 이미 사용 중에 있었고, 신약성경은 베드로를 포함한 사도들이 활동했던 1세기 중반부터 말까지 기록되고 있었던 것입니다. 신약성경은 약 30년 이상의 시간을 거쳐 27권으로 397년 카르타고 종교회의(Council of Carthage)에서 확정되었습니다. 이처럼 구약성경과 신약성경이 모두 기록되고 모여지고 정경으로 공인되기까지 최소 1,800년이 걸렸습니다. 성경 기록에는 약 1,550년이 걸렸고, 40명에 가까운 사람들이 성령의 감동으로 참여했습니다. 현재 약 2,000개 이상의 언어로 완역되었거나 부분 번역된 것으로 알려져 있습니다.

그런데 이 성경에 기록된 모든 예언을 어떻게 해석하느냐, 누가 해석하느냐가 큰 문제였습니다. 그래서 가톨릭교회는 *"사사로이 풀 것이 아니니"*라는 구절이 개인이 아닌 교회를 대표하는 교황이나 주교와 같은 특별한 지위에 있는 사람들만 성경을 해석할 수 있다는 근거라고 주장했습니다. 그러나 이는 성경을 개인이 해석할 수는 있지만 임의대로 해석하면 안 되고 반드시 성령의 도우심 또는 성령의 역사로 말미암은 교리적 체계 안에서 해석해야 한다는 의미입니다. 여기서 우리가 주의할 점은 성령의 도우심을 바라는 기도를 당연히 해야 하지만, 더욱 중요한 사실은 성령이 교회와 함께해오심으로써 영감을 주시고 인도해주신 결과로 얻은 올바른 신학과 정통교리라는 틀 속에서 벗어나지 않도록 해야 한다는 점입니다. 심지어 구약시대의 예언자들도 그들이 선포한 예언이 정확히 언제 어떻게 성취될지 모르는 경우도 많았기에 성령의 인도하심과 성령의 조명은 매우 중요합니다. 게다가 우리는 21절 *"예언은 언제든지 사람의 뜻으로 낸 것이 아니요 오직 성령의 감동하심을 받은 사람들이 하나님께 받아 말한 것임이라"*라는 말씀이 20절과 연결되어 있음을 잊지 말아야 합니다. 예언은 사람들이 받아 말하거나 기록을 한 것이지만, 하나님의 뜻에 따라 주어진 것이라는 사실입니다. *"성령의 감동하심"*에 의해 기록되었기에 이 세상에 존재하는 그 어떤 책이나 기록물과도 비교될 수 없습니다. 사람의 생각이나 태도나 성품, 나이나 출신 배경, 신분이나 학식 등과 같은 다양한 요소들이 그대로 사용됐음에도 불구하고 하나님의 뜻이 조금도 왜곡되거나 누락이 되는 일이 없도록 하나님의 영의 인도와 감동으로 기록되었으니 얼마나 놀랍고 경이롭고 위대한 책입니까? 어떤 사실을 보여주시면서 그대로 기록하게 하신 것도 아니요, 문자를 하나하나 불러주신 것도 아닌데, 1,550년의 역사를 거쳐 기록한 인물들이 다양한 신분과 배경의 사람들임에도 불구하고, 구약성경 창세기부터 신약성경 요한계시록까지 놀라울 정도의 일관성을 보이는데, 바로 예수 그리스도의 구속이라는 주제에 맞추어져 있고 그 맥락을 따르고 있다는 사실입니다. 그래서 엠마오로 향하는 제자

둘에게 부활하신 예수님이 *"모세와 모든 선지자의 글로 시작하여 모든 성경에 쓴 바 자기에 관한 것을 자세히 설명"*(눅 24:27)해 주신 일은 *"먼저 알 것은 성경의 모든 예언은 사사로이 풀 것이 아니니 예언은 언제든지 사람의 뜻으로 낸 것이 아니요 오직 성령의 감동하심을 받은 사람들이 하나님께 받아 말한 것임이라"*라는 말씀과 떼래야 뗄 수 없는 중요한 관계임을 명심해야 합니다.

　베드로는 편지의 본론 부분을 시작하면서 *"우리 주 예수 그리스도의 능력과 강림하심을 너희에게 알게 한 것이 교묘히 만든 이야기를 따른 것이 아니요 우리는 그의 크신 위엄을 친히 본 자라"*(16절)고 했는데, 먼저는 자기 자신이 *"우리 주 예수 그리스도의 능력과 강림하심을"* 친히 목격했다는 증거를 제시했습니다. 마치 어떤 사건의 목격자가 본 진상(眞相)을 그대로 밝히듯이 선언한 것입니다. 다음으로는 그가 미리 목격한 *"그리스도의 능력과 강림하심"*에 대한 더 확실한 증거를 제시했습니다. 바로 *"하나님의 감동하심"*을 받아 예언한 예언자들의 기록입니다. 예수 그리스도에 대한 구약성경의 기록은 진실(眞實)입니다. 베드로가 다른 두 제자와 함께 목격한 진상은 짧고 강렬한 것이었지만, 예수 그리스도를 가리키는 진실의 기록들은 *"더 확실한 예언"* 즉 '더 확실한 증거'라고 한 것입니다. 베드로 자신은 진상을 목격했기에 그 경험이 자기에게는 '더 확실한 증거'가 될 수 있겠지만, 독자들에게는 오히려 *"성경의 모든 예언"*이라는 진실의 기록이 증명력이 훨씬 강한 '더 확실한 증거'라는 의미입니다. 이렇게 진상을 목격하거나 성령의 감동으로 듣고 알게 된 자들이 기록한 진실이 성경으로 하나가 되어 *"예수 그리스도의 능력과 강림하심"*이 진리임을, 즉 예수 그리스도가 진리임을 선언한다는 사실을 명심하기를 바랍니다. 아멘.

(2025년 9월 14일)

제8강

이단(異端)

강설 본문: 베드로후서 2장 1~3절

1. 그러나 백성 가운데 또한 거짓 선지자들이 일어났었나니 이와 같이 너희 중에도 거짓 선생들이 있으리라 그들은 멸망하게 할 이단을 가만히 끌어들여 자기들을 사신 주를 부인하고 임박한 멸망을 스스로 취하는 자들이라

2. 여럿이 그들의 호색하는 것을 따르리니 이로 말미암아 진리의 도가 비방을 받을 것이요

3. 그들이 탐심으로써 지어낸 말을 가지고 너희로 이득을 삼으니 그들의 심판은 옛적부터 지체하지 아니하며 그들의 멸망은 잠들지 아니하느니라

베드로는 "우리 주 예수 그리스도의 능력과 강림하심을 너희에게 알게 한 것"이 거짓 교사들이 하는 것처럼 "교묘히 만든 이야기"와는 차원이 다른, 직접 목격한 증거에 따른 것이었음을 강조하기 위해 "그의 크신 위엄을 친히 본 자"라고 했습니다(1:16). 이뿐만 아니라 베드로는 요한과 야고보와 함께 친히 하늘에서 들려온 하나님의 음성도 들었습니다(1:17~18). 그래서 베드로는 "거룩한 산"에서 "주 예수 그리스도의 능력과 강림하심"에 관한 한 영광스럽게 변화된 그리스도의 모습을 직접 목격했고, "이는 내 사랑하는 아들이요 내 기뻐하는 자라"는 하나님의 음성까지 들음으로써 당시 "거룩한 산"에서 보고 들은 진상(眞相)에 근거해서 "우리 주 예수 그리스도의 능력과 강림하심을 너희에게 알게 한 것"이라고 했습니다. 그러나 베드로는 그가 제시할 '더 확실한 증거'가 있었기에 "또 우리에게는 더 확실한 예언이 있어 어두운 데를 비추는 등불과 같으니 날이 새어 샛별이 너희 마음에 떠오르기까지 너희가 이것을 주의하는 것이 옳으니라"(1:19)라고 함으로써 "성령의 감동하심을 받

은 사람들이 하나님께 받아 말한"(1:21) "성경의 모든 예언"(1:20)을 더 강조해서 말했습니다. 그만큼 당시 소아시아 지역 교회들 가운데 스며들었던 '그럴듯하게 꾸며낸 이야기'가 점점 좋지 않은 영향을 미치고 있었음을 말해줍니다. 그래서 예수 그리스도와 진리의 복음에 대한 '진실의 기록'인 "모든 예언"을 '더 확실한 증거'로 제시한 것입니다.

지금부터 살펴볼 베드로후서 2장부터는 본격적으로 거짓 교사들의 '헛된 가르침'이 어떤 것인지 알려주는 내용인데, 먼저 "그러나 백성 가운데 또한 거짓 선지자들이 일어났었나니 이와 같이 너희 중에도 거짓 선생들이 있으리라"라고 함으로써, 구약시대 이스라엘 백성에게 하나님의 말씀을 전했던 선지자들 사이에서도 "거짓 선지자들"이 진짜 선지자들처럼 활동했던 것처럼(왕상 22, 렘 6:13, 23:16), 소아시아 지역 교회들 가운데에도 "거짓 선생들"이 파고들어 이미 활동을 시작했음을 말한 것입니다. 1절 문장에서 "있으리라"(ἔσονται)는 단어는 일차적으로는 미래에 일어날 거라는 뜻('will be')이지만, 당연히 있다('shall be')는 사실도 포함한 말입니다. 베드로후서보다 몇 년 전에 바울 사도에 의해 기록된 디모데후서에 거짓 교사들이 지어낸 "허탄한 이야기"가 등장한 것으로 볼 때 이미 소아시아 지역 교회들 속에 그런 거짓 교사들의 '헛된 가르침'이 존재했었음을 알 수 있습니다. 그러므로 이스라엘 백성 가운데에 거짓 선지자들이 나타나 활동했던 것처럼 당연히 교회들 속에 들어와 활동하는 거짓 교사들이 이미 존재하고 있었고, 앞으로도 계속 나타나서 활동하리라고 말한 것입니다.

모세는 거짓 선지자에 대해 하나님으로부터 받은 말씀 즉 "만일 어떤 선지자가 내가 전하라고 명령하지 아니한 말을 제 마음대로 내 이름으로 전하든지 다른 신들의 이름으로 말하면 그 선지자는 죽임을 당하리라 하셨느니라"(신 18:20)라고 이스라엘 백성에게 선포했습니다. 예레미야 선지자를 통해서도 하나님은 거짓 선지자에 대해 말씀하셨고, 그는 백성을 향해 "만군의 여호와께서 이와 같이 말씀하시되 너희에게 예언하는 선지자들의 말을 듣지 말라 그들은 너희에게 헛된 것을 가르치나니 그들이 말한 묵시는 자기 마음으로 말미암은 것이요 여호와의 입에서 나온 것이 아니니라"(렘 23:16)라고 전했습니다. 에스겔 선지자 역시 "주 여호와의 말씀에 본 것이 없이 자기 심령을 따라 예언하는 어리석은 선지자에게 화가 있을진저"(겔 13:3)라고 선포했습니다. 이 같은 말씀에 근거해서 거짓 선지자가 심판받아 죽는 사건이 예레미야 선지자에 의해 기록되었는데, 다음과 같습니다. "선지자 예레미야가 선지자 하나냐에게 이르되 하나냐여 들으라 여호와께서 너를 보내지 아니하셨거늘 네가 이 백성에게 거짓을 믿게 하는도다 그러므로 여호와께서 이와 같이 말씀하시되 내가 너를 지면에서 제하리니 네가 여호와께 패역한 말을 하였음이라 네가 금년에 죽으리라 하셨느니라 하더니 선지자 하나냐가 그 해 일곱째 달에 죽었더라"(렘 28:15~17). 거짓 선지자들은 하나님이 '맡겨주신 말씀' 즉 '예언'(預言)이 아니라 "내가 전하라고 명령하지 아니한 말을 제 마음대로"(신 18:20)지어서 만든 말 즉 '맡겨지지 않은 말'을 전하는 자들입니다. "자기 마음으로 말미암은 것"(렘 23:16)을 전하는 자들이고, "자기 심령을 따라 예언하는 어리석은 선지자"(겔 13:3)로, 이들은 "성령의 감동하심을 받은 사람들"이 아니라, 즉 '맡겨진 말씀'인 '예언'(預言)을 하는 자들이 아니라 자기 마음대로 "헛된 것"을 전하는 자들입니다. 바로 이런 거짓 선지자들처럼 베드로 당시에도 거짓 선생들이 있었고, 그들이 서서히 교회에 혼란과 분쟁을 일으키기 시작했습니다. 이런 교회 환경에서 베드로는 그릇되고 헛된 가르침에 대해 '이단'(異端, heresy)이

  21세기 한국교회를 위한 **베드로후서 강설**

라는 단어를 사용했습니다. 오늘날 사전적 의미로 이단은 두 가지로 구분할 수 있는데, 먼저 정통의 교리나 교훈에 반하는 교의나 교파를 뜻하고, 다음으로 기존의 질서나 권위에 도전하는 의견을 주장함으로써 일어난 무리나 분파를 뜻합니다. 그래서 전자는 정통에서 완전히 벗어난 것이고, 후자는 벗어날 가능성도 있고 어떤 경우에는 반대로 정통일 수도 있습니다. 다시 정리해서 전자를 '절대적 이단'이라고 하면, 후자는 '상대적 이단'입니다. 이에 대한 명확한 구분을 할 수 있어야 합니다.

'이단'(αἵρεσις, 하이레시스)이라는 말은 원래 부정적인 말은 아니었습니다. 단지 '선택'이나 '의견'을 뜻했던 말이었습니다. 그런데 이런 선택이나 의견이 기존의 질서를 무시하고, 권위에 도전하는 주장이나 행동이 됨으로써 '다른 분파'나 '다른 집단'(集團)이 된 것입니다. 사도 바울의 경우 "유대인을 다 소요하게 하는 자요 나사렛 이단의 우두머리"라고 변호사 더둘로에 의해 벨릭스 총독 앞에 고발당했습니다. 바울은 유대인들의 관점에서 볼 때 정통과 권위에 도전하는 "이단"이었던 것입니다. 사도행전 24장 1~5절을 보면 알 수 있습니다.

1. 닷새 후에 대제사장 아나니아가 어떤 장로들과 한 변호사 더둘로와 함께 내려와서 총독 앞에서 바울을 고발하니라
2. 바울을 부르매 더둘로가 고발하여 이르되
3. 벨릭스 각하여 우리가 당신을 힘입어 태평을 누리고 또 이 민족이 당신의 선견으로 말미암아 여러 가지로 개선된 것을 우리가 어느 모양으로나 어느 곳에서나 크게 감사하나이다
4. 당신을 더 괴롭게 아니하려 하여 우리가 대강 여짜옵나니 관용하여 들으시기를 원하나이다
5. 우리가 보니 이 사람은 전염병 같은 자라 천하에 흩어진 유대인을 다 소

이처럼 유대인들의 신앙관으로 볼 때 사도 바울의 교훈은 이단이었습니다. 유대인들에게 바울은 배신자로 보일 수밖에 없었습니다. 그는 누구보다도 열렬한 유대교 신봉자요 학자였는데, 갑자기 개종하여 유대교를 배설물처럼 여겼기 때문입니다(빌 3:3~9). 반면에 그리스도의 사도가 된 바울이 보기에는 교회 신자들 가운데서 여전히 유대교 전통을 따르면서 할례를 강요했던 유대주의자들(Judaizers, 또는 유대화주의자들)이 이단이었습니다. 이들이 부정적인 의미로 사용된 '이단'이라는 말에 해당하는 첫 번째 무리였습니다. 당시 바울이 갈라디아서를 55~58년경에 기록했다고 보는 견해도 있지만, 대개 48~49년경에 기록한 것이라고 봅니다. 그렇게 보면 유대주의자들은 확실히 교회 역사에서 첫 번째 이단이었습니다. 이들은 다음으로 등장한 이단 에비온파(Ebionites)와 영지주의(Gnosticism)의 사상적 토대를 놓아준 자들이었습니다.

다른 한편으로는, 초대교회 내부에서도 서로 분열되는 경우를 "파당" 또는 "이단"(고전 11:19, 갈 5:20)이라고 했습니다. 그리스도의 복음이 점점 널리 퍼지면서 교회 내에서 분쟁이나 분열이 계속되면, 결국에는 그리스도와 사도들의 교훈에서 벗어나는 사람들이 생기곤 했습니다. 바로 그런 사람들 또는 그들의 가르침이나 주장을 이단이라 칭했습니다. 예수 그리스도를 믿고 회개하여 거듭난 경우라도 여전히 거룩한 성품으로 변화해가는 과정에 있기에 이기적 행동이 나타날 수 있습니다. 사도행전 6장 1절 "그 때에 제자가 더 많아졌는데 헬라파 유대인들이 자기의 과부들이 매일의 구제에 빠지므로 히브리파 사람을 원망하니"라는 말씀을 통해 알 수 있습니다. 또한 지혜롭지 못한 판단과 행동이 나타날 수 있고, 세속적인 성향이 남아있는 경우가 있습니다. 그러함에도 불구하고 증오심과 공격적 행동이 이어진다면, 그런 경우는 이단이라 할 수 있습니다. 언어와 문화적 차이나 사회적 신분과 지위의 차이로 인해 일시적으로 편파적으로 대하거나 갈등과 원망이 생겨날 수는 있습니다. 사람 사는 곳이라면 어디서나 심지어 교회라 할지라도 차별과 편애가 생겨날 수 있습니다. 그러나 차별, 편애, 갈등, 원망이 지속되고 심해진다면, 게다가 미움과 증오로 이어진다면 결코 그리스도인의 공동체라 할 수 없습니다. 혐오를 일삼는 그런 공동체나 집단은 마치 흑인과 이민자들과 유대인들을 혐오했던 미국 기독교 백인우월주의자들(KKK: Ku Klux Klan)처럼 테러 조직이 되고 맙니다. 미국에서 KKK(쿠 클럭스 클랜)는 기독교라는 전통과 보수의 기치를 앞세운 집단으로 출발했지만 결국 테러 조직이 되고 말았습니다. KKK는 미국 남부지역을 기반으로 한 민주당원 중심의 비밀결사 조직이었습니다. 종교와 정치가 하나 됨으로써 미국이 가장 중시한 정교(政敎)분리가 지켜지지 않은 마우 나쁜 사례 중 하나였습니다. 우리나라에서도 이들과 별 차이가 없는 극단적이고 과격한 혐오주의자들이 기독교 단체를 중심으로 최근 대규모 집회와 시위를 이어가고 있는데, 이대로 두면 조직의 특성상 반드시 반사회적이고 반국가적인 성향으로, 반인륜적이고 반민주적으로 치닫게 될 수밖에 없습니다.

지난 금요일(19일)에 서울 명동에서 '혐중 시위'가 있었고, 참여한 사람들 가운데 기독교인 단체들이 많았다는 사실은 충격적인 일입니다. '혐중'은 주로 정치적으로 극단적인 사람들이나 그들과 관련한 단체가 품는 중국에 대한 혐오 감정으로, 원래 일본 극우세력이 만든 감정입니다. 반중이나 반미나 반일은 얼마든지 정치 및 외교적 상황에 따라 생길 수 있는 국민적 감정 또는 정치적 반응입니다. 여기서 '반'(反)은 상대를 강하게 여기거나 동등한 수준으로 여기는 관점에서 비롯되는 감정이지만, '혐'(嫌)은 상대를 깔보거나 열등하게 대하는 관점에서 나오는 감정입니다. 일본 제국주의자들이 중국과 한국을 열등하게 대하고 깔보는 데서 만들어진 말이 '혐한'과 '혐중'입니다. 일본에서는 '혐한'이라는 말을 사용할 수 있지만 우리나라에서는 우리나라에 함께 살면서 그렇게 사용하면 사실상 일본인의 입장으로 사용한 것이 되므로 대신 '빨갱이'와 같은 용어를 사용함으로써 '혐한'을 대신해서 표현합니다. 그런데 일본인이 행한 혐오 행위를 기독교가 따라 한다는 것은 예수 그리스도의 가르침과 전혀 맞지 않는 행위로 절대 해서는 안 되는 일입니다. 기독교는 어떤 나라와 민족이든 찾아가서 구원의 복음을 전하고 하나님의 사랑을 실천하는 그리스도인들의 모임이지, 결코 어떤 나라나 민족에 대해 혐오심과 증오심을 드러내는 행동을 하는 모임이 아닙니다. 국민의 일부로서 우리나라에 대한 중국 정부나 미국 정부의 조치에 대해 반감을 드러낼 수는 있습니다. 그러나 중국인이든 어떤 민족이든 누군가를 혐오하는 것은 국민의 한 사람으로서, 또는 기독교인의 한 사람으로서 옳지 않습니다. 일본이 청일전쟁(1894~1895)과 러일전쟁(1904~1905)에서 승리한 후 스스로 유럽 열강처럼 강대국이라 여기고, 일본인도 백인에 속한다고 여겼으며, 그로 인해 아프리카인과 아시아인을 열등한 인간으로 취급했습니다. 일본은 경복궁을 점령하고, 조선에 친일 정부를 수립함으로써 조선을 보호 대상국 즉 식민지로 만들고자 했고, 곧이어 청군을 축출함으로써 청일전쟁을 일으켰습니다. 이런 배경에서 일본은 일본인보다 열등하다고 여긴 중국인과 조선인을 혐오 대상으로 삼았고, '혐중'과 '혐한'이 일본 제국주의자들에 의해 생겨났습니다. 결국 청일전쟁 후부터 해방될 때까지 50년간 일본은 일본 종교(신도, 불교, 기독교)와 우리나라의 기독교를 선전 도구로 이용해서 '혐중'과 '혐한'을 계속 이어갔고,

해방 이후로도 친일 세력에 의해 그대로 이어졌습니다. 2016년에는 교육부 정책기획관이라는 사람이 한 언론 매체와의 식사 자리에서 99퍼센트의 민중을 "개와 돼지"라고 하면서 '먹고 살 정도만 해주면 된다'라고 했던 말이 많은 언론에서 다뤄진 적이 있었습니다. 일본 전범이 심어준 세계관으로 살다 보니 자국민을 개와 돼지나 다름없는 짐승으로 여기고 혐오하는 생각을 드러낸 것입니다. 선민의식이 강했던 유대인들은 혼혈이었던 사마리아인을 혐오했습니다. 반면에 예수님은 그런 사마리아인을 혐오하시지 않았습니다. "사마리아 여자가 이르되 당신은 유대인으로서 어찌하여 사마리아 여자인 나에게 물을 달라 하나이까 하니 이는 유대인이 사마리아인과 상종하지 아니함이러라"(요 4:9)는 말씀에서 알 수 있습니다. 그리스도를 믿는다고 하면서 느군가를 혐오한다면 스스로 이단이 되는 것입니다. 혐오해야 할 대상은 죄악이요 우상이요 사탄이어야 합니다. "또 그의 어머니 마아가가 혐오스러운 아세라 상을 만들었으므로 태후의 위를 폐하고 그 우상을 찍어 기드론 시냇가에서 불살랐으나"(왕상 15:13)라는 말씀처럼 혐오해야 할 대상은 우상이요, 행위는 우상 숭배이어야 합니다. 그리스도를 믿는다고 하면서 극단적인 정치 집단에 속해 특정 사람들을 무차별적으로 혐오하는 것은 "자기들을 사신 주를 부인하고 임박한 멸망을 스스로 취하는 자들이라"는 1절 말씀에 해당하는 확실한 이단입니다.

또한 "거짓 선생들이 있으리라 그들은 멸망하게 할 이단을 가만히 끌어들여 자기들을 사신 주를 부인하고 임박한 멸망을 스스로 취하는 자들이라"라고 베드로가 교훈했을 때 "자기들을 사신 주를 부인하고"라는 내용을 주목해야 합니다. 그리스도인들은 자기들의 죄에 대한 값을 대신 치르고 구원의 길로 인도해주신 예수 그리스도를 결단코 부인할 수 없습니다. 그런데 십자가에서 대속(代贖)의 죽음으로 구원의 은혜를 베푸신 그리스도를 부인한다면 스스로 이단이 되는 것입니다. 당시 영지주의는 그런 이름으로 명명되지도 않았고, 구체적인 사상이나 운동으로 전개되지도 않은 단계였지만, 2세기에 크게 두각을 드러낸 영지주의자들의 사상적 씨앗이 이미 교회에 뿌려져 있었습니다. 영지주의는 교회가 시작되기 전부터 종교 관용주의로 인해 로마제국 전역에서 다양한 철학과 종교와 문화의 교류와 혼합을 통해 일어나고 있었습니다. 영혼의 세계와 물질적(또는 육체적) 세계라는 이원론적 세계관을 형성케 한 그리스의 철학, 육체를 쾌락의 도구로 삼아 성적으로 문란했던 로마의 신화와 다신교 사상, 이집트의 이시스(Isis) 숭배, 카르타고의 동성애, 미트라교라 하는 페르시아 밀교, 이원론적 세계관을 제시한 페르시아와 인도에서 유행한 조로아스터교(Zoroaster, 차라투스트라 창시), 인도의 불교, 아나톨리아의 키벨레(Cybele) 숭배, 그 밖에 헬레니즘과 유대교 신앙 등이 그리스도를 믿는 신앙에 유입되고 혼합되어 그리스도의 복음과 사도들이 전한 교훈에서 벗어난 '그릇된 가르침'이 생겨나기 시작한 것입니다. 베드로는 이런 철학적이고 종교적인 배경에서 만들어진 사상이나 가르침을 "멸망하게 할 이단"이라고 했습니다. 특히 영지주의로 발전하게 된 사상의 흐름에서 공통적인 것 하나는 "주를 부인"한 것이었습니다. 단순히 예수 그리스도가 구원자가 아니라는 주장이라기보다는 하나님의 아들이 물질적 세상에 육체로 오셔서 십자가에서 육체적 죽음을 맞이한 일 자체를 믿을 수 없다고 한 것입니다. 당시 상식이나 철학적으로 접근하든, 세상에 이미 존재하는 종교적 가르침으로 접근하든, 정치적으로 접근했던 유대인들의 생각으로든, 죄가 없는 하나님의 아들 예수님이 십자가에서 죽었다는 사실은 이해가 되지 않았던 것입니다. 그래서 당시 교회 안에 있던 종교인들은 논리적으로 이해되고 설득되는 영지주의적 사상을 받아들이기 쉬웠던 것입니다. 베드로 사도가 죽고 나서는 이런 사상이 더욱 퍼져나갔고, 사도 요한은 *"이로써 너희가 하나님의 영을 알지니 곧 예수 그리스도께서 육체로 오신 것을 시인하는 영마다 하나님께 속한 것이요"*(요일 4:2)라고 함으로써 당시 예수 그리스도를 부인했던 영지주의자들을 염두에 두고 교훈했음을 알 수 있습니다.

다음으로 알아야 할 *"멸망하게 할 이단을 가만히 끌어들여"* 온 *"거짓 선생들"*은 영지주의자들이기도 하지만 당시에는 그런 부류의 집단이라기보다는 나중에 영지주의의 특징으로 발전한 쾌락주의였던 음분주의(淫奔主意)입니다. 그리스-로마 시대 성문화는 인류 역사상 가장 타락하고 난잡하고 충격적이었습니다. 신화 속에 나오는 신들은 인간과 달리 법적이고 도덕적인 제한이 없었기에 성적인 행위의 대상이 신들, 인간들, 동물들이었고, 게다가 가족 관계에서도 예외가 없었습니다. 그래서 로마인들에게 불륜, 매춘, 난교, 근친상간과 같은 음분, 그리고 동성애, 소아성애(pederasty), 수간 등과 같은 충격적이고 문란한 성문화는 그들에게는 이상하거나 비정상적인 것이 아닌 삶의 중요한 부분이었습니다. 그래서 그리스도를 믿는다고 하면서도 일부 사람들이 이런 삶을 이어가거나 심지어 미화하고 조장하기도 한 것입니다. 베드로는 이런 문제로 인해 *"여럿이 그들의 호색하는 것을 따르리니 이로 말미암아 진리의 도가 비방을 받을 것이요"*라고 말했습니다. "호색"(好色)은 남자가 여자와 성적 관계를 맺는 행위를 지나치게 좋아하는 것으로, 인생에서 음분을 제일로 삼는 '음분제일주의'입니다. 익명의 어느 작가가 그린 '남자의 생각 속에 있는 것'(What's On A Man's Mind)이라는 유명한 착시 그림에 프로이트(Sigmund Freud) 이름이 새겨져 있는데, 프로이트 심리학의 핵심인 '남자의 리비도'(Male Libido, 또는 사람의 성적 충동 또는 성적 에너지)

를 잘 묘사한 그림으로 널리 알려져 있습니다. '음분제일주의'에 빠진 자들은 이 그림과는 비교조차 할 수 없을 정도로 심각하게 욕망에 사로잡혀 있는 자들입니다. 제6강에서도 언급했듯이 영혼과 육체를 나누어 생각하는 이원론적 사상 때문에 영혼의 감옥이나 마찬가지라고 여긴 육체에서 벗어나려고 지나치게 육체를 억압하는 극단적 금욕주의자들이 있었고, 또 한편으로는 육체는 구원에 있어서 아무런 필요가 없기에 죽기 전까지 맘껏 즐겨야 한다는 '음분주의'가 소아시아 지역 교회에서 고개를 들고 있었던 것입니다. 그래서 이런 사상을 따라갈 자들이 많이 있을 것이라고 베드로는 미리 경고했습니다. *"여럿이 그들의 호색하는 것을 따르리니 이로 말미암아 진리의 도가 비방을 받을 것이요"* 라고 했는데, 《현대인의성경》에는 *"많은 사람이 그들의 방탕한 길을 따를 것이며 그들 때문에 진리가 훼방을 받게 될 것입니다."* 라고 번역되어 있습니다. 성령을 따라 살아가지 않으면 결국에는 육체를 따라 타락한 삶을 살기 마련입니다. 그뿐만 아니라, 그런 타락한 삶으로 인해 예수 그리스도와 복음의 진리가 조롱과 멸시와 비방을 받게 됩니다. 교회가 세상 사람들로부터 조롱받게 됩니다. 교회가 교회답기 위해서는 예수님이 제자들에게 교훈하신 말씀과 바울 사도가 갈라디아 교회에 전한 교훈을 통해 거듭나지 못한 사람과 거듭난 사람, 즉 그리스도를 믿지 않는 자와 그리스도를 믿는 자에게 나타나는 삶의 차이를 분명히 깨달아야 합니다.

20. 또 이르시되 사람에게서 나오는 그것이 사람을 더럽게 하느니라
21. 속에서 곧 사람의 마음에서 나오는 것은 악한 생각 곧 음란과 도둑질과 살인과
22. 간음과 탐욕과 악독과 속임과 음탕과 질투와 비방과 교만과 우매함이니
23. 이 모든 악한 것이 다 속에서 나와서 사람을 더럽게 하느니라(막

7:20〜23)

16. 내가 이르노니 너희는 성령을 따라 행하라 그리하면 육체의 욕심을 이루지 아니하리라
17. 육체의 소욕은 성령을 거스르고 성령은 육체를 거스르나니 이 둘이 서로 대적함으로 너희가 원하는 것을 하지 못하게 하려 함이니라
18. 너희가 만일 성령의 인도하시는 바가 되면 율법 아래에 있지 아니하리라
19. 육체의 일은 분명하니 곧 음행과 더러운 것과 호색과
20. 우상 숭배와 주술과 원수 맺는 것과 분쟁과 시기와 분냄과 당 짓는 것과 분열함과 이단과
21. 투기와 술 취함과 방탕함과 또 그와 같은 것들이라 전에 너희에게 경계한 것 같이 경계하노니 이런 일을 하는 자들은 하나님의 나라를 유업으로 받지 못할 것이요(갈 5:16〜21)

베드로는 이어서 *"그들이 탐심으로써 지어낸 말을 가지고 너희로 이득을 삼으니 그들의 심판은 옛적부터 지체하지 아니하며 그들의 멸망은 잠들지 아니하느니라"*라고 했습니다. 이 구절을 통해서도 당시 영지주의적 사상을 가진 자들이 교회를 서서히 어지럽히고 있었음을 알 수 있습니다. 통상적으로 '이단'이라는 말을 사용할 때, 정통교리에서 벗어난 이단으로 교리적 탈선에 해당하는 경우가 있고, 이런 경우에는 특히 그리스도를 부인하거나, 그리스도의 복음을 왜곡합니다. 다르게 표현하자면, 이단은 '하나님의 법'(성경)에 어긋나는 '불법적인' 사상이나 신앙입니다. 또 다른 경우는 윤리적 탈선에 해당하는 경우로 반사회적이고 '불경스러운' 이단입니다. 이런 자들이 속한 집단은 그리스도를 믿는다고 하면서 부도덕한 생활, 성적 타락, 편취와 착취, 정치적 모리배(謀利輩)와

같은 행위를 정상적으로 생각하는 집단입니다. 2025년 1월 19일 서울 서부지방법원 점거와 폭동 사건에 참여한 기독교인들은 모리간상배(謀利奸商輩)처럼 갖은 방법과 수단으로 특정 개인이나 집단의 이익을 위해 시위하고 폭언과 폭력을 일삼는 자들입니다. 이런 자들로 인해 하나님을 믿는 신앙이 사람들에게 조롱당하는 시대가 되었습니다. 아무리 정통 기독교 교단에 속한 교회 신자들이라 할지라도 '불경스러운' 행태를 되풀이한다면 하나님이 명하신 경건의 삶을 무시한 것이기에 이단 또는 사이비 신자입니다. 통일교의 경우 '조상해원'(祖上解冤)과 '조상축복'이라는 교리를 내세워 일본에서 신자들을 대상으로 거대한 헌금을 거둬들였고, 우리나라에서도 계속되고 있습니다. '세계평화통일가정연합'이라는 이름으로 활동하지만, 처음에 '세계기독교통일신령협회'라는 이름으로 시작했기에 마치 기독교 이단의 일파라고 알려져 있습니다. 그러나 결코 기독교 이단의 일파 중에도 속하지 못하는 사이비 종교 또는 종교를 빙자한 이익 집단이나 다름없음을 알아야 합니다.

끝으로, 본문 2장 3절을 다른 번역본으로 보면, 《새번역》은 "또 그들은 탐욕에 *빠져* 그럴 듯한 말로 여러분의 호주머니를 털어 갈 것입니다. 하나님께서는 이미 오래 전에 그들에게 내리실 심판을 정해 놓으셨습니다. 파멸이 반드시 그들에게 닥치고 말 것입니다."라고 번역했고, 《현대인의성경》은 "또 그들은 욕심을 채우려고 거짓말로 여러분을 착취할 것입니다. 그러나 그들은 반드시 하나님의 심판을 받아 멸망하고 말 것입니다."라고 번역했습니다. "탐욕에 *빠져*"있는 기독교 이단과 사이비 종교 집단은 어리석은 자들의 "호주머니를 털어 갈 것"입니다. 그리고 그들에 대한 하나님의 심판은 이미 정해져 있음을 깨닫기를 바랍니다. 아멘.

(2025년 9월 21일)

τὴν αἰώνιον βασιλείαν τοῦ κυρίου ἡμῶν
καὶ σωτῆρος Ἰησοῦ Χριστοῦ
우리 주 곧 구주 예수 그리스도의 영원한 나라(벧후 1:11)

구원받을 세상
vs. 심판받을 세상

4. 하나님이 범죄한 천사들을 용서하지 아니하시고 지옥에 던져 어두운 구덩이에 두어 심판 때까지 지키게 하셨으며

5. 옛 세상을 용서하지 아니하시고 오직 의를 전파하는 노아와 그 일곱 식구를 보존하시고 경건하지 아니한 자들의 세상에 홍수를 내리셨으며

6. 소돔과 고모라 성을 멸망하기로 정하여 재가 되게 하사 후세에 경건하지 아니할 자들에게 본을 삼으셨으며

7. 무법한 자들의 음란한 행실로 말미암아 고통당하는 의로운 롯을 건지셨으니

8 (이는 이 의인이 그들 중에 거하여 날마다 저 불법한 행실을 보고 들음으로 그 의로운 심령이 상함이라)

9. 주께서 경건한 자는 시험에서 건지실 줄 아시고 불의한 자는 형벌 아래에 두어 심판 날까지 지키시며

10a. 특별히 육체를 따라 더러운 정욕 가운데서 행하며 주관하는 이를 멸시하는 자들에게는 형벌할 줄 아시느니라

베드로 사도는 구약시대에 거짓 선지자들이 백성 가운데 활동했던 것과 마찬가지로 당시 교회 안에서도 거짓 선생들이 있을 것이라 예고하면서, 거짓 선생들에 대해 *"멸망하게 할 이단을 가만히 끌어들여 자기들을 사신 주를 부인하고 임박한 멸망을 스스로 취하는 자들"*(2:1)이라고 했습니다. 이 말씀에서 베드로는 *"이단"*(사도들의 가르침에서 벗어난 거짓 교훈)을 *"멸망하게 할 이단"*이라고 묘사했습니다. 이는 '멸망의 이단'이라는 뜻으로, 진리에 근거를 두지 않는 사상이기에 그 자체가 무너질 수밖에 없는 속성을 가졌고, 동시에 그것을 가르치고 믿고 따르는 자들을 멸망에 이르게 한다는 의미임을 강조한 표현입니다. 그런 사상(思想)

을 끌어들인 자들이나 믿는 자들은 결국 무너지고 멸망하게 될 사상누각(砂上樓閣)에 앉아있기에 "주를 부인하고 임박한 멸망을 스스로 취하는 자들"이라는 말을 들어야 했습니다. 베드로는 바로 이어서 "그들이 탐심으로써 지어낸 말을 가지고 너희로 이득을 삼으니 그들의 심판은 옛적부터 지체하지 아니하며 그들의 멸망은 잠들지 아니하느니라"(2:3)라고 함으로써 이단 사상을 전한 자들에 대한 심판의 당위성과 확실성에 대해 역사적인 증거를 제시했습니다. 바로 오늘 살펴볼 본문 2장 4절부터 10절(a, 여기 'a'는 특정 구절을 둘로 나눌 때 앞부분에 해당함)까지가 이단을 끌어들인 거짓 선생들에 대한 심판의 본보기요 근거가 됨을 확실히 알기를 바랍니다.

2장 4~10(a)절은 우리말 번역본들로 보면 문장이 여러 개로 나뉘어 있지만, 원어 및 영문 번역본들에는 하나의 긴 문장으로 되어 있습니다. 이보다 긴 문장으로는 에베소서 1장 3~14절, 골로새서 1장 9~20절이 있습니다. 먼저 한 문장으로 된 본문이 어떤 형식인지 알 필요가 있습니다. 헬라어로 εἰ γάρ(ei gar)로 시작되는 문장으로, 영어로는 if(만일~) 가정문에 해당합니다. 헬라어 조건문에는 네 개의 급(class)이 있는데, 1급(first class)은 단순 조건 즉 어떤 사실을 전제(protasis)로 귀결(apodosis)을 논증합니다. 예를 들면, "그러므로 너희가 그리스도와 함께 다시 살리심을 받았으면 위의 것을 찾으라"(골 3:1)라는 문장에서 "살리심을 받았으면"이 사실 조건에 해당합니다. 이 구절은 《공동번역》이 1급 조건절로는 가장 확실하게 나타나는데, "이제 여러분은 그리스도와 함께 다시 살아났으니 천상의 것들을 추구하십시오."입니다. 2급(second class)은 사실이 아닌 것, 즉 가정(假定)이 논증을 위한 전제로 사용됩니다. 예를 들면, "너희가 세상에 속하였으면 세상이 자기의 것을 사랑할 것이나 너희는 세상에 속한 자가 아니요 도리어 내가 너희를 세상에서 택하였기 때문에 세상이 너희를 미워하느니라"(요 15:19)라는 말씀에서 "너희가 세상에 속하였으면"은 제자들이 세상에 속해있다는 사실이 아니라, 조건으로 내세운 '가정'입니다. 마귀가 예수님을 시험했을 때 한 말이었던 "만일 내게 엎드려 경배하면 이 모든 것을 네게 주리라"(마 4:9) 역시 실제로 일어날 수 없는 가정에 해당합니다. 어떻게 예수님이 마귀의 유혹에 넘어가 마귀를 경배하겠습니까? 3급(third class)은 가정 상황 또는 개연성이 있는 조건을 말합니다. 어느 정도 현실성이 있는 조건문에 사용됩니다. 예를 들면, "그러나 의를 위하여 고난을 받으면 복 있는 자니 그들이 두려워하는 것을 두려워하지 말며 근심하지 말고"(벧전 3:14)에 해당한다고 볼 수 있습니다. "의를 위하여 고난을 받"는 일이 쉽지 않은 일이기에, 3급에 해당하는 조건이라 할 수 있습니다. 마지막으로 4급(fourth class)은 가능성이 거의 없는 미래 조건에 해당합니다. 꼴찌만 해 온 아이에게 다음 시험에서 1등을 하면 최신 스마트폰을 사주겠다는 약속은 아무리 실현이 가능한 약속이라 할지라도 조건 자체가 비현실적이라서 아이는 희망을 기대하기 어렵게 됩니다. 이처럼 4가지 조건이 있는데, 본문에 해당하는 문장은 1급 조건문으로 조건절은 4~8절에 해당하고, 귀결절(또는 결과절)은 9~10절에 해당합니다. 영문으로는 4~8절이 'if~'절에 해당하고, 9~10절이 'then~'절에 해당합니다. 그러므로 문장을 요약해보면, "옛적에 하나님을 반역하고 타락하고 불의했던 자들을 하나님이 친히 심판하셨고, 반면에 경건한 자들을 하나님이 구원하셨다면, 현재 일어난, 그리고 앞으로 일어날 거짓 교사들을 심판하시지 않겠느냐, 또한 경건한 자들을 보호하시지 않겠느냐"는 뜻이 됩니다. 즉 옛적에 하나님이 불의한 자들에 대해 그렇게 심판하셨기에 앞으로도 반드시 심판하시고, 경건한 자들 역시 보호하신다는 뜻을 전한 것임을 먼저 확실히 알기를 바랍니다.

지금까지 문법적인 면으로 대략 들여다보았는데, 이제 역사적 맥락으로 살펴보고자 합니다. 모두 다섯 가지 사례를 들었는데, 세 가지는 심판받은 경우들이고, 두 가지는 구원받은 경우들입니다. 심판의 대상은 *"범죄한 천사들"*(4절), *"옛 세상 …… 경건하지 아니한 자들"*(5절), 그리고 *"소돔과 고모라 성 …… 무법한 자들"*(6~7절)이었고, 반면에 구원의 대상은 *"의를 전파하는 노아와 그 일곱 식구"*(5절), *"의로운 롯"*(7~8절)이었습니다. 이 다섯 가지 역사적 사례를 통해 *"불의한 자"* 즉 *"육체를 따라 더러운 정욕 가운데서 행하며 주관하는 이를 멸시하는 자들"*(10절)에 대한 심판의 당위성과 확실성을, 그리고 *"경건한 자"*(9절)에 대한 구원의 당위성과 확실성을 강조했습니다. 특히 이 본문은 심판에 관한 내용이 강조되는데, 마틴 로이드 존스는 2장 전체에 대해 이렇게 표현했습니다(지상우 역, 『베드로후서 강해』, 150쪽). "성경의 모든 장 중에서 이 베드로후서 2장이야말로 가장 무서운 장입니다. 위협과 경고와 최후의 심판과 재난과 파멸에 대해 모든 성경 중에서 이 장이 가장 잘 나타내고 있습니다."

사람들은 종종 한 권의 책을 읽고 공포와 전율(戰慄)을 경험하기도 합니다. 홀로코스트(Holocaust), 아우슈비츠(Auschwitz), 그리고 731부대 등에 관한 책들은 말할 것도 없고, 몇몇 예를 들자면, 『인류 혐오의 역사: 마녀사냥 이야기』(이창신 저)는 마녀로 지목되어 갖은 고문과 신문을 당하고 죽었던 사회적 약자들의 이야기를 통해 인간이 집단적 광기에 휩싸일 때 얼마나 무서운 일이 일어날 수 있는지 적나라하게 보여줍니다. 『관통당한 몸』(크리스티나 램, 강경이 역)은 여성들이 주로 전쟁에서 겪은 끔찍한 증언을 통해 인간이 얼마나 악독하고 잔학한 존재인지 드러냅니다. 『바티칸 대학살』(아브로 맨하탄, 스데반 황 역)은 지난 20세기에 바티칸 가톨릭이 자행한 대학살의 진상과 진실을 드러내는 책으로 독자들을 공포의 심연으로 이끌고 갑니다. 이처럼 책 한 권을 통해 부들부들 떨기도 하고, 세상에 대한 장밋빛 환상이 완전히 깨지기도 합니다. 베드로후서 2장은 바로 그런 장입니다. 이 장을 읽는 모든 독자에게 공포와 자극을 줍니다. 경건하지 않은 자들에게는 심판에 대한 예고로써 공포를 주는 장이지만, 경건한 자들에게는 큰 자극을 줍니다. 이 장은 더욱 자기 자신의 신앙과 삶을 돌아보게 하고, 누구나 공통으로 느끼는 두려움에서 믿음으로, 즉 오직 구원받은 자들에게만 은혜로써 주어지는 믿음으로 굳게 서게 합니다.

4절은 먼저 "하나님이 범죄한 천사들을 용서하지 아니하시고 지옥에 던져 어두운 구덩이에 두어 심판 때까지 지키게 하셨으며"라고 함으로써 심판의 첫 번째 대상이 "범죄한 천사들"임을 드러냈습니다. 여기서 "천사들"은 어떤 존재일까요? 당시 유대인들은 물론 사도 시대 이후 교부들까지도 창세기 6장 1~4절의 "하나님의 아들들"과 연관 지어 해석하는 경향이었습니다. 창세기에 기록된 내용은 다음과 같습니다.

1. 사람이 땅 위에 번성하기 시작할 때에 그들에게서 딸들이 나니
2. 하나님의 아들들이 사람의 딸들의 아름다움을 보고 자기들이 좋아하는 모든 여자를 아내로 삼는지라
3. 여호와께서 이르시되 나의 영이 영원히 사람과 함께 하지 아니하리니 이는 그들이 육신이 됨이라 그러나 그들의 날은 백이십 년이 되리라 하시니라
4. 당시에 땅에는 네피림이 있었고 그 후에도 하나님의 아들들이 사람의 딸들에게로 들어와 자식을 낳았으니 그들은 용사라 고대에 명성이 있

는 사람들이었더라

　"하나님의 아들들"은 다시 세 가지로 다르게 해석되었는데, 첫째는 사람이 아니라 실제로 '천사'를 의미한다는 주장입니다. 이 천사들이 하나님이 부여하신 지위와 신분을 스스로 벗어버리고 세상의 여자들과 결혼해서 "네피림"(창 6:4)을 낳았다는 해석입니다. 둘째는 타락한 천사들의 소유물이라 할 수 있는 인간 지도자들 즉 왕들이나 귀족들이었다는 해석입니다. 셋째는 경건한 셋의 후손들(창 4:25~26)이라는 해석입니다. 나중에 일어난 노아 시대 홍수심판과 관련해서 해석할 때 세 번째 해석이 성경적으로 타당한 해석입니다. 여기서 베드로가 언급한 "천사들"은 창세기 6장과 관련짓기보다는 창세기 3장에 전제가 되어 있는 뱀의 타락과 관련짓는 게 더 확실한 해석입니다. 그러함에도 불구하고 당시 유대인들이나 초대교회 사도 시대부터 교부들 시대까지도 창세기 6장과 관련지어 해석한 경향이 컸던 것은, 아마도 《70인역》에 포함된 '외경'(外經)은 아니더라도 당시에 널리 알려져 있었던 유대교 문헌 '위경'(僞經) 중 〈에녹서〉(Book of Enoch)와 〈모세 승천기〉가 유다서에 일부 인용되었다는 사실에 비추어 볼 때 충분히 짐작할 수 있습니다. 그렇다고 유다가 〈에녹서〉와 〈모세 승천기〉를 정경으로 인정했다는 건 아닙니다. 사람들이 알고 있었던 내용 일부를 인용함으로써, 즉 설교자가 격언이나 속담 또는 일반 책에 기록된 내용 일부를 인용함으로써, 성경의 어떤 교훈에 관해 독자들이 쉽게 알아듣게 설명할 수 있는 것으로 이해해야 합니다. 마찬가지로 베드로 사도 역시 타락한 천사들에 대한 심판의 당위성과 확실성을 강조하기 위해 사람들이 기존에 알고 있었던 지식에 기초해서 교훈했을 가능성이 있습니다. 〈에녹서〉에는 타락한 천사들에 관한 이야기가 상세히 기록되어 있고, 특히 천사들의 기원과 타락 과정,

그로 인한 악한 영들의 기원에 대해 자세히 기록되어 있기에 '자리를 떠난 천사들의 심판'을 강조함으로써 '거짓 교사'들의 심판이 마땅하다는 사실을 강조한 것으로 받아들일 수 있습니다. 유다서에는 "또 자기 지위를 지키지 아니하고 자기 처소를 떠난 천사들을 큰 날의 심판까지 영원한 결박으로 흑암에 가두셨으며"(6절)라고 기록되어 있습니다. 베드로는 이 부분을 "하나님이 범죄한 천사들을 용서하지 아니하시고 지옥에 던져 어두운 구덩이에 두어 심판 때까지 지키게 하셨으며"라고 했습니다. 베드로는 "범죄한 천사들"이라고 간단히 기록했고, 유다는 그 범죄를 "자기 지위를 지키지 아니하고 자기 처소를 떠난" 죄로 자세히 언급했습니다. 이는 10절에 언급된 "주관하는 이를 멸시하는 자들"과 깊은 연관이 있습니다. 비록 "주관하는 이"에 대한 명확한 설명이 없어서 사람들이 '악한 천사들'이나 '교권을 가지고 있는 자들'이나 심지어 '정치지도자들'이라고 여기는 일이 생기기도 했지만, 하나님 또는 그리스도가 확실합니다. 하나님이 부여하신 지위와 영역을 벗어난 천사들은 결국 "주관하는 이를 멸시하는 자들" 즉 "범죄한 천사들"임을 깨닫기를 바랍니다.

그런데 이런 타락한 천사들을 "큰 날의 심판까지 영원한 결박으로 흑암에 가두셨으며"(6절)라고 유다는 기록했고, 베드로는 "용서하지 아니하시고 지옥에 던져 어두운 구덩이에 두어 심판 때까지 지키게 하셨으며"라고 했습니다. 이는 〈에녹서〉에 묘사된 타락한 천사들의 모습 즉 '사슬에 매여 깊은 어둠 속에서 마지막 심판의 날을 기다리는 모습'과 매우 유사합니다. 베드로 사도가 〈에녹서〉에 나오는 '네피림' 즉 천사들과 인간 여자들의 관계를 통해 태어난 거인들에 대해 어떤 이해를 하고 있었는지 정확히 알 수는 없지만(아마도 다른 유대인들처럼 이해했을 것이나 성령의 감동으로 그 이해가 달라졌을 가능성이 충분함), 분명한 사실은 당시 유대인 출신 그리스도인들에게 매우 익숙했던 '타락한 천사들에 대한 심판'의 당위성과 확실성을 교훈하기에는 가장 위협적이고 생생한 문헌이었을 것입니다. 그런 차원에서 인용했을 것이라고 이해하기를 바랍니다. 그런데 "지옥에 던져 어두운 구덩이에 두어"라는 표현에서 "지옥"이라는 말이 그리스 신화에서 신들에게 반역한 존재들을 가두는 곳으로, 지하 세계의 가장 깊은 바닥을 의미했던 '타르타로스'(ταρταρος, tartaros)로 사용되었다는 점이 특이합니다. 그만큼 당시 사람들에게 익숙했던 말을 사용해서 심판의 확실성을 강조한 것입니다. 그러나 여전히 사탄을 비롯한 악한 영들과 귀신들이 활동하고 있음을 볼 때 "하나님이 범죄한 천사들을 용서하지 아니하시고 지옥에 던져 어두운 구덩이에 두어 심판 때까지 지키게 하셨으며"라는 말씀은 타락한 천사들과 악한 영들의 활동을 제한하셨다는 상징적 의미로 볼 수도 있지만, 실제로 타락한 천사들 일부를 쇠사슬에 묶인 자들처럼 가두어서 최후 심판 때까지 활동을 전혀 할 수 없도록 하셨다는 뜻으로 해석할 수도 있습니다. 베드로 사도가 예를 든 일들이 모두 역사적이고 실제적인 사건들이기 때문입니다.

두 번째로 예로 "옛 세상을 용서하지 아니하시고 오직 의를 전파하는 노아와 그 일곱 식구를 보존하시고 경건하지 아니한 자들의 세상에 홍수를 내리셨으며"라고 함으로써 하나님의 뜻을 따라 살았던 "노아와 그 일곱 식구" 즉 여덟 명만 하나님이 친히 보존하셨고, 나머지 모든 인류는 홍수심판으로 죽고 말았다고 기록했습니다. 베드로는 여기서 홍수심판으로 멸망한 세상을 "옛 세상"이라 했기에 그 이후는 '새 세상' 또는 '지금 세상'이 됩니다. 결국 우리가 현재 살아가고 있는 세상 또는 인류는 노아와 그 가족 즉 여덟 명(노아와 그의 아내, 셈, 함, 야벳, 그리고 그들의 아내)으로부터 다시 시작된 세상이요 인류입니다. 이에 대한 창세기 기록은 다음과 같습니다.

> 노아의 아들 셈과 함과 야벳의 족보는 이러하니라 홍수 후에 그들이 아들들을 낳았으니(창 10:1)
> 이들로부터 여러 나라 백성으로 나뉘어서 각기 언어와 종족과 나라대로 바닷가의 땅에 머물렀더라(창 10:5)
> 이들은 함의 자손이라 각기 족속과 언어와 지방과 나라대로였더라(창 10:20)
> 이들은 셈의 자손이니 그 족속과 언어와 지방과 나라대로였더라 이들은 그 백성들의 족보에 따르면 노아 자손의 족속들이요 홍수 후에 이들에게서 그 땅의 백성들이 나뉘었더라(창 10:31~32)

이처럼 노아의 세 아들로부터 "여러 나라 백성으로" 나뉘게 되었고, "각기 언어와 종족과 나라대로" 나뉘어 살게 되었습니다. 창세기 11장에 "온 땅의 언어가 하나요 말이 하나였더라"(1절)는 내용은 10장에 언급된 족보에서 바벨탑 사건이 일어난 부분만 자세히 기술한 내용입니다. 하나님은 타락한 옛 인간 세계를 심판하기로 하셨는데, 그에 대한 말씀은 다음과 같습니다.

> 5. 여호와께서 사람의 죄악이 세상에 가득함과 그의 마음으로 생각하는 모든 계획이 항상 악할 뿐임을 보시고
> 6. 땅 위에 사람 지으셨음을 한탄하사 마음에 근심하시고
> 7. 이르시되 내가 창조한 사람을 내가 지면에서 쓸어버리되 사람으로부터 가축과 기는 것과 공중의 새까지 그리하리니 이는 내가 그것들을 지었음을 한탄함이니라 하시니라
> 8. 그러나 노아는 여호와께 은혜를 입었더라

9. 이것이 노아의 족보니라 노아는 의인이요 당대에 완전한 자라 그는 하나님과 동행하였으며

10. 세 아들을 낳았으니 셈과 함과 야벳이라

11. 그 때에 온 땅이 하나님 앞에 부패하여 포악함이 땅에 가득한지라

12. 하나님이 보신즉 땅이 부패하였으니 이는 땅에서 모든 혈육 있는 자의 행위가 부패함이었더라

13. 하나님이 노아에게 이르시되 모든 혈육 있는 자의 포악함이 땅에 가득하므로 그 끝 날이 내 앞에 이르렀으니 내가 그들을 땅과 함께 멸하리라(창 6:5~13)

위 말씀대로 하나님은 "옛 세상을 용서하지 아니하시고 오직 의를 전파하는 노아와 그 일곱 식구를 보존하시고 경건하지 아니한 자들의 세상에 홍수를 내리셨"음을 확실히 믿기를 바랍니다.

다음으로 살펴볼 내용은 6절부터 8절 말씀으로, "소돔과 고모라 성을 멸망하기로 정하여 재가 되게 하사 후세에 경건하지 아니할 자들에게 본을 삼으셨으며 무법한 자들의 음란한 행실로 말미암아 고통당하는 의로운 롯을 건지셨으니 (이는 이 의인이 그들 중에 거하여 날마다 저 불법한 행실을 보고 들음으로 그 의로운 심령이 상함이라)"입니다. 왜 하나님이 "소돔과 고모라 성을 멸망하기로 정하여 재가 되게" 하셨는지, 즉 그 심판의 원인과 목적이 명확히 드러나 있습니다. 심판의 원인은 소돔과 고모라 성에 살고 있었던 사람들에게 찾을 수 있는데, 하나는 그들이 "무법한 자들"이었기 때문이고, 다른 하나는 그들의 "음란한 행실" 때문이었습니다. 이것을 8절에서는 "불법한 행실"이라고 묘사했습니다. 베드로가 사용한 "무법한"이라는 말은 '하나님의 법' 또는 '양심의 법'에 어긋났다는 뜻입니다. 구약성경 사무엘하 1장 18절, 여호수아 10장 13절에

언급된 "야살의 책"에는 소돔 성읍의 무법하고 음란한 행실이 자세히 기록되어 있습니다. 재판관들부터 양심이 없었고, 오로지 소돔 성 사람들만의 이익과 행복을 위해 자기들이 하고 싶은 대로 판결했습니다. 거짓과 속임과 뇌물과 강탈과 살인이 태연스럽게 행해졌고, 오로지 소돔이라는 그들만의 성 사람들을 위해 모든 사람이 자기들의 비양심적인 행위를 마치 양심적이고 정의로운 일로 여겼습니다. 오늘날 우리나라도 마찬가지입니다. 검사가 정치적으로 소돔 진영에 속한다면, 그 속에 속한 사람들은 어떤 죄를 저질러도 수사조차 하지 않거나, 설령 수사해도 기소조차 하지 않거나, 기소하더라도 핵심적인 증거를 빼버리고 기소하는 일이 많습니다. 반대로 소돔 진영에 속하지 않는 사람이라면 허위 사실로 고소와 고발을 하고, 허위 증인을 세워 위증하게 하고, 심지어 구형도 훨씬 강하게 합니다. 판사도 마찬가지입니다. 소돔 진영에 있으면 무죄, 소돔 사람이 아니면 유죄를 선고합니다. 이런 검사와 판사를 우리는 신사적인 말로 '정치 검사'와 '정치 판사'라고 합니다. 소돔과 고모라 성이 그랬습니다. 자기 진영에 속한 사람들은 무조건 무죄, 외지인은 무조건 유죄가 원칙이었습니다. 그들은 그렇게 그들만의 성을 단단히 지키고자 했습니다. 또한 소돔 사람들은 얼마나 성적으로 타락했는지 『야살의 책 1』(이상준 역)에 다음과 같이 기록되어 있습니다.

그들의 땅에는 약 한나절 정도 걸을 수 있는 매우 넓은 골짜기가 있었는데 그 안에 물의 샘들과 물 주변에 많은 풀이 있었다. 소돔과 고모라의 모든 사람이 그들의 아내와 자녀와 그들에게 속한 모든 사람과 함께 일 년에 네 번 그곳으로 가서 그곳에서 탬버린을 들고 춤을 추며 기뻐했다. 그들이 즐거워할 때에 그들이 모두 일어나 그들의 이웃의 아내들을 붙잡고 몇몇은 그들의 이웃의 처녀 딸들을 붙잡고 그 여자들과 즐겼다. 남자들은 그의 아내와 딸이 그의 이웃에 손에 있는 것을 보고 아무 말도 하지 않았다. 그

   21세기 한국교회를 위한 **베드로후서 강설**

들이 아침부터 밤까지 그렇게 했고 그 후에 그들이 남자들은 각자 자기 집으로 여자들은 각자 자기 장막으로 돌아갔다. 그들이 일 년에 네 번씩 항상 그렇게 했다. 또한 이방인이 그들의 성읍으로 와서 그곳에 팔기 위하여 그가 산 물건들을 가져오면 이 성읍의 사람들, 남자와 여자와 아이와 늙은이가 모여 그 사람에게 가서 그의 물건을 강제로 빼앗고 그것의 주인이 그 땅에 가지고 온 모든 물건이 사라질 때까지 각 사람에게 조금씩 나눠주었다. 만일 물건의 주인이 그들과 다투며 당신들이 나에게 한 이 일이 무엇이오 하고 말하면 그들이 한 사람씩 그에게 다가가서 각자가 가져간 것을 그에게 조금씩 보여주고 비웃으며 이렇게 말했다. 나는 당신이 나에게 조금 준 것을 얻었을 뿐이오. 그 사람이 그들 모두에게 이 말을 들으면 그가 일어나 슬프고 괴로운 마음으로 그들을 떠나그 그들은 모두 일어나 그를 따라가며 큰 소리와 소동을 일으키며 그를 성읍 밖으로 쫓아냈다(『야살의 책1』, 136~137쪽).

이런 곳에서 롯과 그 가족이 살았습니다. 창세기 19장에는 소돔과 고모라에 대한 심판과 구원받은 롯의 이야기가 기록되어 있습니다. 그 내용은 이렇습니다.

1. 저녁 때에 그 두 천사가 소돔에 이르니 마침 롯이 소돔 성문에 앉아 있다가 그들을 보고 일어나 영접하고 땅에 엎드려 절하며
2. 이르되 내 주여 돌이켜 종의 집으로 들어와 발을 씻고 주무시고 일찍이 일어나 갈 길을 가소서 그들이 이르되 아니라 우리가 거리에서 밤을 새우리라
3. 롯이 간청하매 그제서야 돌이켜 그 집으로 들어오는지라 롯이 그들을 위하여 식탁을 베풀고 무교병을 구우니 그들이 먹으니라
4. 그들이 눕기 전에 그 성 사람 곧 소돔 백성들이 노소를 막론하고 원근에서 다 모여 그 집을 에워싸고

5. 롯을 부르고 그에게 이르되 오늘 밤에 네게 온 사람들이 어디 있느냐 이끌어 내라 우리가 그들을 상관하리라

6. 롯이 문 밖의 무리에게로 나가서 뒤로 문을 닫고

7. 이르되 청하노니 내 형제들아 이런 악을 행하지 말라

8. 내게 남자를 가까이 하지 아니한 두 딸이 있노라 청하건대 내가 그들을 너희에게로 이끌어 내리니 너희 눈에 좋을 대로 그들에게 행하고 이 사람들은 내 집에 들어왔은즉 이 사람들에게는 아무 일도 저지르지 말라

9. 그들이 이르되 너는 물러나라 또 이르되 이 자가 들어와서 거류하면서 우리의 법관이 되려 하는도다 이제 우리가 그들보다 너를 더 해하리라 하고 롯을 밀치며 가까이 가서 그 문을 부수려고 하는지라

10. 그 사람들이 손을 내밀어 롯을 집으로 끌어들이고 문을 닫고

11. 문 밖의 무리를 대소를 막론하고 그 눈을 어둡게 하니 그들이 문을 찾느라고 헤매었더라

12. 그 사람들이 롯에게 이르되 이 외에 네게 속한 자가 또 있느냐 네 사위나 자녀나 성 중에 네게 속한 자들을 다 성 밖으로 이끌어 내라

13. 그들에 대한 부르짖음이 여호와 앞에 크므로 여호와께서 이 곳을 멸하시려고 우리를 보내셨나니 우리가 멸하리라

14. 롯이 나가서 그 딸들과 결혼할 사위들에게 말하여 이르기를 여호와께서 이 성을 멸하실 터이니 너희는 일어나 이 곳에서 떠나라 하되 그의 사위들은 농담으로 여겼더라

15. 동틀 때에 천사가 롯을 재촉하여 이르되 일어나 여기 있는 네 아내와 두 딸을 이끌어 내라 이 성의 죄악 중에 함께 멸망할까 하노라

16. 그러나 롯이 지체하매 그 사람들이 롯의 손과 그 아내의 손과 두 딸의 손을 잡아 인도하여 성 밖에 두니 여호와께서 그에게 자비를 더하심이었더라

17. 그 사람들이 그들을 밖으로 이끌어 낸 후에 이르되 도망하여 생명을 보존하라 돌아보거나 들에 머물지 말고 산으로 도망하여 멸망함을 면

하라

18. 롯이 그들에게 이르되 내 주여 그리 마옵소서

19. 주의 종이 주께 은혜를 입었고 주께서 큰 인자를 내게 베푸사 내 생명
을 구원하시오나 내가 도망하여 산에까지 갈 수 없나이다 두렵건대 재
앙을 만나 죽을까 하나이다

20. 보소서 저 성읍은 도망하기에 가깝고 작기도 하오니 나를 그 곳으로 도
망하게 하소서 이는 작은 성읍이 아니니이까 내 생명이 보존되리이다

21. 그가 그에게 이르되 내가 이 일에도 네 소원을 들었은즉 네가 말하는
그 성읍을 멸하지 아니하리니

22. 그리로 속히 도망하라 네가 거기 이르기까지는 내가 아무 일도 행할 수
없노라 하였더라 그러므로 그 성읍 이름을 소알이라 불렀더라

23. 롯이 소알에 들어갈 때에 해가 돋았더라

24. 여호와께서 하늘 곧 여호와께로부터 유황과 불을 소돔과 고모라에 비
같이 내리사

25. 그 성들과 온 들과 성에 거주하는 모든 백성과 땅에 난 것을 다 엎어
멸하셨더라

26. 롯의 아내는 뒤를 돌아보았으므로 소금 기둥이 되었더라

27. 아브라함이 그 아침에 일찍이 일어나 여호와 앞에 서 있던 곳에 이르러

28. 소돔과 고모라와 그 온 지역을 향하여 눈을 들어 연기가 옹기 가마의
연기같이 치솟음을 보았더라

29. 하나님이 그 지역의 성을 멸하실 때 곧 롯이 거주하는 성을 엎으실 때
에 하나님이 아브라함을 생각하사 롯을 그 엎으시는 중에서 내보내
셨더라

이처럼 롯과 그의 두 딸은 하나님의 은혜로 멸망의 성 소돔에서 살아
남을 수 있었습니다. 베드로는 "무법한 자들의 음란한 행실로 말미암아
고통당하는 의로운 롯을 건지셨으니 (이는 이 의인이 그들 중에 거하여

날마다 저 불법한 행실을 보고 들음으로 그 의로운 심령이 상함이라)”고 했습니다. 롯은 비양심적인 “무법한 자들” 때문에, 그들의 “음란한 행실” 때문에 “심령이 상”한 삶을 살아야 했습니다. 그러므로 그리스도인들은 이 세상에 살면서 비양심적이고 성적 쾌락을 즐기는 이 세상 사람들의 “불법한 행실을 보고 들음으로”“날마다” 탄식하고 살아야 합니다. 그리스도인들은 하나님을 믿지 않는 이 세상 사람들 속에 같이 살아가고 있는 것이 불편하고, 그들로 인해 하나님에 의한 재난과 형벌을 함께 받을까 봐 늘 걱정해야 합니다. 정의롭지 못하고, 거룩하지 못하고, 경건하지 못하고, 악하고 탐욕스럽고 오만하고 교만한 자들의 삶으로 인해 심령이 고통스러워야 정상입니다.

왜 하나님이 “소돔과 고모라 성을 멸망하기로 정하여 재가 되게”하셨는지, 이제 그 심판의 목적을 알기를 바랍니다. “후세에 경건하지 아니할 자들에게 본을 삼으셨으며”라는 말씀에서 “소돔과 고모라 성”을 심판하신 목적을 알 수 있습니다. 바로 하나님을 믿지 않는 자들에게 반드시 하나님의 심판이 있음을 알도록 하시기 위함이라는 사실입니다. 오늘날 사람들 대부분이 “소돔과 고모라 성” 사람들과 마찬가지로 그들에게서 양심에 따른 행실을 찾아보기 어렵습니다. 그러다 보니 하나님의 말씀 즉 성경에는 관심조차 없습니다. 기본적인 ‘양심의 법’도 따르지 않는데, 양심의 소리조차 듣기 싫어하는데, 어찌 ‘하나님의 법’ 성경을 따라 살겠습니까? 예수님은 이스라엘 땅에 열두 제자들을 보내시면서 “내가 진실로 너희에게 이르노니 심판 날에 소돔과 고모라 땅이 그 성보다 견디기 쉬우리라”(마 10:15)고 하셨습니다. 이때 “성”은 바로 제자들이 찾아가서 복음을 전하는 지역인데, 어디를 가든 제자들과 복음 듣기를 환영하지 않는 곳은 소돔과 고모라보다 더 악한 곳이고, 더 큰 심판을 받을 것이라는 뜻으로 말씀하셨습니다. 그러므로 오늘날도 마찬가지입니다. 복음을 듣지 않는 자들, 예수 그리스도를 영접하지 않는 자들은 소돔과 고모라 성 사람들이 받았던 심판보다 훨씬 큰 심판을 당하게 된다는 뜻입니다. 바로 그 본보기로 *"소돔과 고모라 성을 멸망하기로 정하여 재가 되게"*하셨음을 잊지 말기를 바랍니다.

마지막으로 조건절(if~) 다음에 오는 귀결절(then~)인 9절과 10절 내용을 살펴보고자 합니다. *"주께서 경건한 자는 시험에서 건지실 줄 아시고 불의한 자는 형벌 아래에 두어 심판 날까지 지키시며 특별히 육체를 따라 더러운 정욕 가운데서 행하며 주관하는 이를 멸시하는 자들에게는 형벌할 줄 아시느니라"*고 베드로는 엄중히 경고했습니다. 4~8절의 조건절을 통해 과거 사실을 전제로 해서 미래에 일어날 확실한 일을 증명하고자 했습니다. 베드로는 미래에 모든 *"불의한 자"*가 받게 될 심판의 형벌에 대한 증거로 과거에 있었던 심판 사건들을 제시했습니다. 앞에서 언급했듯이 1급 조건 즉 어떤 역사적 사실을 전제(프로타시스)로 삼아서, 미래에 일어날 결과 즉 귀결(아포도시스)을 논증한 것입니다. 쉽게, 그리고 정확히 표현하자면, 'if~'보다는 'since~'로 바구어서, 다음과 같이 표현할 수 있습니다. *"과거에 타락한 천사들에 대한 심판이 있었고, 옛 세상에 대한 홍수심판이 있었으며, 소돔과 고모라 성 사람들의 무법하고 음란한 행실로 인한 심판이 있었기에(since), 최후 심판 날이 오면 불의한 모든 자는 하나님이 예비하신 형벌을 반드시 받게 될 것이다. 그러나 경건한 자는 롯과 노아처럼 구원받게 될 것이다."* 이처럼 과거 사실을 전제로 미래의 심판과 구원에 관한 당위성과 확실성을 엄중히 선포했습니다. 심판받게 될 자들은 *"특별히 육체를 따라 더러운 정욕 가운데서 행하며 주관하는 이를 멸시하는 자들"*이라고 언급되어 있습니다. 경건하지 아니한 이 세상 사람들의 삶이 두 가지로 요약이 됩니다. 하나는 "특별히 육체를 따라 더러운 정욕 가운데서 행하며" 살아가는 삶입니다. "이는 세상에 있는 모든 것이 육신의 정욕과 안목의 정욕과 이생의 자랑이니 다 아버지께로부터 온 것이 아니요 세상으로부터 온 것이라"(요일 2:16)는 말씀처럼 세상 사람들은 정욕에 따라 살다가 죽습니다. 다른 하나는 "주관하는 이를 멸시하는 자들"이라고 묘사되어 있습니다. 천사들과 사람들과 동물들, 그리고 모든 존재와 세상을 주관하시는 분은 하나님입니다. 세상을 사랑하는 자들은 당연히 예수님을 멸시하고 조롱합니다. 이는 곧 우주 만물을 창조하시고 다스리시며, 심판하시는 하나님을 멸시하는 일입니다. 하나님은 세상에 예수 그리스도를 보내셨습니다. 이 '세상'은 두 가지로 묘사됩니다. 하나는 구원받을 경건한 자들을 뜻하는 세상, 다른 하나는 경건하지 아니한 자들을 뜻하는 세상입니다. 요한복음 3장 16~17절의 세상은 전자를, 19절의 세상은 후자를 나타냅니다.

16. 하나님이 세상을 이처럼 사랑하사 독생자를 주셨으니 이는 그를 믿는 자마다 멸망하지 않고 영생을 얻게 하려 하심이라
17. 하나님이 그 아들을 세상에 보내신 것은 세상을 심판하려 하심이 아니요 그로 말미암아 세상이 구원을 받게 하려 하심이라
18. 그를 믿는 자는 심판을 받지 아니하는 것이요 믿지 아니하는 자는 하나님의 독생자의 이름을 믿지 아니하므로 벌써 심판을 받은 것이니라
19. 그 정죄는 이것이니 곧 빛이 세상에 왔으되 사람들이 자기 행위가 악하므로 빛보다 어둠을 더 사랑한 것이니라

여러분은 어떤 세상입니까? "빛보다 어둠을 더 사랑한" 세상이 되지 않기를 바랍니다. 아멘.

(2025년 9월 28일)

τὴν αἰώνιον βασιλείαν τοῦ κυρίου ἡμῶν
καὶ σωτῆρος Ἰησοῦ Χριστοῦ

우리 주 곧 구주 예수 그리스도의 영원한 나라(벧후 1:11)

딥 스테이트(Deep State)

10b. 이들은 당돌하고 자긍하며 떨지 않고 영광 있는 자들을 비방하거니와

11. 더 큰 힘과 능력을 가진 천사들도 주 앞에서 그들을 거슬러 비방하는 고발을 하지 아니하느니라

12. 그러나 이 사람들은 본래 잡혀 죽기 위하여 난 이성 없는 짐승 같아서 그 알지 못하는 것을 비방하고 그들의 멸망 가운데서 멸망을 당하며

13a. 불의의 값으로 불의를 당하며

지난 강설에서 거짓 가르침인 '이단'을 끌어들인 거짓 선생들에 대한 심판의 본보기와 근거로 제시한 세 가지, 즉 "범죄한 천사들"(2:4)과 "옛 세상"(2:5)과 "소돔과 고모라 성"(2:6)에 대한 하나님의 심판을 살펴보았습니다. 특히 2장 10절에서 앞부분(a)은 전체 한 문장의 마지막 부분이요 거짓 선생들에 대한 심판의 당위성과 확실성을 제시한 구절인데, 오늘 살펴보게 될 10절 뒷부분(b)에 해당하는 말씀 즉 "이들은 당돌하고 자긍하며 떨지 않고 영광 있는 자들을 비방하거니와"라는 부분은 그들에 대한 심판이 왜 당연한 일인지 두 가지 이유 중에서 먼저 첫 번째 이유를 명확히 제시합니다. 10절(b)~13절(a)이 이에 해당하고, 다음 강설에서 살펴보게 될 13(b)~16절은 두 번째 이유에 해당합니다. 이 두 가지 이유를 먼저 언급하자면, 하나는 그들의 '잘못된 교훈'이고, 다른 하나는 그들의 '잘못된 삶'입니다. 다시 말하자면, 하나는 종교적 가르침인데 성경의 가르침에서 벗어난 '불법적인' 것이었고, 다른 하나는 윤리적 가르침으로 역시 성경의 가르침에 벗어난 '불경스러운' 것이었습니다. 그들은 "범죄한 천사들"과 "옛 세상"과 "소돔과 고모라 성" 사람들처럼 무법한 자들이었고, 부도덕한 자들이었습니다. 오늘은 먼저 종교적인 접근으로써 그들을 살펴보고자 합니다.

거짓 교사들은 "당돌하고 자긍하며 떨지 않고" 자기들의 가르침을 합리화했음을 알 수 있습니다. 먼저 10절(a)에 언급되어 있듯이 그들은 "주관하는 이를 멸시하는 자들"이었습니다. 출애굽기 19장 12~25절을 보면 사람이 하나님께 대해 어떤 마음과 자세를 가져야 하는지 자세히 알 수 있습니다.

12. 너는 백성을 위하여 주위에 경계를 정하고 이르기를 너희는 삼가 산에 오르거나 그 경계를 침범하지 말지니 산을 침범하는 자는 반드시 죽임을 당할 것이라

13. 그런 자에게는 손을 대지 말고 돌로 쳐죽이거나 화살로 쏘아 죽여야 하리니 짐승이나 사람을 막론하고 살아남지 못하리라 하고 나팔을 길게 불거든 산 앞에 이를 것이니라 하라

14. 모세가 산에서 내려와 백성에게 이르러 백성을 성결하게 하니 그들이 자기 옷을 빨더라

15. 모세가 백성에게 이르되 준비하여 셋째 날을 기다리고 여인을 가까이 하지 말라 하니라

16. 셋째 날 아침에 우레와 번개와 빽빽한 구름이 산 위에 있고 나팔 소리가 매우 크게 들리니 진중에 있는 모든 백성이 다 떨더라

17. 모세가 하나님을 맞으려고 백성을 거느리고 진에서 나오매 그들이 산기슭에 서 있는데

18. 시내 산에 연기가 자욱하니 여호와께서 불 가운데서 거기 강림하심이라 그 연기가 옹기 가마 연기 같이 떠오르고 온 산이 크게 진동하며

19. 나팔 소리가 점점 커질 때에 모세가 말한즉 하나님이 음성으로 대답하시더라

20. 여호와께서 시내 산 곧 그 산 꼭대기에 강림하시고 모세를 그리로 부르시니 모세가 올라가매

21. 여호와께서 모세에게 이르시되 내려가서 백성을 경고하라 백성이 밀

고 들어와 나 여호와에게로 와서 보려고 하다가 많이 죽을까 하노라

22. 또 여호와에게 가까이 하는 제사장들에게 그 몸을 성결히 하게 하라 나 여호와가 그들을 칠까 하노라

23. 모세가 여호와께 아뢰되 주께서 우리에게 명령하여 이르시기를 산 주위에 경계를 세워 산을 거룩하게 하라 하셨사온즉 백성이 시내 산에 오르지 못하리이다

24. 여호와께서 그에게 이르시되 가라 너는 내려가서 아론과 함께 올라오고 제사장들과 백성에게는 경계를 넘어 나 여호와에게로 올라오지 못하게 하라 내가 그들을 칠까 하노라

25. 모세가 백성에게 내려가서 그들에게 알리니라

또한 하나님은 "너는 네 하나님 여호와의 이름을 망령되이 일컫지 말라 나 여호와는 내 이름을 망령되이 일컫는 자를 죄 없는 줄로 인정하지 아니하리라"(신 5:11)라고 하시면서 십계명 중 제3계명으로 지키도록 이스라엘 백성에게 명령하셨습니다. 그런데 이들 거짓 교사들은 "당돌하고 자긍하며 떨지 않고" 거짓 교훈을 퍼뜨렸습니다. 《새번역》에는 "대담하고 거만해서, 겁도 없이"라고 번역되어 있습니다. 과거에 있었던 하나님의 심판에 비추어 볼 때 그들은 겁도 없는 자들이었고, 무지한 자들이었으며, 오만한 자들이었습니다. 심판하시는 하나님의 존재를 알지 못하기에 그들은 겁도 없고 무지했던 것입니다. 다윗은 하나님께 대해 오만한 자들의 최후를 이렇게 묘사했습니다.

1. 복 있는 사람은 악인들의 꾀를 따르지 아니하며 죄인들의 길에 서지 아니하며 오만한 자들의 자리에 앉지 아니하고

2. 오직 여호와의 율법을 즐거워하여 그의 율법을 주야로 묵상하는도다

3. 그는 시냇가에 심은 나무가 철을 따라 열매를 맺으며 그 잎사귀가 마르

지 아니함 같으니 그가 하는 모든 일이 다 형통하리로다
4. 악인들은 그렇지 아니함이여 오직 바람에 나는 겨와 같도다
5. 그러므로 악인들은 심판을 견디지 못하며 죄인들이 의인들의 모임에 들지 못하리로다
6. 무릇 의인들의 길은 여호와께서 인정하시나 악인들의 길은 망하리로다
(시 1:1~6)

솔로몬은 잠언을 통해 오만한 자 즉 "악한 자"에게 속지 말라고 했습니다. "내 아들아 악한 자가 너를 꾈지라도 따르지 말라"(잠 1:10)는 교훈을 우리는 명심해야 합니다. 이스라엘 백성에게 주는 솔로몬의 교훈에 있어서 가장 악하고 오만한 자들은 바로 자기들의 어리석은 판단에 따라 "악한 자"를 따르는 "어리석은 자"(잠 1:4)입니다. "어리석은 자는 온갖 말을 믿으나 슬기로운 자는 자기의 행동을 삼가느니라"(잠 14:15)라는 말씀처럼 "어리석은 자"는 쉽게 속는 자입니다. 그렇게 잘 속는 이유는 "이는 여호와를 경외하는 것이 지식의 근본이거늘 미련한 자는 지혜와 훈계를 멸시하느니라"(잠 1:7)라는 말씀과 같이 성경의 교훈을 가까이하지 않고 세상의 교훈 즉 세상 사람들의 말이나 가르침이나 사상을 가까이하고 쉽게 믿기 때문입니다. 남을 속이는 자도 악한 자이지만, 어리석게도 속는 자도 악한 자이고, 속임과 속음에 대해 교훈해주는 사람의 말을 듣지 않으려는 자도 악한 자이고, 악하고 어리석은 오만한 자의 편에 서는 자도 역시 악한 자입니다. 과연 오늘날 우리와 우리 주변 사람들은 어떻습니까? 지난 9월 23일 유엔에서 연설한 미국 트럼프 대통령에 관한 기사들을 보면 참으로 자극적입니다. 그 연설 내용을 분석해주기보다는 오히려 트럼프를 미치광이 취급하는 기사들이 넘쳐납니다. 기후변화론을 앞세워 대부분의 나라들과 세계 지도자들이 협력하고 동조

하는 일에 대해 트럼프가 유엔에서 '희대의 사기극'이라고 표현하자 미국 언론이나 과학자들은 트럼프의 헛소리가 도를 넘어섰다고 비판합니다. 『기후 종말론』(박석순 & 데이비드 크레이그 저) 에필로그(349쪽)에는 이런 글이 실려있습니다.

> 미친 사람들이 가득한 곳에서는 제정신인 사람이 미친 사람 취급을 받는다. 수천만 명의 사람들이 과학적 근거가 전혀 없는 망상을 믿고 있을 때, 그것도 가끔은 광적으로 맹신할 때, 그들이 뭔가 잘못 알고 있는 것 같다고 지인에게 귀띔하는 것조차 이상한 사람으로 보이게 될 수 있다.
> 인간에 의한 지구온난화 대재앙이 발생한다는 망상에 빠진 정신병을 이해하는 방법은 추측 가능한 원인을 살펴보는 것이다. 그 원인은 크게 세 가지 영역, 즉 정보의 전달, 지금 서구 사회의 문제점, 그리고 인간의 행동 방식으로 나눌 수 있다.
> 먼저 정보의 전달, 좀 더 정확하게 말하면 "잘못된 정보의 전달"에는 유엔 기후변화에 관한 정부 간 협의체(IPCC)의 정치화와 부정직함, 그리고 주류 언론이 기후 관련 보도를 할 때 보이는 과도한 편향성을 들 수 있다. 지금의 서구 사회 문제점으로는 교육 시스템의 하향 평준화와 맹목적인 자기 혐오증이 있다. 여기에 민주주의가 저질정치(Kakistocaracy)와 기술정치(Technocracy)로 대체되고 있는 현상도 문제가 된다. 인간의 행동 방식은 사람들이 점점 자기중심주의로 기울어지는 경향을 보이는 것을 말한다.

지금 세상은 미쳐 돌아가고 있다고 해도 과언이 아닙니다. 제정신을 가지고 제대로 된 연설을 한 트럼프가 오히려 미친 사람 취급받고, 트럼프 주장에 동의하지 않는 나머지는 모두 정상인으로 보이는 상황입니다. 백악관 홈페이지에는 "트럼프 대통령, 유엔에서 주권을 수호하고 세계주의를 물리치다"(At UN, President Trump Champions Sovereignty, Rejects

Globalism, 2025. 9. 23.)라는 연설문 주요 내용이 실려있습니다. 과연 트럼프가 미치광이일까요? 제80차 유엔총회에서 트럼프는 세계주의자들 즉 '딥 스테이트'(Deep State)에 속한 자들을 향하 핵폭탄급 선언을 한 것입니다. 일종의 선전포고와 같은 연설이었습니다. 유엔은 세계종교를 통합하고 세계 단일정부를 만들어 세계질서를 새롭게 개편하려는 의도로 1945년 미국의 외교관계협의회(CFR: Council on Foreign Relations)가 만들었다는 사실은 이미 많은 사람이 알고 있습니다. '신세계질서'(NWO: New World Order)를 위한 세계 단일정부를 이룩하는 데 있어서 '기후 위기' 또는 '기후변화' 어젠더(agenda)는 세계주의자들이 사용하고 있는 수단 중 하나입니다. 또한 유엔은 세계종교를 통합하기 위해 지속적인 노력을 기울이고 있습니다. 데이비드 클라우드(David Cloud)의 책『유엔과 뉴에이지』(United Nations and the New Age)에 잘 드러나 있고, 여기에 소개된 신지학자 앨리스 베일리(Alice Bailey, 1880~1949)는 종교를 매개체로 해서 세계를 하나로 통합하기 위해 다음과 같은 '10가지 전략'(The 10-Point Plan of the New World Order)을 내세웠다고 전해지고 있는데, 그녀의 저서에서 출처를 정확히 찾을 수는 없습니다. 다만 이 전략 중 일부 생각들은 그녀의 강연이나 제자들과의 대화에서 찾아볼 수 있는 것들이라 알려져 있습니다. 참고로 그 내용을 보면 다음과 같습니다.

1. 교육체계에서 하나님과 기도를 없애라(Take God and prayer out pf the education system.)
2. 아이들에 대한 부모의 권위를 축소시켜라(Reduce parental authority over the children.)
3. 유대-기독교 가정 또는 전통적인 기독교 가정의 구조를 파괴하라(Destroy the Judeo-Christian family structure or the traditional Christian family structure.)

4. 프리섹스를 하게 되면, 보다 쉽게 낙태법을 만들고 쉽게 낙태할 수 있다
(If sex is free, then make abortion legal and make it easy.)

5. 평생 결혼의 관념에서 벗어나도록 이혼을 쉽고 합법적으로 만들라
(Make divorce easy and legal, free people from the concept of marriage for life.)

6. 동성애를 대체 생활방식으로 만들라(Make homosexuality and alternative lifestyle.)

7. 예술의 품위를 떨어뜨리고 미치게 만들라(Debase art, make it run mad.)

8. 사고방식을 바꾸고 장려하기 위해 미디어를 활용하라(Use media to promote and change mindset.)

9. 종교 통합운동을 일으켜라(Create an interfaith movement.)

10. 정부들이 이 모든 것을 입법화하고 교회는 이러한 변화를 인정하게 하라(Get government to make all these law and get the Church to endorse these changes.)

위 10가지 전략은 오히려 이탈리아 공산당 창설자 안토니오 그람시(Antonio Gramsci)의 〈조용한 혁명 11계명〉과 유사하고, 반(反)문화와 반(反)체제를 추구했던 68혁명 즉 '네오막시즘'(문화마르크스주의)에서 쉽게 찾아볼 수 있는 사상입니다. 그리고 현재 미국의 민주당을 중심으로 한 PC주의, 워크 마인드(Woke Mind), CRT(비판적 인종이론, Critical Race Theory)를 부르짖는 극단적 정치 세력의 사상과 맥을 같이함을 알 수 있습니다. 그러함에도 불구하고 앨리스는 레이 윤겐(Ray Yungen)이 지적한 대로 오히려 기독교 신앙에 신비주의 사상을 혼합하고 뉴에이지 사상을 중심으로 기독교를 변혁하고자 했습니다(레이 윤겐, 『신비주의와 손잡은 기독교』, 199쪽). 그녀는 기독교 가정에서 태어나 자랐고, 성공회 사제와 결

혼도 했기에 기독교 밖에서 거칠게 기독교를 적대시하기보다는 기독교적 환경에 있으면서 정통 기독교와는 달리 영지주의적 사상으로 기독교를 조용히 바꾸고자 한 인물이라 할 수 있습니다. 안토니오 그람시의 '긴 행진'(Long March)과 다를 바 없습니다. 로저 오클랜드(Roger Oakland)도 다음과 같이 그녀의 글을 인용하면서 릭 워렌(Rick Warren)의 '목적이 이끄는 프로그램'이나 앨리스 베일리가 말한 "바른 인간관계"에서 드러난 '공동체 의식'은 '이머징 교회'의 메시지와 다를 바 없다고 평가했습니다 (『이머징 교회와 신비주의』, 339~340쪽).

> 그분이 아직 다시 오시지 않는 이유는 모든 나라들 가운데 있는 그분의 추종자들에 의해 이루어져야 할 일들이 아직 완성되지 않았기 때문이다. 우리가 뒤에서 살펴보겠지만 그분의 오심은 크게 우리 사이에 바른 인간관계가 세워졌는가에 달려 있다. 교회는 이런 방향을 방해해왔다…… 모든 백성 가운데 '그리스도인들'을 만들겠다는 광적인 열심 때문에 우리를 전혀 돕지 않았다. 이들은 사랑이 아니라 신학적 교리만을 강조해왔다.

여기서 우리는 신지학과 뉴에이지 운동의 대표적 인물 앨리스 베일리가 운영했던 출판사가 유엔 산하에서 큰 역할을 하고 있었다는 사실에 비추어 볼 때, 세계종교를 통합하고 세계 단일정부를 만들어 세계질서를 새롭게 만들겠다는 유엔 지도자들과 세계주의자들을 향해 전쟁을 선포한 트럼프의 행보가 주목됩니다. 트럼프는 이들에 대해 입으로는 평화와 번영을 외치지만 실제로는 행동하지 않는다고 말했습니다. 사실상 전 세계의 절반 이상이 세계주의자들과 환경론자들에 의해 속고 있으면서도 사람들은 그것을 알지 못하고 있습니다. 아마도 트럼프의 이번 유엔 연설로 많은 사람이 깨어날 것입니다. 카이스트 경영대학원에서 환경경영정책을 전공하고 기후변화 컨설턴트와 신재생에너지 프로젝

트 설계까지 해온 이동엽 연구원이 지금까지 속아온 것을 알고, 지난 9
월 15일 『기후정음』이라는 책을 출간함으로써 기후변화에 대해 잘못되
고 왜곡된 정보와 섣부른 예측을 바로잡고, 정치적 편향성에 따른 확증
편향이 아닌 과학적 사실에 기반한 접근을 통해 기후에 대해 올바른 이
해를 돕고자 했습니다. 이 책에는 과거에 트럼프 대통령이 했던 "기후 사
기"(Climate Hoax) 연설도 포함되어 있습니다. 사람들은 정치적으로, 종
교적으로 쉽게 속습니다. 심지어 과학적으로도 속습니다. 그래서 성경
잠언에 따르면 속이는 자는 악한 자고, 속는 자는 어리석고 악한 자입
니다. 베드로 사도 시대에 영지주의 사상을 가진 자들이 활동을 시작하
면서 많은 사람이 속았듯이, 19세기 말에 시작된 신비주의 운동에 속기
시작했고, 20세기 후반에 본격적으로 시작된 뉴에이지 운동에 기독교
가 경건 중심의 신앙을 버리고 인본주의요 영지주의인 영성 운동에 합
류하기 시작했습니다. 유엔의 영향력을 이용해서 뉴에이지 운동은 교리
중심적인 기독교를 서서히 무너뜨리고 지배적인 세계종교가 될 수도 있
습니다. 이 시대에 나타난 새로운 영지주의자들도 "*당돌하고 자긍하며
떨지 않고 영광 있는 자들을 비방*"하고 있습니다. 과거 역사에서 하나
님이 세우신 법과 질서와 체제를 무시한 자들이 심판을 받았던 것처럼
오늘날 역시 속이는 자들과 속는 자들은 하나님의 준엄한 심판을 피할
수 없습니다. 하나님의 존재를 믿고 하나님이 보내신 구원자 예수 그리
스도를 믿는다고 고백하면서도 가룟 유다와 같이 돈을 추구하고, 인생
을 정치적 계산으로 허무하게 포기하고, 기득권자들의 말과 사상의 노
예가 되어 있는 어리석은 자들은 결국 "*영광 있는 자들을 비방*"하는 오
만한 자들입니다. "*영광 있는 자들*"은 헬라어 δόξας(doxas)로 '영광들'이
라는 뜻입니다. 그러나 사람이나 어떤 대상을 말하고 있기에 '영광 있는
자들' 또는 '영광스러운 존재들'이라 할 수 있습니다. 다만 구체적인 표현

이 없고, 이와 병행하는 유다서 기록도 참조해야 하므로 여러 가지 뜻으로 해석되고 있습니다. 게다가 베드로 사도가 이미 창세기 6장 1~4절에 나타난 타락한 "하나님의 아들들"에 대해 당시 많은 유대인이 받아들였던 천사들에 대한 믿음을 참조했을 가능성이 있다는 점에서 '천사들' 또는 '하늘에 있는 존재들'이라고 해석하기도 하고, 존 칼빈처럼 영광스러운 권세를 위임받은 황제와 관원과 같은 세속정부 지도자들로 이해하기도 합니다. 칼빈은 "그들이 하나님께서 높은 지위에 두신 명예 있는 자를 훼방한다는 것은 어처구니없는 일이다. 사도가 영광 있는 자라는 말로써 황제들과 관원들을 의미하고 있음이 분명하다. 우리는 비록 그들의 생활에 있어서는 존경할만한 것이 없다고 할지라도 관리의 직분은 다른 직분보다도 더 뛰어나다는 점을 잘 알고 있다. 이는 인류를 다스림에 있어서 그들이 하나님의 대리 역할을 담당하고 있기 때문이다."라고 기록했습니다(칼빈, 『신약성경주석』 제10권, 507~508쪽). 이와 유사하게 하나님으로부터 위임받은 사도들이나 교사들을 "영광 있는 자들"로 보기도 하고, 또 천사들로 보는 경우는 악한 천사들이나 선한 천사들로 구분해서 어느 한쪽을 가리킨다고 주장하기도 합니다. 그래서 《원문번역주석성경》은 중립적으로 '하늘에 있는 존재들'이라고 번역했습니다. 우리는 베드로 사도가 꼭 집어서 한 가지를 말하는 단어를 사용하지 않았기 때문에 이런 여러 해석이 생길 수 있음을 알아야 하고, 다른 한편으로는 중의적 의미로 기록했을 가능성도 배제하지 말아야 합니다.

베드로는 이어서 "더 큰 힘과 능력을 가진 천사들도 주 앞에서 그들을 거슬러 비방하는 고발을 하지 아니하느니라 그러나 이 사람들은 본래 잡혀 죽기 위하여 난 이성 없는 짐승 같아서 그 알지 못하는 것을 비방하고 그들의 멸망 가운데서 멸망을 당하며 불의의 값으로 불의를 당하며"라고 했는데, 신약성경 중에서 명확히 해석하기 어려운 부분으로 알려져 있기도 합니다. 여기서 우리는 먼저 앞에서 겁도 없이 오만한 자들의 행동이 얼마나 어리석고 악한 행동인지 이 구절을 통해서 설명하는 내용을 자세히 들여다보기를 바랍니다. 유다서 1장 8~10절 "그러한데 꿈꾸는 이 사람들도 그와 같이 육체를 더럽히며 권위를 업신여기며 영광을 비방하는도다 천사장 미가엘이 모세의 시체에 관하여 마귀와 다투어 변론할 때에 감히 비방하는 판결을 내리지 못하고 다만 말하되 주께서 너를 꾸짖으시기를 원하노라 하였거늘 이 사람들은 무엇이든지 그 알지 못하는 것을 비방하는도다 또 그들은 이성 없는 짐승 같이 본능으로 아는 그것으로 멸망하느니라"라는 말씀을 보면, 등장인물들이 자세히 기록되어 있음을 알 수 있습니다. "꿈꾸는 이 사람들"과 "권위"와 "영광"에 해당하는 존재들, "천사장 미가엘"과 시체가 된 "모세"와 "마귀"가 등장합니다. 물론 뒤에 "주"도 등장합니다. 유다가 기록한 내용으로 보면, 베드로와는 달리 모세 시체를 사이에 두고 "천사장 미가엘"과 "마귀"가 나오는 게 특징입니다. 이는 당시에 모세의 죽음이 기록된 신명기 34장과 더불어 〈모세 승천기〉라는 위경 문서가 유대인들 사이에서 널리 알려져 있었음을 알 수 있습니다. 이 이야기는 유대 전승 중 하나로, 모세가 죽자 그의 시체를 매장하도록 천사장 미가엘이 여호와 하나님으로부터 보내심을 받았는데, 그때 마귀가 나타나서 사람을 죽인 일이 있는 모세(출 2:12)의 시체는 세상의 물질계를 관장하는 마귀 자신이 가져가야 한다면서 미가엘과 논쟁을 벌였다고 하는 내용입니다. 이때 미가엘은 "주께서 너를 꾸짖으시기를 원하노라"고 했다고 합니다. 비록 베드로 사도는 이처럼 자세히 인용하지는 않았지만, "더 큰 힘과 능력을 가진 천사들도 주 앞에서 그들을 거슬러 비방하는 고발을 하지 아니하느니라"고 함으로써 "더 큰 힘과 능력을 가진 천사들"과 당시 이단 사상을 끌어들인 거짓 교사들을 비교한 것입니다.

그렇다면 베드로 당시 소아시아 지역 교회들 속에 어떤 사람들이 있었을까요? 베드로가 그런 거짓 교사들의 이름을 언급하지도 않았기에 알 수는 없습니다. 영지주의 사상이 본격적으로 영향력을 행사하던 때가 2세기였지만 1세기 후반부터 그런 사상의 씨앗이 뿌려지고 있었습니다. 특히 기독교 내에서 생겨난 영지주의 사상의 근원을 알기 위해서는 시몬 마구스(Simon Magus) 또는 마술사 시몬으로 불린 자에 대해 알 필요가 있습니다. 사도행전 8장에는 이렇게 기록되어 있습니다.

9. 그 성에 시몬이라 하는 사람이 전부터 있어 마술을 행하여 사마리아 백성을 놀라게 하며 자칭 큰 자라 하니
10. 낮은 사람부터 높은 사람까지 다 따르며 이르되 이 사람은 크다 일컫는 하나님의 능력이라 하더라
11. 오랫동안 그 마술에 놀랐으므로 그들이 따르더니
12. 빌립이 하나님 나라와 및 예수 그리스도의 이름에 관하여 전도함을 그들이 믿고 남녀가 다 세례를 받으니
13. 시몬도 믿고 세례를 받은 후에 전심으로 빌립을 따라다니며 그 나타나는 표적과 큰 능력을 보고 놀라니라
14. 예루살렘에 있는 사도들이 사마리아도 하나님의 말씀을 받았다 함을 듣고 베드로와 요한을 보내매
15. 그들이 내려가서 그들을 위하여 성령 받기를 기도하니
16. 이는 아직 한 사람에게도 성령 내리신 일이 없고 오직 주 예수의 이름으로 세례만 받을 뿐이더라
17. 이에 두 사도가 그들에게 안수하매 성령을 받는지라
18. 시몬이 사도들의 안수로 성령 받는 것을 보고 돈을 드려

19. 이르되 이 권능을 내게도 주어 누구든지 내가 안수하는 사람은 성령
    을 받게 하여 주소서 하니

20. 베드로가 이르되 네가 하나님의 선물을 돈 주고 살 줄로 생각하였으니
    네 은과 네가 함께 망할지어다

21. 하나님 앞에서 네 마음이 바르지 못하니 이 도에는 네가 관계도 없고
    분깃 될 것도 없느니라

22. 그러므로 너의 이 악함을 회개하고 주께 기도하라 혹 마음에 품은 것
    을 사하여 주시리라

23. 내가 보니 너는 악독이 가득하며 불의에 매인 바 되었도다

24. 시몬이 대답하여 이르되 나를 위하여 주께 기도하여 말한 것이 하나도
    내게 임하지 않게 하소서 하니라

마술사 시몬에 대한 기록은 그가 죽은 후 순교자 저스틴(Justin Martyr, 100~165)으로 불린 변증가 유스티누스(Justinus)의 저작과 이레니우스의 『이단 논박』 등에 기록되어 있습니다. 시몬은 교회사 최초로 이단의 창시자요 영지주의자 중 대표적 인물로 알려져 있습니다. 그는 "자칭 큰 자라"(행 8:9) 했고, "낮은 사람부터 높은 사람까지 다 따르며 이르되 이 사람은 크다 일컫는 하나님의 능력이라"(행 8:10) 했기에 그는 오만하고 방자했던 것입니다. 여기서 우리는 베드로가 사용한 단어 '영광'(δόξας, doxas)에 대해 반어법적 의미도 유추해볼 수 있습니다. 왜냐하면 베드로가 "그러나 백성 가운데 또한 거짓 선지자들이 일어났었나니 이와 같이 너희 중에도 거짓 선생들이 있으리라 그들은 멸망하게 할 이단을 가만히 끌어들여 자기들을 사신 주를 부인하고 임박한 멸망을 스스로 취하는 자들이라"(벧후 2:1)라고 함으로써 "거짓 선생들"을 정의했을 때 "그들은 멸망하게 할 이단을 가만히 끌어들여 자기들을 사신 주를 부인하고 임박한 멸망을 스스로 취하는 자들이라"라고 했기 때문입니다. 베드

로에 의하면 그들은 "자기들을 사신 주를 부인"할 수 있는 자들입니다. 베드로는 누구보다도 주 예수 그리스도의 구속(값을 주고 노예를 사는 행위)을 확실히 알고 있었기에 참 선생들은 결코 "자기들을 사신 주를 부인"할 수 없음을 알고서 표현한 것입니다. "거짓 선생들"은 그들이 생각하는, 즉 그들이 확실히 알지 못하는, 단지 선생으로서의 "주"(δεσπότην, master)를 부인할 수 있음을 말한 것입니다. 유다도 마찬가지로 "이는 가만히 들어온 사람 몇이 있음이라 그들은 옛적부터 이 판결을 받기로 미리 기록된 자니 경건하지 아니하여 우리 하나님의 은혜를 도리어 방탕한 것으로 바꾸고 홀로 하나이신 주재 곧 우리 주 예수 그리스도를 부인하는 자니라"(유 1:4)라고 했을 때 "주"(δεσπότην, master)라는 표현을 사용했고, "우리 하나님의 은혜를 도리어 방탕한 것으로 바꾸고"라고 했습니다. 유다 역시 "하나님의 은혜"는 "방탕한 것" 즉 '색욕'이나 '음분'으로 바꿀 수 없음을 확실히 알고 있었기에, "가만히 들어온 사람 몇"은 예수 그리스도를 구속의 주로 믿은 게 아니라 자기들의 종교적 탐욕을 채우는 능력을 전수해줄 수 있는 '큰 스승'으로 모시고자 했을 뿐임을 드러낸 것이라 할 수 있습니다. 이런 "거짓 선생들" 중 하나로 짐작할 수 있는 시몬 또는 그의 제자들 같은 사람들을 짐작할 수 있습니다. 유스티누스와 이레니우스에 의하면 시몬은 마술에 능했고, 아리스토텔레스의 철학과 모세오경 등을 깊이 연구한 지식인이었습니다. 그러나 빌립이 왔을 때 복음을 듣고 세례받은 후 성령 받는 것을 돈을 주고 사고자 했고, 사도행전 8장 19~24절에서 알 수 있듯이 그는 "네 은과 네가 함께 망할지어다"라는 베드로의 저주를 받았으며, 동시에 "너의 이 악함을 회개하고 주께 기도하라 혹 마음에 품은 것을 사하여 주시리라"라는 말씀으로 회개의 기회도 받았습니다. 그러나 역사 기록에서 짐작할 수 있듯이 그는 회개하지 않았던 것입니다. 마술을 통해 많은 사람으로부터 신이라는 소리를 듣고 심지어 경배까지 받았다고 합니다. 그는 오늘날 통일교 한 학자가 스스로 '독생녀'라고 한 것처럼, JMS 정명석이 스스로 메시아라 하고 하나님이라고 한 것처럼, 신천지 이만희가 그런 것처럼, 그리고 수많은 사이비 종교집단 및 기독교 이단 교주들이 스스로 보혜사라 주장했던 것처럼 시몬 역시 메시아, 하나님의 능력, 또는 하나님이라고 했습니다. 그렇다면 베드로 당시 이단 사상을 끌어들인 자들은 시몬과 연관성이 있었거나 그런 종류의 지식인들이었을 것이라 짐작할 수 있습니다.

여기서 우리는 베드로가 왜 "영광 있는 자들"(실제 단어로는 '영광들')이라고 애매한 표현을 사용했는지 당시 상황을 알아보아야 합니다. '영광스러운 존재들' 또는 '하늘에 있는 존재들', '하늘에 속한 존재들' 또는 이 세상 사람들이라 할지라도 '하늘의 영광을 입은 사람들'이 실제로 그리스도인들 사이에서 또는 당시 세상에서 그렇게 불리고, 또한 인식되고 있었음을 알아야 합니다. 하나님, 주 예수 그리스도, 성령님, 천사들, 사도들, 선지자들(예언자들), 복음을 전하고 성령의 능력을 행하는 자들, 하나님의 은사를 받아 교회를 섬기는 자들, 하나님이 주신 권세로 세상을 법과 질서에 따라 다스리는 자들, 이 모든 존재를 일컬어서 중의적으로 "영광 있는 자들"(영광들)이라고 했을 가능성이 충분합니다. 영광은 오직 하나님께만 있지만, 하나님은 그 영광을 당신의 종들(천사들이든 사람들이든)이 반사해서 세상에 비추도록 영광스럽게 하시는 분이기 때문입니다. 또한 바울 사도는 "자기 앞에 영광스러운 교회로 세우사 티나 주름 잡힌 것이나 이런 것들이 없이 거룩하고 흠이 없게 하려 하심이라"(엡 5:27)라고 함으로써 그리스도께서 "영광스러운 교회"를 세우셨다고 표현했습니다. 심지어 복음에도 하나님의 영광이 드러나 있음을 바울은 "이 교훈은 내게 맡기신 바 복되신 하나님의 영광의 복음을 따름이니라"(딤전 1:11)라고 했습니다. 이 영광과 영광스러움을 가리고 멸시하고 조롱하고 비방하는 자들이 바로 "적 그리스도"(요일 2:22, 요이 1:7)와 "거짓 그리스도"(마 24:24, 막 13:22)요 "거짓 선생들"(벧후 2:1)요 "거짓 선지자들"(마 24:11)입니다. 그러므로 "거짓 선생들"은 삼위일체 하나님, 천사들, 영광스러운 모든 영과 육체, 복음과 교회, 기타 하나님의 능력과 영광을 드러내는 교회와 세상의 지도자에 이르기까지 그 모든 영광과 위엄과 능력과 질서를 조롱하고 비방하는 자들입니다. 반면에 천사들과 그리스도의 종들은 그리스도의 영광을 계속 보기를 원하고 드러내기를 원합니다. 예수님도 "아버지여 내게 주신 자도 나 있는 곳에 나와 함께 있어 아버지께서 창세 전부터 나를 사랑하시므로 내게 주신 나의 영광을 그들로 보게 하시기를 원하옵나이다"(요 17:24)라고 기도하셨고, 위대한 청교도 신학자 존 오웬(John Owen)은 예수님의 이러한 기도를 해설하면서 "이 세상에 태어나 영원한 세계에 이르기까지 신자들이 누리는 최고의 특권과 진보 가운데 하나는 그리스도의 영광을 보는 데 있다"라고 했습니다(서문강 역, 『존 오웬, 그리스도의 영광』, 43~46쪽). 우리는 성경에 드러난 그리스도의 영광을 볼 수 있음을 확실히 깨닫기를 바랍니다.

그러나 성경에 드러난 그리스도의 영광을 가리는 일이 베드로 당시는 물론이고 지금도 여전히 진행 중인데, 오히려 더 강하고 폭넓게 진행되고 있습니다. 1989년부터 본격적으로 세계인들이 모두 함께 볼 수 있는 경전을 발간하는 뜻을 세우고 진행해온 사람이 유엔에 있었는데 바로 로버트 뮬러(Robert Muller, 당시 유엔 사무부총장 보좌관)였고, 그는 뉴에이지 운동의 지도자였습니다. 그때 유엔은 국제기구의 하나로 '국제 경전 연구연합회'(International Sacred Literature Trust)를 발족했고, 이 조직은 세계인들이 지구상에 존재해온 경전들을 모두 읽을 수 있도록 영어로 된 경전집을 발간하기 위한 목적으로 생겨났습니다. 이 조직과 경전 발간 프로젝트는 문선명이 창설한 세계평화종교연맹(IRFWP: Inter Religious Federation for World Peace)에 의해 주도되었습니다. 미국 샌프란시스코에 소재한 하퍼 출판사(Harper Collins)가 1994년 1월 1일 *The World's Wisdom: Sacred Texts of the World's Religions*라는 제목의 경전집을 출간했습니다. 이른바 "세계의 성경"(a Wold Bible)에는 유대교, 기독교, 불교, 힌두교, 배화교, 도교, 유교 등의 세계 여러 경전에서 발췌한 내용들이 수록되어 있습니다. 이제 유엔은 멀지 않은 때에 정치와 종교와 문화까지 하나로 통합하고자 할 것입니다. 이러한 흐름에 20세기 한국판 영지주의 '통일교'가 지대한 영향력을 행사해왔다는 점을 잊지 말기를 바랍니다. 이렇게 성경에 드러난 그리스도의 영광은 '사람들이 만들어낸 종교 이야기' 중 하나로 취급을 받게 되고, 즉 신화나 설화처럼 사람들이 "*교묘히 만든 이야기*"(벧후 1:16)로 여겨지며, 그리스도와 교회의 영광은 더 큰 멸시와 조롱과 비방을 받게 될 것입니다.

그렇지만 "영광 있는 모든 자들"을 비방한 거짓 선생들과 그들에게 미혹된 거짓 신자들은 "*그러나 이 사람들은 본래 잡혀 죽기 위하여 난 이성 없는 짐승 같아서 그 알지 못하는 것을 비방하고 그들의 멸망 가운데서 멸망을 당하며 불의의 값으로 불의를 당하며*"라는 말씀과 같이 멸망의 심판을 당할 것입니다. 《현대인의성경》에 기록된 대로 "*그들은 본래 잡혀 죽기 위해 태어난 이성 없는 짐승 같아서 알지도 못하는 것을 욕하니 그들도 짐승처럼 멸망하고 말 것입니다. 결국 그들은 악한 짓을 한 그 댓가를 받을 것입니다.*" 아멘.

(2025년 10월 5일)

τὴν αἰώνιον βασιλείαν τοῦ κυρίου ἡμῶν
καὶ σωτῆρος Ἰησοῦ Χριστοῦ
우리 주 곧 구주 예수 그리스도의 영원한 나라(벧후 1:11)

저주의 자식

강설 본문: 베드로후서 2장 13b~16절

13b. 낮에 즐기고 노는 것을 기쁘게 여기는 자들이니 점과 흠이라 너희와 함께 연회할 때에 그들의 속임수로 즐기고 놀며

14. 음심이 가득한 눈을 가지고 범죄하기를 그치지 아니하고 굳세지 못한 영혼들을 유혹하며 탐욕에 연단된 마음을 가진 자들이니 저주의 자식이라

15. 그들이 바른 길을 떠나 미혹되어 브올의 아들 발람의 길을 따르는도다 그는 불의의 삯을 사랑하다가

16. 자기의 불법으로 말미암아 책망을 받되 말하지 못하는 나귀가 사람의 소리로 말하여 이 선지자의 미친 행동을 저지하였느니라

2장 10절(b)부터 16절까지 거짓 선생들에 대한 심판이 왜 당연한지 베드로 사도는 두 가지로 이유를 제시했는데, 첫 번째 이유(2:10b~13a)는 종교적으로 잘못된 교훈과 행동 때문이었고, 두 번째 이유는 윤리적으로 잘못된 부도덕한 생활 때문이었습니다. 이번 강설 본문(13b~16절)은 거짓 선생들과 그들의 유혹에 넘어간 사람들에 대한 성적인 타락과 돈에 대한 사랑이 하나님의 저주와 심판의 이유가 됨을 보여줍니다. 이번 강설을 통해서 베드로 사도 당시 교회 속에 들어와 교회를 어지럽히고 미혹한 자들과 부도덕한 방종의 삶으로 유혹한 자들의 행위가 어땠는지, 그리고 거의 2,000년이 흐른 지금 21세기 한국교회 안팎은 또 어떤 상태인지 정확히 알게 됨으로써 음분제일주의(淫奔第一主義)와 배금주의(拜金主義)에 빠지는 악하고 어리석은 자들이 되지 않기를 바랍니다.

팀 켈러는 『내가 만든 신』(Counterfeit gods)에서 사람들이 만들고 섬기는 우상의 유형을 크게 네 가지로 제시했는데, 사랑(性), 돈, 성취(성공),

그리고 권력이라고 했습니다. 결국 사람은 자기 자신을 위해, 자기를 기쁘게 하고 행복하게 만들기 위해 마음에서부터 우상을 만들고 인생을 살면서 그런 즐거움과 만족을 추구한다는 것입니다. 존 칼빈은 『기독교 강요』 제1권 제11장에서 사람의 마음이 우상을 잉태함으로써 손이 우상을 낳게 된다고 했고, 타락한 본성을 가진 마음 자체는 항상 우상을 만들어내는 '우상 공장'이라고 했습니다. 심지어 죽은 사람까지 존귀하게 여기려고 우상을 만들고, 죽은 사람을 기념하기 위해 우상에게 절을 한다고 하면서 그런 행위 자체를 미신이라 했고, 하나님을 모독하는 행위라 했습니다. 그래서 하나님과 영광스러운 존재들을 알지 못하면서 비방하고 헛소리하는 자들(벧후 2:10)은 삶에서도 반드시 타락한 생각과 문란한 생활을 하게 마련입니다. 진리를 비방하면 윤리는 실종됩니다. 1990년대 후반 즉 지금으로부터 약 30년 전에 이미 70% 정도의 미국인이 절대 진리도, 절대 윤리도 믿지 않게 되었다면서 데이비드 웰스(David F. Wells)는 미국의 세속화에 대해 우려했습니다(『윤리 실종』, 107쪽). 프란시스 쉐퍼(Francis A. Schaeffer)는 절대적 진리였던 기독교 신앙이 현대 세계에서 상대적 진리로 밀려나면서 일어난 네 가지 문제에 대해, "첫째로 윤리 문제이다…… 두 번째 결과는, 법이 존재할 적절한 근거가 없다는 것이다…… 세 번째 결과는 악의 문제에 대한 답변마저 폐기했다는 것이다…… 네 번째로 …… 곤경에 빠져 있는 현시대 사람들에게 전도할 기회를 빼앗기게 된다."라고 했습니다(『프란시스 쉐퍼 전집: 기독교 철학 및 문화관』, 365~367쪽). 낸시 피어시(Nancy R. Pearcey) 역시 그녀의 대표작 『완전한 진리』(Total Truth)에서 과학은 사실이라고 하는 절대적 영역에 자리 잡고, 기독교 진리는 가치라고 하는 상대적 영역으로 밀려나면서 이제는 상대적 진리와 개인의 선택으로 취급받는 이분법적 시대가 되었다고 했습니다(43~46쪽). 또한 그녀는 "데카르트는, 이성을 단지 합리적으로 생각할 수 있는 인간의 능력으로 보지 않고 정확 무오하고 자율적인 진리의 근원으로 보는 합리주의의 기틀을 마련한 장본인이다. 이성은 어떤 종교나 철학으로부터도 독립된 진리의 창고로 간주되기에 이르렀다"(79~80쪽)라고 평가했습니다. 결국 사람의 고유 능력인 이성을 신격화하게 됨에 따라 절대지존의 자리에서 하나님을 끌어 내리는 반역이 일어나고, 이에 대한 행동의 하나로써 하나님을 비방하고 멸시하는 흐름이 생기게 되었습니다. 바로 베드로 당시 거짓 선생들이 '절대 진리'를 비방하고 '절대 윤리'를 무너뜨리는 '이단'을 교회 속으로 끌어들였습니다. 이번 강설을 통해 그런 거짓 선생들이 성적인 타락과 돈에 대한 사랑으로 교회를 어지럽힘으로써 멸망을 자초하고 하나님의 심판을 피할 수 없게 된 이유가 되었음을 확실히 깨달아야 합니다.

본문 13절(b)과 14절 "낮에 즐기고 노는 것을 기쁘게 여기는 자들이니 점과 흠이라 너희와 함께 연회할 때에 그들의 속임수로 즐기고 놀며 음심이 가득한 눈을 가지고 범죄하기를 그치지 아니하고 굳세지 못한 영혼들을 유혹하며 탐욕에 연단된 마음을 가진 자들이니 저주의 자식이라"라는 말씀을 통해 알 수 있는 것은, 이단 사상을 끌어들인 자들이 '절대적 진리'를 무시하게 될 때 결국 '절대적 윤리'도 무너지게 한다는 사실입니다. 세상에 존재하는 그 어떤 사람도 '절대 진리'인 성경을 올바로 믿지 않는다면 '절대 윤리'가 없는 사람입니다. 다만 절대적인 진리와 윤리의 영향을 받은 양심과 그런 교육의 효과가 최악의 길로 향하지 않도록 일시적으로 작용할 뿐입니다. 언제든지 윤리적 토대가 무너질 수 있음을 잊지 말기를 바랍니다. 《현대인의성경》으로 다시 보면, "그들은 대낮에 흥청대는 것을 낙으로 여기며 여러분과 함께 앉은 잔치 자리에서까지 속이고 쾌락을 즐기는 더러운 사람들입니다. 그들의 눈은 음란으로 가득 차서 끊임없이 죄를 짓습니다. 그들은 믿음이 약한 사람들을 꾀어 욕심을 채우는데 단련된 저주받은 자식들인 것입니다.”라고 번역되어 있습니다. 이 두 구절에서 거짓 선생들의 몇 가지 특징을 알 수 있습니다. 무엇보다도 대낮에 술을 마시고 성적 쾌락을 즐기는 것을 최고의 행복으로 생각합니다. 이는 당시 이원론적 그리스 철학에 영향을 받은 지식인들이 교회에 들어와서 구원은 영혼만 받는 것으로 알고, 육체는 어차피 썩어 없어질 것이기에 영혼이 육체의 감옥을 벗어나기까지는 육체를 맘껏 즐겨도 된다는 생각으로, 성경 또는 예수 그리스도와 사도들의 교훈이 아니라, 그들의 이성을 통해서 하나의 사상 체계를 만들어 냈던 것입니다. 이것이 2세기 영지주의 이단의 사상적 씨앗이 되었습니다. 당시 교회 특성상 그리스도인이라면 남녀는 물론 주인과 종이 다 함께 참여하는 애찬과 만찬이 자주 열렸는데, ‘거짓 선생들’이 어떤 행태를 보였는지 레이 로렌스(Ray Laurence)의 기록을 통해 엿볼 수 있습니다(『로마제국 쾌락의 역사』, 204~207쪽).

만찬 자리에 가는 사람은 목욕을 하고 가는 것이 예의였다. 그래서 만찬 자리에 모인 사람들은 저마다 개운한 상태에서 서로가 풍기는 은은한 향수 냄새를 맡으며 기분 좋게 음식을 먹었다. 통상적으로 만찬 자리에는 아홉 사람이 모였다…… 세 개의 평상을 놓고, 평상 하나에 세 사람씩 올라가 옆으로 비스듬히 누운 자세로 담소를 즐기며 먹고 마셨다. 주인에게 음식을 준비하는 것만큼이나 중요한 것은 손님들을 즐겁게 해줄 여흥 거리를 준비하는 것이었다. 그렇게 해서 모두가 냄새 맡고, 맛보고, 듣고, 보는 감각적 쾌감을 만끽했다…… 로마의 속주가 된 지역에서도 이 문화를 동경하여 받아들여 즐겼으며, 이런 문화가 없는 나라 사람들을 야만인이라고 업신여겼다.
…… 그러나 남녀가 함께 모이는 만찬이라면, …… 남자와 여자가 비스듬

히 누운 자세를 취하니 성에 대해 연상하는 것도 이상할 게 없고, 결국은 성관계를 갖는 데까지 가기도 한다고 매튜 롤러(Matthew Roller)는 지적한 다…… 저녁 식사 자리에서 남자가 여자 뒤에 비스듬히 눕는 자세는 폼페이 유적의 벽화에서 가장 흔히 볼 수 있는 남녀의 섹스 자세와도 비슷하다. …… 로마인들은 다른 데서라면 몰라도 적어도 만찬 자리에서만은 여자도 남자와 동등하고, 같은 쾌락을 즐길 수 있고, 또 그를 위해 적극적으로 나설 수 있다고 생각했다.

당시 소아시아 지역에도 이런 문화가 자연스럽고 보편적인 만찬 문화였기에, 교회 안에 들어온 '거짓 선생들' 즉 지식층 신자 중 영지주의적 사상을 갖고 있었던 자들은 비록 소수라 할지라도 그리스 철학과, 유대교와 이교 사상에 익숙했고, 예수 그리스도와 사도들의 가르침도 상당 부분 수용한 자들이었기에 누구보다도 지식적인 면에서는 교회에서 영향력과 지배력을 행사할 수 있던 자들이었습니다. 그러나 그들은 베드로 사도가 전한 교훈을 그대로 받아들이지 않았기에 당연히 하나님과 *"영광 있는 자들"*(벧후 2:10)을 비방했고, 자기들의 사상에 따라 육체적 쾌락을 즐겼으며, 다른 신자들까지 미혹해서 방종과 쾌락을 추구하도록 했습니다. 과연 박해와 환난에 맞서 목숨을 걸고 거룩한 믿음 생활을 한 초대교회에서 이런 일들이 있었을지 의문을 제기할 수도 있을 것입니다. 그러나 베드로 사도뿐만 아니라 여러 사도가 교회 내에 존재했던 이런 이단과 방탕한 생활에 대해 경고하기도 했고(갈 5:19~21, 유 1장), 사도 요한은 예수님으로부터 받은 계시를 기록한 요한계시록에서 소아시아 지역 일곱 교회에 대한 편지를 썼는데, 에베소 교회를 향해 *"오직 네게 이것이 있으니 네가 니골라 당의 행위를 미워하는도다 나도 이것을 미워하노라"*(계 2:6)라는 말씀을 통해 베드로 당시부터 1세기 말까지 다른 여러 지역 교회에 *"니골라 당의 행위"*가 있었음을 알 수 있습니다.

버가모 교회를 향해서도 "그러나 네게 두어 가지 책망할 것이 있나니 거기 네게 발람의 교훈을 지키는 자들이 있도다 발람이 발락을 가르쳐 이스라엘 자손 앞에 걸림돌을 놓아 우상의 제물을 먹게 하였고 또 행음하게 하였느니라 이와 같이 네게도 니골라 당의 교훈을 지키는 자들이 있도다"(계 2:14~15)라고 함으로써, 에베소 교회와는 달리 버가모 교회는 "발람의 교훈을 지키는 자들" 즉 "니골라 당의 교훈을 지키는 자들"이 있었음을 알 수 있습니다. 베드로 역시 본문에서 "그들이 바른 길을 떠나 미혹되어 브올의 아들 발람의 길을 따르는도다 그는 불의의 삯을 사랑하다가 자기의 불법으로 말미암아 책망을 받되 말하지 못하는 나귀가 사람의 소리로 말하여 이 선지자의 미친 행동을 저지하였느니라"(15~16절)라고 했습니다. 이미 베드로와 바울 사도 당시부터 영지주의적 사상을 갖고 있었던 마술사 시몬이나 "니골라 당"의 잘못된 교훈을 따르는 이들이 어느 정도 있었음을 알 수 있습니다.

그렇다면 "니골라 당"은 어떤 사람들이었을까요? 세 가지 중 두 가지 견해는 확실하다고 보기에는 어려움이 있습니다. 먼저 교부 이레니우스가 저술한 『이단 논박』(Adversus Haereses)에 니골라 당(Nicolaitanes)이 등장하는데, 그는 사도행전 6장 5절에 언급된 일곱 명의 집사 가운데 "유대교에 입교했던 안디옥 사람 니골라"(Nicolas)를 니골라 당의 기원으로 언급했지만(『이단 논박』, 1권 26장 3절), 180년경에 기록한 점을 고려하면, 베드로 시대보다 110~120년이나 시대적 차이가 있다는 문제도 있고, 알렉산드리아의 클레멘트(Clement, 150~215)의 경우에는 집사 니골라가 진리에서 떠난 사실을 인정하지 않았으며 오히려 그의 가르침을 받은 자들이 이해를 잘못했다고 주장했습니다(그랜트 오즈번, 『요한계시록』, 162쪽 참조). 이렇게 주장이 서로 다르다는 사실을 고려해야 합니다. 필립 샤프는 '니골라 당'에 대한 엇갈린 견해도 소개했지만, 일곱 집사 중 니골라가 참 신앙에서 이탈한 것으로 보았고, 니골라 당을 니골라의 추종 세력으로 보았습니다(필립 샤프, 『교회사전집2』, 437~438쪽). 다른 한 가지는, '니골라'라는 이름이 헬라어로 '백성을 이김'이라는 뜻이고, 구약의 선지자 '발람' 역시 히브리어로 '백성을 이김' 또는 '백성을 삼킴'이라는 뜻이므로 같거나 유사한 의미여서 백성을 거짓 교훈으로 미혹해서 타락하게 한 지도자들, 또는 일반 신자들을 권위적으로 억압하고 다스리는 지도층 그룹이라고 해석하는 사람들도 있습니다. 이런 해석을 주로 하는 경우는 지방교회, 그리고 교단이나 총회가 없는 교파(침례교회나 회중교회 등) 등이 있습니다. 세 번째 해석은 성경이 제시하는 사실과 당시 사회적 환경을 고려한 제한적인 해석입니다. 박윤선은 그의 요한계시록 주석에서 '니골라당'을 특정 개인에 의해 비롯된 것으로 보는 것보다는 이단 교훈으로 신자들을 정복하고 파괴하는 '거짓 스승의 무리'라고 했습니다. 그는 '평신도' 그룹에서 '성직자' 그룹을 부정적 시선으로 보는 견해, 또는 '일반 신자' 그룹에서 '목회자' 그룹을 부정적으로 보는 견해는 취하지 않았습니다. 이필찬은 "곧, 과거에 발람이 거짓된 교훈으로 이스라엘로 하나님 앞에 범죄하게 했던 것처럼 버가모 교회 공동체 안에 그와 같은 가르침이 있다는 것이다."라고 함으로써 니골라 당과 발람의 교훈을 따르는 자들을 같은 유형의 이단 집단으로 보았습니다(『내가 속히 오리라』, 145쪽). 위 세 가지 해석 중 세 번째가 가장 합당한 해석입니다. 두 번째는 상징적 또는 대표적 용어로 사용되었다는 가정을 수용한다고 해도 그 대상을 지나치게 확대 적용해서 교회 정치제도에 이용한 점은 바람직하지 않습니다. 그러므로 요한계시록 2장에 기록된 소아시아 일곱 교회 중 "니골라 당"(계 2:6, 15)과 "발람의 교훈" 또는 "발람의 어그러진 길"(계 2:14~15, 유 1:11)과 "자칭 선지자라 하는 여자 이 세벨"(계 2:20)과 깊은 연관이 있는 버가모 교회, 에베소 교회("니골라 당의 행위를 미워하는도다"라는 칭찬을 들음), 두아디라 교회, 그리고 베드로 사도의 교훈을 종합해볼 때, "니골라 당"은 종교적으로는 '반(反)율법주의' 또는 '율법 폐기론'적 사상을 따랐고, '영은 선하되 육체는 악한 것이다'라는 이원론적 철학 사상을 따랐습니다. 그래서 윤리적으로는 실생활에서 율법을 지킬 필요가 없다고 생각하고 우상 숭배와 방종의 길로 빠졌고, 특히 성적으로 타락한 삶을 아무렇지 않게 여긴 것입니다. 그들은 육체를 악한 것이라 믿었기에 구원과 관련도 없고, 무슨 행위를 해도 구원을 유지하는 데 문제가 없다고 생각했던 것입니다. 우리는 '니골라'를 특정해서 알아내려는 노력보다는 니골라 당의 종교적 사상과 윤리적 행위를 따르지 않는 것이 베드로 사도의 가르침에 충실하고 성경의 교훈에 따르는 삶임을 명심하기를 바랍니다.

이제 베드로 사도가 전한 구체적인 교훈 즉 거짓 선생들의 특징에 대해 알아보고자 합니다. 첫째, "낮에 즐기고 노는 것을 기쁘게 여기는 자들"입니다. 《현대인의성경》은 "그들은 대낮에 흥청대는 것을 낙으로 여기며 여러분과 함께 앉은 잔치 자리에서까지 속이고 쾌락을 즐기는 더러운 사람들입니다."로 번역했습니다. 《원문번역주석성경》에는 "그들은 대낮에 흥청거리며 노는 것을 즐거움으로 삼으며 여러분과 함께 앉은 잔치 자리에서도 자기들의 속임수를 즐기는 때 묻고 흠 있는 자들입니다."라고 기록되어 있습니다. 여기서 우리는 교회 모임인데 어떻게 대낮부터 "흥청대는" 파티를 열 수 있는가 의구심을 가지게 마련입니다. 혹자는 1세기 로마 세계에서 귀족들이나 일반 자유민들에게 흔하게 있었던 저녁 만찬 파티보다 더 성대한 점심 파티가 있었을 정도로 교회가 타락했다고 주장하기도 하는데, 그것은 오해라고 볼 수 있습니다. 로마인들은 아무리 귀족이라도 낮부터 파티를 즐기지 않았고, 점심은 대개 '프란디움'(Prandium)이라 불렸는데, 이는 가벼운 식사였습니다. 술과 고급 음식을 먹으며 몇 시간 이상 연회를 즐길 수 있는 경우라면 황제 수준은 되어야 가능했습니다. 이건 돈과 여유의 문제라기보다는 로마인들의 보편적인 문화와 연관이 있습니다. 귀족들이나 상류층 자유민들은 대개 낮에 몇 시간의 목욕을 마치고 아주 이르면 오후 4시, 대개는 오후 6시에서 9시 사이부터 만찬 또는 연회를 즐기기 시작했기 때문입니다. 일반적인 만찬은 2~3시간, 연회는 보통 6~9시간 정도를 즐겼고, 짧게는 3~5시간을 즐겼습니다. 밤새도록 노예들이 시중을 들게 하고 술과 음식으로 배를 채우고 심지어 토해가면서 먹기도 했습니다. 그래서 로마 사람들은 '트리클리눔'(Triclinium, U자 또는 ㄷ자 형태로 배치된 긴 소파나 평상 3개가 있는 홀)에 1개 소파(평상)당 3명씩 총 9명이 비스듬히 누워서 식사를 즐겼고, 여자들이 참여하는 경우라면 원래 다른 의자에 앉아서 식사했습니다. 그러나 1세기 당시부터는 여성의 사회적 역할이 커지면서 남자들처럼 소파에 누워 참여하는 경우가 생기기 시작했고, 이런 상황에서 연회 중 휴식 시간에 자연스럽게 다른 방으로 가서 성관계도 하곤 했다고 합니다. 소아시아 역시 이러한 로마의 문화가 퍼져 있었기에 신자들이 모일 때마다(매일 또는 일주일에 며칠) 했던 애찬('사랑의 잔치' 또는 '사랑의 식사'로 불렸는데 줄여서 'agape'라고 하기도 했음)을 점점 이상한 방향으로 끌고 가려는 사람들이 생겨난 것입니다. 예루살렘 교회부터 매일 모여서 예배하고 함께 식사한 후 성찬을 가졌는데, 사도행전 2장 46절 *"날마다 마음을 같이하여 성전에 모이기를 힘쓰고 집에서 떡을 떼며 기쁨과 순전한 마음으로 음식을 먹고"* 라는 구절에서 *"집에서 떡을 떼며 기쁨과 순전한 마음으로 음식을 먹고"* 라는 부분의 말씀을 통해 당시에는 날마다 성전에서 모였을뿐만 아니라, 몇몇 신자들이 제공한 넓은 집에서 함께 모여 '주의 만찬'(성찬)을 행하고, 애찬(사랑의 잔치)도 함께 했음을 알 수 있습니다. 초대교회 당시에는 애찬과 성찬이 거의 동시에 이루어졌는데, 애찬 후에 세례를 받을 예정인 신자들은 '평안의 입맞춤'을 한 후 돌려보내고 세례를 받은 신자들만 성찬에 참여했습니다(필립 샤프 『교회사전집2』, 231쪽). 그런데 베드로 당시 신자들이 모여 함께 한 애찬이 일부 신자들(거짓 선생들)에 의해 건전치 굿한 방향으로 변질이 되기 시작했던 것입니다. 그리스도를 믿는 자들의 식사이기 때문에 단지 먹고 마시고 즐기는 당시 로마의 쾌락적 문화가 아니라 서로 먹을 음식을 각자 집에서 가져와 함께 즐겁게 나누는 대가족의 식사와 같은 새로운 문화가 시작되고 있었는데, 그것을 타락한 로마 문화처럼 그 분위기를 바꾸는 무리가 있었다는 것입니다. 그들이 바로 지식인층에 속한 신자들로 선생의 역할을 하고 있었거나, 또는 선생을 자처했던 자들로 영지주의적 사상을 가진 자들이었습니다. 로마의 만찬 문화와는 질적으로 다른 그리스도인의 애찬을 자기들의 탐욕에 맞추고자 했던 자들이었습니다. 로마의 만찬 문화는 상류층이 같은 부류 사람들 또는 조금 낮은 부류의 사람들을 초대해서 맘껏 즐기는 문화였다면, 그리스도인의 애찬은 신분과 계층과 성별에 상관없이 그리스도 안에서 구원의 기쁨과 죄에서의 자유를 누리는 경건한 문화로 자리를 잡아가고 있었고, 그 중심에는 성찬이 있어서 결코 무분별하거나 쾌락을 추구하는 일이 없는 거룩한 모임이어야 했는데, 일부 선생들과 지식인들이 지적이고 사회적인 영향력을 내세움으로써 정욕을 추구하는 방향으로 흐르게 된 것입니다. 이에 대해 베드로는 "낮에 즐기고 노는 것을 기쁘게 여기는 자들"이라고 노골적인 표현을 한 것입니다.

다음으로는 13절 마지막 부분과 14절에서 알 수 있듯이 "점과 흠이라 너희와 함께 연회할 때에 그들의 속임수로 즐기고 놀며 음심이 가득한 눈을 가지고 범죄하기를 그치지 아니하고 굳세지 못한 영혼들을 유혹하며 탐욕에 연단된 마음을 가진 자들이니 저주의 자식이라"라고 했습니다. 거짓 선생들의 두 번째 특징은 "속임수로 즐기고 놀며"라는 표현에 잘 드러나 있습니다. 세 번째로 "음심이 가득한 눈을 가지고 범죄하기를 그치지 아니하고"라는 내용을 통해 알 수 있듯이 성적으로 음흉한 자들이었음을 알 수 있습니다. 네 번째로는 "굳세지 못한 영혼들을 유혹하며"라는 말씀에 드러나 있듯이 믿음이 연약한 자들, 또는 그리스도를 믿은 지 얼마 되지 않은 자들을 유혹하는 자들이었습니다. 단지 그리스도를 믿는 신앙에 대해 아직 잘 모르는 자들을 유혹하는 정도에서 그친 것이 아니라 《새번역》을 통해 알 수 있듯이 꽤 오랫동안 믿음 생활을 해왔더라도 유혹에 약한 자들을 겨냥했음을 알 수 있습니다. "그들은 들뜬 영혼들을 유혹하며"라는 번역이 잘 말해줍니다. 마지막 다섯 번째로 "탐욕에 연단된 마음을 가진 자들"이었습니다. 여기서 "탐욕"은 앞에 거론된 "들뜬 영혼들"과 연관된 단어로 단순한 뜻이 아닙니다. 칼빈은 '탐욕' 그 자체에만 제한되는 표현으로 보면 안 된다고 했습니다. 피터 존스가 4세기 후반에서 5세기 초에 활동한 교부 에피파니우스(Epiphanius)의 글을 인용했는데, 당시 영지주의자들은 동성애는 물론이고 여성들과의 색정적인 혼음(混淫)과 같은 '음분'(淫奔)을 즐겼는데, 차마 입에 담기 어려운 짓들을 서슴지 않았다고 합니다(『교회와 사탄의 마지막 영적 전쟁』, 315쪽). 베드로는 그들에 대해 "점과 흠이라"고 했는데, 베드로가 "오직 흠 없고 점 없는 어린 양 같은 그리스도"(벧전 1:19)라고 했던 표현에서 알 수 있듯이 그리스도는 흠도 없고 점도 없는, 즉 윤리적인 면에서도 깨끗하고 완벽한 분이었던 반면에 그들은 하나님께 제물로 바쳐질 수 없는 "점과 흠"으로 얼룩진, 즉 윤리적으로 더러운 존재여서 결코 하나님의 인정을 받을 수 없는 악하고 타락하고 더러운 자들이라는 뜻입니다. 그런 자들이 오늘날로 치면 목사요 장로요, 교회 지도층 인물이라면서 온갖 탐욕을 채우는 일에 혈안이 되어 있는 거짓 선생들이요 삯꾼 목자들입니다. 우리나라도 '음분'을 추구했던 사이비 종교집단 교주들이 있었는데, 그 대표적 인물이 바로 '새주'라 불렸던 김성도(1882~1944)입니다. 약 90년 전이었던 1930년대 중반부터 1980년대 중반까지 약 50년간 우리나라 교회는 이단과 사이비 종교집단으로 가득한 시대였는데, '피가름'(하와의 타락을 사탄과의 성적 관계로 인한 타락으로 가르치고 교주 자신과 성관계를 통해 피가 깨끗해진다는 주장)을 설파하는 자들이 많았습니다. 김성도가 바로 그런 인물이었습니다. 그 이전에 다른 여자들도 몇몇 있었지만, 본격적으로 그녀가 영향력을 키워나갔고, 그 후에 정득은, 김백문(문선명의 스승), 박태선, 문선명, 조희성, 유재열, 이만희, 안상홍, 정명석 등의 교주들로 이어졌습니다. 이들 대부분이 '피가름'을 주창하며 혼음과 같은 성적 타락을 일삼았고, 스스로 주님이나 보혜사라 하며 자기들을 신으로 여겼습니다. 1960년대 말과 1970년대에 미국에서 들어온 이른바 '섹스교'라는 사이비 종교집단의 선교사들이 1980년대 중반까지 암암리에 활동하다가 1984년 당국에 발각되어 41명의 한국인 신도들을 남기고 추방당했습니다. 황국주(1902~1952)라는 자는 머리와 수염을 길고 다니면서 자기 자신의 목이 잘리고 대신 예수 그리스도의 머리가 붙여졌다는 '목가름'을 외치고 다닌 황당한 자였는데, 만주에서부터 서울까지 순례하는 동안 그를 구경하기 위한 수많은 인파가 몰렸으며, 가정을 버리고 가출해서 그를 따라다니는 처녀들과 유부녀들이 60명이 넘을 때도 있었다고 합니다(탁명환, 『기독교이단연구』, 101~124쪽). 이런 황국주와 그의 추종자들에 대해 탁명환은 이렇게 기록했습니다(위의 책, 102쪽).

1935년 7월경 함경남도 삼호교회 부근에 와서 보니 남녀가 60～70명이
되었는데 함께 숙식을 하면서 난잡하게 누워 쉬고 자기도 하였으며 자신
을 그리스도라고 자처하는 황국주는 죄를 범할 수 없는 완전주의자를 표
방하였다.
결국 그도 이미 안주노회에서 이단으로 단죄되었고 서울에 도착한 후 삼
각산에 기도원을 세우고 '목가름' '피가름' 등의 영체교환교리를 가르쳤고
이것은 일종의 혼음의식이었던 것이다.

1958년 5월 1일 문선명은 서울 성동구 북학동에 통일교(세계기독교통
일신령협회)를 세웠는데, 그 이전에 김성도와 황국주의 '피가름'을 따라
추종 세력을 만들었던 것입니다. 문선명과 그의 집회에 대해 탁명환은
다음과 같이 기록했습니다(위의 책, 105쪽).

이때 문교주는 20여명의 신도들과 더불어 몽시(夢示), 방언(方言), 투시, 환
상 등으로 신비현상을 주로 하는 광란적인 집회를 가졌다.
이들은 열정적으로 예배때마다 흰 옷을 항상 입었고 문교주는 땀을 흘려
가면서 열정적으로 20여명의 교인들을 상대로 설교를 했고 템포 빠른 찬
송가의 반복, 박수의 연속을 통해 예배는 항상 광란적이었다. 뿐만 아니
라 밤낮으로 울면서 기도를 하는 바람에 '우는 교회'로 이웃 주민들의 지
탄을 받기도 했다.

'JMS' 정명석도 통일교에서 한때는 승공(勝共) 강사로 활동하다가 서
울에서 대학생들을 상대로 포교하면서 세력을 키웠고, 통일교가 합동
결혼식으로 '피가름' 교리를 이어갔다면, 정명석은 자신이 메시아라면서
젊은 여자 신도들을 '피가름'으로 끌어들여 '음분'을 이어갔던 것입니다.
지난 2013년 11월 16일 신천지대책전국연합(신대연·신현욱 대표)이 기자

들 앞에서 신천지 이만희 총회장의 불륜 의혹과 신천지 교역자들의 성추문과 섹스 포교 의혹 등을 폭로했고, 신천지 젊은 남녀가 성관계를 통해 신천지 신도로 만드는 일이 세간에 알려진 것입니다.

베드로 당시 교회에 거짓 선생들이 활발히 활동했던 것처럼, 우리나라 교회도 마찬가지였습니다. 교회가 점점 부흥되자 어김없이 사탄의 하수인들이 들어와 지도자 노릇을 하면서 믿음이 약하고 분별력이 없는 신자들을 미혹했고, 세상의 정욕을 여전히 품고 있었던 자들을 목표물로 삼아 유혹했던 것입니다. 우리는 믿음이 견고한 초대교회에서 어떻게 저런 일이 가능했을지 의아하게 생각하게 마련입니다. 그러나 당시 그리스도인들을 미혹했던 거짓 선생들은 당시 철학과 종교에 조예(造詣)가 깊은 지식인들이었기에 학식이 부족한 신자들은 충분히 미혹될 수 있었던 환경이었습니다. 사회적으로 영향력이 있는 신자들이 괜찮다고 하면서 로마에서 일반적이었던 쾌락주의 만찬으로 분위기를 주도해갔다면, 일반 신자들은 그런 식사와 교제에 관한 교회론적 지식과 사도들이 정한 교훈을 제대로 알지 못했을 때 그런 애매한 상황에서 어떻게 대처해야 할지 몰랐을 것입니다. 이런 상황에서는 심리학자 로버트 치알디니가 사회적 증거를 바탕으로 제시한 '다수의 무지'(Pluralistic Ignorance)가 딱 어울립니다. 사람들은 일반적으로 애매하고 불확실성이 높은 경우 어떻게 행동해야 할지 몰라서 다른 사람들 즉 다수를 쉽게 따라간다는 것입니다(『설득의 심리학』, 200~201쪽). 그래서 사이비 종교집단 역시 그들이 믿는 교리 자체가 확실하다고 여기고 따르기보다는 그들처럼 믿는 사람들이 많아질수록, 또는 많아지도록 확신시킴으로써 스스로 확신하게 된다고 합니다. 즉 사회적 증거로 인해 자기 자신이 믿는 불확실한 신앙 교리에 대해 더 확신하게 된다는 것입니다(위의 책, 200쪽). 그래서 베드로 사도가 "여럿이 그들의 호색하는 것을 따르리니 이로 말미암아 진리의 도가 비방을 받을 것이요"(벧후 2:2)라고 했던 것입니다. 요즘은 젊은이들과 청소년들을 대상으로 유튜브를 통해 미혹하는 사람들과 집단이 많습니다. 성경은 거의 읽지 않고, 교리도 거의 배우지 않는 상태에서 유튜브 영상을 접한다면 거의 잘못된 신앙으로 빠지기 쉽습니다. 건전한 영상은 전체적으로 비율이 매우 낮고, 사람들이 많이 보지 않기에 유입도 쉽지 않습니다. 게다가 아무리 좋은 영상이라도 반복적으로 의존하다 보면, 스스로 성경을 읽고 분별력을 키울 수 있는 지혜가 부족하기에 잘못된 신앙으로 빠지기 쉽습니다. 성경을 읽고 묵상하고 기도하는 일에 더 노력을 기울이기를 바랍니다.

베드로는 거짓 선생들을 "저주의 자식이라 그들이 바른 길을 떠나 미혹되어 브올의 아들 발람의 길을 따르는도다 그는 불의의 삯을 사랑하다가 자기의 불법으로 말미암아 책망을 받되 말하지 못하는 나귀가 사람의 소리로 말하여 이 선지자의 미친 행동을 저지하였느니라"라고 강력한 어조로 교훈했습니다. 이스라엘 백성을 유혹해서 음행으로 이끌었던 거짓 선지자 발람과 같은 자들이라고 했습니다. 애굽에서 나온 이스라엘 백성이 아모리 족속을 이긴 사실을 알게 된 모압 왕 발락은 두려움에 빠져 있었습니다. 민수기 22장 1~3절 "이스라엘 자손이 또 길을 떠나 모압 평지에 진을 쳤으니 요단 건너편 곧 여리고 맞은편이더라 십볼의 아들 발락이 이스라엘이 아모리인에게 행한 모든 일을 보았으므로 모압이 심히 두려워하였으니 이스라엘 백성이 많음으로 말미암아 모압이 이스라엘 자손 때문에 번민하더라"라는 말씀에 잘 나타나 있습니다. 이때 거짓 선지자 발람은 발락에게 이스라엘 백성이 저주받는 방법을 가르쳐 주었는데, 바로 우상의 제물을 먹게 하는 것이었습니다. 이스라

 21세기 한국교회를 위한 **베드로후서 강설**

엘 남자들이 술을 마시게 한 후에 모압 여자들로 그들을 유혹해서 바알 브올 우상에게 절하고 음행에 빠지게 하는 방법이었습니다. 결국 발락 은 발람의 방법을 따랐고, 이스라엘은 하나님의 진노로 2만 4천 명이나 전염병으로 사망하는 심판을 받았습니다(민 25장). 비록 발람이 이스라 엘 백성을 직접 저주하지는 않았지만, 발락 왕에게 뇌물을 받고 이스라 엘 백성을 우상 숭배와 음행에 빠지게 함으로써 훗날 하나님의 심판으 로 죽었는데, 모세가 여호와 하나님의 명령을 받들어 이스라엘 백성에 게 지시했고, 미디안 백성과 발람은 하나님의 저주를 받았습니다. "그들 이 여호와께서 모세에게 명령하신 대로 미디안을 쳐서 남자를 다 죽였 고 그 죽인 자 외에 미디안의 다섯 왕을 죽였으니 미디안의 왕들은 에위 와 레겜과 수르와 후르와 레바이며 또 브올의 아들 발람을 칼로 죽였더 라"(민 31:7~8)라는 말씀이 거짓 선지자 발람의 최후를 보여줍니다. 그래 서 본문 15절 뒷부분과 16절 "그는 불의의 삯을 사랑하다가 자기의 불 법으로 말미암아 책망을 받되 말하지 못하는 나귀가 사람의 소리로 말 하여 이 선지자의 미친 행동을 저지하였느니라"라고 한 내용에서 알 수 있듯이 말을 할 수 없는 나귀로부터 책망받을 정도로 하나님의 심판이 준비돼있었던 것입니다. 그가 하나님이 두려워 직접 이스라엘 백성을 저 주하지는 않았지만 결국 돈에 눈이 어두워 심판을 자초했습니다. 나귀 의 입을 열어 말을 하게 된 내용을 다음과 같습니다.

21. 발람이 아침에 일어나서 자기 나귀에 안장을 지우고 모압 고관들과 함께 가니
22. 그가 감으로 말미암아 하나님이 진노하시므로 여호와의 사자가 그를 막으려고 길에 서니라 발람은 자기 나귀를 탔고 그의 두 종은 그와 함 께 있더니

23. 나귀가 여호와의 사자가 칼을 빼어 손에 들고 길에 선 것을 보고 길에서 벗어나 밭으로 들어간지라 발람이 나귀를 길로 돌이키려고 채찍질하니

24. 여호와의 사자는 포도원 사이 좁은 길에 섰고 좌우에는 담이 있더라

25. 나귀가 여호와의 사자를 보고 몸을 담에 대고 발람의 발을 그 담에 짓누르매 발람이 다시 채찍질하니

26. 여호와의 사자가 더 나아가서 좌우로 피할 데 없는 좁은 곳에 선지라

27. 나귀가 여호와의 사자를 보고 발람 밑에 엎드리니 발람이 노하여 자기 지팡이로 나귀를 때리는지라

28. 여호와께서 나귀 입을 여시니 발람에게 이르되 내가 당신에게 무엇을 하였기에 나를 이같이 세 번을 때리느냐

29. 발람이 나귀에게 말하되 네가 나를 거역하기 때문이니 내 손에 칼이 있었더면 곧 너를 죽였으리라

30. 나귀가 발람에게 이르되 나는 당신이 오늘까지 당신의 일생 동안 탄 나귀가 아니냐 내가 언제 당신에게 이같이 하는 버릇이 있었더냐 그가 말하되 없었느니라

31. 그 때에 여호와께서 발람의 눈을 밝히시매 여호와의 사자가 손에 칼을 빼들고 길에 선 것을 그가 보고 머리를 숙이고 엎드리니

32. 여호와의 사자가 그에게 이르되 너는 어찌하여 네 나귀를 이같이 세 번 때렸느냐 보라 내 앞에서 네 길이 사악하므로 내가 너를 막으려고 나왔더니

33. 나귀가 나를 보고 이같이 세 번을 돌이켜 내 앞에서 피하였느니라 나귀가 만일 돌이켜 나를 피하지 아니하였더면 내가 벌써 너를 죽이고 나귀는 살렸으리라

34. 발람이 여호와의 사자에게 말하되 내가 범죄하였나이다 당신이 나를 막으려고 길에 서신 줄을 내가 알지 못하였나이다 당신이 이를 기뻐하지 아니하시면 나는 돌아가겠나이다

35. 여호와의 사자가 발람에게 이르되 그 사람들과 함께 가라 내가 네
게 이르는 말만 말할지니라 발람이 발락의 고관들과 함께 가니라(민
22:21~35)

기독교 신학자요 윤리학자로 명성이 있는 스탠리 하우어워스(Stanley Hauerwas)는 '종교적인 것'과 '도덕적인 것'을 떼어놓을 수가 없다고 했는데, "하나님의 이야기를 모르는 이들에게 그 이야기를 들려주는 것은 그리스도인들의 책임이자 특권이다. 그러나 '하나님의 이야기를 들려주는 것'은 문제를 너무 단순화한 표현이다. 우리는 하나님의 이야기를 전할 뿐 아니라 살아 내야 하기 때문이다."라고 했습니다(홍종락 역, 『평화의 나라: 예수 그리스도의 비폭력주의』, 119쪽). 거짓 선생들은 종교적인 면에서도 그리스도의 복음과 사도들의 교훈을 벗어난 교묘한 말을 주장해서 미혹할 뿐만 아니라, 윤리적인 면에서도 성경의 교훈과는 전혀 다르게, 사람을 우상화하거나 돈을 추구하게 하고, 영적이고 정치적인 권세를 부리고자 하며, 성적으로 타락한 '음분제일주의'로 향하게 합니다. 그러니까 영적인 것들을 가르치는 것 같지만, 실질적으로는 이 세상에 뿌리박게 만드는 것입니다. 그리스도를 믿지 않는 이 세상 사람들은 우상을 숭배하고, 돈을 사랑하며, 명예와 권력을 추구하며, 성적인 쾌락으로 살아갑니다. 결국, 십계명을 요약하면 하나님을 사랑하고 이웃을 사랑하는 것인데, 이단·사이비 집단은 하나님을 비방하고, 이웃을 탐욕의 대상으로 삼는다는 공통적인 특징을 가지고 있습니다. 이런 집단이 가르치는 교리가 성경에 부합하지 않기에 '불법적'이고, 그들의 삶이 성경에 부합하지 않기에 '불경스러운' 것입니다. 그러므로 영지주의 사상은 예나 지금이나 변한 게 없습니다. 새로운 게 없습니다. "이미 있던 것이 후에 다시 있겠고 이미 한 일을 후에 다시 할지라 해 아래에는 새것이

없나니"(전 1:9)라는 말씀과 같이 계속 이어져 왔고, 앞으로도 이어질 것입니다. 그래서 지금도 이단·사이비 집단에 속한 자들은 "교묘히 만든 이야기"(벧후 1:16)로 모든 영광스러운 존재들을 비방하고, "주관하는 이를 멸시"합니다(벧후 2:10). "그들이 탐심으로써 지어낸 말을 가지고 너희로 이득을 삼으니"(벧후 2:3)라는 말씀과 같이 "육체를 따라 더러운 정욕 가운데서 행하"는 자들이고(벧후 2:10), "불의의 값으로 불의를 당하며 낮에 즐기고 노는 것을 기쁘게 여기는 자들"(벧후 2:13)입니다. 베드로 사도 당시부터 오늘날 이 시대에 존재하는 모든 유형의 기독교 이단이나 기독교처럼 보이는 사이비 종교는 넓은 의미에서 모두 영지주의입니다. 그들이 만들고 주장하는 "교묘히 만든 이야기"가 바로 그들이 주장하는 신령한 지식, 영적인 지식이기에 1~3세기에 유행했던 영지주의적 사상과 공통적인 부분이 적다고 하더라도 결국 '영지주의'가 됩니다. 하나님 앞에 회개하고 은혜를 받는 자가 아니라, 하나님과 그의 천사들(하나님의 사람들 포함)을 비방하고 멸시하고 거부하면서 그들만의 논리로 구원을 바란다고 한다면 모두가 영지주의입니다. 피터 존스는 초대교회 교부들이 성(性)과 관련한 영지주의 가르침에서 세 가지 논리를 발견했다고 소개했는데, 첫째는 창조주 하나님을 거부함으로 누리게 되는 인간의 독립 또는 해방으로 영지주의자는 '홀로 서는 자'가 된다고 했습니다. 둘째는 하나님이 창조하신 남자와 여자의 성을 폐기하는 것으로, 동성애와 양성애를 주장하는 논리라고 했습니다. 이성애와 일부일처의 가족제도를 고집하는 건 아이를 출산하고 기르는 하나님의 창조 질서를 따르게 되므로 이성애를 무너뜨리고, 모성애와 전통적인 가족제도를 거부하며, 낙태권을 주장하는 68혁명의 네오막시즘과 그 사상이 같습니다. 세 번째는 두 번째와 일맥상통하는 것인데, 암수 양성(兩性)을 없애버리고 하나로 만들고자 한다는 것입니다. 남성적 하나님 이미지를 대체하기 위해 여성적 이미지를 만들고, '하나님 아버지' 대신에 '하나님 어머니'로, 그다음은 양성을 모두 포괄한 하나님으로 바꾸는 것입니다(피터 존스, 『교회와 사탄의 마지막 영적 전쟁』, 316~326쪽). 그리고 존스는 영지주의 문서 중 『삼형 프로텐노이아』(Trimorphic Protennoia)의 내용을 다음과 같이 인용했습니다(위의 책, 323쪽).

> 나는 양성이다. 나 자신과 교접(交接)하였기에 나는 [어머니이며, 나는] 아버지이다. 나는 나 자신과 나를 사랑하는 것들과 성교(性交)를 하였으며, 나는 곧 나를 통해 모든 것이 존재하게 되는 바로 그런 자이다. 나는 바로 영광 가운데 비치고 있는 빛(the Light)을 낳음으로써 만유(All)에 형체를 부여한 태(胎)이다.

이 영지주의 책은 1945년에 발견된 '나그함마디 문서'에 포함된 것으로, 창조주 하나님을 멸시하고 비방하고 조롱하는 사상으로 가득 차 있습니다. 이제 여성주의(페미니즘)는 단순히 억압과 차별의 시대를 벗어난 것으로 그치지 않고 남성과 여성의 구분이 없는 세상을 만들고자 할 것입니다. 또한 어느새 트랜스젠더도 양성(Androgyne) 트랜스젠더와 양성애(Bisexuality) 트랜스젠더가 성별의 영역으로 자리를 잡고 있고, 예전에는 '남녀공용'이라는 말로 '유니섹스'(Unisex)가 유행이었는데, 이제는 '젠더리스'(Genderless)라는 말이 널리 퍼지고 있습니다. 하나님이 창조하신 성을 무시하는 영지주의 사상이 판을 치는 시대에 살고 있습니다. 각종 문화와 예술, 그리고 언론과 미디어는 그리스도인들을 하나님에게서 멀어지게 하고 있습니다. 이럴 때일수록 성경에 기초한 교리에 충실하고, 성경이 제시하는 윤리적 삶에서 결단코 벗어나지 않기를 바랍니다. 아멘.

(2025년 10월 12일)

음란한 행위

지난 두 차례 강설(10b~13a, 13b~16)을 통해서 거짓 교사들에 대한 심판이 당연하고 확실한 이유가 종교적으로는 진리에서 벗어났고, 윤리적으로는 부도덕하고 타락했기 때문임을 알 수 있었습니다. 하나로 엮어서 말하자면 하나님의 뜻에서 벗어났다는 것입니다. 하나님의 뜻에서 벗어난 생각과 행동이기에 심판으로 이어진다는 교훈입니다. 반면에 이번 강설은 거짓 선생들의 본질과 속성에 관한 내용입니다. 본문 17~19절 말씀을 이해함으로써 21세기 우리 삶의 현장과 주변에서 우리를 유혹하고 미혹하는 죄악과 탐욕에 대한 본질과 속성의 덧없고 허탄함에 대해, 그리고 사악함에 대해 확실히 깨닫기를 바랍니다.

베드로 사도는 지금까지와는 다른 어법으로, 즉 문학적이고 철학적인 어법으로 교훈합니다. 거짓 선생들의 가르침과 행동에서 드러난 종교적이고 법적인, 그리고 윤리적인 측면을 중심으로 주로 교훈했다면, 이번 내용은 다음에 이어질 본문과 더불어 그들의 속마음을 들추어냄으로써 그들의 거짓된 본질과 사악하고 타락한 속성에 대해 비유적으로 가르칩니다.

베드로 사도는 먼저 "이 사람들은 물 없는 샘이요 광풍에 밀려가는 안개니 그들을 위하여 캄캄한 어둠이 예비되어 있나니"라고 함으로써 거짓 교사들은 "물 없는 샘"이고 "광풍에 밀려가는 안개"라는 본질을 드러냈습니다. 인간은 순수한 물이든, 음식에 포함된 수분이든 3~4일만 먹지 않아도 평균적으로 사망에 이르게 된다고 합니다. 그런데 10일 이상 견디다 구조된 사례들이 많습니다. 그만큼 예외적인 경우도 상당히 있다는 것입니다. 특히 1995년 6월 29일 서울 삼풍백화점(현 서초동 아크로비스타 A동 부지) 붕괴사고로 500명 이상 사망하고 1천 명 정도의 부상자가 발생했을 때 잔해에 매몰된 지 17일 만에 구조된 젊은 여성(19세)의 사례는 믿기 힘든 일이었습니다. 그러나 어떤 상황이나 어떤 조건이라 할지라도 3주 이상 수분 공급 없이는 생명을 유지할 수는 없습니다. 그만큼 물은 인간이 살아가는 데 없어서는 안 됩니다. 중국 하남성 태항산(太行山) 산악지역에 1,500㎞에 달하는 인공 수로가 있는데, 중장비 없이 손으로 사용하는 도구만 가지고 1960년부터 약 10년간 만든 '홍기거'(紅旗渠, 붉은 깃발을 내걸고 만든 수로라는 이름)는 그 지역 주민들과 전국 각지에서 3만 명이 넘는 사람들이 찾아와서 순수한 인력으로만 뚫고 깎고 다듬어서 만든 세계에서 가장 긴 산악지역 인공 수로라고 합니다. 그만큼 물이 인간의 삶에서 차지하는 부분이 크기에 그런 엄청난 노력을 기울였던 것입니다. 아브라함은 나그네로서 생존의 문제가 달려있었기에 아비멜렉과 언약을 맺었고, 즉시 아비멜렉의 종들에게 우물을 빼앗긴 일에 대해 불평했으며, 그곳에서 되찾은 우물을 중심으로 하나님을 경배하며 살았습니다(창 21:22~25). 그렇게 해서 그곳 이름이 '브엘세바'(Beersheba, '맹세의 우물')로 불리게 되었습니다(창 21:31). 사실 아브라함이 약속의 땅을 벗어나 애굽 지역으로 가게 된 동기가 바로 가뭄 때문이었고(창 12:10~20), 우물은 그만큼 중요했습니다. 이때가 약 BC 2090

년경이었고, 그로부터 100년이 지난 아들 이삭 때 또 큰 흉년이 들었는데(BC 1990년경), 아브라함의 손자 야곱 때도 대흉년이 들어 요셉이 애굽 총리로 있을 때 곡식을 사서 오도록 아들들을 보냈던 것입니다. 야곱이 당시에 팠던 우물도 암석으로 된 지층을 40미터 이상 파고 들어가서 만든 것이었습니다. 그런데 이런 깊이의 샘에 물이 없다면 얼마나 허탈할까요? 더군다나 물이 많다고, 그리고 물이 깨끗하고 물맛이 좋다고 선전하는데 실상은 물이 전혀 없는 우물이라면 얼마나 허망할까요? 생명을 유지하는 일에 아무런 도움을 주지 못하는 *"물 없는 샘"*과 같은 존재가 바로 거짓 선생들입니다. 껍질만 있고 알맹이는 없는 달걀 모양이나 마찬가지입니다. 옛날에는 날달걀을 먹을 때 윗부분(기실)에 작은 구멍을 내서 마시는 게 일반적이었습니다. 그렇게 노른자까지 쪽 빨아서 먹고 나면 빈껍데기만 남는데, 멀리서 보면 먹지 않은 달걀처럼 보입니다. 베드로는 거짓 선생들의 본질이 바로 아무 내용도 없이 비어있는 껍데기라고 한 것입니다. 우물이라면 반드시 있어야 할 물이 없다는 건 그만큼 그들이 가진 지식과 경험에서 얻을 수 있는 게 전혀 없다는 뜻입니다. 육체의 갈증을 해갈할 물을 공급해주지 못하는 샘처럼, 거짓 교사들은 영혼의 갈증을 채워줄 만한 그 어떤 진리의 가르침도 없다는 사실입니다. 아무것도 없는 것 자체가 그들의 본질입니다!

또한 이어서 *"광풍에 밀려가는 안개"*라고 했습니다. 땅에서 항상 물을 얻을 수 있는 우물에 물이 없으면, 하늘에 구름이라도 있어서 비가 내리는 희망을 품을 수 있는데, 구름 대신에 *"광풍에 밀려가는 안개"*라면 얼마나 허망할까요? 안개는 비록 사람들 눈에 아주 가까이 있지만 태양빛과 부는 바람에 금방 사라져 버립니다. 안개는 '작은 물방울들이 대기 중에 떠 있는 현상'일 뿐입니다. 그것이 비로 내리지는 않습니다. 마치 우리 눈을 속이듯이 비구름처럼 보입니다. 금방이라도 비를 내려줄 것 같지만, 곧 어디론가 사라져 버립니다. 가지고 있던 수분마저 금방 증발해버립니다. 그래서 솔로몬은 "속이는 말로 재물을 모으는 것은 죽음을 구하는 것이라 곧 불려다니는 안개니라"(잠 21:6)고 함으로써 사기를 쳐서 돈을 버는 일은 스스로 죽음을, 즉 심판을 자초하는 일이고, 그런 삶을 본질적으로 "불려다니는 안개"라고 했습니다. 《새번역》으로는 "속여서 모은 재산은, 너를 죽음으로 몰아넣고, 안개처럼 사라진다"로 번역되어 있습니다. 야고보 사도는 쉽게 돈을 벌려고 어떤 지역에 잠깐 가려고는 하는 자들을 향해 "내일 일을 너희가 알지 못하는도다 너희 생명이 무엇이냐 너희는 잠깐 보이다가 없어지는 안개니라"(약 4:14)라고 경고했습니다. 최근 몇 년 동안 캄보디아에 몇 달이나 몇 년 잠깐 나가서 쉽게 돈을 벌어 올 수 있다는 유혹에 넘어가 대형 범죄 '단지' 즉 '웬치'(园区, Wench)에 자발적으로 비행기를 타고 가서 사기, 인신매매, 납치와 구금, 폭행, 살인 등 각종 범죄에 연루된 20~30대 청년들, 그리고 소수지만 단순히 좋은 일자리를 얻을 수 있다는 취업 광고에 속아 넘어갔거나 여행 중 납치되어 끌려간 피해자들에 관련된 뉴스와 방송이 계속 이어지고 있습니다. 문제는 이들이 불법 행위로 돈을 버는 일을 알고 갔든, 아니면 전혀 모른 상태로 납치 또는 유인되어 갔든, 결과적으로 대부분은 범죄에 가담하거나 연루되어 있다는 사실입니다. 그곳에서 벌어지는 일상은, '보이스 피싱'(Voice Phishing)이나 '로맨스 스캠'(Romance Scam)과 같은 사기, 마약, 성매매, 인신매매, 장기매매, 고문과 살해 협박 등입니다. 설령 이런 일로 그들이 돈을 벌었다 하더라도 그 돈은 허무한 '안개'에 불과합니다. 결코 그들에게 행복을 주지 않습니다. 그런 돈이 결국 사람을 죽음의 덫으로 몰아넣고 돈은 안개처럼 사라져 버린다는 뜻입니다. 거짓 선생들은 본질적으로 지나치게 공기가 들어간 풍선이나 마찬가지입니다. 우리는 풍선에 대해 잘 알고 있습니다. 너무 공기가 적으면 볼품도 없고 풍선의 기능도 하지 못합니다. 적당히 들어갔을 때 터지지도 않고 제대로 기능을 하고 아름다운 모습을 유지합니다. '풍선 터뜨리기 게임'에서도 알 수 있듯이 바람이 적게 들어간 풍선은 아무리 힘을 가해도 터지지 않습니다. 터질 일이 없습니다. 우리 몸과 마음에도 필요한 만큼만, 즉 활동과 기능에 꼭 필요한 만큼만 바람을 넣기를 바랍니다. 자동차 타이어 공기압을 필요한 만큼만 유지하듯 그렇게 살아가기를 바랍니다. 풍선도 욕심껏 크게 불다가는 부는 도중에 터지거나, 아니면 나중에 스스로 터지거나, 혹은 누가 만지면 금방 터지고 말 것입니다. 사람도 마찬가지입니다. 먹고 마시지 않고, 잠자지 않고 살아갈 수는 없습니다. 또한 어느 정도 돈도 필요하고 경쟁 사회에서 살아가기 위해서 마음에 희망도 품고 기본적인 욕구도 실현해야 합니다. 그러나 필요 이상으로 채우려고 할 때 어느 순간 빵 소리를 내고 터지는 풍선이 되거나, 당장 터지지는 않더라도 언제라도 곧 터질 수 있기에 늘 조마조마하면서 가슴을 졸여야 합니다. 헛된 욕망에 기대어 살지 않기를 바랍니다. "물 없는 샘"에서 물을 얻을 거라는 환상을 버리기를 바랍니다. "불려다니는 안개"에, '사라져 버리는 안개'에 현혹되지 않기를 바랍니다.

물질적이고 육체적인 것뿐만 아니라 영적으로도 마찬가지입니다. 거짓 교사들은 온갖 지식을 앞세워 철학적으로 종교적으로 신자들을 미혹하지만 본질적으로 "물 없는 샘이요 광풍에 밀려가는 안개"입니다. 그들의 부도덕한 삶이 한순간에 '빵' 터지는 풍선과 같습니다. '빵' 터지는 순간처럼 "그들을 위하여 캄캄한 어둠이 예비되어" 있음을 명심하기를 바랍니다. "예비되어 있나니"라는 말은 거짓 선생들에 대한 영원한 지옥의 형벌이 하나님에 의해서 미리 준비되어있는 상태를 뜻합니다. 사도 요한은 계시를 통해 그 지옥을 보았습니다. "또 그들을 미혹하는 마귀가 불과 유황 못에 던져지니 거기는 그 짐승과 거짓 선지자도 있어 세세토록 밤낮 괴로움을 받으리라"(계 20:10)라고 기록했습니다. 지옥에는 밤과 낮이 없지만, 항상 그리고 영원히 고통을 받는 곳이라고 말하기 위해 "세세토록 밤낮 괴로움을 받으리라"라고 묘사했습니다. 그러면 우리는 어떻게 해야 하겠습니까? 예수님은 "내가 주는 물을 마시는 자는 영원히 목마르지 아니하리니 내가 주는 물은 그 속에서 영생하도록 솟아나는 샘물이 되리라"(요 4:14)라고 약속하셨고, "나를 믿는 자는 성경에 이름과 같이 그 배에서 생수의 강이 흘러나오리라"(요 7:38)라고 말씀하셨습니다. 거짓 선생들에게서 '복음'을 들을 수 없고, 그들의 가르침은 '진리'가 아닙니다. 설령 '진리'를 포함한다 해도 에덴동산에서 하와를 유혹한 사탄처럼 하나님의 말씀을 교묘히 왜곡하고 가감함으로써 결국 거짓을 말합니다. 거짓 가르침에 속지 않기를, 이단 사상에 미혹되지 않기를 바랍니다. 그들의 본질은 거짓이요 "허탄한 자랑"임을 잊지 말기를 바랍니다.

2020년 3월 10일과 17일에 방송한 '신천지' 관련 〈PD수첩〉 프로그램에서 그 집단이 어떻게 거짓으로 신도를 만드는지 보여주었습니다. 그 집단은 온갖 수단과 방법을 동원했고, 한 사람을 속이기 위해 8~10명까지 역할을 분담해서 작전을 짜고, 대상자의 인적 사항과 개인 정보를 최대한 알아내서 맞춤형으로 전략을 짜고 접근하고 노력해서 미혹한다는 사실을 드러냈습니다. 이런 식으로 접근해서 시도하면 대부분 넘어온다고 합니다. 특히 약점이나 고민이 많은 사람은 더 쉽게 미혹될 수 있습니다. 신천지는 그런 점을 적극적으로 활용하는 집단입니다. 20~30대 젊은이들이 속아서 몸과 시간과 돈을 빼앗기고, 인생에서 가장 소중하고 아름다운 시기를 통째로 더럽고 치욕스러운 날들로 채워버리는 일이 지금도 계속 진행 중입니다. 종교적으로도 쉽게 속는 게 사람이고, 정치적으로도 쉽게 속는 게 사람입니다. 얼마나 많은 사람이 정치인들의 노예가 되어 올바른 판단을 하지 못하고 끌려다니는지 모릅니다. 어리석은 자들이 이단·사이비 종교 지도자들에게만 미혹되는 게 아닙니다. 모리배 같은 정치인들에게도 얼마나 많이 속아 넘어가는지 모릅니다. 하나님의 약속으로 가나안 땅에 들어온 이스라엘 백성도 그렇게 속아 넘어갔습니다. 하나님이 약속하신 땅에 들어왔기 때문에 전적으로 하나님의 말씀만 따르고 살아야 했는데, 이방인들의 삶에서 부러움을 느끼고 하나님의 말씀을 떠나 두 가지 악행을 저질렀습니다. 예레미야 선지자는 *"내 백성이 두 가지 악을 행하였나니 곧 그들이 생수의 근원되는 나를 버린 것과 스스로 웅덩이를 판 것인데 그것은 그 물을 가두지 못할 터진 웅덩이들이니라"*(렘 2:13)라고 어리석은 백성을 향해 외쳤습니다. "생수의 근원" 여호와 하나님을 외면하고 버린 게 첫 번째 악이었고, 두 번째 악은 "스스로 웅덩이를 판 것"이었습니다. 이스라엘 백성은 어떤 면에서 현명한 행동을 했습니다. 물이 부족한 상태에서 웅덩이라도 파서 비가 오면 물을 저장할 수 있어야 합니다. 그러나 그런 웅덩이는 임시방편에 불과한 것입니다. 아무리 물이 새지 않고 잘 저장되도록 해도 지진이 나면 소용이 없습니다. 아무리 큰 댐을 만들어서 많은 물을 모아두더라도 자연재해로 인해 터지거나 무너질 수 있습니다. 세상 사람들은 그렇게 하는 것이 최선이고 전부지만, 하나님을 믿는 자들이라면 그것이 전부가 아닙니다. 그런데 이스라엘 백성은 이방인들처럼 하나님을 버리고 우상을 숭배하게 되었습니다. 당시 우상 숭배는 날씨와 풍요와 다산(多産)을 관장하는 신을 섬기는 행위였는데, 만들어 놓은 우상에게 제사를 지냄으로써 비가 오게 하고 풍요를 누리고자 했습니다. 그런 제사 행위에 필수적으로 들어가는 것이 술과 음식으로 취하고 배부른 상태가 되어 즐기는 것, 그리고 성행위를 맘껏 즐기는 것이었습니다. 그런데 이스라엘 백성이 하나님을 떠나 이런 타락한 우상 숭배를 쫓아간 것입니다. 베드로 사도 당시 그리스도인들도 마찬가지로 사도들이 전한 교훈에 따라 흔들림 없는 믿음으로 살아가야 했습니다. 그런데 거짓 선생들이 술과 음식과 음분과 같은 육체적 쾌락으로 미혹하자 일부가 미혹되고 있었던 것입니다. 이에 베드로가 충격과 걱정으로 말세에 관한 편지를 썼던 첫 번째 편지와는 전혀 다르게 이단 사상, 즉 영지주의적 사상의 영향력이 커지는 것을 알고, 긴급하고 단호한 마음으로 편지를 쓰게 된 것입니다.

21세기 한국교회도 마찬가지입니다. 교회 안팎에 존재하는 온갖 거짓 선생들에게 미혹되고 있는 현실입니다. 이단·사이비 교주들은 '거짓 선생들'임을 쉽게 알 수 있습니다. 그러나 교회 안에서 지도자들로 활동하는 자들은 쉽게 구분하지 못하고 있습니다. 그 정도로 신자들의 영적 상태가 취약하고, 분별과 판단 능력이 부족합니다. 기독교 방송이든, 기독교 유튜브 채널이든 온갖 '거짓 선생들'이 *교묘히 만든 이야기*(벧후 1:16)로 신자들을 미혹하고 돈벌이하는 시대에 살고 있습니다. 그 이전에 이미 우리나라나 미국 모두 '뉴에이지' 운동가들, 이머징 교회 지도자들, 그리고 기독교 신비주의자들에 의해 타 종교에 대해서나 영지주의 사상에 대한 이질감이 없어져 버렸다고 해도 과언이 아닙니다. 2002년 릭 워렌(Rick Warren)의 책『목적이 이끄는 삶』이 출간되어 베스트셀러가 되었는데, 거의 모든 미국 기독교 지도자들은 물론 유대교나 가톨릭의 지도자들까지 릭 워렌을 지지한 것에 관해 레이 윤겐은 다음과 같이 우려했습니다(김성욱 역, 『신비주의와 손잡은 기독교』, 231~232쪽).

나는 관상기도를 우려하고 있지만, 만약 릭 워린이 관상기도를 권장하고 있다면, 이것을 기점으로 관상기도가 대대적인 범위에서 권장될 것이다. 릭 워렌을 통해 리처드 포스터의 이상은 북미뿐 아니라 전 세계의 주류 복음주의 진영으로 성공적으로 들어갈 수 있었다. 그리고 릭 워렌은 전례 없는 추종과 지지를 받았다. 그러나 우리는 바울이 경고했던 배교를 초래할 수도 있는 교회의 위기로 내닫게 된 것인지도 모른다.

2006년 게리 길리(Gary E. Gilley)는 15개 장으로 이루어진 그의 책『포스트모던 신비주의와 이머징 교회의 도전』(김세민 역. 133~154쪽)에서 한 장(제10장) 전체를『목적이 이끄는 삶』에 나타난 성경 왜곡을 다루었습니다. 왜곡된 구절을 구체적으로 다루기에 앞서 말한 내용을 간략히 소개하면 다음과 같습니다(위의 책. 141쪽).

워렌의 대중적인 책에 대한 우리의 조사를 상기시키기 위해 워렌이 성경을 왜곡한 몇몇 사례를 지적하고자 한다. 이는 워렌이 하는 모든 말이 옳지 않다는 것은 아니다. 워렌이 성경적으로 옳은 것을 곧잘 말하지만, 오히려 다른 구절의 의미를 억지로 자신의 요점을 증명하려고 적절한 성경적 입증 구절을 선택해서 사용하는 일은 정말 납득할 수가 없다. 여기서 우리의 관심사는 워렌이 자신의 목적에 맞추려고 성경 본문을 명백히 왜곡하는 사실에 초점을 두는 것이다. [성경을 왜곡한 그 책을] 기독교 공동체가 인식하지 못하고, 대항하지 않으며, 거부하지도 않는다면 좋을 것이 하나도 없는 결과로 이어지는 위험한 유행이다.

결국 리처드 포스터와 같은 관상기도 운동가, 릭 워렌과 같이 이머징 교회에 큰 영향을 미친 지도자,『긍정의 힘』의 저자 조엘 오스틴(Joel Osteen), 로버트 슐러(Robert Schuller), 이머징 교회 지도자들인 브라이언 맥클라렌(Brian McLaren), 더그 패짓(Doug Pagitt), 토니 존스(Tony Jones)

     21세기 한국교회를 위한 **베드로후서 강설**

등과 같은 자들, CCM과 세속적인 밴드를 적극적으로 활용해서 구도자 중심의 집회를 통해 윌로우 크릭 커뮤니티 교회(Willow Creek Community Church)를 세계적인 교회로 만든 빌 하이벨스(Bill Hybels), 그리고 조용기, 김장환, 이동원, 하용조 등의 영향을 받은 21세기 우리나라 교회는 이제 성경에서 점점 멀어져서 일반인들이 보기에는 이단이나 사이비나 별반 다를 게 없어 보이는 세속적이고 이단적인 교회로 향하고 있습니다. 최근에는 한국교회를 정치적 극단주의 집단으로 향하도록 부추기는 자들이 많이 등장했습니다. 김홍도(故), 김진홍, 전광훈, 장경동, 손현보 등과 같은 극단적이고 편향적인 정치 이념을 가진 교회 지도자들이 오히려 기독교에 대한 반감을 키우고 있습니다. 베드로 사도 당시에 소아시아 지역 교회 안에서 돈과 물질과 섹스와 권력을 탐하는 자들이 선생 노릇을 하고 있었는데, 오늘날 미국이나 우리나라도 마찬가지입니다. 매튜 하몬(Matthew Harmon)은 인류 역사에 나타난 거짓 교사들의 공통된 우상 숭배 형태를 돈, 성, 권력이라고 했습니다(윤석인 역, 『베드로후서와 유다서 신학』, 74쪽). 이어서 하몬은 베드로후서에 등장하는 거짓 교사들에 대해 다음과 같이 묘사했습니다(위의 책, 74~75쪽).

돈에 대한 집착에서 거짓 교사는 단순한 초보자가 아니다. 거짓 교사는 "탐욕에 연단된 마음을 가진 자들"이다(2:14). 참으로 거짓 교사는 탐욕스러운 거짓 선지자 발람의 전철을 밟고 있다(2:16~16; 참고, 민 22~24장). 하나님의 좋은 선물인 성을 하나님이 정하신 한도 안에서 기쁨으로 받아들이기보다, 거짓 교사는 자기의 성적 욕망을 절제 없이 열정적으로 추구한다. 거짓 교사는 "음심이 가득한 눈"을 가지고 있다(2:14). 거짓 교사는 다른 사람도 음행에 동참하도록 유혹하기 위해 "육체의 정욕"을 이용한다(2:18). 거짓 교사는 자기 권력을 강화하려고 하나님의 권위를 오만하게 배척한다(2:1, 10~12). 거짓 교사는 자기의 영향력을 이용해 자유를 약속하지만, 사람들이 다시 죄의 종이 되도록 고의로 유도한다(2:19~22).

　이제 거짓 선생들의 속성에 대해 알아보고자 합니다. 18절 *"그들이 허탄한 자랑의 말을 토하며 그릇되게 행하는 사람들에게서 겨우 피한 자들을 음란으로써 육체의 정욕 중에서 유혹하는도다"*라는 말씀에서 알 수 있듯이 *"허탄한 자랑의 말"*을 지껄여대는 속성이 있습니다. 여기서 *"허탄한"* 말과 *"자랑의 말"*이 합쳐져 있습니다. 그들의 말은 헛된 것이고, 자랑하기 위한 과장된 말이라는 뜻입니다. 우리나라 이단·사이비 교주들만 보더라도 스스로 얼마나 헛되고 오만하고 과장해서 말하는지 알 수 있습니다. 그들의 말을 들으면 그들이 곧 하나님이고, 예수님이고, 성령님입니다. 그들이 곧 하나님의 말씀이고, 진리의 말씀입니다. 극단적이고 편향적인 정치 이념을 가진 자들도 다를 바 없습니다. 마치 자기들이 나라를 구할 것처럼 오만하게 지껄이고, 자기들이 지지하는 사악한 정치인들이 정치를 해야 건전하고 올바른 사회가 될 거라고 믿을 정도로 기능이 고장 난 뇌를 가지고 있습니다. 당시 거짓 교사들은 사람의 감정을 움직여서 속이는 속성이 있었습니다. 그들은 복음의 진리에 반응하고 회개의 필요성을 역설하기보다는 육체의 욕구와 감정에 충실하도록 이끌었습니다. 일부 선생들은 육체에 대한 절제와 금욕을 앞세워 육체적 욕망을 강력하게 억압해야 한다고 떠벌렸습니다. 철학적이고 종교적인 지식이 깊었던 자들의 말에 사회적으로 지식인층에 속하지 못했던 신자들 대부분은 위축되거나 쉽게 영향을 받을 수 있었습니다. 정확히 93년 전 취리히의 심리학 클럽에서 분석심리학의 창시자 칼 융(Carl Jung)이 인도의 쿤달리니 요가를 예찬하면서 심리학적으로 해석한 강연을 네 차례 진행했습니다. 두 번째 강의가 바로 당시 10월 19일(오늘)에 있었습니다. 바로 이런 활동으로 인해 1960년대에 시작된 뉴에이지 운동에 참여한 사람들의 '구루'(guru, 스승, 지도자)로 받아들여졌습니다. 칼 융은 쿤달리니 요가에 대한 강연을 통해 쿤달리니 에너지를 심리학적으로 분석했으며, 이는 그의 저서 『쿤달리니 요가의 심리학』(정명진 역)에 담겨 있습니다. 그는 동양의 의식 상태와 쿤달리니의 차크라 시스템을 서양 심리학에 접목해 심리학적 해석을 시도한 인물입니다. 쿤달리니 요가는 지금은 많이 대중화되어 금욕적 측면이 약해졌지만 원래 수행자들의 금욕과 사회적 고립에서 생겨났습니다. 금욕을 유지하기 위해 성적인 에너지, 육체적 에너지, 그리고 정신적 에너지를 모두 사람 내면으로 향하게 했던 것입니다. 반대로 일반 대중은 성, 육체, 정신의 에너지를 모두 밖으로 발산하기에 세속적인 삶을 살게 된다는 의미이기도 합니다. 그런데 이 쿤달리니 요가를 통해 진정한 자아를 찾고, 우주의 의식, 즉 영지주의가 말하는 '신성'을 깨닫게 된다는 것입니다. 그 깨달음이 바로 당시 영지주의나 오늘날 영지주의가 보편적으로 추구하는 일종의 구원입니다.

반면에 금욕이 아닌 육체의 욕망을 그대로 채우려는 자들이 당시에도 많았습니다. *"그릇되게 행하는 사람들에게서 겨우 피한 자들을 음란으로써 육체의 정욕 중에서 유혹하는도다"*라는 말씀에서 알 수 있듯이 그들은 성적 쾌락을 추구할 뿐만 아니라 *"그릇되게 행하는 사람들에게서 겨우 피한 자들"* 즉 죄악에 물든 세상에서 예수 그리스도를 믿고 이제 막 회개하고 거룩한 삶을 살기 시작한 초신자들을 *"음란으로써 육체의 정욕 중에서 유혹하는"* 속성을 가지고 있었습니다. 《새번역》에는 *"육체의 방종한 정욕으로 유혹합니다."*라고 번역되어 있고, 《현대인의성경》에는 *"사람들을 육체의 정욕으로 꾀어 죄를 짓게 합니다."*라고 번역되어 있습니다. 당시 거짓 선생들은 자기들만 죄를 짓는 것이 아니라 아직 유혹에 약한 자들을 꾀어 죄를 짓게 하는 속성을 가지고 있었습니다. 사람들의 심리에는 범죄를 모방하려는 '범죄모방심리'가 있습니다. 다른 사람의 행동이나 심리를 모방하려는 건 누구나 가지고 있는 본능적인 심리이기도 하고, 그런 심리가 약하더라도 인간은 어려서부터 성장을 위해 자연스럽게 그런 심리를 형성해나가기 때문에 특정 행동이나 심지어 범죄까지도 모방하려는 욕구가 생기게 됩니다. 그러므로 이제 막 그리스도를 믿고 신자가 된 경우라면 그런 모방심리가 쉽게 작용할 수 있습니다. 거짓 선생들은 그들이 추구하는 *"육체의 정욕 중에서"* 즉 육체적 정욕에 따른 삶이 습관화된 상태에서 그들의 생각과 행동과 삶을 보여줌으로써 믿음이 연약한 신자들 즉 세상에서 벗어난 지 얼마 되지 않은 자들이 그들을 모방하도록 유혹했던 것입니다. 그들이 유혹의 무기로 내세운 수단이 바로 '음란한 행위'였습니다. 절제를 잘하지 못하는 청소년들도 연예인들이나 유명인들의 술, 담배, 마약, 성폭행 등의 뉴스를 접할 때마다 모방심리가 쉽게 작동하기 때문에 언론의 순기능 이면에 있는 불가피한 역기능에 대해서도 충분한 사회적 대책이 있어야 합니다. 죄를 범하고, 나쁜 일을 행하고도 제대로 처벌받지 않거나 오히려 당당하게 살아가는 사회는 청소년들에게 악영향을 미치는 사회입니다. 최근 가장 큰 이슈로 떠오른 캄보디아 범죄 단지에서도 범죄 조직의 상층부에 있는 '정범'(正犯)들이 한국 청년들을 고소득 보장을 미끼로 유혹해서 죄를 짓도록 하는 것은 먼저 그들의 죄를 합리화하기 위해 '공동정범'(共同正犯) 또는 '방조범'(幇助犯)을 만들기 위한 일입니다. 능동적으로 가담하지 않더라도 최소한 방조자로 만들어버려서 모두 범죄자임을 인식하는 심리상태가 되게 합니다. 그렇게 함으로써 죄책감을 덜 느끼게 하는 면도 있습니다. 또한 정범이 심리적 지배를 위해서 가담자를 회유하거나 협박해서 범죄를 저지르도록 합니다. 베드로 사도 당시 거짓 선생들은 자기들의 방탕한 삶과 죄악을 합리화하고, 믿음이 연약한 자들을 심리적으로 지배해서 계속해서 선생 노릇을 하기 위해 죄를 짓도록 유혹한 것입니다. 그들은 '음분제일주의'를 추구했기에 도덕적으로 깨끗하게 살아가고자 힘쓰는 대다수 신자 속에서 자기들의 입지를 넓혀 나가기 위해 유혹에 약한 자들을 골라 성적으로 타락하게 만드는 일을 시작했다는 점을 명심하기를 바랍니다.

끝으로 19절 "그들에게 자유를 준다 하여도 자신들은 멸망의 종들이니 누구든지 진 자는 이긴 자의 종이 됨이라"는 말씀을 좀 더 쉬운 《새번역》으로 보면 "그들은 사람들에게 자유를 약속하지만, 자기들은 타락한 종이 되어 있습니다. 누구든지 진 사람은 이긴 사람의 종노릇을 하게 되는 것입니다."라고 번역되어 있습니다. 성적으로 쾌락을 추구함으로써 "자유를 약속하지만" 그들은 오히려 "타락한 종이 되어" 있음을 알지 못합니다. 당시 전쟁에서 진 나라나 민족은 이긴 나라나 민족의 종이 될 수밖에 없었습니다. 마찬가지로 죄악과의 싸움에서 이기지 못하고 저버린 자들은 죄악의 노예가 된 것이지 결코 자유를 얻은 게 아님을 베드로 사도는 비유를 들어 교훈하고자 했습니다. 미성숙한 신자들에 대해 교훈한 사도 바울의 예를 들면서 게리 길리는 다음과 같이 기록했습니다(김세민 역, 『포스트모던 신비주의와 이머징 교회의 도전』, 89~91쪽).

불행하게도 미성숙한 신자들에 대해 기록된 묘사가 오늘날 복음주의 환경과 너무나 흡사하다. 하나님 말씀에 의해 갖춰져 있지 않은 사람인 미성숙한 (교회 또는) 신자를 묘사할 때, 바울은 아이를 예화로 사용한다. 모든 아이들에게서 찾아볼 수 있는 어린 아이의 미성숙은 다음과 같이 두 가지의 특성으로 묘사할 수 있다.

아이들은 불안하다. …… 미성숙한 기독교인들은 성경을 읽거나 기도할 '기분'이 내키지 않는다. 그래서 그들은 그렇게 하지 않는다. 죄를 깨닫게 될 때, 앞으로는 순종하겠다는 강한 다짐을 한다. 하지만 며칠 후 이전에 당했던 유혹 앞에서 다시 무너지고 만다. 미성숙한 기독교인들은 그리스도에 대한 선택적 순종에 일가견이 있는 사람들이다. …… 미성숙한 기독교인들은 정말로 "풍조에 밀려 요동하는" 자들로 자신들의 삶 속으로 떠밀려 오는 수많은 영향들, 유행들, 강한 개성들 그리고 유혹들에 따라 그들의 삶이 달라진다.

아이들은 쉽게 속는다. "온갖 교훈의 풍조와 사람의 속임수와 간사한 유혹에 빠지게 된다." 미성숙한 기독교인들은 그와 같은 상태로 머물게 되는데 이는 계속해서 기만을 당하기 때문이다. 미성숙한 기독교인들은 성경 말씀에 의해 갖춰지기보다는 거짓 교리들, 사기꾼들 그리고 멋진 프로그램과 캠페인에 의해 붙들린다. 미성숙한 자들을 위대한 의사 소통자 앞에 데려다 놓으면 미성숙한 자들은 위대한 의사 소통자의 메시지를 걸러 낼 분별력이 없게 된다. 미성숙한 기독교인들은 항상 인스턴트 영성을 약속하는 최근의 책이나 메시지를 쫓아다닌다.

　이처럼 당시 거짓 선생들은 아이들처럼 불안하고 쉽게 속는 믿음이 약한 신자들을 유혹해서 죄를 짓도록 했던 것입니다. 로마제국의 문화와 종교적 배경에서 그리스도를 믿게 된 자들은 아무리 그리스도를 믿고 회개했더라도 여전히 음란의 죄를 범하기 쉬운 습성을 가지고 있었습니다. 미국 변호사이자 한국교회 동성애문제대책위원회 전문위원으로 활동했던 이태희는 이렇게 묘사했습니다(『세계관 전쟁』, 220쪽).

　《로마제국쇠망사》를 쓴 18세기 영국 역사가 에드워드 기번(Edward Gibbon)이 로마제국 말기에 나타난 특징을 다섯 가지로 꼽았다. 사치, 빈부 격차의 증가, 음란, 미친 예술 그리고 애국심의 실종이다. 이 모두를 꿰뚫는 핵심은 바로 음란이다. 성 윤리가 붕괴되면서 가정이 파괴되고 사회가 무너지는 현상이 나타남을 에드워드 기번이 목격한 것이다.

"그들에게 자유를 준다 하여도 자신들은 멸망의 종들이니 누구든지 진 자는 이긴 자의 종이 됨이라"는 말씀 즉 "그들은 사람들에게 자유를 약속하지만, 자기들은 타락한 종이 되어 있습니다. 누구든지 진 사람은 이긴 사람의 종노릇을 하게 되는 것입니다."라는 말씀의 교훈에서 우리는 자유에 대해 성경적 관념을 가져야 합니다. D. A. 카슨(Carson)은 민주주의가 신앙의 실천을 위해서도 개인의 자유를 강화하는 측면에도 좋은 정부 형태지만, 자유를 강조하고 보장하는 민주주의의 위험성에 대해서도 다음과 같이 제시했습니다(김은홍 역, 『교회와 문화, 그 위태로운 관계』, 220~221쪽).

> …… 민주주의는 우상숭배를 강화하는 데도 능숙하다. 민주주의의 자유들 가운데 많은 것들은 정치적, 종교적, 개인적, 그리고 예술적 이유들 때문에 엄청나게 찬양되고 있는데, 쾌락에 빠질 자유, 유흥을 추구할 수 있는 자유, 책임 있는 가정생활과 공동체적 교류를 버릴 수 있는 자유, 시시각각 변하는 유행과 세상의 화려함을 끝없이 숭배하는 문화 속에서 아무렇지 않게 자신을 던져 버릴 수 있는 자유를 포함한다. 하늘에 보물을 쌓아 두는 것이 많은 그리스도인들의 관심 밖인 것 같다.

21세기를 살아가고 있는 우리 역시 자유에 대해 분별력 있는 개념을 가져야 합니다. 죄를 짓는 자유는 없습니다. 자유롭게 죄를 짓는 건 명백히 "죄에게 종 노릇"하는 행위입니다. 사도 바울은 "우리가 알거니와 우리의 옛 사람이 예수와 함께 십자가에 못 박힌 것은 죄의 몸이 죽어

다시는 우리가 죄에게 종 노릇 하지 아니하려 함이니"(롬 6:6)라고 했습니다. 또한 "너희 자신을 종으로 내주어 누구에게 순종하든지 그 순종함을 받는 자의 종이 되는 줄을 너희가 알지 못하느냐 혹은 죄의 종으로 사망에 이르고 혹은 순종의 종으로 의에 이르느니라"(롬 6:16)라고 교훈했는데, "순종의 종으로 의에 이르느니라"는 말씀이 바로 역설적이지만 진정한 자유를 누리는 일입니다. 사도 요한은 "우리를 사랑하사 그의 피로 우리 죄에서 우리를 해방하시고"(계 1:5)라고 했고, 예수님은 "진리를 알지니 진리가 너희를 자유롭게 하리라"(요 8:32)라고 하셨습니다. 거짓 선생들의 헛된 가르침인 멸망의 도에 굴복하면 자유는커녕 멸망의 종이 된다는 사실을 명심하기를 바랍니다. 아울러 유다는 베드로와 달리 어떻게 묘사했는지 다음 구절을 함께 살펴보고 거짓 선생들의 헛된 가르침과 부도덕한 삶에 미혹되지 않기를, 그들의 거짓된 본질과 그들의 범죄 속성을 분명히 알기를, 그리고 그들에게는 "영원히 예비된 캄캄한 흑암"의 지옥이 기다리고 있음을 알기를 바랍니다.

12. 그들은 기탄 없이 너희와 함께 먹으니 너희의 애찬에 암초요 자기 몸만 기르는 목자요 바람에 불려가는 물 없는 구름이요 죽고 또 죽어 뿌리까지 뽑힌 열매 없는 가을 나무요
13. 자기 수치의 거품을 뿜는 바다의 거친 물결이요 영원히 예비된 캄캄한 흑암으로 돌아갈 유리하는 별들이라(유 1:12~13)

아멘.

(2025년 10월 19일)

τὴν αἰώνιον βασιλείαν τοῦ κυρίου ἡμῶν
καὶ σωτῆρος Ἰησοῦ Χριστοῦ

우리 주 곧 구주 예수 그리스도의 영원한 나라(벧후 1:11)

사이비 그리스도인

20. 만일 그들이 우리 주 되신 구주 예수 그리스도를 앎으로 세상의 더러움을 피한 후에 다시 그 중에 얽매이고 지면 그 나중 형편이 처음보다 더 심하리니
21. 의의 도를 안 후에 받은 거룩한 명령을 저버리는 것보다 알지 못하는 것이 도리어 그들에게 나으니라
22. 참된 속담에 이르기를 개가 그 토하였던 것에 돌아가고 돼지가 씻었다가 더러운 구덩이에 도로 누웠다 하는 말이 그들에게 응하였도다

지난 강설 본문을 통해 거짓 선생들의 본질과 속성에 관한 내용을 살펴보았습니다. 이번 본문 역시 그들의 본질과 속성을 계속 드러내는 내용입니다. 베드로는 속담을 비유의 소재로 사용해서 거짓 선생들의 본질과 속성을 모든 교회가 밝히 알 수 있도록 교훈했습니다. 본문의 내용을 함께 들여다봄으로써 거짓 교사들은 물론 그들에게 미혹되어 타락한 신자들의 본질과 속성에 대해 확실히 알 수 있기를 바랍니다.

먼저 *"만일 그들이 우리 주 되신 구주 예수 그리스도를 앎으로 세상의 더러움을 피한 후에 다시 그 중에 얽매이고 지면 그 나중 형편이 처음보다 더 심하리니"*라고 거짓 선생들의 본질과 속성을 동시에 교훈한 내용을 살펴보고자 합니다. 과연 베드로가 언급한 "그들"은 누구일까요? 거짓 선생들, 거짓 선생들에게 미혹된 신자들, 아니면 불특정한 일반 신자들일까요? 대개는 거짓 선생들과 그들에게 미혹된 신자들까지 포함된다고 봅니다. 어느 한쪽보다는 양쪽 모두로 보는 게 더 적합하지만 향후 미혹될 수 있는 자들까지 염두에 둔 표현으로 범위를 넓히는 것으로 이해해야 베드로 사도 당시의 심정에 더 근접한 이해가 될 것입니다.

　이어서 "우리 주 되신 구주 예수 그리스도를 앎으로"라는 말씀인데, 두 가지 중요한 사항을 명심해야 합니다. 하나는 베드로 사도가 자주 강조해서 사용하는 "우리 주 되신 구주 예수 그리스도"라는 표현이고, 다른 하나는 "앎으로"라는 표현입니다. 베드로후서 1장 10~11절에 대한 강설에서 다루었듯이 1장 11절에서 "우리 주 곧 구주"(Our Lord and Savior Jesus Christ)라고 표현한 내용과 같은 것으로 이는 '우리 하나님 곧 우리 구주'라는 의미입니다. 베드로후서에서 예수님이 곧 하나님임을 강조하기 위해 베드로는 이 표현을 여러 차례 사용했는데, 이외에도 1장 1절, 3장 2절과 18절, 그리고 이번 본문 2장 20절입니다. 베드로전서에서는 한 번도 언급하지 않았던 매우 특별한 표현입니다. 당시에 그렇게 표현해야 할 정도로 예수 그리스도를 하나님으로 인정하지 않는 거짓 선생들의 영향력이 커지고 있었음을 알 수 있습니다. 당시(65~67년경)로부터 한 세대 정도가 흐른 뒤(약 90~95년경) 기록된 것으로 알려진 요한일서에서 사도 요한은 "이로써 너희가 하나님의 영을 알지니 곧 예수 그리스도께서 육체로 오신 것을 시인하는 영마다 하나님께 속한 것이요"(요일 4:2)라고 교훈함으로써 당시 영지주의 이단 사상 중 대표적이었던 가현설(假現說)의 거짓됨을 드러냈는데, 이 거짓 사상은 '영적인 예수'와 나사렛에서 성장한 육체적인 예수를 서로 다른 존재로 여긴 이원론적 사상이었습니다. 육체는 물질과 같은 악한 영역에 속하므로 하나님의 아들 예수 그리스도가 육체로 존재하실 수 없다고 여기고, 다만 나사렛 예수라는 사람의 육체를 잠시 빌려서 존재하다가, 즉 그의 육체를 잠시 취한 후 십자가에서 떠나셨다고 주장하는 거짓 사상이었습니다. 거짓 선생들은 하나님의 아들과 십자가에서 돌아가신 예수 그리스도를 분리하는 일뿐만 아니라, 예수 그리스도의 성육신 자체를 부인함으로써, 결과적으로는 예수 그리스도의 신성까지 부인하게 된 것입니다. 그런 영지주의적 이단 사상의 씨앗이 싹트고 있는 상황을 확인한 베드로는 "우리 주 되신 구주 예수 그리스도" 즉 '우리의 하나님이면서 구주인 예수 그리스도'라고 표현함으로써 예수 그리스도는 하나님이요, 사람의 몸으로 오신 그리스도라고 강력하게 선포한 것입니다.

다음으로 "앎으로"라고 한 표현인데, 이는 필연적으로 "우리 주 되신 구주 예수 그리스도"와 연결되어 있습니다. 신약성경에서 "앎"은 확실한 구분은 아니지만, 일반적으로 두 가지 즉 γνῶσις(gnōsis)와 ἐπίγνωσις(epignósis)가 사용되는데, γνῶσις(gnōsis)는 단순하고 단편적이고 이성적이고 과학적이고 철학적인 '지식'을 말할 때, 즉 일반적으로 말할 때 사용되는 경우가 많고, ἐπίγνωσις(epignósis)는 대상에 대해 정확하고 구체적이고 경험적이고 관계적인 '지식'을 말할 때 주로 사용되었습니다. 그래서 본문 20절 "만일 그들이 우리 주 되신 구주 예수 그리스도를 앎으로 세상의 더러움을 피한 후에 다시 그 중에 얽매이고 지면 그 나중 형편이 처음보다 더 심하리니"라는 말씀에서 "앎"(ἐπιγνώσει) 역시 그렇게 사용되었습니다. 그런데 어떤 사람들은 이 구절을 칼빈주의 5대 교리 중 하나인 '성도의 견인'(Perseverance of the Saints)을 반박하는 증거 구절로 삼기도 한다는 사실입니다. 그러나 절대로 그렇지 않습니다. 이 구절은 참 신자도 마침내 타락할 수 있음을 교훈한 것이 절대 아닙니다. 참 신자는 인생의 마지막 순간에 이르기까지 결단코 최종적으로 타락하지 않고 믿음을 지킨다는 것이 바로 성도의 견인 교리입니다. 그렇다고 해서 이 교리가 예수 그리스도를 구주로 고백하고, 그리스도를 온전히 안다고 주장하는 자들에게 모두 천국을 보장하는 것은 아닙니다. 견인(堅忍)은 하나님이 그리스도를 믿는 사람을 천국까지 마치 견인차가 고장 난 차를 끌 듯이 무조건 견인(牽引)하신다는 뜻이 아니라, 하나님의 보호로 참 성도가 믿음을 저버리지 않고 죽는 그 순간까지 믿음을 굳게 지키고 인내하는 것을 말합니다. 웨스트민스터 대요리문답(79)은 다음과 같이 성도의 견인 교리를 제시합니다.

문〉 성도가 자신들의 불완전함과 세상으로부터 오는 많은 유혹과 죄악 때문에 은혜의 상태에서 타락할 수 있습니까?

답〉 하나님의 작정과 언약 안에서 주시는 변흔없는 사랑과 인내로 인해, 그리스도와의 연합을 이루도록 하는 그리스도를 통한 지속적인 기도와 성령의 내주하심과 하나님의 씨로 인해, 또한 은혜의 상태에서 전혀 타락할 수 없이 구원에 이르는 믿음을 통해 성도는 하나님의 권능으로 보호를 받습니다.

웨스트민스터 신앙고백서에는 다음과 같이 성도의 견인 교리가 자세히 정리되어 있습니다.

제17장 성도의 견인(堅忍)
제1항〉 하나님이 사랑하시는 독생자 안에서 받아들여 성령으로 유효하게 부르시고 거룩하게 하신 자들은 은혜 상태에서 전적으로 타락할 수 없고, 그들은 은혜의 상태에서 끝까지 견딤으로써 영원히 구원받습니다.

제2항〉 성도의 견인은 신자 자신의 자유의지가 아니라 변하지 않는 하나님 아버지의 선택 작정에 근거하고, 하나님 아버지께서 값없이 베푸시는 영원한 사랑에서 비롯되며, 예수 그리스도의 공로와 중보 기도의 효력, 성령의 내주하심과 그들 안에 거하는 하나님의 씨앗, 은혜 언약의 본질에 의존합니다. 이 모든 것으로부터 구원의 확신과 절대적인 확실성이 생겨납니다.

제3항〉 그러나 성도는 사탄과 세상의 유혹과 그들 안에 남아 있는 죄의 위력과 은혜를 지키는 방법들을 소홀히 여기는 태도에 의해 심각한 죄를 저지를 수 있고, 한동안 그런 상태에 머물 수 있습니다. 그들은 하나님을 슬프게 하고, 성령을 근심하게 하며, 자신에게 주어진 은혜와 위로를 잃고, 마음을 강퍅하게 만들며, 사람들에게 비방할 거리를 주고, 양심에 상처를 입히며, 일시적인 심판을 자초합니다.

위와 같이 비록 성도라 할지라도 잠깐 타락할 수는 있지만 은혜의 상태에서 떨어지지 않고 끝까지 믿음을 굳건히 지키게 됩니다. 그런데 거짓 선생들은 아무리 다른 그리스도인들처럼 똑같이 회개하고 신앙고백을 했더라도 반드시 하나님의 뜻을 저버리고 타락하게 되어 있음을 베드로 사도는 "만일 그들이 우리 주 되신 구주 예수 그리스도를 앎으로 세상의 더러움을 피한 후에 다시 그 중에 얽매이고 지면 그 나중 형편이 처음보다 더 심하리니"라고 함으로써 거짓 선생들의 본질과 속성을 동시에 드러내는 교훈을 한 것입니다. 이 말씀은 '성도의 견인'을 반박하는 증거 구절이 아니라, 오히려 예수 그리스도를 구주로 고백하고 세례도 받은 상태에서 함께 신앙생활을 함으로써 교묘히 위장하고 있는 '유사 그리스도인'을 만천하에 드러낸 구절입니다. 매튜 미드는 『유사 그리스도인』(The Almost Christian Discovered)에서 어떤 사람이 신앙의 삶에 있어서 큰 진보를 보였음에도 '유사 그리스도인' 즉 '사이비 그리스도인'일 수 있는가에 대해 20가지로 대표적인 사례들을 제시했습니다. 먼저 그 스무 가지를 나열해보고, 첫 번째 하나님을 아는 지식에 대해서만 살펴보도록 하겠습니다(장호익 역, 『유사 그리스도인』, 49~157쪽).

사례 1: 지식의 큰 진보를 보일 수도 있음
사례 2: 큰 은사를 받을 수도 있음

사례 3: 수준 높은 신앙고백을 할 수도 있음

사례 4: 죄를 미워하고 대적할 수도 있음

사례 5: 은혜를 사모할 수도 있음

사례 6: 말씀을 두려워할 수도 있음

사례 7: 말씀을 기뻐할 수도 있음

사례 8: 교회의 일원으로 의식에 참여할 수도 있음

사례 9: 천국에 대한 소망을 가질 수도 있음

사례 10: 크게 변화된 모습을 보일 수도 있음

사례 11: 종교적인 일에 매우 열심일 수도 있음

사례 12: 기도를 많이, 열심히 할 수도 있음

사례 13: 그리스도로 인해 손해를 입을 수도 있음

사례 14: 하나님의 부르심을 받았을 수도 있음

사례 15: 성령을 받을 수도 있음

사례 16: 믿음을 가질 수도 있음

사례 17: 하나님의 백성을 사랑할 수도 있음

사례 18: 하나님의 계명을 잘 지킬 수도 있음

사례 19: 성화의 모습을 보일 수도 있음

사례 20: 그리스도인의 외적 의무를 다할 수도 있음

미드는 "당신이 비록 지식이 많고, 빛을 많이 받았다고 합시다. 즉, 당신은 하나님과 그분의 뜻에 대해서, 그리고 그리스도와 그분의 길에 대해서 많이 알고 있습니다. 그렇다고 해도, 참된 그리스도인이 아닌, 유사 그리스도인일 수가 있습니다."라고 했고, "지식의 주체는 지성이지만, 거룩의 주체는 의지입니다…… 그는 하나님을 아는 지성을 가지고 있을 수 있지만, 그의 의지는 하나님께 순종하려고 하지 않습니다. …… 하나님을 바르게 안다는 것은 하나님께 순종하는 방법을 알 뿐만 아니라 그 지식에 따라 순종하는 것입니다”라고 하면서 그리스도인의 지성과 정서에 하나님에 대한 지식과 열정이 있어야 참 그리스도인이라고 강조했습니다(위의 책, 50~52쪽). 베드로 사도가 *“만일 그들이 우리 주 되신 구주 예수 그리스도를 앎으로”*라고 말씀에서 *“앎”*을 ‘일반적인 지식’이 아닌 ‘온전한 지식’ 또는 ‘경험적인 지식’을 뜻하는 단어를 사용한 이유는 거짓 선생들과 거짓 그리스도인들이 그만큼 참 선생들이요 참 그리스도인들처럼 보이거나 행동했다는 면을 드러냈다고 짐작할 수 있습니다. 베트남에 간 관광객들이 명품매장이 아닌 ‘짝퉁’매장에서 명품으로 보이는 물건들을 사는 행위가 일종의 관광 필수코스에 포함될 정도로 되었다가, 2025년 5월 15일부터 한 달간 미국과의 관세 협상, 그리고 자국의 건전한 경제발전을 저해하는 위조품 단속에 총력을 기울였지만, 집중단속 기간이 지나자 다시 고개를 들고 있다고 합니다. 명품이 있으면 명품을 위조해서 부당하게 돈을 벌려고 하는 자들이 늘 존재하는 것처럼, 하나님이 세우시고 부르신 참 교회와 참 그리스도인이 있으면 그 주변에는 항상 사탄이 세우고 모은 가짜 교회와 가짜 그리스도인이 존재함으로써 하나님의 영광을 가로채고 참되고 거룩한 질서를 혼란스럽게 합니다.

*“그들이 우리 주 되신 구주 예수 그리스도를 앎으로 세상의 더러움을 피한 후에”*라는 말씀에서 이제 *“세상의 더러움을 피한 후에”* 부분을 살펴보고자 합니다. 《새번역》에는 *“세상의 더러운 것들에서 벗어났다가”*로 번역되어 있고, 《현대인의성경》에는 *“세상의 더러운 것에서 해방된”*으로 번역되어 있습니다. 능동태 분사형으로 *“피한”*과 ‘벗어난’과 *“해방된”*이라는 말은 헬라어로는 단지 과거에 일어난 일회적 사건을 말해주는 부정과거(不定過去)이기에 완전하고 최종적인 행위가 아님을 알아야 합니다. 만일 완전하고 최종적인 행위로 더 이상 일어날 수가 없는 행위

　21세기 한국교회를 위한 **베드로후서 강설**

라면 그다음에 이어지는 "다시 그 중에 얽매이고 지면"이라는 말이 성립되지 못할 것입니다. 그래서 이 부분은 '성도의 견인' 교리를 반박하거나, 성도가 하나님의 은혜로 얻은 구원을 상실할 수 있다는 주장의 근거로 사용할 수 없습니다.

다음으로 "그 중에 얽매이고 지면"이라고 한 부분인데, 《현대인의성경》 번역으로 보면, "다시 거기에 빠져 정복을 당하면"으로 되어 있습니다. 여기서 "얽매이고 지면" 또는 "거기에 빠져 정복을 당하면"이라는 말은 반복적으로 지고 정복당하는 의미입니다. 일회성으로 끝나는 정도가 아니라 지속적이고, 되풀이되는 습관적이고 고의적인 죄악의 행동을 뜻합니다. 그러므로 당시 거짓 선생들이나, 그들에게 미혹되어 죄악에 다시 빠진 자들은 히브리서에 등장하는 "타락한 자들"(히 6:6)입니다. 히브리서 기자는 베드로 사도와 마찬가지로 다음과 같이 교훈했습니다(히 6:4~6).

4. 한 번 빛을 받고 하늘의 은사를 맛보고 성령에 참여한 바 되고
5. 하나님의 선한 말씀과 내세의 능력을 맛보고도
6. 타락한 자들은 다시 새롭게 하여 회개하게 할 수 없나니 이는 그들이 하나님의 아들을 다시 십자가에 못 박아 드러내 놓고 욕되게 함이라

히브리서 기자 역시 베드로 사도처럼 "진리를 아는 지식을 받은 후 짐짓 죄를 범한즉"이라는 구절에서 "지식"에 해당하는 단어를 ἐπίγνωσιν로 사용했습니다. 전체 구절은 "우리가 진리를 아는 지식을 받은 후 짐짓 죄를 범한즉 다시 속죄하는 제사가 없고 오직 무서운 마음으로 심판을 기다리는 것과 대적하는 자를 태울 맹렬한 불만 있으리라"(히

10:26~27)라는 말씀입니다. 이 부분에서도 마치 하나님의 은혜로 얻은 구원이 언제든지 취소되거나 잃어버릴 수 있는 것처럼 오해할 수 있습니다. 그러나 철저히 참 그리스도인으로 위장한 거짓 그리스도인의 상태를 말한 것임을 깨닫기를 바랍니다. 이어서 베드로는 "그 나중 형편이 처음보다 더 심하리니"라고 했습니다. 다시 구절 전체를 보면, "만일 그들이 우리 주 되신 구주 예수 그리스도를 앎으로 세상의 더러움을 피한 후에 다시 그 중에 얽매이고 지면 그 나중 형편이 처음보다 더 심하리니"라는 말씀인데, 이는 예수님의 말씀과 일맥상통하기도 합니다. 예수님은 "내가 너희에게 이르노니 사람이 무슨 무익한 말을 하든지 심판 날에 이에 대하여 심문을 받으리니"(마 12:36)라고 많은 사람 앞에서 말씀하시면서 "더러운 귀신이 사람에게서 나갔을 때에 물 없는 곳으로 다니며 쉬기를 구하되 쉴 곳을 얻지 못하고 이에 이르되 내가 나온 내 집으로 돌아가리라 하고 와 보니 그 집이 비고 청소되고 수리되었거늘 이에 가서 저보다 더 악한 귀신 일곱을 데리고 들어가서 거하니 그 사람의 나중 형편이 전보다 더욱 심하게 되느니라 이 악한 세대가 또한 이렇게 되리라"(마 12:43~45)라고 말씀하셨습니다. 베드로 역시 그런 뜻으로 말한 것입니다. 베드로는 거짓 교사들과 그들에게 미혹된 자들이 진리를 충분히 경험하고서도 의도적으로 진리를 배반하는 일이 얼마나 악한 것인지 강조하기 위해서 진리를 처음부터 알지 못했으면 더 좋았을 것이라고 말했습니다. 예수님도 진리를 배반한 유다에 대해 "인자는 자기에 대하여 기록된 대로 가거니와 인자를 파는 그 사람에게는 화가 있으리로다 그 사람은 차라리 태어나지 아니하였더라면 제게 좋을 뻔하였느니라"(마 26:24)라고 하셨습니다. 가룟 유다 또는 거짓 선생들처럼 그리스도를 믿다가 배신한 경우는 거의 돌이킬 수 없다는 면에서, 믿지 않는 자들보다 더 악한 자들입니다. 믿었던 자들이 배신한 경우는 선생으로서 진리를

가르치기도 했고, 믿는 자들은 물론 믿지 않는 자들 앞에서도 하나님을 높이고 하나님의 살아계심을 증언했기에 다른 사람들에게 가장 나쁜 영향을 미친 자들입니다. 사회생활을 하다 보면, '모태신앙'을 드러내며, 한때는 신앙생활을 했지만, 어느 순간부터 그리스도와 교회를 등진 자들이 있습니다. 끝까지 원래의 신앙으로 돌아오지 않는다면 이들 역시 인생의 어느 시점에 '차라리 태어나지 않았으면 좋았을 것'이라는 예수님의 말씀을 듣기에 합당한 경우입니다. 교회에 남아 있는 신자들이 교회를 떠난 자들을 보고 예수 그리스도를 배신해도 '별일 없구나'라는 생각을 가지게 하기에 하나님을 조롱하고 멸시하는 악한 행위가 됩니다. 그래서 초대교회에서는 그리스도를 부인하고 신앙을 버리는 일을 매우 무겁고 큰 죄로 여겼습니다. 베드로 역시 "*의의 도를 안 후에 받은 거룩한 명령을 저버리는 것보다 알지 못하는 것이 도리어 그들에게 나으니라*"(21절)라고 엄중하게 교훈한 것입니다. 복음을 통해 알게 되고 사도들을 통해 듣게 된 "*거룩한 명령*"(마 5장, 벤후 1:5~7, 갈 5:13~26 등)을 외면한 자들은 인간의 타락한 본성 측면에서 볼 때 다시 회개할 일이 사실상 없으므로 처음부터 "알지 못하는 것이 도리어 그들에게 나으니라"고 말한 것입니다. 베드로는 "*그러나 백성 가운데 또한 거짓 선지자들이 일어났었나니 이와 같이 너희 중에도 거짓 선생들이 있으리라 그들은 멸망하게 할 이단을 가만히 끌어들여 자기들을 사신 주를 부인하고 임박한 멸망을 스스로 취하는 자들이라 여럿이 그들의 호색하는 것을 따르리니 이로 말미암아 진리의 도가 비방을 받을 것이요*"(벤전 2:1~2)라는 말씀에서 "*진리의 도*"를 언급했고, "*그들이 바른 길을 떠나 미혹되어 브올의 아들 발람의 길을 따르는도다 그는 불의의 삯을 사랑하다가*"(벤전 2:15)라는 말씀에서도 "*바른 길*"을 언급했습니다. "*진리의 도*"와 "*바른 길*"은 "*의의 도*"와 같은 뜻으로, 복음을 뜻하고 예수 그리스도를 뜻합니다. 믿지 않는 자들은 복음과 진리에 관하여 교회에 영향력을 끼치지 못하지만, 믿었던 자들이 그리스도를 떠나면 남아 있는 자들에게 매우 나쁜 영향력을 미치게 됩니다. 반면에 교회를 떠나지는 않더라도 그 속에 함께 지내면서 진리의 복음에서 멀어지는 자들이 있습니다. 이들은 다른 신자들에게 나쁜 영향력을 끼치게 됨은 물론 신자들을 잘못된 길로 인도할 수 있기에 역시 위험한 자들입니다. 이들이 바로 본문 20절에 언급된 "그들"임을 알고 그 무리에 들지 않도록 힘쓰기를 바랍니다.

끝으로 22절 "참된 속담에 이르기를 개가 그 토하였던 것에 돌아가고 돼지가 씻었다가 더러운 구덩이에 도로 누웠다 하는 말이 그들에게 응하였도다"《새번역》으로는, "다음과 같은 속담이 그들에게 사실로 들어맞았습니다. "개는 자기가 토한 것을 도로 먹는다." 그리고 "돼지는 몸을 씻고 나서, 다시 진창에 뒹군다.")라고 함으로써 그들의 변함없는 본질과 되돌아가는 속성에 대해 강조했습니다. 겉으로는, 또한 말로는 교회를 이끌고 가르치는 선생의 모습을 하고 있지만, 생각과 행동으로는 죄악의 생활을 벗어나지 못한 모습이라는 사실입니다. 그들과 그들에게 미혹된 자들은 처음에는 변화된 모습을 보여주었을지라도 다시 타락한 옛 생활로 돌아갔기에 속담에 소개된 개와 돼지나 마찬가지라는 뜻입니다. 베드로는 "개가 그 토한 것을 도로 먹는 것 같이 미련한 자는 그 미련한 것을 거듭 행하느니라"는 잠언 26장 11절 말씀을 인용했습니다. 개는 이스라엘 사회에서 부정하고 더러운 동물이었는데, 신명기 23장 18절 "창기가 번 돈과 개 같은 자의 소득은 어떤 서원하는 일로든지 네 하나님 여호와의 전에 가져오지 말라 이 둘은 다 네 하나님 여호와께 가증한 것임이니라"는 말씀에서 알 수 있듯이 부정하고 더러운 사람을 대표하는 창기와 다를 바 없는 사람을 "개 같은 자"라고 했을 정도로 구약시대에서 개는 매우 부정적인 이미지를 가지고 있었습니다. 율법에 개가 부정한 동물로 명시되지는 않았지만, 토한 음식을 다시 먹는 개의 속성이나 버려진 음식이나 사체를 막론하고 야생에서 먹을 것을 찾는 모습으로 인해 부정한 짐승으로 여겨졌습니다. 반면에 우리 사회에서는 조금 다른 면이 있습니다. 개 이미지로 나쁜 것 중 대표적인 게 바로 아무 개하고, 또는 아무 장소에서나 교미하는 행위입니다. 인간의 관점으로 볼 때, 개 사이에서는 근친상간이 자주 일어나고, 교미 시간도 개의 독특한 생식기 구조와 기능으로 인해 30~40분은 기본이고, 길게는 1시간 이상도 유지됩니다. 결국 사람들 눈에 띄는 경우가 많아서 개는 성적으로 문란하다는 개념을 사람들이 보편적으로 가지게 된 것입니다. 지금은 개를 기르더라도 중성화 수술을 많이 해 그런 모습을 거의 보기 힘들어져서 개에 대한 이미지가 많이 좋아졌지만, 여전히 욕설에 가장 많이 사용되는 동물이 개일 정도로 개는 우리 사회에서도 부정적인 동물입니다. 마찬가지로 서양에서도 예로부터 개는 창녀나 성적으로 문란하고 헤픈 여자를 뜻하는 말로 사용되었습니다. 이 경우는 우리나라에서도 여자나 남자 모두 마찬가지입니다. 술을 많이 마시면 전전두엽(前前頭葉)의 기능이 저하되어 이성적인 판단이 흐려지고 감정을 억제하기 어려워져 폭력적으로 변하는 경우가 많기 때문입니다. 그래서 언어폭력, 성폭력, 물리적 폭력이 쉽게 일어납니다. 그리고 도덕적으로 해이해지기 때문에 방탕하고 무절제한 행동을 하기 십상이고, 여자든 남자든 평상시 성적인 면에서도 빈틈없이 경계하고 조심하다가도 술을 마시면 비록 폭력성이 없다고 하더라도 성적으로나 도덕적으로 조심성과 절제력을 잃어버리기 때문에 결국 일어나지 않아야 할 사고가 발생하게 됩니다. 돼지 역시 이스라엘 사회에서는 부정한 동물을 대표할 정도로 더럽고 추한 짐승이었습니다. 먼저 율법에 "돼지는 굽이 갈라져 쪽발이로되 새김질을 못하므로 너희에게 부정하니 너희는 이러한 고기를 먹지 말고 그 주검도 만지지 말라 이것들은 너희에게 부정하니라"(레 11:7~8)라고 규정되어 있습니다. 그런데 이스라엘 백성이 우상숭배를 하고 타락하자 "그들이 무덤 사이에 앉으며 은밀한 처소에서 밤을 지내며 돼지고기를 먹으며 가증한 것들의 국을 그릇에 담으면서"(사 65:4)라는 말씀과 같이 이방인들의 제사 행위를 따라 죽은 자와 교통하려고 시도했고, 부정한 돼지고기를 먹기까지 했던 것입니다. 그런 행위야말로 "돼지가 씻었다가 더러운 구덩이에 도로 누웠다 하는 말"에 합당한 더러운 행위였습니다. 하나님이 이스라엘 백성을 우상숭배의 나라 애굽에서 빼내어 '약속의 땅' 가나안 땅으로 인도하셨는데, 백성 대부분 다시 우상숭배라는 더러운 삶으로 되돌아갔던 것입니다. 히브리서 기자는 이런 사람들을 향해, 그리고 베드로 당시 소아시아 지역 거짓 선생들과 그들에게 미혹된 자들과 같은 가짜 신자들을 향해 "한 번 빛을 받고 하늘의 은사를 맛보고 성령에 참여한 바 되고 하나님의 선한 말씀과 내세의 능력을 맛보고도 타락한 자들은 다시 새롭게 하여 회개하게 할 수 없나니 이는 그들이 하나님의 아들을 다시 십자가에 못 박아 드러내 놓고 욕되게 함이라"(히 6:4~6)라고 강력하게 선언했습니다.

이처럼 거짓 선생들과 이단·사이비 사상에 빠진 자들은 그들의 본질이 결단코 변하지 않음을 보여줍니다. 아무리 도덕적으로 일정 기간 변한 모습을 보였다 할지라도 결국 원래대로 되돌아가는 속성을 가지고 있다는 것입니다. 우리 속담에도 "제 버릇 남 못 준다"는 말이 있습니다. 오랫동안 몸에 밴 나쁜 습관, 또는 원래부터 가지고 있던 나쁜 행동은 평생 고치기 어렵다는 뜻입니다. 또한 "사람은 고쳐 쓰는 게 아니다"라는 속담도 자주 사용합니다. 타고난 본성은 변하지 않기에 고치려고 헛수고를 할 필요 없다는 뜻입니다. 로마의 격언 중에도 "천성은 아무리 쫓아내도 곧바로 되돌아온다"는 말이 있습니다. 염세주의 철학자 쇼펜하우어(Schopenhauer, 1788~1860)는 절교한 친구와 화해하는 것을 '나약함의 한 형태'라고 했습니다. 화해한 뒤에도 역시 처음 절교하게 되었던 바로 그 행동 또는 배신을 그 친구가 되풀이할 것이라는 이유 때문입니다. 고대 유가(儒家) 사상가 중 순자(荀子, BC 298~238)는 공자나 맹자와는 달리 인간의 본성은 악하다는 성악설(性惡說)을 가르쳤습니다. 예수님은 제자들에게 *"거룩한 것을 개에게 주지 말며 너희 진주를 돼지 앞에 던지지 말라 그들이 그것을 발로 밟고 돌이켜 너희를 찢어 상하게 할까 염려하라"*(마 7:6)라고 하셨습니다. 개와 돼지나 다름없는 속성을 가진 자들은 복음을 듣고도 다시 옛 삶으로 되돌아갑니다. 당시 거짓 선생들과 그들에게 미혹된 자들은 개와 돼지처럼 결국 변하지 않는 타락한 본질을 보여준 것이며 빛을 보고 하나님께로 회개하고 돌아오는 것 같았지만 결국 원래 모습으로 되돌아가는 속성을 그대로 보여준 것입니다. 복원력(復元力)이라는 말이 있습니다. 평형 상태가 깨질 때 원래대로 평형을 이루고자 하는 힘을 뜻하는데, 관성의 법칙도 유사합니다. 정지 관성은 다른 힘을 받아도 계속 정지상태를 유지하려고 하고, 운동 관성은 계속 운동 상태를 유지하려고 합니다. 마찬가지로 인간의 본성은 잠시 신앙생활을 하고, 특별한 교육을 받고, 욕망이 충족되는 어떤 순간을 누림으로써 실제로 변한 것처럼 보이지만, 하나님의 은혜로 참된 신앙을 가지지 않는 이상 결국 어느 순간 복원력과 관성의 법칙이 적용되는 것처럼, 결국에는 원래의 본질을 드러내고, 원래 대로 되돌아가는 속성을 보이게 마련입니다. 가룟 유다는 3년간 예수님을 따라다닌 열두 제자 중 한 사람으로 돈궤를 맡은 신뢰할만한 인물이었습니다. 그러나 예수님을 통해 정치적으로 크게 성공할 일이 없다는 사실을 깨닫게 되자, 종교 지도자들에게 돈을 받고 예수님을 팔아넘기는 배신을 하고 말았습니다. 예수님을 통해 더 이상 현실 속에서 얻게 될 부와 명예와 권력이 없다는 것을 깨닫고 숨겨왔던 그의 본성을 드러내고 만 것입니다. 오늘날도 마찬가지입니다. 예수님을 믿음으로써 뭔가 얻을 게 있다기보다는 오히려 시간도 허비하고, 돈과 힘까지 아깝게 쓰고 낭비한다는 생각에 예수님을 외면하고 떠나는 가룟 유다가 되는 사람들이 많습니다. 어떤 사람들은 예수님을 떠나지 않았고 오히려 더 열정적으로 믿는다고 주장하지만, 사실은 교회처럼 보이는 공동체에서 자아실현과 자기만족을 위해 예수님을 이용하고 있거나 단지 사회적 관계 또는 대인관계를 즐기고 있을 뿐입니다. 이들은 종교적인 모습으로 본성을 감추고 있을 뿐입니다. 어떤 지역교회에 소속되어 있다고 해서 모두가 하나님의 참 백성은 아닙니다. 사도 바울은 "또 이사야가 이스라엘에 관하여 외치되 이스라엘 자손들의 수가 비록 바다의 모래 같을지라도 남은 자만 구원을 받으리니"(롬 9:27)라고 이사야 10장 22절 말씀을 인용해서 교훈했습니다. 어떤 거짓 가르침에도 속지 않고 어떤 유혹에도 타락하지 않는 자들, 어떤 핍박과 고난에도 굴복하지 않는 자들, 그리고 좋든 나쁘든 어떤 환경에서도 복음에서 멀어지지 않고 예수 그리스도를 의지하는 그 믿음을 미련스러울 정도로 끝까지 지키는 자들이 가장 지혜로운 자들이요, 추악한 본성에서 진정으로 거듭나 변화되어가는 거룩한 본성을 가진 가장 복되고 영광스러운 "남은 자"임을 확실히 믿고 하나님께 영광을 돌리기를 바랍니다. 아멘.

(2025년 10월 26일)

τὴν αἰώνιον βασιλείαν τοῦ κυρίου ἡμῶν

καὶ σωτῆρος Ἰησοῦ Χριστοῦ

우리 주 곧 구주 예수 그리스도의 영원한 나라(벧후 1:11)

[개혁된] 교회는 항상 개혁되어야 한다

1. 사랑하는 자들아 내가 이제 이 둘째 편지를 너희에게 쓰노니 이 두 편지로 너희의 진실한 마음을 일깨워 생각나게 하여
2. 곧 거룩한 선지자들이 예언한 말씀과 주 되신 구주께서 너희의 사도들로 말미암아 명하신 것을 기억하게 하려 하노라

베드로후서 2장 17절부터 22절까지 두 번의 강설을 통해 거짓 선생들의 본질과 속성에 대해 살펴보았는데, 3장 1절부터 13절까지 내용을 이어서 살펴보게 되면 이 편지의 본론에 해당한 내용(1:16~3:13)이 모두 끝나게 됩니다. 그리고 3장 14절부터 마지막 18절은 결론에 해당하는 부분으로, 베드로 사도의 명령과 송영으로 마무리가 됩니다.

오늘부터 살펴보게 될 3장 1절부터 13절은 거짓 교사들의 헛된 가르침에 대해 구약성경과 예수 그리스도의 말씀을 기초로 그 문제를 드러내고, 무엇이 옳은 가르침인지 깨닫도록 해주는 내용입니다. 먼저 정욕을 따라 살면서 세상의 종말과 예수 그리스도의 재림 신앙을 조롱하고, 그것을 믿는 참 그리스도인들에 대해 조롱하는 거짓 교사들이 나타났다는 내용이 소개되고(3:1~7), 다음으로는 세상의 종말과 그리스도의 재림에 대해 올바르게 교훈하는 내용이 나옵니다(3:8~13). 물론 5절부터 시작되지만, 주요 내용을 구분해서 나누자면 그렇다는 것입니다. 오늘은 먼저 3장 1~2절을 살펴봄으로써, 베드로후서 전체를 통해 단순히 거짓 선생들의 헛된 가르침을 드러내는 것으로만 그치는 것이 아니라, 편지를 받아 읽게 될 모든 그리스도인의 마음을 일깨워서 하나님의 말씀을 생각나게 하고 항상 기억하게 하려는 뜻이 베드로 사도에게 있었

음을 알 수 있기를 바랍니다.

　제4강에서 살펴보았듯이 "그러므로 형제들아 더욱 힘써 너희 부르심과 택하심을 굳게 하라 너희가 이것을 행한즉 언제든지 실족하지 아니하리라 이같이 하면 우리 주 곧 구주 예수 그리스도의 영원한 나라에 들어감을 넉넉히 너희에게 주시리라"(1:10~11)라는 말씀을 통해서 베드로 사도가 두 번째 편지를 기록한 목적을 명확히 알 수 있었습니다. 이 편지를 쓰게 된 직접적인 계기 즉 원인은 거짓 고사들이 퍼뜨린 거짓 교훈과 그로 인해 미혹을 당하게 되는 염려 때문이었지만, 당시는 물론 모든 시대에 해당하는 그리스도인들에게 참된 경건을 가르침으로써, 거짓 가르침에 미혹되어 실족하는 일 없이 "우리 주 곧 구주 예수 그리스도의 영원한 나라에 들어감"을 돕는 것이 편지의 진정한 목적입니다. 또한 이 같은 목적을 위해 베드로는 두 가지 목표를 설정해서 소아시아 지역 교회들이 모두 알 수 있도록 교훈했습니다. 첫 번째 목표는 이미 듣고 알게 된 복음과 그 교훈에 대해 늘 생각나게 하는 것이었고, 두 번째 목표는 본론에 속한 내용 즉 1장 16절부터 3장 13절까지 내용으로 거짓 교사들과 거짓 가르침에 대해 확실히 알도록 교훈하는 것이었습니다. 그래서 그리스도인들은 하나님의 진리가 기록된 성경을 항상 생각하고 기억해야 합니다. 동시에 세상에 존재하는 일시적 아름다움과 언젠가는 사라질 명성에 미혹되지 않아야 합니다. 세상에 대한 영적 통찰력이 없다면 "바람에 불려가는 물 없는 구름이요 죽고 또 죽어 뿌리까지 뽑힌 열매 없는 가을 나무"(유 1:12)와 같은 거짓 선생들의 헛된 가르침에 미혹되기도 쉽습니다. 그러므로 베드로 사도는 먼저 "사랑하는 자들아 내가 이제 이 둘째 편지를 너희에게 쓰노니 이 두 편지로 너희의 진실한 마음을 일깨워 생각나게 하여"(1절)라고 함으로써 첫째 편지와 둘째 편지 모두 교회들이 처한 상황과 편지의 성격은 다르지만 *"진실한 마음을 일깨워 생각나게"* 하는 것은 같은 뜻이었음을 알 수 있습니다. 즉 *"진실한 마음을 일깨워"* 성경이 *"생각나게"* 함으로써 한편으로는 박해라는 환난을 견디게 하고(베드로전서), 다른 한편으로는 거짓 선생들과 거짓 가르침을 분별하고 올바른 종말 신앙을 갖도록 하는 것이었습니다(베드로후서). 게다가 특별히 사도들이 주로 사용한 *"사랑하는 자들아"*(ἀγαπητοί, beloved)라는 호칭을 베드로 사도 역시 사용함으로써(벧전 2:11, 4:12, 벧후 3:1, 8, 14, 17) 참된 그리스도인들을 향해 호소하는 마음을 드러내면서 *"사랑하는 자들"*을 향해 편지하게 된 의도를 다음과 같이 되풀이함으로써 더욱 강조했는데, 이는 예수님과 다른 사도들도 마찬가지였습니다.

"그러므로 너희가 이것을 알고 이미 있는 진리에 서 있으나 내가 항상 너희에게 ***생각나게*** 하려 하노라"(벧후 1:12)

"내가 이 장막에 있을 동안에 너희를 일깨워 ***생각나게*** 함이 옳은 줄로 여기노니"(벧후 1:13)

"내가 힘써 너희로 하여금 내가 떠난 후에라도 어느 때나 이런 것을 ***생각나게*** 하려 하노라"(벧후 1:15)

"사랑하는 자들아 내가 이제 이 둘째 편지를 너희에게 쓰노니 이 두 편지로 너희의 진실한 마음을 일깨워 ***생각나게*** 하여"(벧후 3:1)

"보혜사 곧 아버지께서 내 이름으로 보내실 성령 그가 너희에게 모든 것을 가르치고 내가 너희에게 말한 모든 것을 ***생각나게*** 하리라"(요 14:26)

"그러나 내가 너희로 *다시 생각나게* 하려고 하나님께서 내게 주신 은혜로 말미암아 더욱 담대히 대략 너희에게 썼노니"(롬 15:15)

"이로 말미암아 내가 주 안에서 내 사랑하고 신실한 아들 디모데를 너희에게 보내었으니 그가 너희로 하여금 그리스도 예수 안에서 나의 행사 곧 내가 각처 각 교회에서 가르치는 것을 *생각나게* 하리라"(고전 4:17)

"너희가 본래 모든 사실을 알고 있으나 내가 너희로 *다시 생각나게* 하고자 하노라 주께서 백성을 애굽에서 구원하여 내시고 후에 믿지 아니하는 자들을 멸하셨으며"(유 1:15)

이 외에도 구약성경과 신약성경 곳곳에서 *"기억하라"*라고 명령한 말씀에 귀를 기울여야 합니다. 특별히 어떤 사건이나 존재에 대해 기억하라는 말씀도 있고, 율법과 말씀과 하나님의 일에 대해 기억하라는 말씀도 있습니다. 하나님의 말씀은 단지 듣고 깨닫는 것으로써 끝나는 게 아니라 기억하고 그 말씀이 뜻하는 바에 따라 순종해야 합니다. 구약성경과 신약성경에는 다음과 같이 기억할 것을 명령하는 구절들이 많습니다.

"너는 *기억하라* 네가 애굽 땅에서 종이 되었더니 네 하나님 여호와가 강한 손과 편 팔로 거기서 너를 인도하여 내었나니 그러므로 네 하나님 여호와가 네게 명령하여 안식일을 지키라 하느니라"(신 5:15)

"너는 애굽 땅에서 종 되었던 것과 네 하나님 여호와께서 너를 속량하셨음을 *기억하라* 그것으로 말미암아 내가 오늘 이같이 네게 명령하노라"(신 15:15)

"너는 청년의 때에 너의 창조주를 *기억하라* 곧 곤고한 날이 이르기 전에, 나는 아무 낙이 없다고 할 해들이 가깝기 전에"(전 12:1)

"흙은 여전히 땅으로 돌아가고 영은 그것을 주신 하나님께로 돌아가기 전에 *기억하라*"(전 12:7)

"너희는 내가 호렙에서 온 이스라엘을 위하여 내 종 모세에게 명령한 법 곧 율례와 법도를 *기억하라*"(말 4:4)

"여기 계시지 않고 살아나셨느니라 갈릴리에 계실 때에 너희에게 어떻게 말씀하셨는지를 *기억하라*"(눅 24:6)

"그러므로 여러분이 일깨어 내가 삼 년이나 밤낮 쉬지 않고 눈물로 각 사람을 훈계하던 것을 *기억하라*"(행 20:31)

"내가 전한 복음대로 다윗의 씨로 죽은 자 가운데서 다시 살아나신 예수 그리스도를 *기억하라*"(딤후 2:8)

"사랑하는 자들아 너희는 우리 주 예수 그리스도의 사도들이 미리 한 말을 *기억하라*"(유 1:17)

위 구절들을 통해 알 수 있듯이 우리가 주목하고 생각하며 기억해야 할 일들과 존재에 대해 일깨우기 위해 구약시대 선지자들과 신약시대 사도들이 예언(預言)했음을 알기를 바랍니다. 그러나 우리는 세상 것들을 유별나게 주목하지는 않더라도 불신자들과 똑같이 세상에 살고 있기에 그리스도인들 역시 그런 환경에서 어느 정도는 영향을 받고 살아갈 수밖에 없습니다. 현재 우리나라와 관련해서 세계적인 큰 이슈 세 가지가 있습니다. 첫째는 줄여서 '케데헌'이라고 부르는 '케이팝 데몬 헌터스'(K-Pop Demon Hunters) 열풍, 둘째는 코스피 4,000을 넘어선 주식시장 열풍, 셋째는 HBM(고대역폭 메모리) 반도체 열풍입니다. 이러한 열풍은 이번 2025년 APEC 정상회의 및 국제적 회의(10월 말~11월 초, 경주)에 세계인의 이목이 쏠리면서 더욱 뜨거워지고 있습니다. 2024년 남북한 전쟁 위기, 비상계엄령 등으로 인해 한반도가 전쟁 상황으로 이어졌다면 불가능한 일들입니다. 우리는 여기서 세 가지 열풍에는 공통점이 있음을 알 수 있습니다. '케데헌' 인기의 주인공이라 할 수 있는 이재(EJAE)는 10년 이상 주목받지 못한 SM 연습생 출신이었다는 사실입니다. 보통 10대 후반에서 20대 초반에 데뷔해서 스타가 된 아이돌 그룹과 비교할 때, 그녀는 30대 중반의 나이에 시즈과 동시에 세계적인 스타가 되었습니다. 우리나라 주식시장도 마찬가지입니다. '코리아 디스카운트'(Korea Discount)로 인해 세계 주식시장에서 지금까지 주목받지 못했다는 점입니다. 1956년 한국증권거래소가 출범한 이후 1980년대부터 본격적으로 주식시장이 성장하기 시작했는데, 지금까지 계속 저평가되었던 것입니다. 이재명 대통령이 올해 초 더불어민주당 대선 후보 시절(후보 등록 전 코스피 2,577[2025년 5월 9일 마감]) 당시 코스피 5,000시대를 열겠다고 공약했을 때 많은 언론과 정치인들이 비웃거나 비현실적이라고 생각했습니다. 그러나 이제는 5,000시대가 멀지 않았습니다. 현재 전문가들은 비로소 우리나라 주식시장의 고질적인 문제였던 '코리아 디스카운트' 요인들이 점점 제거되고 있고, 전반적으로 시장 여건이 정상화되고 있다고 말하고 있습니다. 현재 세계 주식시장에서 상승률 1위 시장이 바로 우리나라 시장입니다. 1980년대를 기준으로 볼 때 지난 45년간 주목받지 못했던 주식시장이 이제 큰 주목을 받고 있고 빠른 속도로 성장하고 있습니다. HBM(고대역폭 메모리) 반도체 역시 주목받지 못한 비싼 반도체였습니다. 현재 세계 HBM 시장을 주도하고 있는 SK하이닉스가 미국 AMD와 함께 2013년에 세계 최초로 HBM을 개발해서 양산 체제로 들어갔지만, 성능 대비 활용도가 매우 낮았고, 생산하는데 필요한 공정이나 기술도 까다로워서 가격도 일반 D램에 비해 몇 배나 비쌌습니다. 고성능이라고 인정은 받았지만 제대로 사용되지 못하고 주목받지 못한 HBM 10년의 기간을 깬 것이 바로 2023년에 출현한 인공지능(AI) '챗GPT'였습니다. AI 산업의 급부상으로 HBM은 SK하이닉스의 대표 상품이 되었고, 세계 시가총액 1위 엔비디아(CEO 젠슨 황)에 가장 많은 메모리를 공급하고 있습니다. 세계 3위 경제 대국 독일의 국내총생산(GDP)을 넘어서는 규모의 업체 엔비디아를 대상으로 엄청난 매출을 올리고 있는 SK하이닉스는 지난 3분기 실적을 발표했는데, 분기당 사상 최대인 11조 3,800억 원 이상의 영업이익을 남겼고, 대부분 HBM 수출로 인한 것이었습니다. 이번 APEC에 참여한 젠슨 황이 대통령과 재계 리더들과의 만남을 통해 우리나라에 GPU 26만 장을 우선 공급하겠다는 발표를 함으로써, 앞으로 정부를 비롯한 삼성전자, SK그룹, 현대차그룹, 네이버클라우드 등의 기업이 큰 혜택을 받게 될 것입니다. "한국을 아시아태평양 지역 AI 허브로 만들겠다"라고 선언한 이재명 정부와 동맹 차원에서 젠슨 황은 GPU 공급을 약속한 것입니다. 이제 머지않은 미래에 우리나라는 AI 산업으로 세계의 주목을 받게 될 것입니다. 이처럼 현재 한국 열풍을 일으키고 있는 세 가지(케데헌 이재, 한국 주식시장, HBM)는 각각 문화와 예술, 세계 경제, 그리고 4차 산업과 반도체 분야에서 세계적으로 주목받지 못했으나 지금은 상황이 완전히 달라졌습니다. 이런 이슈를 알지 못하고 흐름을 타지 못한 사람들은 왜 그것을 주목하지 못했는가 후회하면서 미련과 아쉬움을 드러낼 것입니다. 우리가 특별히 생각해야 할 점은 바로 세 가지 열풍 모두 세계의 주목을 받기까지는 주목받지 못한 오랜 세월이 있었다는 점입니다. 세상을 살아가는 우리도 마찬가지입니다. 열심히 최선을 다해 노력하고 정직하게 일해도, 심지어 남다른 능력과 지식이 있어도 주목받지 못하는 경우가 많습니다. 우리는 세상의 그런 측면에 대해서도 받아들여야 합니다. 그러나 설령 주목받더라도 이와 같은 인물, 일, 또는 물질은 언제든지 대중의 관심과 주목에서 멀어질 수 있고, 시대마다 필요로 하는 것들 또는 가장 중요하다고 생각하는 것들이 달라지기도 합니다. 그러함에도 불구하고 세상을 살아가는 동안 우리는 각자가 속한 분야에서 최선을 다해야 합니다. 그것이 또한 그리스도인의 윤리이기 때문입니다. 그러나 잊지 말아야 할 것, 즉 다른 주목 대상이 우리에게 있음을 알아야 하는데, 그것은 바로 앞에서 언급한 구약시대 선지자들과 신약시대 사도들이 예언(預言)했던 말씀입니다. 남들이 주목하지 않더라도, 그리스도인들이라면 항상 주목해야 합니다. 배가 고플 때나 부를 때드, 실패와 고난 또는 성공과 평안의 때에도, 어려서도 늙어서도, 병들었을 때도 건강할 때도 항상 주목하고 생각하고 기억해야 합니다. 예언(預言)에 주목하고 예언을 늘 생각하는 사람들은 주님의 재림 때 그리스도의 영광을 함께 나누며 영원토록 빛나게 될 것입니다.

다시 한번 강조하자면, 우리는 세상을 살아가는 일반적인 삶이 있고, 동시에 남들과는 다른 특별한 삶 즉 그리스도인의 삶이 있음을 항상 잊지 말아야 합니다. 그러므로 우리가 기억해야 할 점은 세상에서 우리가 주목받는 삶을 살지 못하더라도 반드시 주목하는 삶을 살아야 한다는 사실입니다. 주목해야 할 대상은 바로 이 세상이나 세상에 있는 것들이 아니라, 하늘과 하늘에 있는 집이어야 합니다. 먼저 언급한 세 가지 열풍과 같은 세상의 이슈에 주목하는 건 땅에 주목하는 것이지만, 예언(預言)에 주목하는 건 하늘에 주목하는 것입니다. 바울 사도는 "우리가 주목하는 것은 보이는 것이 아니요 보이지 않는 것이니 보이는 것은 잠깐이요 보이지 않는 것은 영원함이라"(고후 4:18)라고 교훈했는데, 바로 이어진 구절에서 "만일 땅에 있는 우리의 장막 집이 무너지면 하나님께서 지으신 집 곧 손으로 지은 것이 아니요 하늘에 있는 영원한 집이 우리에게 있는 줄 아느니라"(고후 5:1)라고 함으로써 지금 우리 눈에 보이지 않는 "하늘에 있는 영원한 집"을 주목해야 한다고 가르쳤습니다. 이것은 육체의 눈으로 보는 임시 집이 아니라 영의 눈으로 보는 영원한 집입니다. 솔로몬은 "네가 어찌 허무한 것에 주목하겠느냐 정녕히 재물은 스스로 날개를 내어 하늘을 나는 독수리처럼 날아가리라"(잠 23:5, "*한 순간에 없어질 재물을 주목하지 말아라. 재물은 날개를 달고, 독수리처럼 하늘로 날아가 버린다.*"《새번역》)라고 하면서 세상의 재물을 주목하지 말라고 가르쳤습니다. 우리는 세상의 종말이 올 때까지 변함이 없이 가장 중요한 존재, 가장 중요한 것을 항상 인정하고 주목하고 기억해야 합니다. 그 존재는 바로 예수 그리스도입니다. 달리 표현하자면, 그리스도의 복음이고 성경의 모든 교훈입니다. 베드로 사도는 그래서 "*곧 거룩한 선지자들이 예언한 말씀과 주 되신 구주께서 너희의 사도들로 말미암아 명하신 것을 기억하게 하려 하노라*"(2절)라고 밝히 말한 것입니다. 베드로가 그렇게 "*기억하게 하려*"는 이유는 바로 예수님께서 "*천지는 없어지겠으나 내 말은 없어지지 아니하리라*"(막 13:31, 눅 21:33, 마 24:35)라고 말씀하셨기 때문입니다.

이 세상에서의 우리 삶은 죽을 때까지 전혀 주목받지 못한 삶인 경우가 대부분임을 우리는 알아야 합니다. 세상 사람들은 세상에서, 또는 자

 21세기 한국교회를 위한 **베드로후서 강설**

기들이 속한 사회에서 주목받는 것이 성공이겠지만, 천국 백성은 주목받지 못하고 오히려 핍박받고 고난받는 삶이 곧 성공입니다. 세상은 결코 하나님의 백성을 높이 세우고 주목하지 않습니다. 예수님은 제자들에게 이렇게 말씀하셨습니다.

> 10. 의를 위하여 박해를 받은 자는 복이 있나니 천국이 그들의 것임이라
> 11. 나로 말미암아 너희를 욕하고 박해하고 거짓으로 너희를 거슬러 모든 악한 말을 할 때에는 너희에게 복이 있나니
> 12. 기뻐하고 즐거워하라 하늘에서 너희의 상이 큼이라 너희 전에 있던 선지자들도 이같이 박해하였느니라(마 5:10~12)

'의를 외면하고 세상에서 주목받고 성공하는 자'는 천국 백성이 될 수 없습니다. "의를 위하여 박해를 받은 자"가 천국을 소유하는 자임을 확실히 깨닫기를 바랍니다. 세상에서 주목받고 명성을 얻고자 힘쓰는 목사들과 신자들도 많습니다. 그렇게 해서 성공하고 부와 명성과 인기를 누리는 자들을 부러워할 필요가 전혀 없습니다. 예수 그리스도를 믿는 신앙으로 인해 욕을 먹고 핍박당하고, 또는 허위 사실로 인해 악한 말을 듣고 비난당할 때 오히려 "기뻐하고 즐거워하라"라고 예수님이 말씀하셨습니다. 하늘에서 받는 상이 크기 때문입니다. '세상의 상'은 일시적이고 헛된 것이지만, '하늘의 상'은 크고 영광스럽고 영원하기 때문입니다!

그러므로 남들은 다 성공하고 유명해지는데, 나는 그렇게 되지 못했다고 슬퍼하거나 비관하지 말아야 합니다. 우리는 세상을 살아가면서 힘과 돈과 시간을 쏟게 마련입니다. 무엇을 위해, 누구를 위해 쓰느냐가 중요합니다. 하나님의 나라를 위해, 그리스도를 위해 그렇게 하고 있습

니까? 예수님은 "그런즉 너희는 먼저 그의 나라와 그의 의를 구하라 그리하면 이 모든 것을 너희에게 더하시리라"(마 6:33)라고 명령하셨습니다. "그의 나라와 그의 의를 구하라"는 명령을 외면하거나 소홀히 여긴다면 이 세상에서 성공하고 유명해져도 아무런 의미가 없습니다. 그것은 "물 없는 샘"(벧후 2:17)이요 "물 없는 구름"(유 1:12)입니다. 세상에서 즐거움과 부와 권력과 명예와 지혜를 최고로 누렸고, 당대 모든 사람의 주목을 받았던 솔로몬은 "헛되고 헛되며 헛되고 헛되니 모든 것이 헛되도다"(전 1:2)라고 했고, "내가 해 아래에서 행하는 모든 일을 보았노라 보라 모두 다 헛되어 바람을 잡으려는 것이로다"(전 1:14)라고 교훈했습니다. 솔로몬은 세상 모든 사람을 향해 다음과 같이 유언이나 다름없는 교훈을 남겼습니다.

"너는 청년의 때에 너의 창조주를 기억하라 곧 곤고한 날이 이르기 전에, 나는 아무 낙이 없다고 할 해들이 가깝기 전에 해와 빛과 달과 별들이 어둡기 전에, 비 뒤에 구름이 다시 일어나기 전에 그리하라"(전 12:1~2)

"흙은 여전히 땅으로 돌아가고 영은 그것을 주신 하나님께로 돌아가기 전에 기억하라 전도자가 이르되 헛되고 헛되도다 모든 것이 헛되도다"(전 12:7~8)

"일의 결국을 다 들었으니 하나님을 경외하고 그의 명령들을 지킬지어다 이것이 모든 사람의 본분이니라 하나님은 모든 행위와 모든 은밀한 일을 선악 간에 심판하시리라"(전 12:13~14)

그제는 마틴 루터로부터 시작된 종교개혁(1517년 10월 31일) 508주년 기념일이었습니다. 종교개혁의 시발점이 된 '95개 조항의 반박문'(로마가톨릭의 비성경적 권위와 교회의 부패에 대한 반박문을 비텐베르그 성 교회당 대문에 붙임)은 로마 가톨릭교회의 면죄부 판매를 비판했고, 특히 만성절(All Saints' Day, 11월 1일)에 순교자들이나 성인들의 유물을 전시하고 면죄부를 판매하는 사람이 많았기 때문에, 루터는 만성절의 전야제(All Hallows Evening)가 있는 10월 31일을 선택한 것입니다. 오늘날도 미국을 중심으로 성대하게 지키는 '할로윈'(Halloween)은 이 '전야제'(All Hallows' Eve)에서 비롯된 것입니다. 만성절은 원래 초대교회 순교자들을 기념하기 위한 관습으로 가톨릭교회가 4세기경에 오순절 다음 주일에 지켜오다가 날짜를 5월 13일로 정했고(610년, 교황 보니과시오 4세), 교황 그레고리 3세(재위 731~741) 때부터 11월 1일로 지켰으며, 교황 그레고리 4세(재위 827~844) 때 공식적인 축일로 지정하게 되었습니다(835년 공인). 11월 1일은 켈트족(Celts)의 새해 첫날이었고, 그날 전 10월 31일은 한 해의 마지막 날로 이때부터 새해 첫날까지 '삼하인 축제'(Samhain Festival)가 벌어졌으며, 사람들은 집으로 다시 돌아온다는 죽은 자들의 영혼을 달래는 행위를 하고 악령을 쫓아 보내는 명절로 지켰던 것입니다. 일종의 송구영신(送舊迎新) 개념도 포함된 축제였습니다. 그래서 약 1,200년 이상 가톨릭교회에서 지켜져 왔던 악습, 즉 죽은 자들과 관련된 의식과 관습을 끊어내고자 시도한 인물이 루터였고, 그로 인해 종교개혁의 바람이 거세게 불게 된 것입니다. 그러나 아직도 로마가톨릭과 동방 정교회는 만성절을 지키고 있고, 가톨릭과 기독교(개신교) 사이에 있는 성공회와 루터교회, 그리고 감리교 일부는 가톨릭만큼은 아니어도 이교도 관습에서 벗어나지 못하고 있습니다. 그런데 놀랍게도 미국교회나 한국교회 일부는 장로교회나 침례교회에 속해 있으면서도 '할로윈'을 지키거나, 적어도 주일학교 행사로써 '할로윈' 파티를 여는 경우가 있습니다. 이처럼 세속적 관습에서 벗어나지 못한다면 [개혁된] 교회라 할 수 없습니다. 500년 이상 이어져 온 종교개혁의 역사를 그대로 계승해야 진정한 교회, 즉 개혁된 교회라 할 수 있습니다. 그래서 우리는 "[개혁된] 교회는 항상 개혁되어야 한다"(라. Ecclesia semper reformanda est)는 말의 중요성을 항상 기억해야 합니다. 종교개혁 당시부터 현재까지 이어져 온 구호 '다섯 가지 오직'(5 Solas)을 잊지 말아야 합니다. Sola Scriptura(오직 성경), Sola Fide(오직 믿음), Sola Gratia(오직 은혜), Solus Christus(오직 그리스도), Soli Deo Gloria(오직 하나님께 영광)를 기억하는 교회가 되어야 합니다. 종교개혁 당시 가장 중요한 구호요 핵심적인 원칙이 바로 Sola Scriptura(오직 성경)였습니다. 성경을 바르게 가르치고 배울 때 나머지 네 가지 구호와 핵심 가치가 당연히 뒤따르게 됩니다. 베드로 사도 역시 "사랑하는 자들아 내가 이제 이 둘째 편지를 너희에게 쓰노니 이 두 편지로 너희의 진실한 마음을 일깨워 생각나게 하여 곧 거룩한 선지자들이 예언한 말씀과 주 되신 구주께서 너희의 사도들로 말미암아 명하신 것을 기억하게 하려 하노라"라고 교훈함으로써 '오직 말씀' 즉 '오직 성경'을 기억하도록 강조했습니다.

끝으로 "곧 거룩한 선지자들이 예언한 말씀과 주 되신 구주께서 너희의 사도들로 말미암아 명하신 것을 기억하게 하려 하노라"는 말씀을 통해 구약시대의 "거룩한 선지자들"의 예언과 신약시대의 "사도들"의 명령이 모두 하나님으로부터 주어진 말씀이고, 거룩한 두 직분의 권위 역시 하나님으로부터 주어진 사실을 선포한 것임을 알도록 교훈했습니다. 우리는 지난 주일 강설에서 "우리 주 되신 구주 예수 그리스도"에 대해 살펴보았습니다. 베드로후서에서 특히 여러 차례 강조된 표현인데, 1장 1절과 11절, 2장 20절, 3장 2절과 18절에 등장합니다. 베드로는 1장 11절에서 사용했던 "우리 주 곧 구주"(Our Lord and Savior Jesus Christ)라는 표현을 또 사용함으로써 예수 그리스도가 '우리 하나님이요 우리 구주'라고 강조한 것입니다. 그러므로 베드로는 자기 자신을 포함한 "사도들"의 권위와 구약시대의 "거룩한 선지자들"의 권위의 출처가 바로 하나님이라는 사실을 깨닫도록 한 것입니다. 당시 철학과 동양의 신비적 종교에 조예가 깊고 웅변술과 지식이 뛰어났던 거짓 선생들은 당연히 사람들로부터 주목받기 쉬웠고, 또한 그들은 항상 주목받고자 했습니다. 그러나 거짓 선생들은 하나님으로부터 세움을 받은 자들도 아니요, 선지자들과 사도들의 가르침과는 전혀 다른 거짓 가르침을 전했던 자들이므로 오로지 "주 되신 구주"의 뜻과는 전혀 다른 사상을 퍼뜨리고자 했고, 정욕대로 살고자 했던 것입니다. 반면에 예수 그리스도의 사도 베드로는 "너희의 진실한 마음을 일깨워 생각나게 하여 곧 거룩한 선지자들이 예언한 말씀과 주 되신 구주께서 너희의 사도들로 말미암아 명하신 것을 기억하게 하려 하노라"라고 함으로써 탐욕과 이단 사상에 물들지 않은 순수하고 진실한 마음을 일깨워서 하나님의 말씀을 기억하도록 하려는 뜻을 품었습니다. 인생을 살다가 세상과 사회로부터 주목받지 못하고 죽는다고 할지라도 예수 그리스도를 주목하고 하나님의 말씀을 기억함으로써 하나님의 나라에서 영원토록 생명과 영광을 누리기를 바랍니다. 아멘.

(2025년 11월 2일)

말세에 정욕대로 사는 자들

3. 먼저 이것을 알지니 말세에 조롱하는 자들이 와서 자기의 정욕을 따라 행하며 조롱하여

4. 이르되 주께서 강림하신다는 약속이 어디 있느냐 조상들이 잔 후로부터 만물이 처음 창조될 때와 같이 그냥 있다 하니

5. 이는 하늘이 옛적부터 있는 것과 땅이 물에서 나와 물로 성립된 것도 하나님의 말씀으로 된 것을 그들이 일부러 잊으려 함이로다

6. 이로 말미암아 그 때에 세상은 물이 넘침으로 멸망하였으되

7. 이제 하늘과 땅은 그 동일한 말씀으로 불사르기 위하여 보호하신 바 되어 경건하지 아니한 사람들의 심판과 멸망의 날까지 보존하여 두신 것이니라

3장 1절부터 13절까지 이어지는 내용 중 오늘은 3절부터 7절을 살펴봄으로써 거짓 교사들의 헛된 가르침에 대해 구약성경과 예수 그리스도의 말씀을 기초로 드러낸 문제에 대해 알 수 있기를 바랍니다. 먼저 정욕을 따라 살면서 세상의 종말과 예수 그리스도의 재림 신앙을 조롱하고, 그것을 믿는 참 그리스도인들에 대해 조롱하는 거짓 교사들이 나타난다는 내용이 소개되고 되는데, 무엇을 알고 무엇을 기억해야 하는지 깨닫기를 바랍니다.

본문에 따르면 "말세에 조롱하는 자들이 와서 자기의 정욕을 따라 행하며 조롱하여 이르되 주께서 강림하신다는 약속이 어디 있느냐 조상들이 잔 후로부터 만물이 처음 창조될 때와 같이 그냥 있다"라고 한다는 사실입니다. 여기서 "말세"는 특정한 시대를 일컫는 말로 예수 그리스도가 이 세상에 구원자로 오셔서 십자가 구속을 통해 교회를 세우시

고 승천하셨다가 마지막 최후의 심판 날에 심판의 주님으로 다시 오실 때까지를 일컫는 말입니다. 그러므로 우리는 말세의 시작만 알고 있을 뿐, 그 끝은 알 수 없다는 사실을 명심해야 합니다. 누가는 제자들에게 하신 예수님의 말씀을 "이르시되 때와 시기는 아버지께서 자기의 권한에 두셨으니 너희가 알 바 아니요"(행 1:7)라고 기록했습니다. 예수님 역시 제자들에게 "그러나 그 날과 그 때는 아무도 모르나니 하늘의 천사들도, 아들도 모르고 오직 아버지만 아시느니라"(마 24:36)라고 하셨습니다. 성경의 마지막 책인 요한계시록 22장 마지막 인사(21절)를 제외한 끝이 바로 "내가 진실로 속히 오리라 하시거늘 아멘 주 예수여 오시옵소서"(계 22:20)라는 내용입니다. 사도 요한은 예수님으로부터 "속히 오리라"는 말씀을 들었고, 그 말씀에 대한 답변으로 "아멘 주 예수여 오시옵소서"라고 했습니다. 우리는 예수님이 다시 오신다는 사실만 확실히 믿고 기다리고 있어야 합니다. 말세에 대한 신약성경 구절들을 일부만 간추려보면 다음과 같습니다.

"**이 모든 날 마지막에**는 아들을 통하여 우리에게 말씀하셨으니 이 아들을 만유의 상속자로 세우시고 또 그로 말미암아 모든 세계를 지으셨느니라"(히 1:2)

"하나님이 말씀하시기를 **말세에** 내가 내 영을 모든 육체에 부어 주리니 너희의 자녀들은 예언할 것이요 너희의 젊은이들은 환상을 보고 너희의 늙은이들은 꿈을 꾸리라"(행 2:17)

"너는 이것을 알라 **말세에** 고통하는 때가 이르러 사람들이 자기를 사랑하며 돈을 사랑하며 자랑하며 교만하며 비방하며 부모를 거역하며 감사하지 아니하며 거룩하지 아니하며 무정하며 원통함을 풀지 아니하며 모함하

며 절제하지 못하며 사나우며 선한 것을 좋아하지 아니하며 배신하며 조
급하며 자만하며 쾌락을 사랑하기를 하나님 사랑하는 것보다 더하며 경건
의 모양은 있으나 경건의 능력은 부인하니 이같은 자들에게서 네가 돌아
서라"(딤후 3:1∼5)

"들으라 부한 자들아 너희에게 임할 고생으로 말미암아 울고 통곡하라 너
희 재물은 썩었고 너희 옷은 좀먹었으며 너희 금과 은은 녹이 슬었으니 이
녹이 너희에게 증거가 되며 불 같이 너희 살을 먹으리라 너희가 **말세에** 재
물을 쌓았도다"(약 5:1∼3)

"사랑하는 자들아 너희는 우리 주 예수 그리스도의 사도들이 미리 한 말을
기억하라 그들이 너희에게 말하기를 **마지막 때에** 자기의 경건하지 않은 정
욕대로 행하며 조롱하는 자들이 있으리라 하였나니 이 사람들은 분열을 일
으키는 자며 육에 속한 자며 성령이 없는 자니라"(유 1:17∼19)

"이 세상이나 세상에 있는 것들을 사랑하지 말라 누구든지 세상을 사랑
하면 아버지의 사랑이 그 안에 있지 아니하니 이는 세상에 있는 모든 것
이 육신의 정욕과 안목의 정욕과 이생의 자랑이니 다 아버지께로부터 온
것이 아니요 세상으로부터 온 것이라 이 세상도, 그 정욕도 지나가되 오
직 하나님의 뜻을 행하는 자는 영원히 거하느니라 아이들아 지금은 **마지
막 때**라 적그리스도가 오리라는 말을 너희가 들은 것과 같이 지금도 많
은 적그리스도가 일어났으니 그러므로 우리가 마지막 때인 줄 아노라"(요
일 2:15∼18)

위와 같이 1세기 베드로 사도 당시 그리스도인들이나 21세기 우리
나 말세를 살았거나 살아가는 것은 마찬가지입니다. 말세의 특징은 자
기를 사랑하고, 돈과 재물을 사랑하고, 쾌락을 사랑하는 것입니다. 폴

트립(Paul Tripp)은 『돈과 섹스』 1장에서 "미안하지만, 우린 제정신이 아니다"라면서 말세를 사는 우리의 환경에 대해 이렇게 기록했습니다(이지혜 역, 22쪽).

성과 돈, 우리가 이 두 영역에서 심각한 문제에 봉착했단 사실을 확인하려고 굳이 멀리까지 갈 필요는 없다. 뉴스에서는 매일같이 성과 돈에 관련된 추문을 쏟아 놓는다…… 성과 돈은 당신의 마음을 장악하여 인생의 방향을 결정하는 비뚤어진 힘을 가지고 있다. 사실상 성과 돈은 당신이 모든 것을 통제하고 있다는 들뜬 기분을 느끼게 해주지만, 그와 동시에 당신을 그 통제에 조금씩 얽어매는 주인으로 등극한다. 이렇듯 성과 돈은 내면의 안정감을 준다고 말하지만, 정작 당신을 만족시킬 능력이 없다. 당신으로 하여금 쾌락을 기대하게끔 유혹하지만, 공허함과 더 큰 갈증만 남길 뿐이다.

이처럼 이 세상 사람들 즉 교회 밖 사람들은 돈과 성으로 자기 자신을 만족시키려고 하기에 하나님에 대한 믿음이나 예수 그리스도가 재림하신다는 믿음에 대해 전혀 관심이 없고, 오히려 그런 믿음으로 살아가는 그리스도인들을 조롱합니다. 교회 주변을 맴도는 이단·사이비 교주들은 자기들을 재림 예수라고 사칭하거나 예수님의 재림 시기를 안다면서 신자들을 모으고 그들에게서 돈과 재물을 편취(騙取)하고 성적 쾌락을 일삼고 있습니다. 정부는 이런 이단·사이비 집단을 내버려 두어서는 안 됩니다. 로마서 13장에 언급되어 있듯이 하나님으로부터 '칼' 즉 공권력을 부여받았기에 사회를 어지럽히고 죄를 일삼는 집단은 종교집단이든 정치집단이든 마땅한 벌을 내리고 해체해야 합니다. 벨직 신앙고백서는 다음과 같이 시민 정부와 교회의 관계에 대한 교리를 정리했습니다.

벨직 신앙고백서(Belgic Confession, 1561) 제36조: 정부에 대해

은혜로운 하나님께서 인간의 타락 때문에 왕들과 군주들과 공직자들을 세우셨음을 우리는 믿습니다. 하나님께서는 세상이 법률과 정책으로 다스려지도록 하심으로써, 인간의 방종이 억제되고 사람들 가운데서 모든 것이 질서 정연해지도록 원하십니다. 이러한 목적을 위해 하나님께서는 범죄자를 처벌하고 선을 행하는 자들을 보호하도록 정부의 손에 칼을 맡겨주셨습니다. 그뿐만 아니라 하나님을 기쁘게 하는 사회가 되도록 공직자들은 하나님의 법에 따라 복음 전파와 신성한 예배의 모든 측면에서 방해될 수 있는 장애물을 제거하는 임무를 맡도록 부름을 받았습니다. 그들은 절대적인 권위를 행사하려는 모든 경향을 완전히 삼가고, 자신에게 맡겨진 영역에서 자신에게 속한 수단의 범위에서 이를 수행해야 합니다. 정부의 임무는 공공 영역을 돌보고 감시하는 데 국한되지 않고, 신성한 사역을 옹호하고 적그리스도에 대한 거짓 숭배를 제거하고 파괴하는 것까지 포함됩니다. 예수 그리스도의 왕국을 증진하고 모든 곳에서 복음이 전파되도록 하는 것입니다. 그 목적은 하나님께서 그분의 말씀에서 요구하시는 대로 모든 사람이 그분을 공경하고 섬기도록 하는 것입니다. 그리고 그들의 직무는 국가의 복지에 관심을 가지고 이를 감독하는 것뿐만 아니라, 적그리스도의 왕국이 무너지고 그리스도의 왕국이 촉진되도록 모든 우상 숭배와 거짓 숭배를 제거하고 막을 수 있어야 합니다. 따라서 그들은 복음에 대한 강설이 모든 곳에서 이루어지고, 하나님께서 말씀하신 대로 모든 사람이 하나님을 영화롭게 하고 경배하도록 하는 신성한 사역을 보호해야 합니다. 그리고 어떤 상태와 수준과 조건에 있든지 상관없이 모든 사람은 공직자들에게 복종해야 할 의무가 있습니다. 세금을 내고, 그들에게 합당한 명예와 존경을 표하며, 하나님의 말씀을 거스르지 않는 모든 일에 순종하는 것입니다. 또한 하나님께 그 모든 길에 있어서 그들을 다스리시고 인도하시도록 기도해야 하는데, 그 이유는 "모든 경건과 단정위 벨직 신앙고백서가 작성되었을 때와 21세기 한국 상황은 조금 다르긴 하지만, 정부의 역할은 근본적으로 변함이 없습니다. 이단·사이비 집단이 창궐하도록 내버려 두거나, 도리어 그런 집단들과 결탁하는 정부는 하나님의 심판을 면치 못할 것입니다. 그런데 교회 안에서 이단·사이비 집단의 교주들처럼 활발하게 활동하는 거짓 목사들도 예외는 아닙니다. 이들은 심각한 죄를 범하고도 종교라는 이름을 방패막이 삼아 '종교탄압' 운운하며 정부의 칼을 피하려 합니다. 이런 자들은 정치적으로 이런저런 말들을 수없이 떠벌리면서도 정부가 제정한 법 위에 군림하려고 하고, 반면에 성과 돈에 대한 올바른 소리는 잘하지 못하고 침묵하는 경향이 강합니다. 폴 트립은 교회가 성과 돈에 대해 가르치기를 침묵하거나 회피하는 경향에 대해서도 다음과 같이 지적했습니다 (『돈과 섹스』, 22~23쪽).

안팎에서 이런 상황이 벌어지고 있는데도, 예수 그리스도의 교회는 이 두 영역에 대해 이상하리만치 침묵하면서 언급을 피했다. 우리는 매우 소심하게, 또 조심스럽게, 당황스러워하며 이 두 영역에 대해 접근하는 것 같다. 이런 태도는 개인적으로나 문화적으로, 성경적으로도 옳지 않다. 목회자들은 돈 문제에 대해 가르치거나 설교하기를 주저할 때가 많다. 이 주제가 하나님의 부르심을 벗어나기라도 한 것처럼 말이다. 목회자들이 돈 문제를 언급할 때 매우 조심스럽다면, 성 문제를 이야기할 때는 더더욱 그렇다. 그러는 사이, 주변 세상에서는 이 두 주제에 대한 이야기가 끊이지 않는 것 같다.

베드로 사도 당시 소아시아 교회들 안에도 성과 돈과 쾌락에 대해 탐닉하며 믿음이 굳세지 못한 신자들을 타락의 길로 이끄는 자들이 있었고, 이들은 특히 정욕대로 사는 삶을 미덕과 윤리로 생각할 정도로 쾌락주의자들이었습니다. 『21세기 한국교회를 위한 베드로전서 강설』 제28강에서 언급한 두 가지 삶의 양식 즉 '오티움'(Otium)과 '네고티움'(Negotium)에서 알 수 있듯이, 로마 자유민의 경우 삶의 여유와 쾌락을 즐기는 '오티움'을 중시했기 때문에 당시 거짓 교사들 역시 그런 문화와 관습을 버리지 못하고, 영과 육체를 분리해서 접근하는 이원론적인 사상에 빠져서 육체를 위한 쾌락을 고상하게 여길 정도로 술과 음식, 음악과 춤, 성적 쾌락을 추구했던 것입니다. 이들에게는 "정욕을 따라" 즐기는 것이 하루하루 자기들의 기대와 만족을 채우는 삶이었습니다. 반면에 경건한 그리스도인들은 그런 삶을 죄악이라 지적하면서 그들의 양심에 돌을 던졌습니다. 그래서 예수 그리스도의 사도들이 전하고 가르친 "주께서 강림하신다는 약속"은 그들에게 매우 "불편한 진실"이었던 것입니다. 예수 그리스도의 강림은 곧 세상에 대한, 불신자들에 대한, 경건치 않은 자들에 대한 심판의 날이라고 끊임없이 들어왔기 때문입니다. 결국 그들은 그들의 헛된 가르침으로 사도들의 참 가르침을 무너뜨리고자 했고, 그것이 바로 "주께서 강림하신다는 약속이 어디 있느냐 조상들이 잔 후로부터 만물이 처음 창조될 때와 같이 그냥 있다"라는 헛된 가르침이었습니다. 베드로는 그들에 대해 교회 안에 들어와 선생 노릇을 하면서 정욕대로 행하는 속성이 있음을 강조했고, "조상들이 잔 후로부터 만물이 처음 창조될 때와 같이 그냥 있다"는 당시 일상적이고 변함없는 시대적 상황을 근거로 "주께서 강림하신다는 약속"을 마치 헛된 약속으로 가르친다고 했습니다. 당시 1세기 그리스도인들은 이런 거짓 선생들, 이들에게 미혹된 거짓 신자들, 그리고 불신자들이 있음을 반드시 알아야 했습니다. 이는 21세기 그리스도인들도 마찬가지입니다. 교회 안에서 금욕과 절제의 수련을 통해 개달음의 길로 이끄는 신영지주의 사상인 뉴에이지(New Age)도 조심해야 하지만, 이제 예수 그리스도의 십자가 구속으로 구원받았으니 자유를 얻었다면서 말할 때마다 '자유'를 외치며 마치 그리스도로부터 이 세상에서 맘대로 살아갈 수 있는 '자유 이용권'을 받은 것처럼 믿고 있는 어리석은 자들이 정치계와 종교계에 많다는 사실을 잊지 말아야 합니다. 오늘날 우리나라도 마찬가지입니다. 하나님을 믿는다고 공개적으로 말하는 고위직 관료나 법조인들, 또한 종교인들과 정치인들이 입버릇처럼 외치는 게 '자유'입니다. 그들은 권력과 명성과 힘과 돈을 가졌기에 쾌락을 누릴 자유를 포기하지 못할 것입니다. 이들에게 가장 큰 걸림돌은 '바른 생각'을 하고 '바른 말'을 하고 '바른 정치'를 하고 '바른 신앙'을 가진 사람들입니다. 그래서 사람들이 예수 그리스도의 약속을 믿기보다는 자기들의 '자유로운 삶의 방식'을 따르기를 원합니다. 하나님의 창조 사실이나 노아의 홍수 사실, 예수님의 재림과 심판에 대한 성경의 가르침을 왜곡하거나 조롱함으로써 그들이 누리는 자유가 옳다고 주장합니다.

4절과 5절 "이르되 주께서 강림하신다는 약속이 어디 있느냐 조상들이 잔 후로부터 만물이 처음 창조될 때와 같이 그냥 있다 하니 이는 하늘이 옛적부터 있는 것과 땅이 물에서 나와 물로 성립된 것도 하나님의 말씀으로 된 것을 그들이 일부러 잊으려 함이로다"라는 말씀을 통해 베드로는 당시 거짓 선생들이 신자들에게 어떻게 가르쳤는지 드러냈습니다. 먼저 정욕대로 살아가도 아무런 문제가 없다는 사실을 행동으로 보여주고, 그런 행동에도 하나님은 심판하시지 않는다는 식으로 그들의 쾌락적 삶을 합리화했습니다. 그들이 그렇게 정당화하고 합리화할 수 있었던 근거는 "주께서 강림하신다는 약속이 어디 있느냐 조상들이 잔 후로부터 만물이 처음 창조될 때와 같이 그냥 있다"라는 주장을 통해 알 수 있습니다. 여기서 "조상들이 잔 후로부터"라는 부분을 해석할 때 "조상들"을 구약시대든 신약시대든 신자들 위주로, 즉 주님의 재림에 대해 믿었던 구약시대 신자들까지 포함해서 당시까지 죽은 모든 신자를 가리킨다고 여깁니다. 그러나 그리스도의 재림과 심판은 신자들에게만 해당하는 약속이 아니라 당연히 불신자들에게도 해당하는 약속이요 진리이기 때문에 오히려 범위를 넓혀서 당시까지 죽은 모든 자, 그리고 이 말씀을 읽게 될 미래 신자들의 시대까지 적용되어야 합니다. 교회 안에서는 물론이고 교회 밖에서 왜 많은 사람이 주의 재림과 심판 교리를 그렇게 왜곡하거나 헛된 신앙으로 치부해버리겠습니까? 신자들이든 아니든 상관없이 하나님을 경외하지 않고 정욕대로 살다가 죽은 그들의 조상 이후로도 여전히 세상은 그대로 존재하기 때문입니다. 즉 악인들에 대한 심판이 없다고 생각하기 때문입니다. 우리는 약 400년 전에 태어나 60권 정도의 저서를 남긴 존 번연(1628~1688)의 글을 곱씹어야 합니다. 그는 『악인 씨의 삶과 죽음』에서 이런 글을 남겼습니다(고성대 역, 351쪽).

사악한 자들이 고요히 죽는 것은 하나님께서 행하시는 아주 큰 심판입니다. 왜냐하면 악인들이 고요히 죽음으로써 그들에게는 회개할 모든 가능성들이 차단되며, 그 구원의 가능성도 모두 차단되기 때문입니다. 그리고 이런 죽음은 그들의 사후에 남겨진 친구들에게 내려지는 큰 심판이기도 합니다. 왜냐하면 자신들의 친구가 고요히 죽는 것을 보고서, 자신들도 소위 유아세례를 받는 어린아이처럼 고요히 죽을 것을 기대하고는 더욱 완악해져서 담대하게 그 친구의 선례를 따라갈 것이기 때문입니다.

그들은 친구의 죽음과 자신들의 삶을 비교해 봅니다. 다시 말해, 그들은 친구가 마치 어린아이처럼 또는 어린양처럼 고요히 죽은 것과, 그들이 지금까지 살아온 죄악된 저주받을 만한 삶을 비교해 봅니다. 그리고는 모든 것이 잘 되어 가고 있다고 생각하며, 저주 같은 것이 그들에게는 절대로 임하지 않을 것이라고 확신하게 됩니다.

번연은 "그들은 죽을 때에도 고통이 없고 그 힘이 강건하며 사람들이 당하는 고난이 그들에게는 없고 사람들이 당하는 재앙도 그들에게는 없나니 그러므로 교만이 그들의 목걸이요 강포가 그들의 옷이며"(시 73:4~6)라는 말씀을 인용함으로써, 악인의 삶을 살았던 친구가 아무 일 없이 고요히 죽는 것을 보고 사람들은 하나님이 죄에 대해 눈여겨보시지도 않고, 그럴 뜻도 없다고 판단한 나머지 하나님의 심판에 대한 두려움 없이 죄악의 삶을 산다고 하면서 그렇게 생각하는 사람들의 삶이 바로 하나님의 심판을 받은 삶이라고 했습니다. 그는 "이처럼 죄인이 고요하게 죽는 것은 자신의 죄 가운데 죽은 자에게 내려지는 하나님의 큰 심판일 뿐만 아니라, 이렇게 죽는 것을 지켜본 친구들에게도 동일하게 내려진 하나님의 심판입니다"라고 덧붙여 강조했습니다(위의 책, 352~353쪽). 마찬가지로, 베드로 당시 거짓 교사들은 "조상들이 잔 후로부터 만물이 처음 창조될 때와 같이 그냥 있다"라고 하면서 믿음이 약한 신자들을 대상으로 자기들처럼 세상의 종말과 심판에 대해 의식하지 않고 정욕대로 살도록 부추겼던 것입니다. 오늘날도 교회 안팎으로 이런 사람들이 많습니다. 하나님의 말씀에 구애(拘礙)받지 않는 생활을 하려고 아예 교회를 벗어나거나, 설령 교회 안에 머물러 있더라도 형식적인 종교인처럼 적당히 신앙 생활하는 경우가 많습니다. 그런데 베드로 당시 이런 사람들의 문제는 "만물이 처음 창조될 때"라는 구절에서 알 수 있듯이 하나님의 창조에 대해 전혀 믿지 않았던 자들이 아니라 창조 사실을 믿었던 자들이라는 것에 있습니다. 그러나 그렇게 놀랄 일은 아닙니다. "한 번 빛을 받고 하늘의 은사를 맛보고 성령에 참여한 바 되고 하나님의 선한 말씀과 내세의 능력을 맛보고도 타락한 자들은 다시 새롭게 하여 회개하게 할 수 없나니 이는 그들이 하나님의 아들을 다시 십자가에 못 박아 드러내 놓고 욕되게 함이라"(히 6:4~6)라는 말씀에서 알 수 있듯이 '유사 그리스도인'의 정체는 '참 그리스도인'과 구분하기 힘들 정도로 비슷하기 때문입니다. 우리는 당시 거짓 선생들이 창조 사실을 단편적으로 받아들였지, 재창조와 관련지어 믿은 것은 아니라는 사실을 알아야 합니다. 성경은 창조, 타락, 구속과 심판, 그리고 재창조로 이어짐을 계시한다는 사실을 잊지 말아야 합니다.

베드로는 "이르되 주께서 강림하신다는 약속이 어디 있느냐 조상들이 잔 후로부터 만물이 처음 창조될 때와 같이 그냥 있다 하니 이는 하늘이 옛적부터 있는 것과 땅이 물에서 나와 물로 성립된 것도 하나님의 말씀으로 된 것을 그들이 일부러 잊으려 함이로다"라는 말씀을 통해 하나는 알고 둘은 모르는 그들의 어리석음을 드러냈습니다. 여기서 우리가 눈여겨보아야 할 대목은 "하늘이 옛적부터 있는 것과 땅이 물에서 나와 물로 성립된 것도 하나님의 말씀으로 된 것을 그들이 일부러 잊으려 함이로다"라는 부분의 말씀입니다. 즉 그들은 "하늘이 옛적부터 있는 것"과 "땅이 물에서 나와 물로 성립된 것"을 "일부러 잊으려" 했다는 부분에 주목해야 합니다. 거짓 선생들은 "하늘이 옛적부터 있는 것"을 부인했다는 뜻이 아니라 "하늘이 옛적부터 있는 것"(창 1:1), 그리고 "땅이 물에서 나와 물로 성립된 것"(창 1:9)이 "하나님의 말씀으로 된 것"이라는 사실을 의도적으로 회피하고자 했음을 뜻합니다. 오늘날 유신론적 진화론(有神論的進化論) 또는 유신진화론(Theistic Evolution)을 수용하는 자들이 교회 안팎에 많이 생겨났습니다. 이는 성경에 기초한 창조론도 수용하고, 무신론에 근거한 진화론도 수용해서 혼합주의 신앙을 퍼뜨리는 자들입니다. 이들은 창조가 "하나님의 말씀으로 된 것"임을 교묘히 왜곡하는 자들이요, 사실상 부인하는 자들입니다. 마치 하나님이 창조하신 사실을 인정하는 것 같지만, 우주에 존재하는 물질과 생물의 진화를 통해 오랜 세월을 거쳐 창조되도록 하셨다고 주장하는 거짓 선생들입니다. 유신진화론은 하나님이 태초에 물질을 창조하셨고, 그 후에 생명체가 스스로 진화했다는 주장으로, 베드로 당시 거짓 선생들의 주장과 다를 바 없는 사이비 사상입니다. 지난 2024년 봄에 서울신학대학교와 성결교단에서 유신진화론에 대한 논쟁이 벌어졌는데, 논쟁의 중심에 선 박영식은 "유신진화론은 무신진화론의 반대말로서, 과학주의 무신론을 비판합니다."라고 주장했는데, 우리는 유신진화론이 결코 예수님과 사도들의 가르침에 근거한 가르침이 아니라, 베드로 당시 교회 안에서 그리스도인들을 미혹했던 거짓 교사들의 가르침과 다를 바 없음을 깨달아야 합니다. 유신진화론이든 무신진화론이든, 진화론은 과학자들이 그 어떤 이견도 제시할 수 없는 열역학 제2법칙(엔트로피 증가의 법칙)에 모순된다는 점에서도 과학적 설득력이 전혀 없습니다. 미국 창조과학연구소(ICR) 래리 바디만(Larry Vardiman) 교수는 "열역학 제2법칙에 따르면, 자연적인 과정은 질서가 있는 시스템을 무질서하게 만든다. 모든 논쟁적인 과학자들이 이견을 제시하지 않는 제2법칙은 진화론의 기본적인 전제와 모순된다."라고 피력했습니다(안종희 역, 『감추어진 신』, 237

쪽). 펜실베니아 주립대 존 심발라(John M. Simbalra)도 다음과 같이 엔트로피(entropy) 증가과 관련한 열역학 제2법칙을 통해 하나님에 의해 우주가 창조되었음을 정확히 드러냈습니다(위의 책, 429~430쪽).

창조론의 증거는 많지만 여기서는 열역학 제2법칙만 제시하고자 한다. 열역학 제2법칙의 공식적인 정의는 "모든 폐쇄계에서 과정은 이용 불가능한 에너지(엔트로피)가 증가하는 방향으로 진행된다."이다. 달리 말하면 모든 폐쇄계에서 무질서의 양은 항상 시간이 지날수록 증가한다는 말이다. 모든 물질은 자연적으로 질서에서 무질서로 또는 이용 가능한 에너지 상태에서 이용 불가능한 에너지가 많아지는 상태로 진행된다.

미국 오하이오주 의료물리학자 테오 아가드(E. Theo Ahgadeu)는 열역학 제1법칙과 관련해서 다음과 같이 진화론의 허구성을 드러냈습니다(위의 책, 103쪽).

나는 문헌조사를 통해 진화론에 필요한 종간 중간 단계의 생명체가 화석 기록으로 나타나지 않는다는 것을 알고 있다.
내가 이해한 바로는 비창조론자들의 또 다른 문제는 자연 과정에서의 에너지보존을 단언하는 열역학 제1법칙이다. 에너지는 자연적인 과정에 의해 만들어지거나 파괴될 수 없고, 다만 한 형태에서 다른 형태로 전환된다. 물질은 에너지의 한 형태(아인슈타인은 $E=mc^2$라고 말했다)이며, 자연과학은 우주의 물질을 비롯하여 우주의 에너지가 어떻게 존재하게 되었는지를 설명할 수 없다. 따라서 이 법칙은 우주의 전체 에너지의 기원에 대해 초자연적인 존재가 어떤 역할을 했음을 암시한다.

이처럼 진화론은 유신진화론이든 무신진화론이든 하나님이 말씀으로 우주 만물을 창조하신 사실을 부인할 수밖에 없습니다. 우리는 100년 전 미국에서 창조론과 진화론 관련해서 어떤 일이 있었는지 잊지 말아야 합니다. '스코프스 재판'(Scopes Trial)으로 알려진 세기의 재판이 1925년 7월 10일부터 21일까지 미국 테네시주 데이튼(Dayton)에서 열렸고, 미국 전역에 과학 교사 스코프스에 대한 재판이 라디오로 중계되었습니다. 1922년에 테네시 하원의원 존 버틀러(John W. Butler)에 의해 발의되어 통과된 법(일명 '버틀러법')에 따르면, 테네시주의 공립학교 기금의 전부 또는 일부를 지원하는 테네시주의 모든 대학과 기타 모든 공립학교에서 진화론을 가르치는 것을 금지하고, 이를 위반하면 처벌받는다고 했습니다. 그런데 고등학교 교사였던 존 스코프스(John T. Scopes)가 진화론을 가르침으로써 버틀러법 위반으로 기소되었고, 검찰 측 변호인으로는 민주당 대통령 후보로 세 번이나 지명되었고, 전 국무장관이었던 윌리엄 제닝스 브라이언(William Jennings Bryan)이 참석했습니다. 그는 변호사이자 독실한 신자로 장로교회 장로였습니다. 반면에 젊은 교사 스코프스를 변호할 사람은 미국 역사에서 진보주의 변호사로 유명했던 미국시민자유연맹(American Civil Liberties Union) 소속의 클래런스 대로우(Clarence Darrow)였습니다. 무신론자였던 그는 스코프스를 위해 수석 변호를 맡았습니다. 이 재판에서 스코프스는 법 위반에 따른 100달러 벌금형을 받게 되었고, 브라이언은 성경에 대한 믿음은 견고했지만, 창세기 내용에 관해 과학적으로 접근한 피고 측의 심문에 제대로 답변하지 못하게 됨으로써 라디오 방송을 통해 창조 사실을 믿는 기독교 신자들은 기본적으로 지식이 부족하다는 인상을 주게 되었습니다. '원숭이 재판'(Monkey Trial)이라고도 불린 이 재판은 법적으로는 창조론이 이겼지만, 실질적으로는 진화론이 더 세련되고 합리적이라는 인상을 주고 말았습니다. 100년이 지난 미국 공립학교는 대부분 진화론을 가르치고 있습니다. 심지어 진화론에 대한 분량이 더 많아진 경우도 늘었습니다. 그렇다 보니 최근에는 이에 대한 반발로 다른 운동이 일어나고 있습니다. 바로 '지적 설계'(Intelligent Design)에 의해 우주 만물이 생겨났다고 가르치는 곳들이 조금씩 생겨나기 시작했습니다. 진화론이 점점 더 발전하고 분량이 많아지면서 맹점들이 많이 생겨난 데 따른 반작용이라 할 수도 있습니다. 진화론에서 가장 중요하게 여기는 찰스 다윈의 '자연선택'(Natural Selection)은 유전자 코드의 완전함을 도저히 설명할 수 없기에 진화론 자체에 대한 불신을 키울 수밖에 없습니다. 게다가 인간의 지적이고 영적인 측면을 진화론으로는 설명할 수 없기에, 하나님 대신에 '지적 설계자'라는 용어를 사용해서 지적 설계에 따른 창조를 가르치는 학교가 미국 남부 '바이블 벨트'(Bible Belt)를 중심으로 서서히 늘고 있습니다. 그래서 진화론과 지적설계론을 모두 가르치는 학교들이 생겨났지만, 문제는 일부 교사들과 학부모들의 반발이 심하고, 심지어 소송으로 이어지는 경우가 발생하고 있다는 것입니다. 그런데 예수 그리스도 이후 사도들에 의해 세워진 교회들이 아직 40년도 되지 않았는데 벌써 "하나님의 말씀으로 된" 창조 사실을 왜곡하거나 부인하는 일이 생겨났던 것입니다. 이렇게 창조 사실을 부인하고 왜곡함으로써 "주께서 강림하신다는 약속"까지 부인하게 되었습니다. 우주 만물은 하나님의 말씀이 아닌 다른 방법으로 창조되었다고 믿는 사상적 영향력이 있었음을 짐작할 수 있습니다. 당시 거짓 선생들은 그리스 철학에 조예가 깊은 자들이었기에 플라톤의 《티마이오스》에 나오는 데미우르고스(δημιουργός, demiurge)에 대해 잘 알고 있었습니다. 2세기 영지주의자들에 의해 여호와 하나님은 열등한 신 '데미우르고스'로 불렸고, 그는 불완전하고 악한 물질 세상을 창조한 열등한 신이었습니다. 이런 점을 고려해 볼 때 구약 성경 창세기에 기록된 창조 사실을 그대로 믿지 않고, 이 세계가 데미우르고스에 의해 창조되었다고 가르친 거짓 교사들이 있었음을 충분히 짐작해볼 수 있습니다. 이들은 "하늘이 옛적부터 있는 것"(창 1:1), 그리고 "땅이 물에서 나와 물로 성립된 것"(창 1:9)이 "하나님의 말씀으로 된 것"이라는 사실을 의도적으로 회피하고, 구약성경의 기록이나 사도들의 가르침과는 전혀 다른 창조론을 가르쳤음을 알 수 있습니다. 정확한 내용은 알 수 없지만, "하나님의 말씀으로 된 것"을 부인하거나 왜곡해서 가르쳤음을 확실히 알 수 있습니다.

6절과 7절 "이로 말미암아 그 때에 세상은 물이 넘침으로 멸망하였으되 이제 하늘과 땅은 그 동일한 말씀으로 불사르기 위하여 보호하신 바 되어 경건하지 아니한 사람들의 심판과 멸망의 날까지 보존하여 두신 것이니라"라는 말씀을 덧붙임으로써 베드로 사도는 창세기에 기록된 창조 사실을 그대로 믿지 않는 그들이 하나님의 말씀에 불순종한 노아 시대 사람들이 모두 물로 심판받은 사실 또한 받아들이지 않고, 마지막 심판도 믿지 않는 것을 엄중하게 경고한 것입니다. 당시 영지주의적 사상의 씨앗이 싹트기 시작했기에 그런 사상을 내세운 거짓 선생들은 데미우르고스와 같은 열등한 신이 아닌 지극히 높은 하나님은 악하고 부패한 물질과 육체적 세상까지 관여하시는 분이 아니라고 여겼을 것이고, 그래서 정욕대로 살아도 아무런 심판이 없을 것이라고 여겼을 것입니다. 그러나 베드로는 하늘과 땅 역시 하나님이 말씀으로 창조하셨고, 타락한 노아 시대 사람들을 대상으로 물로 심판하심으로써 그들 가운데 실제로 관여하셨음을 드러냈습니다. 그래서 창조 기사(창 1~2장)와 홍수 심판 기사(창 6~9장)를 증거로 제시한 것입니다. 물을 창조하신 하나님이 친히 그 물로 세상을 심판하셨다고 강조했습니다. 그러므로 하나님은 창조하신 이 세상을 언제든지 당신의 뜻에 따라 심판하시고 멸하실 수 있음을 드러낸 것입니다. 그렇게 함으로써 조롱하는 자들의 눈과 귀에 베드로가 보낸 엄중한 글이 보이고 들리도록 한 것입니다. 현재 세계적으로 270개가 넘는 대홍수 설화가 존재합니다. 세상 어느 민족이든 노아의 세 아들 셈과 함과 야벳의 후손으로 태어나 이루어졌기에 대홍수 이야기를 외면할 수 없고 대홍수를 통한 하나님의 심판을 부인할 수 없습니다. 세계 어디를 가도 마찬가지지만 특히 중국에는 수많은 홍수 증거들이 남아 있습니다. 『중국 대륙 곳곳에 남겨진 노아 홍수의 증거』(박성국 지음)라는 책을 통해 많은 증거를 접할 수 있습니다. 먀오족 홍수 설화에 '누아'라는 인물이 나오는데, 그들은 이 '누아'를 자기들의 시조로 알고 있다고 합니다(위의 책, 101쪽). 홍수 설화의 공통적인 이야기는 홍수의 규모가 세상을 모두 덮었다는 것, 타락한 인간 때문에 하나님이 세상을 심판하셨다는 것, 그리고 큰 배에 들어가 살아남은 자들로부터 민족이 시작되었다는 것입니다. 베드로는 홍수 심판 이후로 세상이 그대로 유지되는 것은 "그 동일한 말씀" 즉 천지 만물을 창조하셨던 바로 그 말씀으로 "불사르기 위하여 보호하신 바 되어" 있기 때문이라고 했습니다. 그렇게 보호하신 이유는 "경건하지 아니한 사람들의 심판과 멸망의 날까지 보존하여 두신 것이니라"라는 말씀과 같이 아직 심판의 때가 되지 않았기 때문입니다. 거짓 선생들의 가르침과 달리 심판과 멸망이 예정되어 있다고 강력한 어조로 말한 것임을 깨닫기를 바랍니다. 우리는 누군가에게 복음을 전함으로써 그리스도께로 인도할 때, 예수 그리스도께서 우리 죄를 대신해서 십자가에서 돌아가셨다고 말합니다. 그래서 죄 사함을 받아 구원받게 된 사실을 알도록 가르칩니다. 사람들은 여기까지는 쉽게 인정하고 받아들일 수 있습니다. 그러나 그 다음이 문제입니다. 이 점에 대해 마틴 로이드 존스는 이렇게 말했습니다(『베드로후서 강해』, 200~201쪽).

많은 사람들이 십자가의 교리를 받아들일 준비를 하고 있습니다. 그러나 그들은 심판할 때에 우리 주님께서 다시 오신다는 것과 세상의 파멸과 새 하늘과 새 땅에 대한 이 전반적인 사상이 특히 받아들이기 어렵다는 것을 깨닫게 될 것입니다. 그들은 이상하게도 그것이 믿어지지 않는다는 것을 알게 될 것입니다. 그들은 모든 일이 성경과 반대되는 것 같다고 말합니다. 육의 생각으로는 그 가르침을 받아들이기가 매우 어려울 것입니다. …… 성경은 우리에게 육의 생각으로는 지극히 조롱당할 것 같은 일들을 믿도록 요구합니다. 우리는 그 실례를 바로 성경에서 찾아볼 수 있습니다. 즉, 베드로가 여기에서 다루고 있는 대홍수에 관한 경고와 소돔과 고모라의 경우와 이스라엘 자손에게 일어났던 여러 가지 일들이 그것입니다. 솔직히 말하면 성경은 초자연적이며 기적적입니다. 그리고 또한 성경은 조금도 주저하지 아니하고 그것을 받아들일 것을 요구합니다. 우리 주님에 관한 모든 예언은 육의 생각으로는 지극히 환상적인 이야기일 것입니다. 나사렛의 목수가 하나님의 아들 메시야가 되신다는 것은 그 시대의 합리적인 유대인들에게는 참으로 어리석게 들렸을 것입니다. 그들에게는 모든 것이 어리석었으며 그들은 그를 비웃고 조롱하였습니다. 이 같은 일은 정착 시대의 종말에 관한 교리와 그리스도의 재림과 세상의 파멸과 새 하늘과 새 땅이 생기는 것을 인정하지 않는 사람들이 행했던 일이며 또한 앞으로도 그럴 것이라고 사도는 말하고 있습니다.

우리는 사람들이 세상의 종말과 심판에 대한 성경 말씀을 믿지 않더라도, 설령 종말과 그리스도의 재림과 심판을 믿는다는 것으로 인해 조롱당하더라도 진리에 대한 믿음이 흔들리지 않도록 힘써야 합니다. 예수 그리스도의 재림은 다니엘도 환상을 보고 예언한 내용입니다. "내가 또 밤 환상 중에 보니 인자 같은 이가 하늘 구름을 타고 와서 옛적부터 항상 계신 이에게 나아가 그 앞으로 인도되매 그에게 권세와 영광과 나라를 주고 모든 백성과 나라들과 다른 언어를 말하는 모든 자들이 그를 섬기게 하였으니 그의 권세는 소멸되지 아니하는 영원한 권세요 그의 나라는 멸망하지 아니할 것이니라"(단 7:13~14). 또한 예수님은 제자들에게 재림에 대해 다음과 같이 자세히 말씀하셨습니다.

29. 그 날 환난 후에 즉시 해가 어두워지며 달이 빛을 내지 아니하며 별들이 하늘에서 떨어지며 하늘의 권능들이 흔들리리라

30. 그 때에 인자의 징조가 하늘에서 보이겠고 그 때에 땅의 모든 족속들이 통곡하며 그들이 인자가 구름을 타고 능력과 큰 영광으로 오는 것을 보리라

31. 그가 큰 나팔소리와 함께 천사들을 보내리니 그들이 그의 택하신 자들을 하늘 이 끝에서 저 끝까지 사방에서 모으리라

32. 무화과나무의 비유를 배우라 그 가지가 연하여지고 잎사귀를 내면 여름이 가까운 줄을 아나니

33. 이와 같이 너희도 이 모든 일을 보거든 인자가 가까이 곧 문 앞에 이른 줄 알라

34. 내가 진실로 너희에게 말하노니 이 세대가 지나가기 전에 이 일이 다 일어나리라

35. 천지는 없어질지언정 내 말은 없어지지 아니하리라

36. 그러나 그 날과 그 때는 아무도 모르나니 하늘의 천사들도, 아들도 모르고 오직 아버지만 아시느니라

37. 노아의 때와 같이 인자의 임함도 그러하리라

38. 홍수 전에 노아가 방주에 들어가던 날까지 사람들이 먹고 마시고 장가 들고 시집 가고 있으면서

39. 홍수가 나서 그들을 다 멸하기까지 깨닫지 못하였으니 인자의 임함도 이와 같으리라

40. 그 때에 두 사람이 밭에 있으매 한 사람은 데려가고 한 사람은 버려둠

을 당할 것이요

41. 두 여자가 맷돌질을 하고 있으매 한 사람은 데려가고 한 사람은 버려 둠을 당할 것이니라

42. 그러므로 깨어 있으라 어느 날에 너희 주가 임할는지 너희가 알지 못함이니라

43. 너희도 아는 바니 만일 집 주인이 도둑이 어느 시각에 올 줄을 알았더라면 깨어 있어 그 집을 뚫지 못하게 하였으리라

44. 이러므로 너희도 준비하고 있으라 생각하지 않은 때에 인자가 오리라 (마 24:29~44)

하늘로 올라가신 예수님을 바라보던 제자들에게 천사들도 재림 사실을 전했습니다. 누가는 "이르되 갈릴리 사람들아 어찌하여 서서 하늘을 쳐다보느냐 너희 가운데서 하늘로 올려지신 이 예수는 하늘로 가심을 본 그대로 오시리라 하였느니라"(행 1:11)라고 기록했습니다. 야고보 사도는 "그러므로 형제들아 주께서 강림하시기까지 길이 참으라 보라 농부가 땅에서 나는 귀한 열매를 바라고 길이 참아 이른 비와 늦은 비를 기다리나니 너희도 길이 참고 마음을 굳건하게 하라 주의 강림이 가까우니라"(약 5:7)고 기록했고, 요한 사도는 "이것들을 증언하신 이가 이르시되 내가 진실로 속히 오리라 하시거늘 아멘 주 예수여 오시옵소서"(계 22:20)라고 기록했습니다. 바울 사도는 데살르니가 교회에 이렇게 전했습니다.

1. 형제들아 때와 시기에 관하여는 너희에게 쓸 것이 없음은

2. 주의 날이 밤에 도둑 같이 이를 줄을 너희 자신이 자세히 알기 때문이라

3. 그들이 평안하다, 안전하다 할 그 때에 임신한 여자에게 해산의 고통이 이름과 같이 멸망이 갑자기 그들에게 이르리니 결코 피하지 못하리라

4. 형제들아 너희는 어둠에 있지 아니하매 그 날이 도둑 같이 너희에게 임하지 못하리니

5. 너희는 다 빛의 아들이요 낮의 아들이라 우리가 밤이나 어둠에 속하지 아니하나니

6. 그러므로 우리는 다른 이들과 같이 자지 말고 오직 깨어 정신을 차릴지라(살전 5:1∼6)

구약성경은 물론이고 예수님과 천사들, 그리고 예수님과 천사들부터 들은 사도들이 예수님의 강림을 명백히 선포하고 전했는데, 거짓 선생들은 "주께서 강림하신다는 약속이 어디 있느냐"고 미혹했던 것입니다. 당시 교회 안에서 이런 헛된 가르침을 전하고, 그런 가르침에 미혹된 자들이 있었다는 사실은 베드로에게 충격적이고 심각한 문제였습니다. 세상 사람들은 심판을 위해 오시는 그리스도를 전혀 알고 싶어 하지 않고, 심판과 멸망에 대한 말씀을 들어도 우습게 여기고, 심지어 조롱하는 일이 세상에서는 당연하고 자연스러운 일이 되었습니다. 하나님이 마지막 심판을 위해 잠시 보존하고 계시는 '이 세상'에 살아가는 사람들은 하나님의 심판을 대비하며 방주를 만들고 있던 노아와 그 가족을 조롱했던 것처럼 당시에도 똑같이 그렇게 하고 있었습니다. 그리스도의 교회를 향해 직접적으로 조롱의 말을 하지 않더라도 자기중심적으로, 정욕대로 살아가는 모든 세상 사람들은 세상과 우주가 계속해서 그대로 있다는 사실을 전제로, 앞으로도 그럴 것이라 믿는 것 자체가 베드로 사도 당시 거짓 선생들과 생각이나 삶 자체가 다를 바 없으므로 그런 태도와 삶이 그리스도와 교회를 조롱하는 것이 됩니다. 조롱하지 않는다면 그들은 그리스도께로 돌아와야 합니다. 그리고 그리스도의 강림과 심판을 믿어야 합니다. 복음에 대해, 그리스도와 교회에 대해 전혀 관심이 없다

 21세기 한국교회를 위한 **베드로후서 강설**

면, 세상을 위해 구원자 예수 그리스도를 보내신 하나님을 철저히 우롱하는 행위입니다. 이제 20여 년이 흐르면 노아와 그 가족 8명을 제외하고 홍수 심판으로 세상에 살고 있던 모든 사람이 죽은 지 약 4,400년이 됩니다. 그때는 하나님이 물로 심판하셨지만, 앞으로 세상 끝날에는 불로 심판하실 것입니다. 성경은 다음과 같이 증언합니다.

> "보라 여호와께서 불에 둘러싸여 강림하시리니 그의 수레들은 회오리바람 같으리로다 그가 혁혁한 위세로 노여움을 나타내시며 맹렬한 화염으로 책망하실 것이라 여호와께서 불과 칼로 모든 혈육에게 심판을 베푸신즉 여호와께 죽임 당할 자가 많으리니"(사 66:15~16)

> "내가 보니 왕좌가 놓이고 옛적부터 항상 계신 이가 좌정하셨는데 그의 옷은 희기가 눈 같고 그의 머리털은 깨끗한 양의 털 같고 그의 보좌는 불꽃이요 그의 바퀴는 타오르는 불이며 불이 강처럼 흘러 그의 앞에서 나오며 그를 섬기는 자는 천천이요 그 앞에서 모셔 선 자는 만만이며 심판을 베푸는데 책들이 펴 놓였더라"(단 7:9~10)

사람들은 성경에 기록된 심판을 믿지 않더라도 그들이 신봉하는 자연법칙 중 열역학 법칙이 우주의 시작과 끝을 말하고 있음을 곰곰이 생각해야 할 것입니다. 열역학 제1법칙에 따라 우주에는 항상 에너지가 보존되고 일정하게 유지됩니다. 에너지는 스스로 창조되거나 파괴되어 없어질 수도 없습니다. 에너지가 스스로 만들어지지도 않고, 인간이 추가로 만들어낼 수도 없는 것이라면 어떤 존재가 맨 처음 우주 에너지를 만들어 넣었을까요? 이는 우주가 스스로 시작되지 않았다는 명백한 증거가 됩니다. 그래서 에너지 보존 법칙으로 알려진 열역학 제1법칙은 우주 만물의 창조주가 아니면 결코 만들어질 수 없습니다! 또한 엔트로피 증가의 법칙으로 알려진 열역학 제2법칙에서 알 수 있듯이 에너지는 항상 손실되어 이용 불가능한 쪽으로 변한다는 사실입니다. 그렇게 됨으로써 '열역학적 죽음' 즉 에너지의 붕괴가 일어남으로써 우주가 영원히 지속되지 못하게 됩니다(『감추어진 신』, 469~470쪽). 과학적 원리에 따라 우주를 지켜보더라도 결국에는 우주 역시 지속될 수 없습니다. 다만 엄청난 시간이 걸릴 것입니다. 그렇게 되기 전에 하나님은 세상을 비롯한 우주 만물에 대한 심판을 정해 놓으셨습니다. 그때가 오면 약속대로 예수님이 세상에 심판자로 오실 것입니다. 그래서 *"자기의 정욕을 따라 행하며 조롱하여 이르되 주께서 강림하신다는 약속이 어디 있느냐"*라고 하는 거짓 선생들과 거짓 신자들, 그리고 *"경건하지 아니한 사람들"*을 심판하실 것입니다. 우리는 지금 이 시대에서 그런 자들이 어떤 사람들인지 알아야 합니다. 안타깝게도 우리와 매우 가까운 사람들이 그런 사람들입니다. 가족이나 친척일 수도, 친구나 동료일 수도, 이웃이나 지인일 수도 있습니다. 아울러 바로 그들 즉 거짓 선생들과 신자들, 경건하지 않은 자들, 불신자들을 심판하고 멸망할 때가 되면 *"보존하여 두신"* *"하늘과 땅"*은 하나님의 *"말씀으로"* 불살라진다는 사실을 기억해야 합니다. 우리 주님이 오실 때까지, 또는 우리가 하나님의 나라에 들어갈 때까지 이 세상과 우주 만물이 심판을 위해 잠시 보존되고 있다는 사실을 기억하기를 바랍니다. 아멘.

(2025년 11월 9일)

τὴν αἰώνιον βασιλείαν τοῦ κυρίου ἡμῶν
καὶ σωτῆρος Ἰησοῦ Χριστοῦ
우리 주 곧 구주 예수 그리스도의 영원한 나라(벧후 1:11)

휴먼, 트랜스휴먼, 포스트휴먼, 다음은?

베드로는 "*사랑하는 자들아*"라고 애정 어린 호칭을 사용함으로써 소
아시아 지역 교회들을 향해 미혹을 당하고 흔들리는 일이 없도록 매우
중요한 교훈을 전하고자 했습니다. 이는 당시는 물론이고 모든 시대에
존재하는 참 그리스도인을 향한 뜨거운 하나님의 사랑을 전하는 것이
요, 심지어 불신자들도 모두 다 회개하기를 원하시는 너그러운 하나님
의 마음을 신자들에게 전하고자 한 표현입니다.

3장 1절부터 13절까지 이어지는 하나의 맥락에서 오늘은 8~9절을 살
펴보고자 합니다. 10절까지 함께 살펴보는 게 바람직하지만 그렇게 하
다 보면 13절까지 이어지므로 분량 관계상 부득이 끊어서 보고자 합니
다. 이전 강설에서 거론했듯이 베드로는 구약성경과 예수 그리스도의
말씀을 기초로 거짓 교사들의 헛된 가르침에 대해 드러냈는데, 먼저 정
욕을 따라 살면서 세상의 종말과 예수 그리스도의 재림 신앙을 조롱하
고, 그것을 믿는 참 그리스도인들에 대해 조롱하는 거짓 교사들이 나타
난다는 내용이었습니다.

8절을 통해 하나님은 인간의 시간을 초월해 계시는 분임을 가르침으

로써 거짓 교사들의 주장에 현혹되지 않도록 했고, 9절 내용은 선택된 하나님의 백성 중 구원의 길로 인도받을 사람들이 아직 많이 남아있다는 사실, 그리고 설령 하나님의 백성이 아니라도 여전히 하나님은 모두가 구원받기를 원하시는 분임을 드러낸 교훈입니다. 사실 선택받은 하나님의 백성 외 나머지 모든 사람은 인생을 살면서 하나님을 직간접적으로 조롱하고 멸시하는 자들임에도 불구하고 하나님은 너그러운 마음으로 오래 참는다는 사실을 드러냈습니다. 그리고 10절은 "주의 강림"이 더디다고 생각하는 연약한 신자들에게 주의 날은 도적같이 임할 것이라고 경고한 메시지입니다. 다만, 10절은 다음 강설에서 함께 살펴볼 것입니다.

우리는 본문의 내용을 자세히 알기 위해서 1세기 당시부터 21세기 현재에 이르기까지 교회 안팎에서 하나님과 하나님의 뜻을 조롱하는, 그리고 하나님을 믿는 그리스도인들을 조롱하는 자들의 사상적 흐름을 함께 이해해야 합니다. 아주 단순하고 쉽게 표현하자면, 하나님보다 자기 자신이 뛰어나다고 생각하거나, 아니면 아예 하나님의 존재 자체를 부정하는 인본주의자들의 사상입니다. 이러한 사상적 흐름은 당시 거짓 선생들, 영지주의자들, 그리고 현대의 '세속적 인본주의자들'로 계속 이어져 오고 있다는 사실입니다. 20세기 초부터 21세기 초까지 현대 지성인들이 약 100년간 범세계적 인본주의 활동을 시작하면서 '인본주의 선언문'을 만들어 연대한 이후 세상은 보수적 기독교를 철저히 외면하고 조롱하고 있습니다. 크게 인본주의 선언문(Humanist Manifesto, 1933), 인본주의 선언문 II(1973), 인본주의와 그 열망: 인본주의 선언문 III(2003)로 이어져 왔습니다. 인본주의는 처음부터 하나님 중심의 신앙에서 파생된 것이 아닌, 사실상 인간 중심의 새로운 종교로 출발한 것입니다. 다르게 표현하면 민주주의에 기반한 사상적 자유주의요 실천적 진보주의입니다. 우리는 여기에 기독교 자유주의와 진보주의가 함께 편승해 있음을 잊지 말아야 합니다. 기독교의 옷을 입고 있지만 생각은 자유주의요 행동은 진보주의입니다. 인본주의 선언문은 미국의 대표적인 철학자, 심리학자, 교육학자였던 존 듀이(John Dewey, 1859~1952)를 비롯한 34명의 지성인이 서명했는데, 거기에 담긴 메시지는 기독교 신앙의 근본인 하나님의 존재와 계시를 부정하고, 그 대신에 인간의 이성적 능력, 그리고 이에 기초한 과학적 접근을 중시하는 세계관으로, 노골적으로 인본주의를 '종교'로 규정한 메시지입니다. 그래서 초창기 미국 명문대를 중심으로 미국 사회 전반에 영향력을 펼쳤던 기독교 세계관은 인본주의 종교라는 세계관을 담은 인본주의 선언의 영향력에 자리를 잃고 말았습니다. 미국의 초창기 명문대학들(하버드, 예일, 프린스턴 등)은 모두 신학교육을 위한, 즉 목회자 양성을 위한 학교로 시작되었지만, 이제는 연구중심의 교육기관으로 모두 바뀌고 말았습니다. 이는 인본주의의 영향이라 할 수 있습니다. 1960년대 초에 미국 대법원은 공립학교에서 기도 금지는 물론 더 이상 성경 과목을 가르치지 못하도록 판결했습니다. 그 빈자리에 진화론이라는 인본주의 종교가 대신 자리를 차지하게 되었습니다. 진화론은 인본주의자들의 사상적 토대와 종교적 교리 역할을 해왔습니다. 진화론의 주창자 찰스 다윈(1809~1882)과 토머스 헉슬리(Thomas Henry Huxley, 1825~1895)의 사상적 관계와 두 가문의 혼인 관계를 통해 진화론에 기초한 인본주의는 더욱 공론화되었고 널리 퍼졌으며 견고해졌습니다. 토머스 헉슬리는 진화론을 적극적으로 옹호한 인물로 '다윈의 불독'이라 불렸을 정도로 대변자 역할을 충실히 했습니다. 그의 증손녀 안젤라 헉슬리(Angela Huxley)는 찰스 다윈의 증손자 조지 다윈(George Darwin)과 결혼했고, 두 가문은 사상적이고 학문적인 관계에서 혼인 관

　　21세기 한국교회를 위한 **베드로후서 강설**

계로 이어졌습니다. 토머스 헉슬리의 손자 줄리언 헉슬리(Julian Huxley, 1887~1975)는 생물학자로 유네스코 초대 사무총장을 역임했습니다. 또 다른 손자 올더스 헉슬리(Aldous Huxley, 1894~1963)는 디스토피아 소설 《멋진 신세계》(Brave New World, 1932)를 쓴 세계적 작가였습니다. 이들에게서 비롯되고 널리 퍼진 진화론과 인본주의는 초대교회 영지주의처럼 인간에게서 시작된 종교와 철학적 지식에 기반한 신앙입니다. 1~2세기에는 이방 종교와 그리스 철학을 중심으로 형성된 인본주의였다면, 20~21세기에는 과학과 기술로 형성된 인본주의라 할 수 있습니다. 2,000년이라는 세월의 간격을 잇고 있는 것은 다름 아닌 인간에게 있는 이성(reason)입니다. 결국 종교·철학적 옷을 입은 영지주의나 과학·기술적 옷을 입은 인본주의는 임마누엘 칸트가 《이성의 한계 안에서의 종교》(Religion within the Boundaries of Mere Reason, 1793)라는 그의 대표적 저서에서 주장한 인간이 만든 종교요, 인간을 위한 종교입니다. 칸트는 이성을 도구로 삼아 하나님에 의해 시작된 계시 종교 기독교를 비판하고, 인간의 관점에서 볼 때 초월적인 기독교를 이성과 도덕의 영역으로 끌어내렸습니다. 근대 철학의 아버지라 일컫는 르네 데카르트(1596~1650)의 "나는 생각한다. 고로 존재한다."(Cogito, ergo sum)는 합리론적 명제가 18세기 계몽주의의 사상적 토대가 되었고, 칸트와 같은 철학자로 이어졌습니다. 인간의 이성적 사고력을 통해 보편적이고 확실한 지식을 얻을 수 있고, 사회를 개혁하고 진보적으로 만들어갈 수 있다고 믿은 것입니다. 그런 사조에 걸림돌이라고 여긴 것이 바로 이성에 의한 합리주의를 넘어 '초월적으로' 자리 잡은 계시의 종교 기독교였던 것입니다. 18세기에 합리주의 토대가 점점 견고해지자, 19세기와 20세기에 걸쳐 세상은 진화론과 인본주의를 앞세워 기독교를 세상의 중심에서 변방으로 밀어내기 시작했습니다. 16세기 종교개혁 이후부터 기독교 세계관에 끌려가던 세상은 이성의 능력과 과학적 방법을 도구로 삼아 19~20세기에 맹공격을 퍼부었고, 이제 21세기에는 AI(Artificial Intelligence, 인공지능)라는 강력한 무기를 앞세워서 인본주의(Humanism, 휴머니즘) 세상을 트랜스휴머니즘(Transhumanism, 초인본주의) 세상으로 이끌어가고 있습니다.

우리는 1세기 베드로 사도 당시 교회 안팎에서 영향력을 행사하면서 서서히 영지주의라는 사상적 씨앗을 뿌리고 있었던 거짓 선생들이 대부분 당시 철학과 종교를 비롯한 사상적 흐름에 앞장섰던 자들임을 잊지 말아야 합니다. 그들이 하나님의 창조 사실과 노아 시대 홍수 사건, 그리고 예수 그리스도의 강림에 대한 약속과 최후의 심판과 같은 성경의 주요 교훈을 왜곡하거나 조롱했음을 기억해야 합니다. 그들 나름대로 이성에 기초한 헛된 교훈을 교회에 퍼뜨리기 시작한 것입니다. 물론 그들 생각으로는 헛된 가르침이 아니라 이성적이고 합리적이고 과학적이었던 것입니다. 이성을 초월한 하나님의 계시에 의존하기보다는 자기들이 경험으로 얻은 지식에 기반한 가르침을 사람들에게 전파하고자 했습니다. 20~21세기 인본주의가 세속적이라면 1세기 인본주의는 종교적이었습니다. 1세기 인본주의는 하나님을 믿는 교회라고 하는 영역에 공존했습니다. 이제 21세기 인본주의는 초인본주의로 향하고 있습니다. 아마도 21세기 중반이 이르기 전에 트랜스휴머니즘 시대가 올 것입니다. 『트랜스휴머니즘』(2017)의 저자 마크 오코널(Mark O'Connell)은 트랜스휴머니스트들(Transhumanists)을 찾아다니며, 기존의 인본주의보다 더 급진적인 트랜스휴머니즘을 밀착 취재해서 책을 내놓았는데, 앞부분에 밝힌 그의 생각은 이렇습니다(노승영 역, 15쪽).

타고난 인간 조건을 거스르는 반란. 이것은 내가 이 책을 쓰면서 알게 된

      21세기 한국교회를 위한 **베드로후서 강설**

사람들의 동기를 한마디로 압축한 것이다. 이 사람들은 대체로 '트랜스휴머니즘'이라는 운동을 표방하는데, 이 운동은 우리가 기술을 이용하여 인류의 미래 진화를 좌우할 수 있고 그래야 한다는 확신을 근거로 삼는다. 이들은 우리가 노화를 사망 원인에서 배제할 수 있고 그래야 하며, 우리가 기술을 활용하여 몸과 마음을 향상시킬 수 있고 그래야 하며, 우리가 기계와 융합되어 궁극적으로 스스로를 더 이상적인 모습으로 개조할 수 있고 그래야 한다고 믿는다. 이들은 자신이라는 선물을 더 나은 것 — 인간이 만든 것 — 과 교환하고 싶어 한다. 통할까? 두고 보자.
나는 트랜스휴머니스트가 아니다. 트랜스휴머니즘이 아직 초장이기는 하지만, 적어도 이것만은 분명한 것 같다. 하지만 내가 이 운동의 발상과 목표에 매혹된 것은 이들의 전제에 기본적으로 동의하기 때문이다. 그것은 우리가 타고난 인간 조건이 최선의 시스템이 아니라는 생각이다.

그가 트랜스휴머니즘을 나름대로 정의한 글을 인용하자면 다음과 같습니다(위의 책, 19~21쪽).

대략적으로 정의하자면, 트랜스휴머니즘은 생물학적 조건에서 완전히 벗어나자고 주장하는 해방운동이다. 이를 정반대로 해석해도 뜻은 같다. 즉, 이 표면적 해방은 사실 궁극적이고 철저하게 기술의 노예가 되는 것이다. 이 책을 읽으면서 이러한 동전의 양면을 늘 염두에 두기 바란다.
트랜스휴머니즘의 목표가 극단적이긴 하지만 — 이를테면 기술과 육체의 합일이나 마음을 기계에 업로드하는 것 — 이 이분법에서 우리 시대의 근본적 특징을 엿볼 수 있다. 우리는 기술이 어떻게 모든 것을 개선하는지 고려하라는 요구와, 특정한 앱이나 플랫폼이나 장치가 세상을 더 나은 곳으로 만들고 있음을 인정하라는 요구에 시달린다. 미래에 희망이 있다면 — 우리에게 미래 같은 것이 있다면 — 그 희망은 상당 부분 우리가 기계를 가지고 무엇을 해낼 수 있는가에 달려 있다. 이런 의미에서 트랜스휴머니즘은 주류 문화 ─ 이것을 자본주의라고 불러도 무방할 것이다 ─ 에 내재한 경향이 강화된 결과다.

…… 트랜스휴머니즘의 영향은 많은 IT기업들이 비약적 수명연장의 이상에 광적으로 매달리는 것에서 감지할 수 있다. 이를테면 페이팔 공동창립자이자 페이스북 투자자 피터 틸은 여러 수명연장 사업을 후원하고 있으며 구글은 노화 문제 해결을 목표로 하는 생물공학 자회사 칼리코를 설립했다. 일론 머스크와 빌 게이츠, 스티븐 호킹이 초인공지능 때문에 인류가 절멸할 것이라고 격렬히 경고한 것에서도 트랜스휴머니즘의 영향을 느낄 수 있다. 기술적 특이점의 대사제 레이 커즈와일이 구글 기술이사로 선임된 것은 말할 필요도 없다. "결국은 사람들이 장치를 이식받을 것이다"라는 구글 최고경영자 에릭 슈미트의 말에서도 트랜스휴머니즘의 흔적을 엿볼 수 있다. 이 사람들은 ─ 거의 예외 없이 남자였다 ─ 모두 인간이 기계와 융합되는 미래를 이야기했다. 이들은 다양한 방식으로 인류 이후의 미래, 즉 기술자본주의가 자신의 발명가보다 오래 살아남아 스스로를 영속화하고 약속을 실현하는 미래를 전망했다.

그런데 놀랍게도 트랜스휴머니즘은 휴머니즘(인본주의)과 포스트휴머니즘(Posthumanism, 탈인본주의) 사이에 존재하는 과도기적 사상이요 철학이라는 점입니다. 해군사관학교 교수 김동환은 포스트휴머니즘을 정의하기에 앞서 이렇게 표현했습니다(『인공지능, 트랜스휴먼, 사이보그』, 7~8쪽).

트랜스휴머니즘 관점에서 보면, 트랜스휴먼(trans-human)은 휴먼(human) 단계에서 포스트휴먼(post-human) 단계로 이행 중인 '과도기적 인간'을 가리킨다. 트랜스휴먼은 신체적 또는 정신적으로 현재 인간의 한계를 뛰어넘을 정도로 능력이 향상되었지만, 근본적으로는 여전히 인간성을 유지하는 사람을 말한다. 트랜스휴먼은 기술적 개입이나 발전으로 인해 향상된

지능, 향상된 신체 능력, 연장된 수명 또는 증강된 감각을 가질 수 있다. 트랜스휴먼은 현재의 생물학적 한계를 뛰어넘기 위해 새로운 기술을 수용하고 활용하는 인류 진화의 중간 단계에 해당한다. 이들은 우리의 체조·식이요법·의학 관행을 따르고, 성형수술과 성전환 수술을 받으며, 비타민과 미네랄 보충제를 주기적으로 먹고, 안경과 보청기 그리고 인공 사지와 장기를 몸에 부착하고 있는 현재의 우리 인간이다.

이처럼 초대교회 이단 영지주의적 사상은 하나님을 믿는 신앙의 테두리 속에서 인본주의를 추구했다면, 20세기 세속적 인본주의는 교회 밖에서 하나님을 외면하고 조롱하는 진화론과 과학주의를 내세웠고, 21세기 현재 진행 중인 초인본주의(transhumanism)는 앞으로 기계나 인간이나 동물이나 그 경계 마저 흐려지고 모호해지는 탈인본주의(posthumanism)를 위해 사상적이고 기술적인 토대를 제공하고 있습니다. 결국 이 모든 사상의 흐름이 인간의 지성이 최고라는 믿음에서 비롯된 영지주의임을 잊지 말아야 합니다. 신이 되고 싶은 인간의 욕망이 결국 AI를 만들었다면서 인간의 욕망이 현대 세계에서 어떻게 나타나는지 장보철(부산장신대 교수)은 다음과 같이 피력했습니다(『교회가 인공지능을 우려해야 할 12가지 이유』, 35쪽).

한편, 신과 같이 되고 싶은 인간 욕망의 현대판은 두 가지로 나타난다고 말할 수 있을 것 같다. 하나는 종교적 이단이고, 다른 하나는 현대과학과 기술이다.
우리가 알고 있는 대다수의 이단 교주는 하나같이 '신' 혹은 '신의 아들'이라는 호칭을 사용한다……
또한, 신이 되고 싶었던 사이비 교주들과는 다른 모습으로, 신처럼 되고 싶은 인간의 욕망을 은밀하게 나타내고 있는 것이 있는데, 다름 아닌 현대

과학 기술이다.

4차 산업혁명이라고 불리는 뇌 과학, 인지 과학, 컴퓨터 공학, 로봇 공학, AI 기술 등이 추구하는 목표는 각기 다르게 보이지만, 그 목표는 인간이 정복하지 못했던 질병과 결함과 장애의 정복이다. 신의 영역으로만 여겨졌던 생로병사를 인간이 통제하고 다스리는 시대가 오고 있는 것이다.

때마침 지난주 수요일(11/12) 밤 10시에 KBS 대기획 〈트랜스휴먼〉 1편(사이보그)이 방영되었습니다. 2편은 '뇌 임플란트'(11/19)에 대해, 3편은 '유전자 혁명'(11/26)에 대한 프로그램입니다. AI가 앞으로 세상을 어떻게 바꾸어 나갈지 참고가 될만한 방송입니다. 그런데 문제는 이로운 점만 있는 것이 아니라는 사실입니다. 포스트휴먼 시대로 넘어가면 어쩌면 20세기 디스토피아 문학의 3대 고전으로 불리는 예브게니 자먀틴의 《우리들》(1921년), 올더스 헉슬리의 《멋진 신세계》(1932), 조지 오웰의 《1984》(1949)가 공상과학(SF) 소설로 그치는 것이 아니라 상당 부분 현실이 될 수 있다는 두려운 그림자가 드리운다는 점입니다. 《우리들》은 사람들이 모두 이름이 아닌 번호로 불리고, 유리로 된 집에서 투명한 생활을 함으로써 모든 것이 감시당하는 단일정부의 통치 속에 살아간다는 이야기입니다. 개인의 자유가 말살당하는 전체주의 사회를 드러내는 무서운 이야기입니다. 《멋진 신세계》에서는 과학 기술의 진보로 인해 인공수정으로 인간이 생산되고, '소마'라는 약물로 모든 인간을 통제합니다. 폭력적인 독재는 아니지만, 쾌락과 안정적인 삶을 제공함으로써 사실상 자유를 박탈하는 '부드러운 독재' 사회를 비판하는 이야기입니다. 끝으로 《1984》는 잘 알려진 '빅 브라더'(Big Brother) 이야기입니다. 텔레스크린을 통해 모든 사람을 감시하고, 심지어 '사상경찰'을 통해 사람들의 생각까지 통제하는 극단적인 전체주의 사회를 그린 이야기입니다. 이 책을

20대 초반에 그 유명한 《동물농장》을 읽은 후에 읽게 되었는데, 소설이지만 무섭고 섬뜩한 생각이 들었던 기억이 납니다. 이상향을 그린 유토피아(Utopia) 소설도 많지만, 무섭고 나쁜 세상인 디스토피아(Dystopia)를 그린 작품도 많습니다. 사실 소수의 지배층은 유토피아보다는 디스토피아를 선호하고, 다수의 피지배층은 유토피아를 꿈꾸게 마련입니다. 그런데 AI가 처음에는 유토피아를 꿈꾸게 할 수 있지만, 나중에는 디스토피아로 이끌 수 있음을 잊지 말아야 합니다. 이단·사이비 사상이 그렇게 합니다. 달콤한 유혹으로 "멋진 신세계"를 제시하지만, 점점 어리석은 자들의 돈과 육체와 인생을 빼앗고, 세뇌와 감시와 통제로 빠져나가지 못하게 합니다. 종교적으로만 그렇게 하는 게 아니라 정치적으로도 그렇게 합니다. 정치적 지지 기반을 공고히 하기 위해 정보와 사실을 왜곡해서 귀가 얇은 사람들에게 가짜뉴스를 믿도록 하고, 그런 사람들이 많이 모이면 그것을 '사회적 증거'로 삼아 더 많은 사람이 쉽게 설득당하도록 끌고 갑니다. 사람들을 속인 전력이 있는 사람들은 나중에도 사람들을 잘 속이게 마련입니다. 그럴듯한 소리에, 합리적이고 논리적인 것 같은 말에 쉽게 속지 않기를 바랍니다.

베드로 사도가 "*사랑하는 자들아*"라고 불렀을 때, 그들은 상당수가 사실상 쉽게 속을 수 있는 믿음이 약한 자들이었습니다. 또한 예수 그리스도를 믿고 주님의 재림을 기다리는 신앙 때문에 조롱받는 상황이었기에 철학과 종교에 조예가 깊은 자들이 하는 말과 논리에 미혹될 수 있었던 자들이 많았습니다. 그리스도인들이 학교나 직장에서 그리스도를 믿는 자임을 아예 감추거나 좀처럼 드러내지 않으려는 경향이 있습니다. 과학이 이끌어가는 세상과 사회에서 시대에 뒤처지고 고리타분하다는 말을 들을까 두려워합니다. 또는 자기가 속한 사회나 공동체에서 따돌림을 당하고 무시당하고, 심지어 불이익을 당할까 봐 걱정하는 신자들도 있습니다. 바로 이렇게 믿음이 약한 자들을 향해 "사랑하는 자들아"라고 따뜻한 어조의 호칭을 사용한 것입니다. 또 한편으로는, 세상에서 똑똑하고 잘났다는 사람들이 아닌 예수 그리스도를 구원자로 믿고 의지하는 자들, 즉 예수님 때문에 조롱당하고, 핍박받고, 무시당하는 자들에게 특별한 사랑의 표현이기도 합니다. 당시 종교·철학적 영지주의에 취한 거짓 선생들이나 오늘날 과학·기술적 영지주의에 취한 현대판 거짓 선생들은 결코 받지 못할 하나님의 사랑을 표현한 호칭이지만, 심지어 그런 자들에게도 마음을 연 표현임을 깨닫기를 바랍니다.

"사랑하는 자들"을 향한 베드로 사도의 간곡한 당부는 "주께는 하루가 천 년 같고 천 년이 하루 같다는 이 한 가지를 잊지 말라"는 말씀이었습니다. 왜 이런 말을 했을까요? 거짓 선생들은 아예 재림을 믿지 않았습니다. 재림을 믿지 않으니 당연히 필연적으로 뒤따르는 그리스도의 심판에 대해서도 믿지 않았습니다. 그들은 "주께서 강림하신다는 약속이 어디 있느냐 조상들이 잔 후로부터 만물이 처음 창조될 때와 같이 그냥 있다"(벤전 3:4)라고 하면서 예수님과 그를 믿는 자들을 모두 조롱하고 무시했습니다. 그런 조롱과 멸시를 당하더라도 만약 예수 그리스도가 가까운 시일에 오신다면 신자들은 위축될 일도 없고, 시험에 들 일도 없었을 것입니다. 베드로전서 강설에서 살펴볼 수 있었듯이 당시로부터 불과 몇 년 전만 하더라도 소아시아 지역 그리스도인들은 박해와 핍박으로 인해 당하는 어려움이 컸지, 주의 재림과 관련해서 조롱당하는 일이 크지는 않았습니다. 결과적으로 보면, 베드로전서를 통해 베드로가 제시한 하나님의 뜻이 베드로후서를 쓰던 당시에도 똑같이 이어짐을 알 수 있습니다. 제1강에서 언급한 바와 같이 베드로전서를 통해 베드로 사도는 하나님의 뜻을 두 가지로 제시했습니다. 그중 하나는 주의 재림과 함께 세상의 종말이 곧 온다는 것이었고, 다른 하나는 그때까지 그리스도인들은 "선행"(벧전 2:15, 20, 3:2, 6, 11, 13, 17) 즉 거룩한 삶을 이어가야 한다는 것이었습니다. 다만, 상황이 다른 것 하나는 그리스도인들이 로마 사회에 '불법의 종교'(religio illicita)를 퍼뜨린다는 사회적 낙인이 찍혀 박해와 핍박은 계속 이어졌고, 그로 인해서 로마인들이 수용한 보편적인 종교와 철학에 그리스도를 믿는 신앙을 적당히 혼합한 거짓 교사들이 일어나기 시작했다는 점입니다. 베드로는 그런 세속적이고 인본주의적인 이단 사상에 미혹되지 않도록 경고하려는 목적으로 교훈을 이어간 것입니다. 그래서 "주의 목전에는 천 년이 지나간 어제 같으며 밤의 한 순간 같을 뿐임이니이다"(시 90:4)라는 시편 구절을 인용해서 주님의 강림이 더디다고 생각한 나머지 거짓 교사들의 말에 미혹되는 일이 없도록 경고했습니다. 사람은 시간의 틀 속에 존재하기 때문에 시간의 흐름을 마음과 몸으로 느껴야 할 수밖에 없습니다. 우리가 잠든 사이에 마음은 시간을 느끼지 못하더라도 몸은 그 시간에 여전히 존재하고 있기에 시간이 경과하고 난 후에 몸의 변화가 점점 쌓이게 됩니다. 그리스도의 재림에 대한 약속을 믿고 인내하면서 기다리는 자들은 복된 자들입니다. 예수 그리스도가 오시기까지, 아니면 먼저 죽어 그리스도께로 가는 그 순간까지 주의 재림과 최후의 심판에 대한 믿음으로 몸과 마음에 기다림을 채워나가야 합니다. 예수님은 사도 요한에게 "보라 내가 속히 오리니 이 두루마리의 예언의 말씀을 지키는 자는 복이 있으리라"(계 22:7)라고 하셨다는 사실을 명심하기를 바랍니다. 예수님은 속히 오신다고 하셨습니다. 다만 우리가 시간 속에 살고 있기에 길게 느껴질 뿐입니다. 사실 지나고 나면 모든 시간이 얼마나 짧게 느껴집니까? 노아 시대 이전에 최초의 사람 아담은 930년(창 5:5), 셋은 912년(창 5:8),

에노스는 905년(창 5:11)을 살았고, 므두셀라는 969년(창 5:27)을 살았습니다. 노아는 홍수 후에도 350년을 더 살아서 아담보다 많은 950년(창 9:29)을 살았습니다. 사람이 거의 천년 가까이 살았던 시대가 있었던 것입니다. 그런데 그들이 죽기 전에 그들에게 천년 가까운 과거의 인생이 얼마나 길었느냐고 하면, 과연 무슨 답을 할까요? 지나고 나면 얼마나 빠른 세월인지 인간이라면 모두 똑같이 느끼게 될 것입니다. 아무리 긴 시간조차도 지나고 나면 사실 쏜살처럼 빠르다는 것에 공감할 것입니다.

베드로가 "주의 약속은 어떤 이들이 더디다고 생각하는 것 같이 더딘 것이 아니라"라고 했을 때, "어떤 이들"에 속한 사람들은 거짓 선생들도 일부 포함될 수 있겠지만 사실상 믿음이 약해서 거짓 선생들에게 미혹될 수 있는 신자들에게 해당하는 표현이었습니다. 이들은 금방이라도 오실 줄로 알았던 그리스도가 금방 오시지 않자 "주의 약속"이 "더디다고 생각"했던 것입니다. 영적으로 거듭나지 못한 자들은 물리적이고 자연에 속한 시간 개념에 갇혀있기 때문에 결코 기다림을 이해할 수 없습니다. 성령으로 거듭나서 영적 세계를 어렴풋이라도 경험하는 자들이 그리스도의 재림을 믿고 기다릴 수 있습니다. 비록 완전하지는 않지만, 성경을 통해서 시간을 초월한 영적 세계를 맛볼 수 있습니다. 또한 "주께는 하루가 천 년 같고 천 년이 하루 같다"는 말씀은 시간과 역사의 주인은 주님이라는 사실을 명심해야 합니다. 어떤 인간이 역사의 한 페이지에 주인공이 될만한 업적을 남길 수는 있어도, 결코 역사의 주관자가 될 수 없음을 알아야 합니다. 우리는 "하나님이 이르시되 하늘의 궁창에 광명체들이 있어 낮과 밤을 나뉘게 하고 그것들로 징조와 계절과 날과 해를 이루게 하라 또 광명체들이 하늘의 궁창에 있어 땅을 비추라 하시니 그대로 되니라"(창 1:14~15)라는 말씀을 잊지 말아야 합니다. 우리는 창조주 하나님이 만드신 시간 속에 살고 있습니다. 하나님을 모르거나 인정하지 않는 일반인들조차도 정확한 시간의 법칙을 믿고, 일주일과 계절의 순환을 믿고, 지구의 자전과 공전을 믿습니다. 그 믿음의 근거는 무엇일까요? 경험에 의한, 또는 이미 인류가 경험으로 발견한 자연의 법칙을 믿기 때문일 것입니다. 그러나 우리는 과거는 그렇게 믿었을지라도 하나님의 말씀에 따라 창조된 대로, 하나님의 뜻과 섭리대로 세상과 우주 만물이 존재하고 유지되고 보존되기에 믿어야 합니다. 시간의 흐름 속에서 그리스도의 오심을 믿는 게 아니라, 그리스도의 오심을 믿기에 시간을 지나면서 살아가기를 바랍니다.

끝으로 "오직 주께서는 너희를 대하여 오래 참으사 아무도 멸망하지 아니하고 다 회개하기에 이르기를 원하시느니라"는 현실적인 설명을 덧붙였습니다. 처음에는 "주께는 하루가 천 년 같고 천 년이 하루 같다"는 말씀으로 하나님의 관점에서 보는 시간과 사람의 관점에서 보는 시간이 전적으로 다름을 말했고, 또한 우리의 시간관념을 초월해서 계시는 하나님의 초월성을 제시했다면, 마지막 이 구절은 우리의 시간과 역사 속에 개입해서 들어오셔서 한 사람 한 사람이 회개하고 돌아오기를 기다리시는 하나님의 내재적 측면을 나타내는 하나님의 내재성을 보여줍니다. 예수 그리스도는 시간을 초월해 계시는 초월적 존재이면서, 동시에 시간 속에 함께 계시는 내재적 존재로서 하나님임을 깨닫기를 바랍니다. 여기서 "너희를 대하여 오래 참으사 아무도 멸망하지 아니하고"라는 말씀에서는 하나님의 예정에 힘입어 부르심을 입은 자들이 역사의 흐름 속에서 모두 그리스도께로 돌아오기를 기다리시는 그리스도를, 즉 언약에 신실한 그리스도를 보여줍니다. 그런데 어떤 사람들은 "다 회개하기에 이르기를 원하시느니라"는 말씀을 잘못 해석해서 누구나 다 구원받는다고 하는 보편 구원설이나 만민 구원설을 주장하기도 합니다. 반대로 오직 택하심을 입은 자들에게만 해당하는 말씀이라고 가르치는 사람들도 있습니다. 이 경우는 하나님의 예정과 선택이라고 하는 교리적 접근에서는 틀리지는 않습니다. 왜냐하면 선택받은 자들이 그리스도를 믿고 회개하고 멸망하지 않도록 하시는 하나님의 작정이 있기 때문입니다. 그러나 하나님의 성향으로서의 뜻이 있음을 기억해야 합니다. 하나님의 뜻을 말할 때 명령으로서의 뜻 즉 규범적 뜻이 있고, 작정의 뜻이 있지만, 또 다른 뜻이 있음을 알 수 있습니다. 하나님의 속성인 사랑에서 나오는 자비로운 뜻인데, 이해하기 쉽게 성향으로서의 뜻이라 할 수 있습니다. 선지자 요나는 이방인의 도시 니느웨에 가서 하나님의 말씀을 선포해서 회개하도록 하는 일에 처음부터 순종하지 못했습니다. 그에게는 그들까지 사랑할 수 있는 자비와 관용의 마음이 없었기 때문입니다. 마지못해 하나님의 섭리에 따라 어쩔 수 없이 가서 회개의 말씀을 전했지만, 회개하고 하나님께 돌아오는 모습을 좋아할 리 없었습니다. 하나님은 요나에게 말씀하셨습니다. *"여호와께서 이르시되 네가 수고도 아니하였고 재배도 아니하였고 하룻밤에 났다가 하룻밤에 말라 버린 이 박넝쿨을 아꼈거든 하물며 이 큰 성읍 니느웨에는 좌우를 분변하지 못하는 자가 십이만여 명이요 가축도 많이 있나니 내가 어찌 아끼지 아니하겠느냐 하시니라"*(욘 4:10~11). 우리는 다음과 같은 구절들을 통해 하나님이 어떤 분인지 깨닫기를 바랍니다.

"주 여호와의 말씀이니라 내가 어찌 악인이 죽는 것을 조금인들 기뻐하랴 그가 돌이켜 그 길에서 떠나 사는 것을 어찌 기뻐하지 아니하겠느냐" (겔 18:23)

"주 여호와의 말씀이니라 죽을 자가 죽는 것도 내가 기뻐하지 아니하노니 너희는 스스로 돌이키고 살지니라"(겔 18:32)

"주께서 인생으로 고생하게 하시며 근심하게 하심은 본심이 아니시로다"
(애 3:33)

"하나님은 모든 사람이 구원을 받으며 진리를 아는 데에 이르기를 원하시느니라"(딤전 2:4)

우리는 여호와 하나님이 이스라엘 백성에게 *"원수를 갚지 말며 동포를 원망하지 말며 네 이웃 사랑하기를 네 자신과 같이 사랑하라 나는 여호와이니라"*(레 19:18)라고 하신 계명 속에서도 하나님의 사랑을 깨달을 수 있고, 예수님이 제자들에게 하신 *"나는 너희에게 이르노니 너희 원수를 사랑하며 너희를 박해하는 자를 위하여 기도하라"*(마 5:44)라는 명령에서도 그리스도의 사랑의 성품을 깨달을 수 있습니다. 그러므로 단지 선택받은 자들뿐만 아니라, 모든 사람이 회개하기를 바라시는 하나님의 성품이 드러나 있는 말씀임을 깨닫기를 바랍니다.

당시 교회들은 이미 예수 그리스도와 사도들르부터 *"내가 진실로 너희에게 말하노니 이 세대가 지나가기 전에 이 일이 다 일어나리라"*(마 24:34)라는 말씀을 들었고, 예수님은 몇십 년 후 즉 AD 70년에 일어날 일들과 세상 종말에 일들을 함께 말씀하셨는데, 당시 소아시아 지역 그리스도인들 역시 박해와 환난을 겪게 되면서 곧 주의 강림이 있을 것이라 기대했던 것입니다. 구약시대 선지자들처럼 예수님도 가까운 미래에 일어날 일들과 먼 미래 즉 세상 종말에 일어날 일들을 함께 복합적으로 말씀하셨음을 이해해야 합니다. 그러나 베드로 당시 그리스도인들은 그리스도의 약속과는 달리 금방 오시지 않는 그리스도로 인해 생각이 혼란스러워졌고, 그런 그들을 조롱하면서 오히려 세상은 여전히 옛날부터 그대로라고 하면서 정욕대로 살았던 거짓 교사들의 미혹에 일부 넘어갔거나 계속 넘어갈 수 있는 상황에서 베드로 사도가 편지를 써서 위와 같은 교훈을 한 것임을 알고 "사랑하는 자들아 주께는 하루가 천 년 같고 천 년이 하루 같다는 이 한 가지를 잊지 말라 주의 약속은 어떤 이들이 더디다고 생각하는 것 같이 더딘 것이 아니라 오직 주께서는 너희를 대하여 오래 참으사 아무도 멸망하지 아니하고 다 회개하기에 이르기를 원하시느니라"라는 말씀을 마음에 새기기를 바랍니다. 그래서 세상이 어떻게 변해가더라도, AI 기술이 주도하는 과학 지상주의 세상이 되어 하나님을 믿고 예수 그리스도의 재림을 믿는 신앙으로 인해 조롱받는 일이 있더라도 "주의 약속"대로 이 세상에 다시 오실 예수 그리스도를 기다리는 참 그리스도인의 삶을 이어가기를 바랍니다. 아멘.

(2025년 11월 16일)

τὴν αἰώνιον βασιλείαν τοῦ κυρίου ἡμῶν
καὶ σωτῆρος Ἰησοῦ Χριστοῦ

우리 주 곧 구주 예수 그리스도의 영원한 나라(벧후 1:11)

우주의 멸망
& 새 하늘과 새 땅

10. 그러나 주의 날이 도둑 같이 오리니 그 날에는 하늘이 큰 소리로 떠나가고 물질이 뜨거운 불에 풀어지고 땅과 그 중에 있는 모든 일이 드러나리로다
11. 이 모든 것이 이렇게 풀어지리니 너희가 어떠한 사람이 되어야 마땅하냐 거룩한 행실과 경건함으로
12. 하나님의 날이 임하기를 바라보고 간절히 사모하라 그 날에 하늘이 불에 타서 풀어지고 물질이 뜨거운 불에 녹아지려니와
13. 우리는 그의 약속대로 의가 있는 곳인 새 하늘과 새 땅을 바라보도다

3장 1절부터 13절까지 이어지는 하나의 맥락에서 오늘은 마지막으로 10~13절을 살펴볼 차례입니다. 지난 강설에서 언급했듯이 10절은 8~9절과 연결해서 보아야 합니다. 8~9절은 주님의 재림에 관한 내용, 10절 상반절은 8~9절과 연결된 재림에 관한 내용, 그리고 하반절은 13절까지 이어지는 종말에 관한 내용입니다. 마틴 로이드 존스가 성경 중에서 베드로후서 2장이 가장 무서운 장이라고 했는데(『베드로후서 강해』, 150쪽), 3장도 마찬가지입니다. 우리 주 예수 그리스도의 강림(Parousia, 파루시아)과 함께 세상의 종말이 오고, 심판이 이어진다는 내용이 3장까지 계속 이어지기 때문입니다.

오늘 함께 볼 본문을 먼저 간략하게 정리하면, "주님의 날이 도둑같이" 옴으로써 세상과 온 우주의 종말이 있을 것이기에 "거룩한 행실과 경건함으로 하나님의 날이 임하기를 바라보고 간절히 사모하라"는 명령입니다. 이는 또한 그 명령에 순종하는 자들은 "새 하늘과 새 땅을 바

라보"게 된다는 말씀이기도 합니다. 먼저 "주님의 날이 도둑같이" 올 것이라는 말을 하게 된 배경을 알아야 하는데, 이에 앞서 "주의 날"(10절)과 "하나님의 날"(12절)에 대해 살펴보고자 합니다. 구약성경에서 "주의 날"(여호와의 날)은 33회 등장하는데, 여호와 하나님이 세상 역사의 종결자로서 하나님의 백성인 의인들에게는 축복을, 회개하지 않고 죄악 가운데 살았던 악인들에게는 저주의 심판을 내리시는 날로, 심판의 날과 구원의 날이라는 양면성을 지닌 날입니다. 신약성경에는 "주의 날"(행 2:20, 살전 5:2, 살후 2:2, 벧후 3:10, 계 1:10)이 5회 등장하지만 같은 의미로 사용된 "(예수) 그리스도의 날" 또는 "주 예수의 날" 등으로 넓히면 10회 이상("그날"까지 포함해서 빌 1:6, 1:1, 2:16, 고전 1:5, 3:13, 고후 1:14, 살후 1:10 등) 등장합니다. 구약성경에서는 심판과 구원의 날로 명시되었다면, 신약성경에서는 더욱 자세하게 언급된 날입니다. 이날은 예수 그리스도의 강림(파루시아)으로 심판과 구원이 최종적으로 성취되는 날로 인류와 우주의 종말의 날이요, 새로운 창조의 날입니다. "주의 날"의 시작에 대해 요한계시록에는 "내가 진실로 속히 오리라 하시거늘 아멘 주 예수여 오시옵소서"(계 22:20)라고 기록되어 있습니다. 약 1,550년에 걸쳐 40명에 가까운 사람들이 성령의 감동으로 기록한 성경은 "내가 진실로 속히 오리라"라는 말씀에서 사실상 끝이 납니다. 그래서 "아멘 주 예수여 오시옵소서"라고 하면서 "주의 날"을 기다리는 일과 "주 예수의 은혜가 모든 자들에게 있을지어다 아멘"(계 22:21)이라는 사도 요한의 축복으로 하나님의 계시가 종결됩니다. 이 기다림과 축복에 관련이 없이, 즉 주 예수 그리스도의 말씀과 상관없이 살아가는 자들에게는 "주의 날"이 "크고 두려운 날"이 될 것입니다. 이에 대해 요엘 선지자는 "여호와의 크고 두려운 날이 이르기 전에 해가 어두워지고 달이 핏빛 같이 변하려니와"(욜 2:31)라고 예언했고, 말라기 선지자는 "보라 여호와의 크고 두려운 날이 이르기 전에 내가 선지자 엘리야를 너희에게 보내리니”(말 4:5)라고 예언했습니다. 그런데 사람은 “주의 날”이 언제 올지 모른다는 사실입니다. 어떤 사람들에게는 “주의 크고 영화로운 날”(행 2:20)이 되겠지만, 또 어떤 사람들에게는 “여호와의 크고 두려운 날”이 될 것입니다. 게다가 “보라 내가 도둑 같이 오리니 누구든지 깨어 자기 옷을 지켜 벌거벗고 다니지 아니하며 자기의 부끄러움을 보이지 아니하는 자는 복이 있도다”(계 16:15)라는 말씀과 “내가 도둑 같이 이르리니 어느 때에 네게 이를는지 네가 알지 못하리라”(계 3:3)라는 말씀과 같이 불신자들과 ‘유사 그리스도인들’에게는 충격과 공포의 날이 될 것입니다. 그러나 그날을 고대하는 그리스도인들에게는 “도둑 같이” 임하는 날은 되지 않을 것입니다. 그 이유에 대해서는 바울 사도가 데살로니가 교회에 한 편지 내용을 통해 알 수 있습니다.

1. 형제들아 때와 시기에 관하여는 너희에게 쓸 것이 없음은
2. 주의 날이 밤에 도둑 같이 이를 줄을 너희 자신이 자세히 알기 때문이라
3. 그들이 평안하다, 안전하다 할 그 때에 임신한 여자에게 해산의 고통이 이름과 같이 멸망이 갑자기 그들에게 이르리니 결코 피하지 못하리라
4. 형제들아 너희는 어둠에 있지 아니하매 그 날이 도둑 같이 너희에게 임하지 못하리니(살전 5:1~4)

그러므로 베드로가 전한 “그러나 주의 날이 도둑 같이 오리니”라는 말씀은 당시 거짓 선생들과 그들에게 미혹된 자들, 그리고 믿음이 약한 자들에게 우선 해당하는 말씀이었음을 알 수 있습니다. 바울 사도가 “형제들아 너희는 어둠에 있지 아니하매 그 날이 도둑 같이 너희에게 임하지 못하리니”라고 전한 말씀에 해당하는 사람들이 되려면 “그러므로

 21세기 한국교회를 위한 **베드로후서 강설**

깨어 있으라 어느 날에 너희 주가 임할는지 너희가 알지 못함이니라"(마 24:42)라고 하신 예수님의 말씀대로 "깨어" 있어야 합니다. 이는 육체적으로 잠을 자지 않고 기다리라는 말씀이 아니라 영적으로 항상 준비하고 있으라는 명령임을 깨닫기를 바랍니다.

"깨어" 있어야 하는 이유를 "그 날에는 하늘이 큰 소리로 떠나가고 물질이 뜨거운 불에 풀어지고 땅과 그 중에 있는 모든 일이 드러나리로다"라는 말씀이 제시합니다. 이는 과학자들이 말하는 열역학 제2법칙에 따라 우주와 그 속에 있는 모든 만물은 언젠가는 죽음(heat death)에 이르게 된다는 과학적 진리보다 더 우선하고 확실한 성경의 진리입니다. 천체물리학자 케이티 맥(Katie Mack)의 책 『우주는 계속되지 않는다』(하인해 역)가 몇 년 전에 번역되었습니다. 이 책을 통해 저자는 다섯 가지 우주 멸망 시나리오를 과학적 원리에 따라 제시하는데, 그중 열역학 제2법칙에 따른 '열 죽음'이 등장합니다. 우주는 지속될 수 없다는 것이 맥의 결론입니다. 제15강에서도 언급했듯이 다만 그보다 먼저 세상을 비롯한 우주 만물에 대한 심판이 예정된 "하나님의 날"이 온다는 사실을 잊지 말기를 바랍니다. 일부 과학자들이 주장한 것처럼 오랜 세월 후에 언젠가는 우주의 종말이 온다는 막연한 말보다 성경이 준엄하게 선포하는 마지막 날에 대한 진리에 귀를 기울이기를 바랍니다.

10절은 "주의 강림"이 더디다고 생각하는 연약한 신자들에게 "주의 날"은 도적같이 임할 것이라 경고한 메시지이면서 "주의 날"이 오면 어떤 일들이 일어날 것인지 알려주는 메시지이기도 합니다. 3장 3절에 언급된 "말세"의 끝("주의 날")과 그 마지막에 일어나는 일련의 종말 사건을 함축하는 메시지입니다. 3장 1절부터 13절까지 이어지는 맥락에서 가장 중요한 구절이기도 합니다. 또한 1장 16절부터 3장 13절까지 이어지는 거짓 선생들의 헛된 가르침(베드로후서 본론)에서 그 거짓 가르침을 성경과 예수 그리스도의 말씀에 근거해서 완전히 깨뜨려버리는 가장 핵심적인 구절이기도 합니다. "하늘이 큰 소리로 떠나가고 물질이 뜨거운 불에 풀어지고 땅과 그 중에 있는 모든 일이 드러나리로다"(10절)라는 말씀은 거짓 교사들의 가르침이 얼마나 어리석고 헛된 것인지 드러냄과 동시에 인류와 우주의 종말이 오면 어떤 상태가 되는지 알려줍니다. 다만 "땅과 그 중에 있는 모든 일이 드러나리로다"는 부분은 신약성경 여러 사본에 따라 다르게 번역되어 '드러날 것이다'와 '타버릴 것이다'와 '사라질 것이다'로 나뉘게 되는데, 번역본들 대부분은 '드러날 것이다' 또는 '타버릴 것이다'로 되어 있습니다. 더글라스 무(Moo)는 이러한 번역본들을 제시하면서 베드로의 언어와 본문 맥락으로 볼 때, 그리고 결정적으로 "이제 하늘과 땅은 그 동일한 말씀으로 불사르기 위하여 보호하신 바 되어 경건하지 아니한 사람들의 심판과 멸망의 날까지 보존하여 두신 것이니라"라는 7절 말씀, 그리고 이어지는 "이 모든 것이 이렇게 풀어지리니"(11절 a, 파괴 또는 불에 타서 녹는 것 의미)라는 구절을 고려할 때 '타버릴 것이다'로 해석하는 것이 옳다고 했습니다(Douglass J. Moo, The NIV Application Commentary: 2 Peter, Jude, pp. 190~191). 그러므로 《현대인의성경》의 번역처럼 "땅과 거기 있는 모든 것이 타서 없어질 것입니다."라고 이해해야 합니다. 물론 "땅과 그 중에 있는 모든 일이 드러나리로다"라는 말씀이 성경적 근거가 없다는 것은 아닙니다. "그런즉 그들을 두려워하지 말라 감추인 것이 드러나지 않을 것이 없고 숨은 것이 알려지지 않을 것이 없느니라"(마 10:26)라는 말씀과 "숨은 것이 장차 드러나지 아니할 것이 없고 감추인 것이 장차 알려지고 나타나지 않을 것이 없느니라"(눅 8:17)라는 예수님의 말씀에서 알 수 있듯이 심판 때에 인간의 모든 죄악이 남김없이 낱낱이 드러날 것입니다. 다만 이 내용은 베드로 사도가 말하는 인류 마지막에 있을 불의 심판에 대한 문맥에서 어울리지 않는다는 점입니다. 신칼빈주의자 알버트 월터스(Albert M. Wolters)는 그의 책 『창조 타락 구속』(홍병룡 역)에서 '발견될 것이다'라고 기록된 사본을 근거로 한 베드로후서 3장 10절에 대한 설명에서 "하늘이 떠나가고 원소가 녹음에도 불구하고 '땅과 그중에 있는 모든 일'이 계속 남아 있을 것을 가르치고 있다"(위의 책, 85쪽)고 주장했고, "주님은 손수 만드신 작품을 버리시지 않는다는 확신이다"라고 했으며, 게다가 "정화된 땅에 있는 것들은 사람의 문화적 소산들을 포함하고 있음에 틀림없다."라고 했을 정도로 종말에 있을 세계와 우주의 심판을 가벼운 정화 정도로 인식했습니다(위의 책 84, 86쪽). 그래서 본문에 대한 더 확실한 이해를 위해《현대인의성경》을 함께 볼 수 있기를 바랍니다. 아울러 10절에 대한《NASB: New American Standard Bible》번역도 함께 참조하기를 바랍니다.

10. 그러나 주님의 날은 도둑같이 갑자기 올 것입니다. 그 날에는 하늘이 큰 소리를 내며 사라지고 천체는 불에 타서 녹아 버릴 것이며 땅과 거기 있는 모든 것이 타서 없어질 것입니다.

11. 모든 것이 이렇게 녹아 버릴 텐데 여러분은 어떤 사람이 되어야 하겠습니까? 경건하고 거룩한 생활을 하면서

12. 하나님의 날이 속히 오기를 간절히 기다려야 합니다. 그 날에는 하늘이 불에 타서 없어지고 천체도 그 열로 녹아 버릴 것입니다.

13. 그러나 우리는 하나님의 약속대로 정의만이 있는 새 하늘과 새 땅을 기다리고 있습니다.

10 But the day of the Lord will come like a thief, and then the heavens will vanish with a [mighty and thunderous] roar, and the [material]

elements will be destroyed with intense heat, and the earth and the works that are on it will be burned up.《NASB》

이제 구체적인 내용을 들여다보자면, "그 날에는 하늘이 큰 소리로 떠나가고 물질이 뜨거운 불에 풀어지고"《개역개정》 즉 "그 날에는 하늘이 큰 소리를 내며 사라지고 천체는 불에 타서 녹아 버릴 것이며"《현대인의 성경》라는 말씀에서 알 수 있듯이 전 지구적, 우주적 '불 심판'이 있다는 사실입니다. 이미 언급한 "이제 하늘과 땅은 그 동일한 말씀으로 불사르기 위하여 보호하신 바 되어 경건하지 아니한 사람들의 심판과 멸망의 날까지 보존하여 두신 것이니라"(7절)라는 말씀과 같은 맥락에서 이어진 묘사임을 알 수 있습니다. 어떤 이들은 노아의 홍수 때, 물로만 심판받고 지구는 그래도 유지되었듯이, 종말에도 불로만 태워지고 지구는 그대로 유지될 것이라고 주장하는데, 이는 문장에 대한 이해조차 부족한 해석입니다. 하나님은 물을 통해 사람들과 동물들을 심판하셨지만, 후대를 이어갈 사람들과 동물들을 남겨두시고 또한 지구를 그대로 남겨두신 이유는 "불사르기 위하여 보호하신" 것인데, 이를 믿지 않으려는 해석입니다. 죄악과 부패로 가득한 세상, 그 세상을 위해 존재해 온 지구와 우주를 하나님이 재활용하실 거라는 어리석은 생각은 버려야 합니다. 베드로 사도가 분명히 밝히고 있는 내용은 단순히 없어지는 소멸(消滅)이 아니라 완전한 파괴와 함께 불에 타서 녹아 없어지는 소멸(燒滅)입니다. 더 이상 세상과 지구에 대한, 우주에 대한 미련이 생기지 않을 "새 하늘과 새 땅"(13절)을 위한 파괴와 소멸임을 깨닫기를 바랍니다. 어떤 사람들은 지저분하고 낡은 것들만 불에 타고 뼈대는 그대로 있을 것이라 믿고, 어떤 사람들은 완전히 불에 타더라도 창조 시 재료가 그대로 남아 있어서 그 재료를 통해 다시 '새로운' 즉 '재건축이 된' 천국이 나타날 것이라 믿습니다. 그러나 베드로 사도의 말씀에 따르면 지구는 물론 우주까지 완전히 불타 없어지고 "새 하늘과 새 땅"이 새롭게 생겨나는 것입니다. 존 맥아더(John MacArthur) 또한 이같이 설명했습니다(조계광 역, 『존 맥아더, 천국을 말하다』, 148쪽).

하지만 베드로가 말하는 불은 핵폭탄을 의미하지 않는다. 마지막 때가 되면 온 우주가 녹아내릴 것이다. 하늘이 큰 소리를 내며 사라지고, 모든 것이 강렬한 열기를 내뿜으며 용해될 것이다. 우리가 알고 있는 모든 것이 즉시 불에 타 없어질 것이다. 이것이 바로 "주의 날"로 불리는 종말에 있을 사건이다. 성경에 따르면 주의 날이 이를 때 하나님의 진노와 심판이 뒤따를 것이라고 한다. 우주가 갑자기 불에 타 없어지고 므든 것의 종말이 이루어질 것이다. 대규모의 파괴가 신속히 진행될 것이다. 열성적인 환경론자들이 아무리 큰 노력을 기울이더라도 지구를 구하지는 못할 것이다. 현 세상은 장차 라라질 일시적인 것에 불과하다. 새 세상이 현 세상을 대체할 것이다.

"새 하늘과 새 땅"은 한자로 '신천신지'(新天新地)인데 줄여서 '신천지'입니다. 사이비 종교 '신천지'(신천지예수교 증거장막성전의 줄임말)가 사용해서 일반 사람들에게도 좋지 않은 말로 인식되어 버렸습니다. 그들은 "새 하늘"이 "새 장막"이고, "새 땅"은 "새 성도"라고 합니다. 그래서 "또 내가 새 하늘과 새 땅을 보니 처음 하늘과 처음 땅이 없어졌고 바다도 다시 있지 않더라"(계 21:1)라는 말씀에 나오는 "처음 하늘과 처음 땅"은 우리가 사는 현재 세상 즉 물리적인 하늘과 땅을 의미하는데, '신천지'는 성경을 왜곡해서 "부패한 기성 교단과 거기에 속한 신자들"이라고 가르칩니다. 그러므로 "새 하늘과 새 땅"은 '증거장막성전'에 들어온 소위 '신천지 신자들'이라는 주장입니다. 성경과 전혀 관계없는 사이비 사상입니다. 이에 반해 베드로는 이사야 선지자를 통해 "보라 내가 새 하늘과

새 땅을 창조하나니 이전 것은 기억되거나 마음에 생각나지 아니할 것
이라"(사 65:17)라는 여호와 하나님의 선언에 근거해서 강력하고 중대한
메시지를 전했습니다. "내가 지을 새 하늘과 새 땅이 내 앞에 항상 있
는 것 같이 너희 자손과 너희 이름이 항상 있으리라 여호와의 말이니라"
(사 66:22)라는 말씀도 같은 맥락에서 나온 말씀입니다. 존 칼빈은 이 부
분에 대해 조금 아쉬운 해석을 했는데, "피조물이 허무한 데 굴복하는
것은 자기 뜻이 아니요 오직 굴복하게 하시는 이로 말미암음이라 그 바
라는 것은 피조물도 썩어짐의 종 노릇 한 데서 해방되어 하나님의 자녀
들의 영광의 자유에 이르는 것이니라 피조물이 다 이제까지 함께 탄식
하며 함께 고통을 겪고 있는 것을 우리가 아느니라"(롬 8:20~22)라는 말
씀을 근거로 완전한 소멸(燒滅)이 아니라 하늘과 땅의 부패가 불에 타서
정화될 것이라 했고, 땅과 하늘의 본질이 그대로 남아서 새로운 특성을
부여받을 것이라 했습니다(성서교재사, 『성경주석10: 히브리서·베드로전후
서·빌레몬서·골로새서』, 525쪽). 그러나 우리는 베드로 사도가 전한 대로
몇 가지 일련의 일들에 대해 주목해야 합니다. 첫째, "주의 날"이 임하면
지금 우리가 사는 이 세상은 우주와 함께 불 심판으로 소멸한다는 사
실입니다. 둘째, "새 하늘과 새 땅"이 새롭게 창조된다는 사실입니다. 셋
째, 그러므로 "너희가 어떠한 사람이 되어야 마땅하냐 거룩한 행실과 경
건함으로 하나님의 날이 임하기를 바라보고 간절히 사모하라"(11b~12a)
라는 명령에 순종해야 한다는 사실입니다. 넷째, "우리는 그의 약속대로
의가 있는 곳인 새 하늘과 새 땅을 바라보도다"(13절)라는 말씀과 같이
우리의 정체성을 명확히 알고 유지해야 한다는 사실입니다. 바울 사도
는 "그러나 우리의 시민권은 하늘에 있는지라 거기로부터 구원하는 자
곧 주 예수 그리스도를 기다리노니"라고 하면서 빌립보 교회를 향해 새
로운 정체성을 가져야 한다고 교훈했습니다.

베드로 사도는 "이 모든 것이 이렇게 풀어지리니 너희가 어떠한 사람이 되어야 마땅하냐 거룩한 행실과 경건함으로 하나님의 날이 임하기를 바라보고 간절히 사모하라 그 날에 하늘이 불에 타서 풀어지고 물질이 뜨거운 불에 녹아지려니와 우리는 그의 약속대로 의가 있는 곳인 새 하늘과 새 땅을 바라보도다"(11~13절)라고 함으로써, 베드로전서를 보냈을 때와 베드로후서를 보낼 때 똑같이 언제 임할지 모르는 "주의 날"을 간절히 기다리면서도 "거룩한 행실과 경건함"을 이어가야 함을 강조해서 가르쳤습니다. 그리고 "의가 있는 곳인 새 하늘과 새 땅"은 "그의 약속"(사 65:17, 66:22, 마 19:28, 벧후 1:4, 계 21:1 등)의 성취라고 했습니다. 거짓 선생들과 거짓 가르침에 미혹된 자들, 그리고 시대와 장소를 초월한 모든 유사 그리스도인들은 "하나님의 날이 임하기를 바라보고 간절히 사모하라"는 명령을 지킬 수 없습니다. 그들이 임박한 종말론을 앞세워서 '영적인 행동'에 전념하더라도 성경이 교훈하는 "거룩한 행실과 경건함"이 없다면, 그들은 자기 자신을 위한 종교 행위에 심취해 있을 뿐입니다. 하나님의 백성이라면, 참 그리스도인들이라면, 죄악이 지배적인 이 세상에서는 하나님의 말씀에 따라 "거룩한 행실과 경건함"이라는 그리스도인의 윤리를 추구해야 합니다. 죄가 있는 곳인 이 세상에서 "육체를 따라 더러운 정욕 가운데서 행하며 주관하는 이를 멸시하는 자들"(벧후 2:10), "탐심으로써 지어낸 말을 가지고" 남을 속여 이득을 삼는 자들(벧후 2:3), "낮에 즐기고 노는 것을 기쁘게 여기는 자들"(벧후 2:13), "음심이 가득한 눈을 가지고 범죄하기를 그치지 아니하고 굳세지 못한 영혼들을 유혹하며 탐욕에 연단된 마음을 가진 자들"(벧후 2:14), "허탄한 자랑의 말을 토하며 그릇되게 행하는 사람들"(벧후 2:18a), "음란으로써 육체의 정욕 중에서 유혹하는" 자들(벧후 2:14b), "우리 주 되신 구주 예수 그리스도를 앎으로 세상의 더러움을 피한 후에 다시 그 중에 얽매이고 *지*"는 자들(벤전 2:20)은 "*의*"를 사모하고 사랑하는 자들이 아니라 "*죄*"를 사모하고 사랑하는 자들입니다. 이들은 결코 "의가 있는 곳"에 올 수도 없고, 이들은 가려고 하지도 않습니다. "의가 있는 곳"은 '하나님의 의'가 영원히 거하는(dwell) 곳으로, 결코 죄와 사망이 없는 "새 하늘과 새 땅"입니다.

이제 참 그리스도인의 삶은 명확히 제시되었습니다. 첫째, "*거룩한 행실과 경건함으로 하나님의 날이 임하기를 바라보고 간절히 사모하라*"는 명령에 순종해야 합니다. 둘째, "*그의 약속대로 의가 있는 곳인 새 하늘과 새 땅을 바라보*"는, 즉 간절한 마음으로 기다리는 삶입니다. 종말이 올 때까지 천국에 대한 믿음과 소망을 품고 이 땅에서 거룩하고 경건하게 살아야 합니다. 이러한 베드로 사도의 교훈에도 불구하고, 엉뚱하게 해석하려는 자들이 많습니다. 그중에서 세계적인 신약신학 석학이요, 저명한 저술가며, 성공회 감독인 톰 라이트(Tom Wright)의『새 하늘과 새 땅』을 보면, 이런 주장이 실려 있습니다(윤상필 역, 55쪽).

> 우리가 단순히 "죽으면 천국에 간다"라고 말한다면, 그 말의 연쇄적인 영향을 감안할 때 금세 난감한 문제에 봉착한다. 주의를 기울이지 않으면, 자칫 이 문제는 이 세상에 대한 책임보다 '영적인 삶'의 계발을 중요시하는 영지주의적 영성을 유발할 수 있다. …… 우리가 이 세상으로부터 비시공간적 천국으로 도망가는 구원관을 고수한다면, 성경의 가르침과 어긋난 방식으로 창조 세계를 대하게 된다. 그런 탓에 생태 활동에 앞장서거나 구제 활동에 헌신하는 이들은 영적인 삶을 저버린 사람들로 치부되기도 하고, 훨씬 '영적인' 가치를 추구해야 할 사람으로 여겨진다.

라이트는 종말에 임하는 '하나님의 나라'를 장소가 아닌 "하나님이 다스리시는 사실"이라고 했습니다(위의 책, 19~20쪽). 부분적으로는 맞지만 온전하게 이해하지 못한 것입니다. 그가 말하는 "새 하늘과 새 땅"은 단지 현재 세상의 회복을 뜻합니다. 책 표지 뒷면에 "천국에 대한 그릇된 선입견을 지우고 성경에 뿌리내린 기독교의 소망을 생생하게 보여준다."라고 되어 있는데, 참으로 안타까운 일이 아닐 수 없습니다. 신약학 분야에 큰 연구 업적을 남겼더라도, 성경에서 벗어난 신학이기에 얻을만한 자료 외에는 그를 따르지 말아야 합니다. 아울러 우리가 바라보아야 할 "새 하늘과 새 땅"은 단지 회복되고 새로워진 이 세상이 아니라 전혀 다른 차원의 세상임을 알아야 합니다. 그랜트 오즈번(Grant R. Osborne)은 베이커 주석 시리즈 『요한계시록』에서 "새 하늘과 새 땅"에 대한 유대 사상을 두 가지로 대조했는데, 첫 번째 관념은 현 세계가 완전하게 파괴된 후 질적으로 새로운 세계가 창조된다는 것이고, 두 번째 관념은 땅이 쇄신됨으로써 이상적인 세계로 변한다는 것입니다. 그는 첫 번째 관념을 따르면서 다음과 같이 성경에 근거해서 "새 하늘과 새 땅"에 대해 자세히 설명했습니다(김귀탁 역, 915~916쪽).

베드로후서 3장 13절, 요한계시록 20장 11절과 21장 1절은 처음 하늘과 땅이 '없어졌기' 때문에 첫 번째 관념을 따르고, 마가복음 13장 31절('천지는 없어지겠으나')을 반영한다. 하나님은 새 질서와 새 세상을 창조하실 것이다. 현 세계와 비슷한 영원한 질서를 가진 물리적 실재의 한 형태가 될 것인지 여부를 알기는 어렵다. 누가복음 24장 39절, 로마서 8장 11절, 빌립보서 3장 21절에서 육체의 부활을 강조하고 있는 것과 본문의 '새 땅'을 기초로 하면, 약간은 형태가 암시될 수 있다. 그러나 동시에 바울은 '영광스러운 것으로 다시 살아나는' 것과 '신령한 몸'에 대하여 말하는데(고전 15:43~44), 우리는 여기서 그것이 어떤 형태가 될지 거의 모른다. 완전히

'새로운' 질서 안에 약간의 연속성이 있을 것이라고 주장하는 것이 가장 좋다. 나아가 '새 하늘과 새 땅' 관념은 또한 '처음 하늘'과 '처음 땅' 간의 전통적인 이분법이 더 이상 유지되지 않는다는 것을 암시한다. 하나님은 이제 새 예루살렘에 거하고 하늘이 땅으로 내려오게 될 것이다. 요한계시록 7장 9~17절을 보면, 새 예루살렘과 최후의 에덴동산에서 영원토록 살게 될 것이다. 다시 말하면, 하늘과 땅은 더 큰 실재로 하나로 연합될 것이다.

그랜트 오즈번이 설명한 내용은 요한계시록 21장과 22장 일부 구절들을 보면 "새 하늘과 새 땅"이 해와 달과 별들이 있는 현 우주와는 전혀 다른 세상임을 알 수 있습니다.

1. 또 내가 새 하늘과 새 땅을 보니 처음 하늘과 처음 땅이 없어졌고 바다도 다시 있지 않더라
2. 또 내가 보매 거룩한 성 새 예루살렘이 하나님께로부터 하늘에서 내려오니 그 준비한 것이 신부가 남편을 위하여 단장한 것 같더라
3. 내가 들으니 보좌에서 큰 음성이 나서 이르되 보라 하나님의 장막이 사람들과 함께 있으매 하나님이 그들과 함께 계시리니 그들은 하나님의 백성이 되고 하나님은 친히 그들과 함께 계셔서
4. 모든 눈물을 그 눈에서 닦아 주시니 다시는 사망이 없고 애통하는 것이나 곡하는 것이나 아픈 것이 다시 있지 아니하리니 처음 것들이 다 지나갔음이러라
5. 보좌에 앉으신 이가 이르시되 보라 내가 만물을 새롭게 하노라 하시고 또 이르시되 이 말은 신실하고 참되니 기록하라 하시고(계 21:1~5)

"그 성은 해나 달의 비침이 쓸 데 없으니 이는 하나님의 영광이 비치고 어린 양이 그 등불이 되심이라"(계 21:23)

"다시 밤이 없겠고 등불과 햇빛이 쓸 데 없으니 이는 주 하나님이 그들에게 비치심이라 그들이 세세토록 왕 노릇 하리로다"(계 22:5)

"새 하늘과 새 땅"은 논리적으로 말하자면 "주의 날"에 이어 곧바로 새롭게 창조되므로 그리스도인들은 이 두 가지 개념을 항상 함께 염두에 두어야 합니다. 한자로 '천지개벽'(天地開闢)은 두 가지 뜻을 담고 있습니다. 말 그대로 "하늘과 땅이 처음으로 열림"을 뜻하는 말, 그리고 "자연이나 사회에서의 큰 변혁을 비유적으로 이르는 말"입니다. '천지'는 장소의 의미를 담고 있고, '개벽'은 시간과 사건의 의미를 담고 있습니다. "주의 날"과 "새 하늘과 새 땅"은 온 세상과 우주의 창조도, 노아 시대 대홍수도 감히 비교될 수 없는, 이러한 천지개벽 사건들과 절대 비교될 수 없는 위대함과 두려움과 영화로움과 경이로움, 그 자체가 될 것입니다. 그러므로 인류가 지금까지 경험하고 생각해왔던 그 어떤 것보다 크고 중요합니다. 인류 역사의 모든 삶과 죽음의 이야기도 "주의 날"과 "새 하늘과 새 땅"에 대한 말씀 아래서 한 줌의 재보다 못하고 날리는 티끌보다 못한 이야기가 될 것입니다. "주의 날"과 "새 하늘과 새 땅"에 대한 매튜 하몬의 다음과 같은 글을 통해 묵상의 유익을 얻을 수 있기를 바랍니다(『베드로후서와 유다서 신학』, 122~124쪽).

첫째, 주의 날을 위한 하나님의 시간표는 우리가 예상할 수 있는 것과 다르다(벧후 3:8~9). …… 둘째, 주의 날은 갑자기 임할 것이다(벧후 3:10). 베드로는 신약 저자들과 함께(살전 5:24, 계 3:3, 16:15) 이 개념을 예수에게서 직접 빌려오는데, 예수는 자기의 재림과 관련해 제자들에게 가르치실 때 알려지지 않은 재림의 시간을 도둑이 밤에 오는 것에 비유하셨다(마 24:42~44, 참고 눅 12:39). …… 거짓 교사는 그리스도의 재림이 지체된다는 이유로 재림이 절대 일어나지 않으리라고 결론짓는데, 이와 같은 지체는 하나님 백성에게 안도감을 주어 부도덕한 삶으로 유인할 가능성도 있다. 신자는 그리스도의 재림을 기다리는 동안에도 우리 주 예수 그리스도의 영원한 나라에 들어감을 얻기 위해 늘 깨어 경건함을 추구해야 한다(벧후 1:2~11).

셋째, 주의 날은 우주의 변화를 가져올 것이다(벧후 3:10~14). 아래에서 살펴보겠지만, 베드로가 완전히 새로운 창조를 염두에 두는지 아니면 현재의 창조가 완전히 새로워지는 것을 염두에 두는지는 광범위하게 논쟁이 된다. 그러나 여기서는 새 창조를 현재의 창조와 근본적으로 다른 것으로 그린다는 점을 지적하는 것으로도 충분하다.

지금까지 살펴본 바와 같이 참 그리스도인들이 마음의 눈으로 바라보고 기다리는 *"새 하늘과 새 땅"*은 *"처음 땅이 없어졌고 바다도 다시 있지 않더라"*(계 21:1)는 말씀과 *"다시 밤이 없겠고"*(계 22:5)라는 말씀과 같이 바다가 없습니다. 물론 상징적으로 흑암과 혼돈, 그리고 죄악과 어둠을 뜻하기도 합니다. 또한 저주와 고통과 슬픔과 죽음이 더 이상 없는 곳입니다(계 21:3~4). 마틴 로이드 존스는 이렇게 묘사했습니다(지상우 역, 『베드로후서 강해』, 238쪽).

우리는 현재 있는 그대로의 세상과 피조물의 아름다움에 대해서 이야기합니다. 자연에는 탁월한 아름다움이 있습니다. 그러나 성경에 따르면 우리들이, 곧 하나님의 자녀들이 새로운 창조와 영광스럽게 된 이 땅을 보게 될 때에는 우리가 지금 이야기하고 있는 아름다움은 무의미해진다는 것입니다. 현재의 인간의 생각으로는 이해할 수 없는 그런 영광이 있을 것입니다.

베드로 사도가 *"먼저 이것을 알지니 말세에 조롱하는 자들이 와서 자기의 정욕을 따라 행하며 조롱하여 이르되 주께서 강림하신다는 약속*

이 어디 있느냐 조상들이 잔 후로부터 만물이 처음 창조될 때와 같이 그냥 있다 하니"(벤후 3:3~4)라고 하면서 당시 거짓 선생들과 거짓 신자들의 어리석은 신념과 행태를 드러냈던 사실을 우리는 염두에 두어야 합니다. 그들은 내세에 관한 관심은 거의 없었고 대신 현세의 삶을 매우 중시했습니다. 로마인들이 오티움(Otium)의 여유와 즐거움을 누림으로써 현세에서 자아실현의 삶을 추구한 것만큼 그들은 현재 세상에서 "정욕을 따라" 살아가는 삶을 교회 생활에서도 그대로 이어갔습니다. 그들에게 하나님은 그리스–로마인들이 믿었던 수많은 신 중 하나에 불과할 정도로 절대적 존재가 아니었습니다. 제15강에서도 언급했듯이 그들은 그리스 철학에 조예가 깊은 자들이었기에 플라톤의 《티마이오스》에 나오는 데미우르고스에 대해 잘 알고 있었을 것입니다. 이들의 출현 후에 교회 안팎에서 본격적으로 활동한 영지주의자들은 여호와 하나님을 '데미우르고스'라고 칭함으로써 그들의 개념 속에 있는 신들의 세계에서조차 하나님을 열등한 신으로 취급해버렸습니다. 이러한 사상적 배경을 고려할 때, "주님의 날"은 그들에게 소중한 인생의 어느 날들과도 비교될 수 없는 관심 밖의 날이었고, "새 하늘과 새 땅"은 정욕대로 살아가는 그들 세상에서는 개념조차 없는 영역이었던 것입니다. 이런 자들이 서서히 영향력을 키워가던 때에 베드로는 소아시아 지역 교회들은 물론, 모든 시대를 살아가는 그리스도인들에게 "주님의 날"(10절, '주 예수 그리스도의 날') 즉 "하나님의 날"(12절)을 간절한 마음으로 기다려야 한다는 교훈을 하면서도, 세상을 사는 동안 그리스도인으로서 윤리를 지키도록 "거룩한 행실과 경건함"을 유지할 것을 명령했습니다. 이는 또한 그리스도의 강림을 조롱하고 정욕대로 살고자 했던 거짓 교사들과 그들에게 미혹되었거나 미혹될 수 있는 잠재적 신자들을 대상으로 전한 중대한 말씀이기도 했습니다. 이 본문은 성경 전체를 보더라도 교리적인 면에서나 실천적인 면에서 가장 무게감이 있는 메시지 중 하나입니다. 많은 사람이 예수 그리스도를 믿는다고 하지만, 마지막 날에 강림하시는 주님을 간절히 기다리면서 거룩한 삶을 이어가는 신앙보다는 예수 그리스도를 믿음으로써 현실 문제를 해결하고자 하는 경우가 대부분인 현 21세기 한국교회에 큰 경종을 울리는 메시지입니다. 더욱이 신사도 운동의 영향을 받고, 일제와 독재 권력에 부역했던 정치적 극단주의 세력에 의해 영향을 받은 한국교회 신자들은 점점 현실 정치를 통해 그들이 원하는 '하나님의 나라'를 이 세상에서 실현하려는 열망으로 가득 차 있음을 보게 됩니다. 이는 2,000년 전에 유대인들이 정치적 메시아를 기다림으로써 예수 그리스도를 십자가에 못 박은 일과 다를 바 없습니다. 참 교회는, 참 그리스도인은 *"주의 날"*을 사모하고 기다리면서 *"새 하늘과 새 땅"*을 바라보며, *"거룩한 행실과 경건함"*을 이어간다는 사실을 명심하고, 그런 삶을 살아가기를 바랍니다. 아멘.

(2025년 11월 23일)

τὴν αἰώνιον βασιλείαν τοῦ κυρίου ἡμῶν
καὶ σωτῆρος Ἰησοῦ Χριστοῦ
우리 주 곧 구주 예수 그리스도의 영원한 나라(벧후 1:11)

당신이 기다리는 미래는?

14. 그러므로 사랑하는 자들아 너희가 이것을 바라보나니 주 앞에서 점도 없고 흠도 없이 평강 가운데서 나타나기를 힘쓰라

제1강에서 베드로후서 전체를 세 부분으로 나누어, 서론과 본론 그리고 결론으로 구분을 지었습니다. 서론은 인사를 포함한 그리스도를 아는 지식(1:1~15)에 관한 내용, 본론은 거짓 교사들의 헛된 가르침과 그에 따른 베드로 사도의 교훈(1:16~3:13), 끝으로 결론은 베드로의 당부와 송영(3:14~18)으로 설명했습니다. 3장 14절부터 마지막 18절까지는 "주님의 날"을 기다리는 그리스도인들에 대한 마지막 권면인데, 세상과 우주의 종말을 전혀 의식하지 않고 정욕대로 살았던 거짓 선생들과 거짓 그리스도인들의 유혹에 넘어가지 않도록 믿음을 굳게 지키면서 성장하라는 당부의 말씀입니다. 이번 강설을 포함한 세 번의 강설을 통해 결론 부분을 살펴보게 될 것입니다.

아울러 지금까지 살펴본 바와 같이 베드로전서와 베드로후서 모두 그리스도인들을 향한 하나님의 뜻은 똑같은 것임을 잊지 말기를 바랍니다. 단지 편지를 보내게 된 동기와 당시 교회들의 상황이 달랐을 뿐입니다. 베드로가 제시한 첫 번째 하나님의 뜻은 세상의 종말이 반드시 온다는 사실이었고, 두 번째 뜻은 세상의 종말 즉 "주님의 날"이 임박했고, 또한 언제 올지 모르기에 그날을 고대하면서도 동시에 이 땅에서 '거룩하고 경건한 삶'을 살아가야 한다는 것이었습니다. 이는 다르게 표현하면, 하나님의 뜻대로 살아가는 '선행'의 삶이요, 그리스도인으로서 마땅히 행동하고 실천해야 하는 '천국 백성의 윤리'입니다. 그래서 그리스도

인들의 삶은 이중적인 삶이라 할 수 있습니다. 한편으로는 저 하늘("새 하늘과 새 땅")을 바라보고, 다른 한편으로는 이 땅('지금 하늘과 땅')에서 거룩한 삶을 이어가야 합니다. 바로 14절 말씀이 이 두 가지 뜻을 명확히 제시합니다. "그러므로 사랑하는 자들아 너희가 이것을 바라보나니 주 앞에서 점도 없고 흠도 없이 평강 가운데서 나타나기를 힘쓰라"라고 당부함으로써 베드로후서 전체 내용에 대한 결론적인 교훈을 전한 것임을 깨닫기를 바랍니다.

먼저 살펴보아야 할 부분은 "사랑하는 자들아"라는 특별한 호칭을 사용함으로 마지막 당부에 귀를 기울이도록 호스한 점입니다. 베드로전서에서는 2회(벧전 2:11, 4:12), 베드로후서에서는 3장에서만 4회(3:1, 8, 14, 17)나 등장하는데, 이는 당시 교회들을 향한 베드로 사도의 마음이 그만큼 간절하고 애틋했음을 짐작할 수 있습니다. 제5강에서 이미 살펴보았듯이 베드로후서 1장 12~15절에서 "내가 항상 너희에게 생각나게 하려 하노라"(12절)와 "너희를 일깨워 생각나게 함이 옳은 줄로 여기노니"(13절), 그리고 "이런 것을 생각나게 하려 하노라"(15절)와 같이 같은 뜻의 말을 세 번이나 반복해서 강조함으로써 "사랑하는 자들"의 가슴에 깊이 새기고자 했고, 아울러 "내가 이 장막에 있을 동안에"(13절)라는 말과 "우리 주 예수 그리스도께서 내게 지시하신 것 같이 나도 나의 장막을 벗어날 것이 임박한 줄을 앎이라"(14절), 그리고 "내가 떠난 후에라도"(15절)와 같이 세 번이나 반복해서 죽음이 가까이 왔음을 강조함으로써 이 편지가 베드로의 유언장이나 다름없음을 보여주었습니다. 그러므로 베드로 사도로부터 직접 유언장을 받는 심정으로 말씀을 대하기를 바랍니다.

베드로는 유언장과 같은 편지를 읽을 대상에게 지금까지 말한 모든 내용에 대한 결론을 전하는 뜻으로 "그러므로"(διό)라는 접속부사를 사용했습니다. 베드로후서 전체를 대상으로 할 때 앞 구절까지가 직설법(indicative)에 해당하는 부분이었다면, 14절부터는 18절까지는 명령법(imperative)에 해당합니다. 이를 간략하게 표현하자면, "너희에게는 주의 강림, 그리고 새 하늘과 새 땅에 대한 약속이 주어져 있다. 그러므로 그 날을 기다리면서 거룩하게 살아라!"라는 메시지입니다. 대표적인 바울 서신 로마서를 보더라도, 1장부터 11장까지는 직설법을 중심으로 이어지는 교리적인 부분, 12장부터 16장까지는 명령법을 중심으로 이어지는 실천적인 부분이라 할 수 있습니다. 교리적인 부분이 11장 36절 "이는 만물이 주에게서 나오고 주로 말미암고 주에게로 돌아감이라 그에게 영광이 세세에 있을지어다 아멘"으로 종결되고, 실천적인 부분이 12장 1절 "그러므로 형제들아 내가 하나님의 모든 자비하심으로 너희를 권하노니 너희 몸을 하나님이 기뻐하시는 거룩한 산 제물로 드리라 이는 너희가 드릴 영적 예배니라"라는 말씀으로 시작됩니다. 이는 로마서 전체를 둘로 구분할 때 그렇다는 뜻입니다. 이는 또한 종주권 언약(Suzerainty Treaty)의 틀을 취하고 있는 성경 전체의 구조이기도 합니다. 종주(宗主, suzerain)와 봉신(封臣, vassal) 사이에 맺는 조약은 힘이 강한 나라의 왕이 약한 나라의 왕과 맺는 형식인데, 강한 쪽에 의해 만들어진 조약은 직설법과 명령법으로 구성되며, 예를 들면, "내가 너를 구해주었다. 그러므로 내가 정한 법을 따르라"와 같은 형식입니다. 종주는 봉신을 보호해주고, 봉신은 종주에게 정해진 의무와 충성을 다하는 식입니다. 베드로 사도는 우리의 종주 예수 그리스도의 뜻을 받들어 "그러므로 사랑하는 자들아 너희가 이것을 바라보나니 주 앞에서 점도 없고 흠도 없이 평강 가운데서 나타나기를 힘쓰라"라는 의무 조항을 당시 교회들, 그리고 모든 교회들을 향해 전달했습니다.

　이제 교회들이 지켜야 할 의무사항을 함께 브고자 합니다. 모든 교회는 "주 앞에서 점도 없고 흠도 없이 평강 가운데서 나타나기를 힘쓰라"라는 명령을 지켜야 합니다. 베드로는 명령에 앞서 지금까지 교훈한 내용에서 가장 중요한 "주의 날"(3:10) 또는 "하나님의 날"(3:12)과 "새 하늘과 새 땅"(3:13)을 다시 강조하는 차원에서 "너희가 이것을 바라보나니"(NASB, since you look for these things)라는 말씀을 언급했습니다. 명령을 따라야 할 이유가 바로 "주의 날"(3:10)과 "새 하늘과 새 땅"(3:13)이 약속으로 주어졌기 때문입니다. 이 약속이 성취될 때까지는 말세를 살아가는 모든 그리스도인은 불신자들과 '유사 그리스도인들'에게 조롱을 받을 것입니다. 베드로가 이미 언급한 "먼저 이것을 알지니 말세에 조롱하는 자들이 와서 자기의 정욕을 따라 행하며 조롱하여 이르되 주께서 강림하신다는 약속이 어디 있느냐 조상들이 잔 후로부터 만물이 처음 창조될 때와 같이 그냥 있다 하니"(벧후 3:3~4)라는 말씀과 같이 이 세상이 존재하는 동안은 계속 직·간접적으로 조롱을 당할 것입니다. 휴머니즘(인본주의), 트랜스휴머니즘(초인본주의), 그리고 포스트휴머니즘(탈인본주의)으로 진보해가는 세상은 인간 사회가 이룩한 업적과 그로 인한 교만한 생각으로 인해 하나님의 말씀이라면 그 어떤 말씀도 들리지 않을 것이고 듣지도 않을 것입니다. 세상과 인간과 우주 만물을 창조하신 하나님은 이사야 선지자를 통해 "대저 여호와께서 이같이 말씀하시되 하늘을 창조하신 이 그는 하나님이시니 그가 땅을 지으시고 그것을 만드셨으며 그것을 견고하게 하시되 혼돈하게 창조하지 아니하시고 사람이 거주하게 그것을 지으셨으니 나는 여호와라 나 외에 다른 이가 없느니라"(사 45:18)라고 말씀하셨음에도 불구하고, 그들은 귀를 막을 것이며, 하나님의 말씀을 조롱할 것입니다. 그러함에도 불구하고, 그리스도인들은 마지막 날에 심판으로 소멸할 '지금의 하늘과 땅'에서 사는 동안만큼은 "주 앞에서 점도 없고 흠도 없이 평강 가운데서 나타나기를 힘쓰라"라는 명령을 따라야 합니다. "주의 날"과 "새 하늘과 새 땅"을 바라보기 때문에 그렇게 해야 합니다. 여기서 '바라보다'라는 동사는 '기다리다' 또는 '예상하다'는 뜻입니다. 그리스도인들이 세상 사람들과 전적으로 다른 것은 첫째로, 그들에게 '파루시아'(Parousia)가 있기 때문입니다. 파루시아(παρουσία)는 예수 그리스도가 영광스러운 왕권을 가지고 세상에 다시 오시는 일로 '도착'과 '임재'를 뜻하는 말입니다. 그리스도인들은 언제일지 모르지만, 확실히 예정돼있는 파루시아 즉 예수 그리스도의 두 번째 오심(재림)을 기다려야 합니다. 둘째로, 그들에게는 "새 하늘과 새 땅"이 약속되어 있기 때문입니다. 이는 하나님의 새로운 창조 세계로, 영원토록 영광을 누리는 곳입니다. 그러므로 그리스도인들은 이 세상에 대한 미련을 버리고 "주의 날"과 함께 새로운 세상을 기다려야 합니다. 베드로가 "하나님의 날이 임하기를 바라보고 간절히 사모하라 그 날에 하늘이 불에 타서 풀어지고 물질이 뜨거운 불에 녹아지려니와"(벧후 3:12)라고 한 말씀에서 "바라보고"라는 동사가 바로 '기다리다'라는 의미의 단어입니다. 론다 번(Rhonda Byrne)의 『시크릿』(The Secret)이 말하는 "끌어당김의 법칙"(Law of Attraction)이나, 조용기가 말한 "바라봄의 법칙"과 같은 심리학적이고 자기계발적인 주장과는 전혀 다른 것임을 알아야 합니다. 세상 사람들은 "끌어당김의 법칙"에 매료되고, '유사 그리스도인들'은 "바라봄의 법칙"에 매료되는데, 여기에 소위 "믿음의 말씀 운동"(Word-Faith Movement)이라고 하는, 즉 자기 신념을 굳게 믿으면, 그 신념대로 된다는 '신념 운동'이 가세해서 20~21세기 기독교는 성경과 교리에서 더욱 멀어져서 저급한 통속심리학을 의지하는 종교가 되고 말았습니다. 마음속에 자기 자신이 원하는 것을 품고 간절히 바라면 현실에서 이루어진다는 개념을 교회가 가르치고 따른다는 것 자체가 이단이요 사이비라는 확실한 증거입니다. 교회가 바라보고 기다리는 것은 세상에서 누리고 싶은 마음의 소원이 아니라 "주의 날"이요, "새 하늘과 새 땅"임을 명심해야 합니다.

우리는 여기서 다양한 세계관을 가지고 미래를 기다리거나 미래에 대한 특별한 생각 없이 현재를 중심으로 살아가는 사람들의 모습에 대해 알아볼 필요가 있습니다. 우리 주변에 흔히 있는 사람들이기 때문입니다. 1세기 당시 영지주의적 사상을 퍼뜨린 거짓 교사들은 '금욕주의'를 추구한 자들도 있었지만, 대개는 "주를 부인하고"(벧후 2:1) "호색"(벧후 2:2)하는 생활을 했고, "탐심으로써 지어낸 말을 가지고 … 이득을 삼"았으며(벧후 2:3), "육체를 따라 더러운 정욕 가운데서 행하며 주관하는 이를 멸시하는" 삶을 살았고(벧후 2:10), "정욕을 따라 행하며"(벧후 3:3) 살았습니다. 이에 그치지 않고 "주께서 강림하신다는 약속이 어디 있느냐 조상들이 잔 후로부터 만물이 처음 창조될 때와 같이 그냥 있다"(벧후 3:3~4)라고 하면서 경건한 신자들을 조롱했습니다. 이들은 머리로는 그리스 철학을 토대로 하나님을 믿었고, 몸으로는 로마 사람들의 쾌락주의를 추구했습니다. 그래서 그들에게는 "하나님의 날"도 "새 하늘과 새 땅"도 필요가 없다고 느낀 것입니다. 바울 사도가 '디아트리베'(διατριβή, diatribe)라는 '논리적 수사법'을 사용해서 고린도 교회에 교훈한 "모든 것이 내게 가하나 다 유익한 것이 아니요 모든 것이 내게 가하나 내가 무엇에든지 얽매이지 아니하리라"(고전 6:12)라는 구절에서 짐작할 수 있듯이 베드로 사도 당시보다 10여 년 전에도 이미 육체적 쾌락을 추구하는 자들이 교회 안에 있었음을 알 수 있습니다. 일부 신자들은 "모든 것이 내게 가능하다"는 쾌락주의자들의 슬로건을 적용해서 "정욕을 위하여 육신의 일을 도모"(롬 13:14)했습니다. 인용부호가 표시된 대표적인 영어 성경과 우리말 성경의 번역 예(고전 6:12)는 다음과 같습니다. *"'Everything is permissible for me'--but not everything is beneficial. 'Everything is permissible for me'--but I will not be mastered by anything.'*《NIV》 그리고 "'모든 것이 나에게 허용되어 있습니다.' 그러나 모든 것이 유익한 것은 아닙니다. '모든 것이 나에게 허용되어 있습니다.' 그러나 나는 아무 것에도 제재를 받지 않겠습니다.'《새번역》 다음 구절(고전 6:13)을 《새번역》으로 보면 이와 같습니다. "'음식은 배를 위한 것이고, 배는 음식을 위한 것입니다.' 그러나 하나님께서는 이것도 저것도 다 없애 버리실 것입니다. 몸은 음행을 위하여 있는 것이 아니라, 주님을 위하여 있는 것이며, 주님은 몸을 위하여 계십니다." 고린도 교회에 속해 있으면서 당시 쾌락주의와 자유주의를 추구했던 '거짓 선생들'과 '거짓 그리스도인들'은 '음식은 배를 위한 것이고, 배는 음식을 위한 것입니다.'라는 슬로건을 앞세워서 먹는 행위를 성행위와 똑같이 육신에 속한 것이라 여기고 폭식과 음란을 당연시함으로써(김세윤, 『고린도전서 강해』, 151쪽), 신자들이 따르도록 부추겼던 것입니다. 이런 저속한 고린도 교회 문화가 10년 후 소아시아 지역 교회들 전체에 영향을 끼쳤다고 볼 수 있습니다. 이처럼 바울 사도는 고린도전서 6장 12~20절, 7장 1~2절 등에서 당시 고린도 교회 신자들이 사용하던 "내게는 모든 것이 허용됩니다"라는 슬로건을 그대로 인용하면서 그 슬로건을 바탕으로 생각하고 행동한 자들의 문제점을 지적하고 논박하는 '디아트리베' 수사법을 사용했음을 감안하고 바울 사도와 베드로 사도 당시 문화적 환경에서 그리스도인들의 문제를 들여다보아야 합니다. 바울 사도가 "낮에와 같이 단정히 행하고 방탕하거나 술 취하지 말며 음란하거나 호색하지 말며 다투거나 시기하지 말고 오직 주 예수 그리스도로 옷 입고 정욕을 위하여 육신의 일을 도모하지 말라"(롬 13:13~14)라고 교훈했다는 사실, 그리고 베드로 사도가 베드로후서 2~3장 여러 곳에서 "정욕을 위하여 육신의 일을 도모"(롬 13:14)한 자들의 행태를 강조해서 드러냈음을 깨닫기를 바랍니다. 특히 "자기의 정욕을 따라 행하며 조롱하여 이르되 주께서 강림하신다는 약속이 어디 있느냐 조상들이 잔 후로부터 만물이 처음 창조될 때와 같이 그냥 있다"(벧후 3:3~4)라는 말씀과 같이 예정된 하나님의 심판을 조롱하고, 오로지 현재의 쾌락과 자유를 즐기는 자들이 당시 1세기는 물론 지금 21세기에도 많다는 사실을 알아야 합니다. '하나님의 은혜'와 기도에 대한 '하나님의 응답' 운운하면서 '경험의 사치'와 향락에 빠진 목사들과 신자들이 많습니다. 과거에는 물질적 빈곤과 어려움 때문에 물질에 대한 구매를 통해 소유하는 일 자체가 자기만족이요 소비 트렌드였다면, 21세기는 소비성 여행, 유적지 및 명소 관광, 특별한 지역이나 종교적 성지 탐방, 호텔이나 리조트 숙박, 문화와 예술 체험, 기타 다양한 경험에 삶의 가치를 두는 '경험의 사치' 즉 경험을 사치로 소비하는 시대가 되었습니다. 이러한 경험의 추억은 주로 개인 소장용 사진 폴더나 SNS에 사치의 부피로 점점 쌓이게 됩니다. 예수님은 곡식을 가득 쌓아 둔 어리석은 부자에게 "또 이르되 내가 이렇게 하리라 내 곳간을 헐고 더 크게 짓고 내 모든 곡식과 물건을 거기 쌓아 두리라 또 내가 내 영혼에게 이르되 영혼아 여러 해 쓸 물건을 많이 쌓아 두었으니 평안히 쉬고 먹고 마시고 즐거워하자 하리라 하되 하나님은 이르시되 어리석은 자여 오늘 밤에 네 영혼을 도로 찾으리니 그러면 네 준비한 것이 누구의 것이 되겠느냐 하셨으니 자기를 위하여 재물을 쌓아 두고 하나님께 대하여 부요하지 못한 자가 이와 같으니라"(눅 12:18~21)라고 하셨습니다. 마찬가지로 '경험의 사치'를 쌓아가고 있는 어리석은 신자들에게 솔로몬은 당대 세상에서 경험할 수 있는 모든 것을 경험하고 나서 *"내가 해 아래에서 행하는 모든 일을 보았노라 보라 모두 다 헛되어 바람을 잡으려는 것이로다"*(전 1:14). *"전도자가 이르되 헛되고 헛되도다 모든 것이 헛되도다"*(전 12:8)라고 했음을 명심하고, *"일의 결국을 다 들었으니 하나님을 경외하고 그의 명령들을 지킬지어다 이것이 모든 사람의 본분이니라"*(전 12:13)라는 말씀을 실천하기를 바랍니다.

지난 16강에서 언급한 KBS 대기획 〈트랜스휴먼〉 제3부가 지난 26일(수)에 방영되었는데, 〈유전자 혁명〉을 다룬 프로그램이었습니다. 인류는 지금까지 "거역할 수 없는 생로병사의 굴레"라는 한계를 극복하지 못했지만, "불로장생의 욕망"을 실현하기 위해 진화하고 있다면서 유전자 교정을 통한 장기 이식 사례들을 소개했고, 놀랍게도 돼지의 신장을 사람에게 이식해서 일정 기간 정상적으로 활동했던 사례도 소개했습니다. 비록 1년도 지나지 않아 거부 반응이 나타났지만, 유전자 교정 기술이 더 발전하면 동물과 사람 사이에 장기 이식도 거부 반응 없이 성공할 것이라는 긍정적인 예측을 했습니다. 단지 환자뿐만 아니라 나이가 들어가는 사람들의 신체 능력의 증강도 가능한 일이라면서, 지금까지는 인간이 진화의 과정에서 수동적으로 존재해왔다면, 이제는 유전자 교정 기술을 적용해서 직접 진화에 개입하는 능동적인 존재가 되는 시대에 도달했다는 것입니다. 염기 교정(Base Editing)이라는 더욱 정밀한 유전자 교정 기술을 적용하면 노화도 막을 수 있다는 희망을 주는 프로그램이었습니다. 이처럼 21세기 인류는 기술혁신과 인공지능으로 트랜스휴머니즘을 지향하고 있습니다. 트랜스휴머니즘을 선도해가는 사람들에게는 여섯 가지 학파가 있습니다. 첫째, 불멸주의(Immortamism)로 과학과 기술의 진보를 통해 인간의 수명을 연장하고 심지어 죽음의 한계도 뛰어넘을 수 있다는 믿음입니다. 둘째, 고통철폐주의(Suffering Abolitionism)로 유전공학, 나노기술, AI로 기술혁신을 이루어 고통을 근절함으로써 낙원을 만들어야 한다는 철학을 제시합니다. 셋째, 포스트젠더주의(Post–Genderism)로 생명공학 기술을 통해 자유롭게 성(性)을 바꿀 수 있고, 인공 자궁으로 생식을 할 수 있으며, 전통적인 성 역할과 규범에서 벗어나 자유를 누리는 세상을 목표로 하는 철학입니다. 또한 남성과 여성의 장점을 결합해서 중성을 추구할 수도 있습니다. 넷째, 엑스트로피어니즘(Extropianism)으로, 인간 능력의 증강, 지속적인 기술의 진보, 생물학적 한계의 초월 등을 추구하는 접근으로 인류의 진화를 더욱 앞당기려고 노력하고, 자유주의와 낙관주의와 신자유주의를 옹호합니다. 다섯째, 엑스트로피즘(Extropism)으로, AI와 로봇의 첨단화로 인해 인간이 생존 문제에 더 이상 수고할 필요 없이 다른 것들을 추구할 수 있어야 한다는 생각입니다. 여섯째, 자유주의적 트랜스휴머니즘(Libertarian Transhumanism)으로 과학기술을 통해 자기 소유권을 독점하고 통제함으로써 개인의 자유를 추구하는 철학입니다(김동환, 『인공지능, 트랜스휴먼, 사이보그』, 23~37쪽). 과연 트랜스휴머니즘은 포스트휴머니즘으로 자연스럽게 이어질까요? 만약 세상의 종말이 오기 전에 그런 세상이 된다면 어떻게 될까요? AI는 인간에게 편리함을 주고 많은 정보와 지식을 얻게 할 것입니다. 그러나 우리에게 가장 큰 골칫거리가 될 수도 있습니다. 장보철은 인간이 결국 인공지능을 창조했다면서 다음과 같이 경고했습니다(『교회가 인공지능을 우려해야 할 12가지 이유』, 36~37쪽).

그런데, 마침내 인간이 신의 영역에 도전해 볼 만한 시대가 왔다. 도저히 넘볼 수 없던, 오직 신만이 할 수 있다고 여겨지던 일까지 할 수 있다는 믿음이 생기는 때가 온 것이다…….

바로 21세기 4차 산업혁명의 총아로 불리는 AI를 통해서, 인간의 오랜 갈망이 실현될 채비를 조금씩 갖추고 있다. 컴퓨터 공학, 뇌 과학, 나노 기술, 로봇 공학, 인지 과학 등의 혁신적인 과학 기술 발전의 융합점은 바로 AI다. ……

이 시점에서 기독교인들이 반드시 주목해야 할 것이 있는데, 현대 테크놀로지는 그저 인간의 일상적인 생활, 비즈니스, 산업 현장의 편리함과 실용성을 가져다주는 도구에 그치지 않는다는 사실이다. 즉 AI를 신앙적으로 이해하고자 할 때, 가장 먼저 하나님의 속성인 창조와 연결해서 지혜롭게 접근할 필요가 있다. ……

그런데 AI를 통해서 인간을 닮은, 더 나아가 인간을 초월할 수 있는 기계를 창조하는 것은 인간 복제와 더불어 하나님의 창조에 대한 가장 커다란 도전이다.

위와 같이 하나님을 외면한 인본주의의 끝은 유토피아(Utopia)를 향하고 있는 것 같지만 말 그대로 현실 세계에서는 그 어떤 곳에도 존재하지 않고, 존재할 수 없는('ou') 장소('topos')에 대한 헛된 꿈을 꾸고 있을 뿐입니다. 과학기술을 도구 삼아 '초인류의 길'을 찾는 일도, 유전자 공학을 이용해서 불로장생을 누리는 일도, 신마르크스주의를 통해 성적 자유(성적 방종)를 누리는 일도 결국은 막다른 길에 이르기 마련입니다. 하나님의 심판이 머지않았기 때문입니다. *"한번 죽는 것은 사람에게 정해진 것이요 그 후에는 심판이 있으리니"*(히 9:27). *"하나님은 모든 행위와 모든 은밀한 일을 선악 간에 심판하시리라"*(전 12:14). *"선한 일을 행한 자는 생명의 부활로, 악한 일을 행한 자는 심판의 부활로 나오리라"*(요 5:29). *"또 내가 보니 죽은 자들이 큰 자나 작은 자나 그 보좌 앞에*

서 있는데 책들이 펴 있고 또 다른 책이 펴졌으니 곧 생명책이라 죽은 자들이 자기 행위를 따라 책들에 기록된 대로 심판을 받으니"(계 20:12).

인류의 역사를 크게 시대별로 나누어 접근하는 사람들은 어떤 시대를, 어떤 미래를 기다리고 있을까요? 고대, 중세, 르네상스와 근대, 그리고 현대로 이어지는 시간적 흐름의 구분에서, 문화와 종교와 철학을 아우르는 사상적 흐름으로 구분해보면, 프리모더니즘(Premodernism), 모더니즘(Modernism), 포스트모더니즘(Postmodernism), 그리고 포스트-포스트모더니즘(Post-Postmodernism)으로 나누어 접근할 수 있습니다. 간략히 소개하면, 프리모더니즘은 그 중심이 신 또는 초월적 존재였습니다. 성격상 종교적 세계관이 중심을 이루었습니다. 그러나 프리모더니즘은 인본주의에서 출발한 르네상스와 계몽사상에 의해 자리를 내어주었고, 모더니즘이라고 하는 새로운 세계관이 합리적 이성의 힘으로 진리를 발견할 수 있고, 인간을 미신으로부터 자유롭게 할 수 있다는 과학적 패러다임을 제시했습니다. 이 시대 철학자들로는 르네 데카르트(1596~1650), 존 로크(1632~1704), 임마누엘 칸트(1724~1804) 등이 있습니다. 기독교 세계에서도 이 시기에는 하나님이 우주를 창조하신 후 더 이상 관여하지 않고 멀리 계신다는 이신론과 유신론적 진화론이 현대인에게 어울리는 대안으로 자리매김하고 있었습니다. 모더니즘은 계속해서 프리드리히 헤겔(1770~1831), 찰스 다윈(1809~1882), 칼 마르크스(1818~1833), 프리드리히 니체(1844~1900), 지그문트 프로이트(1856~1930) 등으로 이어지면서 더 이상 신이 필요 없는 인간 중심의 낙관주의 세상을 꿈꾸고 있었습니다. 그러나 두 차례 세계대전(1914~1918, 1939~1945), 한국전쟁(1950~1953), 그리고 이어진 베트남전쟁(1955~1975)으로 인간 중심의 낙관주의는 산산조각이 나고 말았습니다. 과학기술의 발달과 산업의 발전으로 인류 사회는 유례없는 진보와 성장의 시대를 열었지만, 계속되는 냉전체제와 핵전쟁 공포, 대기오염과 환경파괴는 인간 이성의 한계와 합리적 사고의 위험성으로 미래에 대한 불확실성이 커지게 되었고, 이로 인한 반동으로 생긴 세계관이 바로 포스트모더니즘입니다. 그러나 이것 역시 "현대성의 실패라는 잿더미에서 태동했다"는 게리 길리(Gary Gilley)의 말처럼 모더니즘의 토대를 버리지 않았다는 것이 중요합니다. 다만 낙관주의가 비관주의로 바뀌고, 허무주의와 불확실성이 커졌다는 사실입니다(게리 길리, 『포스트모던 신비주의와 이머징교회의 도전』, 28~36쪽). 그리고 포스트모더니즘은 진리를 발견하는 게 아니라 인간 스스로 만들어내는 상대주의를 추구하고, 기존의 틀을 해체함으로써 획일성과 동일성을 지양하고 상대주의적이고 다원주의적인 사상을 추구합니다. 1960~70년대부터 시작된 포스트모더니즘은 2000년대가 들어서기 전부터 모더니즘의 긍정적인 요소들 즉 진정성, 보편성, 합리성의 부재에 대한 비판의 대상이 되고 맙니다. 결국 모더니즘의 장점을 살리고 포스트모더니즘의 단점을 최소화하려는 방향으로 흐르는 사조가 바로 포스트-포스트모더니즘이라 할 수 있습니다. 큰 틀에서 보면, 극단적인 부분들에 대한 재조정과 단점에 대한 보완을 한 포스트모더니즘의 연속이라 할 수 있습니다. 뉴턴의 제3법칙(작용-반작용의 법칙)처럼 인간의 사상 역시 작용(Force)과 반작용(Reaction Force)의 관계에 있는 물체들처럼 계속 조정되고 조정하는 사이클을 통해 인본주의 세계관을 이어갈 것이라 봅니다.

다음으로는 포스트모더니즘과도 밀접한 관계에 있는 시대 또는 미래입니다. 지금 많은 세계인이 이 시대에 살고 있다고 믿거나, 아니면 20~30년 후가 되면 이 시대를 맞이한다면서 기다리고 있습니다. 이 시

 21세기 한국교회를 위한 **베드로후서 강설**

대는 바로 '뉴 에이지'(New Age)로 점성학에 뿌리를 둔 시대입니다. 천체가 순환운동을 통해 한 궤도를 모두 도는데 약 2만 6,000년이 걸린다고 믿고, 12개로 된 황도가 각각 2,150년 정도를 거친다고 합니다. 그런데 지금은 11번째 황도 '물병자리'(Aquarius) 시대가 왔다거나(1850년대, 1960년대, 1980년대 설이 있음), 앞으로 2050년대에 온다는 믿음을 사람들이 가지고 있습니다. 설령 아직 오지 않았더라도 1850년대부터 이미 예비적 시대에 돌입했다고 보는 것 같습니다. 이 시대는 인류에게 새로운 가치관, 새로운 영적 성숙을 가져오는 시대로, 매릴린 퍼거슨(Marilyn Ferguson)의 베스트셀러 『물병자리 공모』(Aquarian Conspiracy, 1980)라는 책으로 사람들에게 더욱 널리 퍼지게 되었습니다. 번역본으로는 『의식혁명』(정성호 역, 2011)이라는 책으로 우리나라에도 출간되었습니다. 퍼거슨은 "암흑과 폭력과 혼돈이 충만한 세계와는 동떨어져 있는 투명한 사랑과 빛이 흘러넘치는 세계, 정신의 해방이 바로 '물병자리'의 세계"라고 정의했습니다(위의 책, 10쪽). 그녀는 토마스 쿤(Thomas Kuhn)이 말한 '패러다임 전환'(Paradigm Shift)을 거론하면서, '혁명'을 다음과 같이 묘사했습니다(『의식혁명』, 20~21쪽).

지금까지 인간은 눈에 보이는 형식이나 조직을 변경하는 것으로 사회개혁을 완수하려고 해왔다. 다시 말하면 합리적 사회구조를 완성시키고 신상필벌의 제도와 권력을 발동시킴으로써 사회의 조화를 유지시킬 수 있다고 생각해 왔다. 그런데 이러한 방법은 언제나 실패로 끝나고 있다.

왜 그럴까? 우리들 인간이 보통 생각할 수 있는 그 이상으로 복잡한 문제이기 때문이다.

그렇다면 어떻게 하면 좋을까? 이 책이 주장하는 새로운 인생관을 가진 사람들의 협력이야말로 그 해결의 정도(正道)인 것이다.

이 '공모'를 가슴에 새기고 있는 사람은 미지의 세계에 발을 들여놓고 있다. 이제까지의 방법으로는 너무나도 실패가 많았다.

'어퀘리언 혁명'은 역사를 단순한 역사로 받아들이는 것이 아니라, 자연의 무한한 심오성을 알고 있다. 따라서 이 혁명은 이제까지 그 유례가 없는 혁명이며, 그리고 전혀 새로운 형태의 혁명가가 이것을 떠밀고 있다. 여기에서 말하는 '혁명'은 수많은 사람들이 자기들의 의식을 변화시키는 것에 의하여 사회가 성장해 나가는 것을 말한다.

철학자 베아트리스 브루토는 다음과 같이 말하고 있다.

"세계가 변하고 이에 따라서 우리들도 변해가는 것이 아니라. 혁명이 우리들을 새로운 사회로 인도해주는 것이 아니다. 우리들 자신이 미래 그 자체이며, 또한 우리들이 바로 혁명 그 자체인 것이다."

퍼거슨은 이 책에서 헤르만 헤세(Hermann Hesse, 1877~1962)와 그의 작품을 여러 차례 언급했는데, 우리는 헤세가 비록 1960년대 '반문화 운동'(Counterculture Movement)이 시작되기 전에 사망했지만, 기존 주류문화에 저항하는 반문화 운동의 선구자적 존재(일종의 구루)였음을 알아야 합니다. 독일의 경건주의 기독교 가정에서 태어나 자랐지만, 아버지와 불화를 겪고 방황과 방랑의 청소년기를 보내고, 39세 때 아버지의 죽음으로 우울증을 겪은 후 분석심리학자 칼 융에게서 치료받고 융의 영향을 받기도 했습니다. 『데미안』, 『싯다르타』, 『황야의 이리』 등이 그런 영향을 받은 소설이며, 1960년대 히피들의 성지 인도를 그는 이미 1920년대에 여행했습니다. 1946년 노벨문학상을 수상했지만, 그의 중년기 이후의 작품은 주로 자유로운 성생활, 마약 복용에 대한 묘사, 무의식적 환상 등을 그림으로써 젊은이들을 타락하게 만드는 작가라는 비난을 받기도 했습니다. 그런데 한 가지 더 놀라운 사실은 힌두교, 불교, 도교, 유교와 같은 동양 종교와 철학, 그리고 신지학(神智學, Theosophy)을 작품에 녹여 놓은 신영지주의적 인물이라는 사실입니다.

　이제 헤르만 헤세가 참여했던 지식인들의 공동체요 20세기 '뉴에이지'의 기원으로 볼 수 있는 '몬테 베리타'(Monte Verità)에 대해 소개하고자 합니다. 원래 이곳은 스위스 아스코나(Ascona) 언덕 위의 모네시카(Monescia)로 마조레 호수(Lake Maggiore)를 끼고 있는 '진실의 언덕'(Hill of Truth)이라 불리던 곳이었는데, 나중에 '몬테 베리타'(Monte Verità) 즉 '진리의 산'이라는 이름으로 불렸으며, 많은 지식인들의 안식처가 되었습니다. 1900년 스위스의 철학자, 변호사, 정치인이었던 알프레도 피오다(Alfredo (Alfredo Pioda, 1848~1909)가 설립한 평신도 수도원으로 시작해서 점차 유럽 주류문화에 환멸을 느낀 사람들이 모여 공동체를 이루었고, 나중에는 무정부주의자, 자본주의와 공산주의 진영 사이에서 새로운 대안을 모색하던 사상가들, 신지학자, 사회민주주의자, 사회개혁주의자, 공산주의자, 심리분석가, 문학가, 예술가 등 다양한 사람들이 찾아왔습니다. 헐렁한 옷을 입거나, 아예 나체로 생활하거나 춤을 추기도 하고, 일광욕을 즐기며, 채식 위주의 대안적 삶을 영위함으로써 유토피아를 꿈꾸며 살았습니다. 20세기 초부터 유명한 장소가 되었지만, 1960년대 반문화 운동 및 68혁명과 큰 관련이 있습니다. 히피 문화의 기원을 찾으면 바로 이곳으로 이어지기 때문입니다. 게다가 헤세의 영지주의적 배경의 근원이 바로 신지학이기 때문입니다. 1~2세기 영지주의가 고전적 영지주의라면, 20세기에 다시 시작된 영지주의는 신지학에 기반을 둔 '뉴에이지' 운동입니다. 신지학은 말 그대로, 신(神) 또는 신적 존재를 추구하는 종교, 지(知)에서 알 수 있듯이 지식에 기반한 철학, 그리고 학(學)으로 알 수 있듯이 과학(Science)을 추구하는 혼합주의 사상이라 할 수 있습니다. 베드로 사도와 바울 사도 당시에 그리스 철학과 동양 종교, 유대교와 기독교를 혼합한 사상이 영지주의였던 것처럼, 20세기부터 21세기로 이어지는 신영지주의 역시 혼합주의 사상입니다. 1875년 뉴욕에서 신지학회(Theosophical Society)가 시작되었는데, 우크라이나 출신 헬레나 블라바츠(Helena Blavatsky, 1831~1891)와 미국 군인 출신 철학자로 불교로 개종한 헨리 올콧(Henry Olcott, 1832~1907)이 공동 회장이 되어 창립한 단체였습니다. 이들은 동양 종교에 심취해 있었고, 블라바츠키는 『베일 벗은 이시스』(Isis Unveiled)와 『비밀 교의』(The Secret Doctrine) 등의 저술을 통해 고대 종교, 철학, 과학을 통합하는 시도를 했습니다. 신지학의 대표적 인물 중 한 사람인 루돌프 슈타이너(Rudolf Steiner, 1861~1925)는 독일의 대안교육 발도르프 교육(Waldorf Education)의 창시자였습니다. 이처럼 뉴에이지는 신지학과 깊은 관계가 있고, 신지학은 '몬테 베리타'의 이념적 토대가 되었습니다. 1960년대 히피 문화, 68혁명, 프리섹스 운동, 영성 운동, 포스트모더니즘 등은 신영지주의와 밀접한 관계가 있음을 알아야 합니다. 신영지주의는 주류사회에서 기독교를 밀어내고, 대신 뉴에이지 운동과 하나가 되어 영적 성숙과 사회 변화를 이룰 수 있는 신지학적 대안을 제시하고 있습니다. 신지학은 초대교회 당시 영지주의와는 차원이 다른 *"교묘히 만든 이야기"*(벧후 1:16)를 과학적으로 포장해서 들고나와 성경의 권위와 교회의 질서를 무너뜨리는 시도를 하고 있습니다. 이들은 교회 밖에서 다양한 종교인들과 철학자들과 전문가들과 연대해서 기독교를 대체하고자 합니다. 미국 신지학회 유명 연사이자 미국 서부와 남부지역에 기반을 둔 '영지주의 교회'(Ecclesia Gnostica) 사제로 활동한 스티븐 휠러(Stephan A. Hoeller, 1931~)는 '교회'(Ecclesia)라는 이름까지 사용해서, 현재 이 세상 사람들은 밤하늘의 무수한 별들의 세계를 밝은 대낮으로 인해 보지 못하고 있다면서 영적으로 깨어난 사람들만 별빛 가득한 세계를 볼 수 있다는 그럴듯한 이야기 즉 2,000년 전에 사용했던 *"교묘히 만든 이야기"*를 다시 퍼뜨리고 있습니다. 그런데 교회 안에서도 '신영지주의' 운동이 점점 거세지고 있습니다. 바로 '신사도 운동'입니다. 제7강에서 언급했듯이 이는 1960년대 뉴에이지 운동의 '기독교 버전'이라 할 수 있습니다. 이들 역시 *"교묘히 만든 이야기"*를 들고나와서 성경의 권위와 교회의 질서를 무너뜨리고 있음을 알아야 합니다.

우리는 특정한 시기나 날에 예수님이 강림하신다는 시한부 종말론이나 음모론자들이 제시한 지구 종말 시나리오에 대해 많이 들어왔습니다. 그런데 최근에는 과학을 신봉하는 환경주의자들 역시 종말론을 내세우고 있습니다. 이들은 지구의 미래를 비관적으로 보거나 어느 시기를 설정해놓고 지구를 위한 행동을 적극적으로 하지 않으면 큰 재앙을 맞이하게 될 것이라고 경고합니다. 이들이 내세우는 것이 바로 '기후 종말론'이고 이들의 사상을 사람들은 '종말론적 환경주의'라고 합니다. 이들의 사상과 행동 이면에는 인간의 힘으로 아름다운 지구와 행복한 미래를 만들 수 있다는 인본주의적 과학주의가 자리 잡고 있습니다. 우리는 마이클 셸렌버거(Michael Shellenberger)의 『지구를 위한다는 착각』(Apocalypse Never, 2020)을 통해 종말론적 환경주의의 어리석음에 대해 깨달아야 합니다. 그는 환경주의를 하나의 종교로 보았습니다(위의 책, 520~521쪽).

오늘날의 환경주의는 일종의 세속 종교다. 기성 종교색이 옅은 고학력층을 위한 신흥 종교인 셈이다. 신도들은 주로 선진국과 일부 개발도상국에 거주하는 상위 중산층으로 이루어져 있다. 환경주의는 신도들에게 개인적으로 또는 집단적으로 새로운 인생의 목적을 제공한다. 환경주의는 좋은 사람과 나쁜 사람, 영웅과 악당을 구분할 수 있는 기준이 되어 준다. 또한 환경주의는 과학이라는 이름으로 설파되는데, 따라서 지적인 권위까지 확보하고 있다.

　로저 오클랜드는 환경주의자들의 미혹을 진화론이나 신비주의처럼
위험한 사상으로 진단하고 그리스도인들과 일반 사람들을 고대 바벨론
사상으로 이끌고 있다면서 다음과 같이 판단했습니다(스데반 황 역, 『새
포도주와 바벨론 포도나무』, 167~187쪽).

　　인간들은 성경의 하나님께 의지하기보다 인간의 반역적인 속성인지 인간
　의 힘으로 이 땅 지구에 유토피아를 설립할 수 있는 방안을 마련할 수 있
　다고 믿는다.
　　하나님을 철저하게 배제한 상태로 현재 진행 중에 있는 세계적인 차원의
　공동적 접근은 마치 노아의 홍수 이후 바벨에서 있었던 인류의 시도와 비
　슷하다. 홍수에서 살아남은 바벨의 후손들은 인간의 이성이 하나님의 계시
　보다 훨씬 더 중요하다고 생각했다…….
　　오늘날 비슷한 유형의 사건이 되풀이되고 있다. 그러나 바벨 도시가 아
　니라 범세계 차원에서 하나님을 대항하는 반역이 진행되고 있다는 점에
　서 다르다. 21세기의 문화와 기준에 맞추어서 과학과 종교가 평화와 번영
　을 약속하는 구세주적인 범세계적 종교를 구축하려고 연합하고 있다…….
　　엘 고어(Al Gore)는 범세계적 환경개혁을 주창하는 사람이다. 미국 상원의
　원인 고어는 환경에 관한 그의 관점을 책으로 펴냈다. 그 책의 제목은 『균
　형 잡힌 지구: 환경 보존과 인간의 영』이다.
　　고어의 책은 환경에 관심이 있는 사람들에게 고전이 되었다. 그의 책은 범
　세계적 환경 문제를 정의할 뿐만 아니라 그 문제들을 해결할 수 있는 가
　능한 방안을 구축할 수 있도록 정치적이고 영적인 제도를 제안하고 있다.

　마이클 셸렌버거의 책처럼 박석순과 데이비드 크레이그(David Craig)의

공저 『기후 종말론』(Climate Apocalypse) 역시 환경 종말론자들이 벌여 온 사기극을 폭로한 책입니다. 일부 과학자들과 정치인들의 말에 속아 '기후 위기'나 '기후변화'와 같은 말, 또는 '기후재앙' 등과 같은 말을 별다른 생각 없이 수용하고, 마치 우리의 잘못된 행동이나 정책이 기후 위기를 초래하거나 기후에 있어 갑작스러운 변화가 생길 것이라는 생각으로 이어집니다. 그리고 환경 종말론자들의 가르침에 따라 '2050 탄소중립'과 같은 지침에 사람들은 정의로운 생각으로 마치 경건한 서약이라도 하는 것처럼 행동으로 동참합니다. '2050 탄소중립'은 인간 활동으로 생기는 온실가스 배출량을 2050년까지 '0'으로 만드는 것을 목표로 하는 전 지구적 노력의 일환에서 만들어진 환경주의자들의 실천 교리입니다. 미국 대통령으로 다시 집권한 도널드 트럼프는 집권 1기 때 파리 기후변화 협정에서 탈퇴했는데(2017년), 집권 2기 2025년에도 역시 탈퇴했습니다. 2021년 바이든 대통령이 재가입한 상태를 다시 되돌려버린 것입니다. 트럼프는 줄곧 기후변화협정을 '사기'라고 단호하게 말했습니다. 자연과 환경을 보호하고 깨끗하게 유지하는 것은 인류 사회가 당연히 해야 할 의무와 책임입니다. 그런데 환경주의자들은 이디 선을 넘어서고 말았습니다. 기후는 한 지역에서 최소 30년 이상 또는 장기간에 걸쳐 나타나는 평균적인 대기 상태를 말하는 것이고, 기온, 강수량, 바람과 같은 다양한 요소를 기반으로 결정되는 것입니다. 게다가 하나님이 노아에게 말씀하신 바와 같이 *"땅이 있을 동안에는 심음과 거둠과 추위와 더위와 여름과 겨울과 낮과 밤이 쉬지 아니하리라"*(창 8:22)라고 말씀하신 대로 기후와 계절은 일관성 있게 계속 이어진다는 사실을 명심하기를 바랍니다. 인간의 행동에 따라 기후가 바뀌고, 계절이 바뀌는 것이 아님을 잊지 말아야 합니다. 환경주의자들과 일부 정치인들, 그리고 과학주의자들의 선동에 미혹되지 않아야 합니다. 프로이트의 조카로도 유명한 에

드워드 버네이스(Edward Bernays)의 홍보와 광고 기술에 전 세계인이 영향을 받았지만, 선전과 선동에도 쉽게 넘어갔다는 사실을 명심해야 합니다. 지금도 우리나라 정치권을 보면 버네이스의 선동 전략을 잘 사용하고, 여기에 많은 국민이 쉽게 속아 넘어갑니다. '시한부 종말론'과 다름없는 환경주의자들의 선동에 넘어가지 않기를 바랍니다.

그러면, 우리는 어떻게 살아야 합니까? *"너희가 이것을 바라보나니 주 앞에서 점도 없고 흠도 없이 평강 가운데서 나타나기를 힘쓰라"*라는 말씀에 순종해야 합니다. 쉬운 번역으로 *"그러므로 사랑하는 여러분, 여러분은 그 날을 기다리며 하나님 앞에서 흠 없는 깨끗한 생활을 하여 평안한 마음으로 그분을 뵙도록 노력하십시오."*《현대인의성경》라는 말씀에 따라 살아야 합니다. "점도 없고 흠도 없이"는 *"오직 흠 없고 점 없는 어린 양 같은 그리스도"*(벧전 1:19)라고 했던 부분을 떠올리게 합니다. 이스라엘 백성이 하나님께 드려야 할 제물은 아무 흠이 없는 깨끗한 것이어야 했습니다(민 6:14, 레 4:3 등). 예수님은 하나님의 백성을 위한 속죄의 양으로 이스라엘 땅에 오셨고, 세례 요한은 자기를 향해 걸어오시는 예수님을 보고 *"보라 세상 죄를 지고 가는 하나님의 어린 양이로다"*(요 1:19)라고 선언했습니다. 베드로는 그리스도인들이 예수 그리스도처럼, 하나님 앞에서 "흠 없고 점 없는 어린 양"이 되라고 당부했습니다. 이미 베드로 사도는 거짓 교사들에 대해 *"낮에 즐기고 노는 것을 기쁘게 여기는 자들이니 점과 흠이라 너희와 함께 연회할 때에 그들의 속임수로 즐기고 놀며 음심이 가득한 눈을 가지고 범죄하기를 그치지 아니하고 굳세지 못한 영혼들을 유혹하며 탐욕에 연단된 마음을 가진 자들이니 저주의 자식이라"*(벧후 2:13~14)라고 했습니다. 거짓 교사들에 대해 베드로는 "점과 흠" 그 자체라고 했습니다. 이는 그들에 대해 더러움

그 자체라고 묘사한 것입니다. 이는 마치 "저희는 인간이 아니라 쓰레기다"라고 말한 것이나 다름없는 표현입니다. "*스스로 깨끗한 자로 여기면서도 자기의 더러운 것을 씻지 아니하는 무리가 있느니라*"(잠 30:12)는 말씀처럼 거짓 교사들은 스스로 깨끗한 척하면서도 더러운 생활을 버리지 못했습니다. 이는 예수님 시대에 백성의 선생 노릇을 했던 바리새인들도 마찬가지였습니다. 예수님은 그들을 향해 "*너희 바리새인은 지금 잔과 대접의 겉은 깨끗이 하나 너희 속에는 탐욕과 악독이 가득하도다*"(눅 11:39)라고 말씀하셨습니다. 베드로 사도는 앞선 편지에서 "*오직 너희를 부르신 거룩한 이처럼 너희도 모든 행실에 거룩한 자가 되라*"(벧전 1:15)라고 당부했습니다. 바울 사도 역시 "*너희는 유혹의 욕심을 따라 썩어져 가는 구습을 따르는 옛 사람을 벗어 버리고 오직 너희의 심령이 새롭게 되어 하나님을 따라 의와 진리의 거룩함으로 지으심을 받은 새 사람을 입으라*"(엡 4:22~24)라고 교훈했습니다. 바울이 로마서에서 "*육신의 생각은 사망이요 영의 생각은 생명과 평안이니라 육신의 생각은 하나님과 원수가 되나니 이는 하나님의 법에 굴복하지 아니할 뿐 아니라 할 수도 없음이라 육신에 있는 자들은 하나님을 기쁘시게 할 수 없느니라*"(롬 8:6~8)라고 한 교훈에서 "*육신의 생각*"은 "*하나님과 원수*"가 되는 것으로 "*사망*"이라 했고, 반대로 "*영의 생각*"은 "*평안*"이요 "*생명*"이라고 했습니다. 여기에 언급한 "*평안*"(εἰρήνη, peace)은 마음속에서 누리는 평안이라기보다는 잃어버린 하나님의 형상을 완전하게 되찾은 상태로써의 평안이라 할 수 있습니다(TDNT, p.210). 이러한 상태는 하나님 앞에 설 때, 두려움이나 걱정도 없고, 담대하고 떳떳하며, 평안한 상태를 뜻합니다. 그래서 사도 요한은 "*자녀들아 이제 그의 안에 거하라 이는 주께서 나타내신 바 되면 그가 강림하실 때에 우리로 담대함을 얻어 그 앞에서 부끄럽지 않게 하려 함이라 너희가 그가 의로우신 줄을 알면 의를 행하*

는 자마다 그에게서 난 줄을 알리라"(요일 2:28~29)라고 교훈한 것입니다. 베드로가 "너희가 이것을 바라보나니 주 앞에서 점도 없고 흠도 없이 평강 가운데서 나타나기를 힘쓰라"라고 교훈한 것과 사실상 같은 의미입니다. 《현대인의성경》으로 보면 더 확실하게 알 수 있습니다. "그러므로 사랑하는 여러분, 여러분은 그 날을 기다리며 하나님 앞에서 흠 없는 깨끗한 생활을 하여 평안한 마음으로 그분을 뵙도록 노력하십시오."

우리는 항상 "주의 날"을 바라보고, "새 하늘과 새 땅"을 바라보며 살아야 합니다. 개인적으로는 세상의 종말이 오기 전에 '주님께로 가는 날'을 기다리며 살아야 합니다. 우리는 언제 주님께로 갈지 모르기 때문입니다. R. C. 스프롤은 개인 가정사를 통해 하나님을 믿는 삶이 어떤 것인지 공유했습니다. 그는 아들이 태어난 날, 그 아들을 보고 큰 기쁨과 감격으로 가득 찼고, 그날 어머니를 모시고 병원에 가서 손자를 보여드렸는데, 어머니는 "오늘이 내 인생에서 최고로 행복한 날이구나."라고 했다고 합니다. 집에 돌아가서 주무시던 어머니는 밤에 돌아가셨고, 스프롤의 딸이 일어나지 않는 할머니를 보고 아빠인 자기에게 말을 했고, 스프롤은 하루 동안에 삶과 죽음이 충돌하는 격한 감정의 경험으로 인해 "이건 말도 안돼. 하나님이 계시다면 이게 끝일 수는 없어."라고 표현하는 게 당시에는 전부였다고 합니다. 그 당시만 해도 어머니 시신 곁에서 여전히 마음은 근심으로 가득했고, 나중에는 제자들에게 하신 예수님의 말씀을 생각하면서 "그런 감정을 허락하지 말라. 마음에 근심하지 말라. 하나님을 믿으니 또 나를 믿으라."는 교훈을 깨달을 수 있었다고 합니다. 스프롤은 또 다음과 같은 글로 죽음 이후 소망에 대해 기록했습니다(이선숙 역, 『성경에 나타난 천국, 천사, 지옥, 마귀』, 19~21쪽).

…… 예수님은 말씀하십니다. "죽음 이후의 삶을 소망하는 것은 근거 없는 믿음이 아니다. 거짓된 소망이 아니다. 그것이 거짓된 소망이었으면 내가 너희에게 그렇다고 말했을 것이다. 내가 분명 바로잡아주었을 것이다." 그리고 예수님은 계속해서 말씀하십니다. "내가 너희를 위하여 거처를 예비하러 가노니 가서 너희를 위하여 거처를 예비하면 내가 다시 와서 너희를 내게로 영접하여 나 있는 곳에 너희도 있게 하리라"(요 14:2~3).

예수님이 우리에게로 오시는 날까지, 또는 우리가 먼저 죽어서 예수님께로 가는 날까지 우리가 해야 할 일은 소아시아 지역 그리스도인들에게 베드로 사도가 당부한 것처럼 "주 앞에서 점도 없고 흠도 없이 평강 가운데서 나타나기를 힘쓰라"는 명령에 순종하는 삶입니다. 3장 11~12절 교훈처럼 "너희가 어떠한 사람이 되어야 마땅하냐 거룩한 행실과 경건함으로 하나님의 날이 임하기를 바라보고 간절히 사모하라"라는 말씀을 기억하고 실천하기를 바랍니다. 아멘.

(2025년 11월 30일)

억지로 만들어 낸 천년왕국

강설 본문: 베드로후서 3장 15~16절

3장 14절부터 18절까지는 베드로후서의 결론부에 해당합니다. 오늘은 15~16절을 통해 베드로 사도가 소아시아 지역 교회들을 향해 무엇을 강조하면서 조심스러운 당부를 했는지 살펴보고자 합니다.

먼저 "또 우리 주의 오래 참으심이 구원이 될 줄로 여기라"는 당부인데, 이는 이미 "사랑하는 자들아 주께는 하루가 천 년 같고 천 년이 하루 같다는 이 한 가지를 잊지 말라 주의 약속은 어떤 이들이 더디다고 생각하는 것 같이 더딘 것이 아니라 오직 주께서는 너희를 대하여 오래 참으사 아무도 멸망하지 아니하고 다 회개하기에 이르기를 원하시느니라"(3:8~9)라는 교훈을 다시 반복함으로써 주님의 재림에 대해 더욱 확신을 심어주고자 강조한 것입니다. 마지막으로 살펴보게 될 17절 "그러므로 사랑하는 자들아 너희가 이것을 미리 알았은즉 무법한 자들의 미혹에 이끌려 너희가 굳센 데서 떨어질까 삼가라"라고 한 당부를 통해서도 알 수 있습니다. 다만 앞에서는 "다 회개하기에 이르기를 원하시느니라"(9절c)라는 부분을 첨가함으로써 하나님의 속성인 사랑에서 나오는 자비로운 뜻, 즉 '하나님의 성향으로서의 뜻'을 나타냈다면, 15절 앞부분 "또 우리 주의 오래 참으심"은 "구원이 될 줄로 여기라"라는 말씀을 고려할 때 하나님의 백성에 대한 특별한 말씀임을 알 수 있습니다. 당시 믿음이 약한 자들은 "주의 약속"이 금방 성취되지 않고 "더디다고 생각하는" 경향이었습니다. 그때 베드로는 "주의 목전에는 천 년이 지나간 어제 같으며 밤의 한 순간 같을 뿐임이니이다"(시 90:4)라는 시편 구절을 인용해서 사람이 생각하고 느끼는 시간관념에 빠지지 말 것을 당부했습니다. 제16강에서 다루었듯이 하나님의 관점에서 보는 시간과 사람의 관점에서 보는 시간이 전적으로 다름을 깨닫도록 베드로는 시편 말씀을 인용해서 교훈했습니다. 그러므로 우리는 인간의 시간관념을 초월해서 계시는 예수 그리스도의 초월성을 인식해야 하고, 언제 오실지 모르지만 "오래 참으심" 후에, 즉 세상 끝에 역사의 종결자로 오시기까지 성령으로 함께하시는 예수 그리스도의 내재성에 대해서도 인식해야 합니다. 아울러 "너희를 대하여 오래 참으사 아무도 멸망하지 아니하고"라는 말씀에서 알 수 있듯이 하나님의 예정에 힘입어 부르심을 입은 자들이 역사의 흐름 속에서 모두 그리스도께로 돌아오도록 "오래 참으심"으로써 기다리고 계신다는 사실을 잊지 말기를 바랍니다.

다음으로는 살펴볼 내용은 "우리가 사랑하는 형제 바울도 그 받은 지혜대로 너희에게 이같이 썼고"라는 15절 하반절 말씀인데, 베드로는 "우리가 사랑하는 형제 바울"이라고 함으로써 바울이 당시 그리스도인들에게 존귀하고 소중한 사도였음을 드러냈습니다. 바울은 당시 그리스도인들에게 많은 편지를 써 보냈습니다. 신약성경 중에서 가장 먼저 기록되었다고 알려진 데살로니가전서·후서, 갈라디아서, 고린도전서·후서, 로마서, 골로새서, 에베소서, 빌레몬서, 빌립보서, 디모데전서·후서, 디도서, 그리고 논란이 있기는 하지만 히브리서까지 기록한 것으로도 알려져 있습니다. "형제 바울도 그 받은 지혜대로 너희에게 이같이 썼고"

라고 했을 때는 아마도 '주의 재림'에 대한 내용을 말하고자 했을 것입니다. 베드로와 당시 교회들이 읽었거나 이미 알고 있었던 바울의 편지들은 베드로후서의 기록 시기가 65년이었다면 디모데후서, 디도서, 히브리서를 제외한 나머지 편지들이었을 것이고, 66~67년이었다면 바울의 편지들을 대부분 이미 읽어서 알고 있었을 것입니다. 그래서 여기서는 베드로가 편지 마지막에 간절한 당부와 호소를 한 점에서 볼 때, 그리고 베드로후서 전체 내용을 볼 때 바울 사도의 모든 편지 중 '주의 재림'에 대해 쓴 내용을 특별히 언급한 것이라고 보는 것이 가장 자연스럽습니다. 베드로는 바울이 쓴 편지에 대해 *"그 받은 지혜대로 너희에게 이같이 썼고"*라고 했습니다. 이미 바울이 *"어떤 사람에게는 성령으로 말미암아 지혜의 말씀을, 어떤 사람에게는 같은 성령을 따라 지식의 말씀을"*(고전 12:8)이라고 한 부분, *"우리 주 예수 그리스도의 하나님, 영광의 아버지께서 지혜와 계시의 영을 너희에게 주사 하나님을 알게 하시고"*(엡 1:17)라는 부분을 통해 알 수 있듯이 하나님의 말씀은 성령이 주시는 지혜와 지식으로 전하고 받게 됨을 베드로도 언급함으로써, *"모든 성경은 하나님의 감동으로 된 것"*(딤후 3:16a)임을 두 사도는 항상 인식하고 있었음을 알 수 있습니다. 거짓 교사들의 *"교묘히 만든 이야기"*(벧후 1:16)와는 차원이 다름을 비교할 수 있도록 대조적으로 교훈한 것이나 다름이 없습니다. 그러므로 바울을 통해 하나님의 말씀을 이미 읽고 깨달은 자들은 '주의 재림'에 대해 의심하거나 다르게 받아들여서는 안 된다는 뜻입니다. 아울러 베드로는 편지 마지막 부분에서 바울이 기록한 '주의 재림'에 대한 부분을 상기시킴으로써 믿음을 더욱 견고하게 하고자 했음을 깨닫기를 바랍니다.

15절 끝부분 *"너희에게 이같이 썼고"*라는 부분과 16절 앞부분 *"또 그*

모든 편지에도 이런 일에 관하여 말하였으되"라고 한 말씀 중 "이같이"와 "이런 일에 관하여"는 15절과 16절만 보면 정확히 무엇을 말하고 구체적으로 무엇인지 알기가 어렵습니다. 베드로후서 내용 전체를 볼 때, 그리스도의 재림과 그와 관련한 그리스도인들의 신앙과 삶에 대한 맥락으로 편지를 썼기에 마찬가지로 주의 재림과 성도의 재림 신앙에 대해 바울이 기록한 것을 언급한 것으로 보아야 합니다. 그렇다면 베드로는 바울 서신들 가운데 데살로니가전서와 후서, 고린도전서와 후서를 주로 염두에 둔 것으로 볼 수 있습니다. 바울은 그리스 북부 마게도냐의 큰 상업 도시 데살로니가에 박해를 무릅쓰고 교회를 세웠는데, 이곳에 보낸 편지가 52~53년경에 기록되었고, 신약성경 중 가장 먼저 기록된 것이라 알려져 있습니다. 야고보서가 먼저 기록되었다는 주장도 있지만, 대체적으로는 데살로니가전서가 첫 번째 기록으로 인정되고 있습니다. 흥미로운 점은 신학적으로 배열할 때 종말론이 가장 나중에 위치하는데, 가장 먼저 기록한 데살로니가전서와 후서가 바로 종말론에 대한 편지라는 사실입니다. 그만큼 당시 데살로니가 교회는 주님의 재림이 임박했다고 확신한 나머지 마땅히 해야 할 일과 일상적인 책임을 다하지 않고 지나치게 재림에 대해서만 몰두하고 있었기에 종말에 관한 편지를 썼던 것입니다. 그로부터 약 15년이 지난 시기가 바로 베드로가 소아시아 지역에 두 번째 편지를 썼던 때인데, 이때는 오히려 주의 재림이 지체되고 있다고 생각하는 신자들과 주의 재림 자체가 없을 것이라 가르치는 거짓 선생들이 혼재된 상태였습니다. 첫 번째 편지인 베드로전서를 기록했을 때는 *"만물의 마지막이 가까이 왔으니 그러므로 너희는 정신을 차리고 근신하여 기도하라"*(벧전 4:7)는 말씀에서 엿볼 수 있듯이 박해와 환란 가운데 있던 그리스도인들에게 *"만물의 마지막이 가까이 왔으니"*라는 큰 위로와 소망의 메시지가 중심이었다면, 두 번째 편지인 베드로후서를 기록했을 때는 "또 우리 주의 오래 참으심이 구원이 될 줄로 여기라"는 말씀에서 짐작할 수 있듯이 재림의 시기에 대해 지나치게 집착하거나, 오히려 재림이 지연되고 있다고 생각하는 자들에게 주님이 늦게 오시는 것이 사람의 관점에서 볼 때 구원의 기회가 된다고 전한 메시지입니다.

그렇다면, "그 중에 알기 어려운 것이 더러 있으니 무식한 자들과 굳세지 못한 자들이 다른 성경과 같이 그것도 억지로 풀다가 스스로 멸망에 이르느니라"라는 말씀에서 "알기 어려운 것"이 무엇이었을까요? 단순히 문법적인 이해의 어려움이 아니라 영적인 면을 지나치게 이성의 능력으로 이해하려는 문제일 것입니다. 이에 대해 이광호는 이렇게 설명했습니다(『베드로전·후서』, 280쪽).

사도 베드로는 하나님께서 계시하신 말씀 가운데는 이해하기 어려운 내용들이 더러 있다는 사실을 언급했다. 성경은 하나님의 말씀이기 때문에 인간의 이성만으로 이해하려고 해서는 안 된다. 타락한 세상에서 형성된 이성에 근거하여 성경의 모든 내용을 해석하고자 하는 것은 오히려 하나님의 뜻에 대한 올바른 이해를 방해하는 역할을 할 수 있다는 사실을 염두에 두어야 한다.

그러므로 세상에서 아무리 명석한 두뇌를 가지고 있는 자라고 할지라도 하나님을 알지 못한다면 그의 말씀을 올바르게 이해할 수 없다. 즉 아무리 유명한 세계적인 문학자나 철학자라 해도 인간의 지식으로는 성경을 알지 못한다. 인간적인 지식만으로는 진리의 말씀을 이해하는 것이 불가능하기 때문이다.

당시 인간의 이성과 경험을 기초로 그리스도의 복음과 사도들의 교훈을 받아들였던 거짓 교사들은 철학적 이원론과 동방 종교의 경험에 익숙한 자들이었습니다. 영과 육체를 이분법적으로 나누어서 영은 선하고 육체는 악한 것이라고 가르치거나, 영은 깨끗하고 육체는 불결하다고 믿었습니다. 육체는 죽으면 썩어 없어지더라도 플라톤의 철학에 따라 영혼은 불멸한다고 생각했습니다. 1세기경에 힌두교와 불교의 영향을 받은 사람들은 영혼이 다른 육체를 입고 태어난다는 윤회설까지 믿고 있었습니다. 이러한 철학적이고 종교적인 배경에서 "후메내오와 빌레도" 같은 거짓 교사들이 등장했음을 알 수 있습니다. 바울 사도는 "망령되고 헛된 말을 버리라 그들은 경건하지 아니함에 점점 나아가나니 그들의 말은 악성 종양이 퍼져나감과 같은데 그 중에 후메내오와 빌레도가 있느니라 진리에 관하여는 그들이 그릇되었도다 부활이 이미 지나갔다 함으로 어떤 사람들의 믿음을 무너뜨리느니라"(딤후 2:16~18)라고 경고하면서 부활에 대한 잘못된 교훈을 퍼뜨리는 자들을 확실하게 밝히면서 "그들의 말은 악성 종양이 퍼져나감과 같은데"라고 했고, 즉 "그들의 말"이 교회에 심각한 영향을 끼친다고 했습니다. "부활이 이미 지나갔다 함"이라는 말의 뜻은 예수 그리스도의 부활을 믿지 않았고, 신자들의 부활 역시 육체적으로 부활하는 것이 아닌 영적으로 부활하는 것이라 믿고 가르쳤다는 것입니다. "경건하지 아니함에 점점 나아가나니"라는 표현을 고려할 때 금욕주의적인 이단 사상이 아니라 쾌락주의적인 이단 사상이었음을 알 수 있습니다. 육체는 어차피 썩는 것이기에 금욕적 삶을 살아갈 이유가 없다고 생각했던 것입니다. 그리고 "알기 어려운 것"은 주의 재림과 그것에 관련된 성경 교훈으로 보이는데, 이에 대해 바울 사도가 편지에서 강조한 부분은 다음과 같습니다.

"하나님의 지혜에 있어서는 이 세상이 자기 지혜로 하나님을 알지 못하므

로 하나님께서 전도의 미련한 것으로 믿는 자들을 구원하시기를 기뻐하셨
도다"(고전 1:21)

"사람의 일을 사람의 속에 있는 영 외에 누가 알리요 이와 같이 하나님의
일도 하나님의 영 외에는 아무도 알지 못하느니라 우리가 세상의 영을 받
지 아니하고 오직 하나님으로부터 온 영을 받았으니 이는 우리로 하여금
하나님께서 우리에게 은혜로 주신 것들을 알게 하려 하심이라 우리가 이
것을 말하거니와 사람의 지혜가 가르친 말로 아니하고 오직 성령께서 가
르치신 것으로 하니 영적인 일은 영적인 것으로 분별하느니라 육에 속한
사람은 하나님의 성령의 일들을 받지 아니하나니 이는 그것들이 그에게는
어리석게 보임이요, 또 그는 그것들을 알 수도 없나니 그러한 일은 영적으
로 분별되기 때문이라"(고전 2:11~14)

이처럼 세상의 지혜로 하나님의 말씀을 알기는 어려운 일입니다. 흔히
믿음을 이성적이지 않고 과학적이지 않다고 여기는데, 믿음은 이성의 능
력으로 알 수 있는 부분과 이성의 힘으로는 알 수 없는 초월적인 부분
도 알 수 있습니다. 물론 이 믿음은 종교적인 믿음이 아닙니다. 하나님의
영을 받게 됨으로써 생기는 믿음입니다. 바울이 "하나님의 일도 하나님
의 영 외에는 아무도 알지 못하느니라 우리가 세상의 영을 받지 아니하
고 오직 하나님으로부터 온 영을 받았으니 이는 우리로 하여금 하나님
께서 우리에게 은혜로 주신 것들을 알게 하려 하심이라"(고전 2:11b~12)
라고 말한 내용에서 알 수 있듯이 "하나님으로부터 온 영을 받았으니"
알게 되는 것입니다. 성경에서 가장 큰 신비에 속한 삼위일체 하나님의
경우, 이성적으로는 성부로서 하나님, 성자로서 예수 그리스도, 그리고
성령으로 확실하게 구분되는 세 위격으로 존재하는 하나님을 믿게 됩
니다. 이성적으로만 접근한다면 세 분으로 받아들이게 되지만, 믿음으

로는 이성을 포함하므로 세 위격으로 존재하심을 받아들이고, 동시에 이성을 초월해서 한 분으로 받아들이게 됩니다. 믿음은 과학적이고 이성적인 면으로 받아들이는 하나님의 내재성과 과학과 이성을 초월하는 하나님의 초월성을 동시에 인식하는 경이롭고 고차원적인 인식입니다. 인간의 이성을 통한 과학적이고 합리적인 사고만으로는 하나님을 알 수 없습니다. 그래서 초등학문의 저차원 수준으로는 고차원의 영적 수준을 이해할 수 없습니다. 바울 사도는 *"누가 철학과 헛된 속임수로 너희를 사로잡을까 주의하라 이것은 사람의 전통과 세상의 초등학문을 따름이요 그리스도를 따름이 아니니라"*(골 2:8)라고 함으로써 인간의 합리적 이성과 경험에서 얻은 상식으로 그리스도를 믿는다는 것은 *"헛된 철학과 속임수"* 밖에 되지 않음을 경고했습니다. 세계적인 과학자라 하더라도 세상에 존재하는 자연의 법칙을 알 수는 있을지언정, 하나님을 믿지 않으면 자연의 법칙을 정하신 하나님의 존재에 대해서는 알지 못합니다. 반면에 어떤 사람들은 과학적인 지식은 깊지 않아도 믿음의 은혜를 받게 됨으로써 하나님의 존재에 대해 알게 됩니다.

끝으로 *"무식한 자들과 굳세지 못한 자들이 다른 성경과 같이 그것도 억지로 풀다가 스스로 멸망에 이르느니라"*라는 말씀을 통해 베드로가 말한 *"무식한 자들과 굳세지 못한 자들"*에 대해 알아보고, 이어서 *"억지로 풀다가"*라는 부분에 대해 알아보고자 합니다. *"무식한 자들"*은 *"굳세지 못한 자들"*과 깊이 관련되어 있음을 알 수 있는데, 뒤에 이어지는 *"다른 성경과 같이 그것도 억지로 풀다가 스스로 멸망에 이르느니라"*라는 내용으로 볼 때, 일반적으로 학식이 없거나 부족한 자들이 아니라 성경에 대해 배우고자 하는 의지와 열정이 없는, 즉 영적이거나 윤리적인 교훈에는 관심이 없는 자들임을 말합니다. 당시 철학과 종교에 조예가 깊은 거짓 선생들은 사도들을 통해 성경을 배우려고 하는 생각이 없었습니다. 그들은 사람들 사이에서 지식이 뛰어난 자들이라 여겨졌을지라도 영적으로는 무지한 자들이었습니다. 여기서 베드로가 "다른 성경"이라고 한 말은 먼저 구약성경을 말하고, 다음으로는 당시까지 사도들이 기록한 일부 편지들을 가리키는 것이라 짐작할 수 있습니다. 거짓 선생들은 자기들이 알고 있던 철학과 종교적 지식을 바탕으로 성경에 접근했고, 사도들이 교훈한 내용에 대해서는 자세히 알지도 못했고, 알려고 하지도 않았습니다. 그들 스스로 이성적으로만 성경을 해석하려고 했고, 성령의 인도하심을 받지 않았습니다. 반면에 "굳세지 못한 자들"은 "믿음이 약한 사람들"《현대인의성경》로, 믿음 생활을 시작한 지 얼마 되지 않는 초신자들이었고, 그중에서도 거짓 선생들에게 쉽게 미혹되거나 이용당할 수 있는 자들이었습니다. 이 두 종류의 신자들은 성경을 "억지로 풀다가" 즉 제멋대로 해석하고 자기중심적으로 해석하려다 "스스로 멸망에 이르느니라"는 말씀처럼 잘못된 길로 빠지게 된다는 뜻입니다. 예수님을 십자가에 못 박히도록 했던 유대교 지도자들이 성경 즉 율법을 해석할 때 하나님의 뜻을 헤아리기보다는 자기들의 뜻을 합리화하고 정당화하는 수단으로 사용했습니다. 예수님 당시에 그리스도를 배척한 바리새인들과 서기관들과 사두개인들은 자기들의 정치적, 종교적, 사회적, 그리고 경제적 특권을 유지하거나 오히려 더 누리기 위해 성경을 왜곡하거나 그들의 필요에 따라 취사선택을 했던 것입니다(마 5장, 15장, 19장 등). 마찬가지로 모든 기독교 이단 집단이 성경을 해석할 때 성령의 도우심이 아닌 자기들의 관심과 필요와 욕망을 따름으로써 스스로 멸망의 길에 들어선 것입니다.

이단이 아닌 정통 노선을 따르는 교회들도 주님의 재림과 이와 관련한 일련의 사건들에 대한 해석에 있어서 큰 차이를 보이고 있습니다. 교파나 교단의 성향에 따른 해석, 또는 신학자들의 견해에 따라 서로 다른 해석을 내놓기도 합니다. 특별히 세상의 종달 즉 주님의 재림에 관련해서 해석의 차이가 크다는 것은 그리스도인들의 믿음에 큰 영향을 미치기에 신중히 따라야 합니다. 웨스트민스터 신학교 교수 로버트 스트림플(Robert Strimple)은 "베드로를 통해 성령이 제공하시는 그림은 그리스도의 둘째 강림과 하나님의 심판 및 우주적 갱신의 날의 도래 사이에, 천년이란 기간을 끼워 넣는 것을 허락하지 않는다."라고 하면서 전천년왕국론(전천년설)은 해석상의 문제가 있음을 드러냈습니다(케네스 젠트리 주니어, 크레이그 블레이싱, 로버트 스트림플 공저, 『천년왕국이란 무엇인가』, 박승민 역, 151~153쪽). 원래 개혁주의 전통에서 볼 때 '천년왕국'은 이단적 해석이었습니다. 킴 리들바거(Kim Riddlebarger)는 리처드 멀러(Richard Muller)의 글을 인용하면서 '천년왕국' 또는 '천년주의'(Chiliasm)를 종교개혁 정통과 모순되는 해석이고 광신적이라고 했습니다(박승민 역, 『개혁주의 무천년설』, 19~20쪽).

루터주의자들과 개혁주의자들을 포함하는 개신고 정통주의는 미래에 시작되는 지상적 천년왕국을 거부했다. 그리고 그들은 요한계시록 20장에 묘사된 시대가 그리스도의 초림과 재림 사이에 있는 은혜의 통치 시대, 혹은 전투하는 교회(ecclesia militans)의 시대를 일컫는 것으로 생각했다. 정통주의는 광신도들에 의해 가르쳐지는 '비대한 천년주의'(chiliasmus crassus)와 경건주의자들 가운데서 발견되는 '왜소한 천년주의'(chiliamus subtilis)를 구별했다.

그러나 교회사 전체를 볼 때 천년왕국에 대한 해석이 교회 안에서 인정받거나 교회가 선호하는 경향이 있었기에 간략하게 살펴볼 필요가 있습니다. 바울과 베드로 사도 당시부터 극심한 박해와 고난으로 천년왕국에 대한 기대가 교회들 가운데 생겨나기 시작했습니다. 그래서 전천년설을 주장하는 신학자들은 이 시기부터 천년왕국은 종말론에 대한 교회의 정통 해석이었다고 말합니다. 예를 들면, 정성욱은 폴리캅, 파피아스, 저스틴, 이레니우스, 터툴리아누스 등이 전천년주의자였다고 주장하면서 종말론은 역사적 전천년주의로 통합되기를 바란다고 했습니다(기독일보, "종말론, '역사적 전천년주의'로 통합돼야", 2012. 6. 13.). 반면에 교회가 평온한 시대를 맞이했을 때, 즉 어거스틴(354~430) 때부터 종교개혁 이후까지 약 1,200년 동안은 지상에서 누린다는 '천년왕국론'은 교회의 주류 해석이 아니었습니다. 이른바 '무천년설'이 해석의 중심을 차지했습니다. 그런데 17~18세기 계몽주의 사상과 19세기 교회 부흥 운동 시기에 기독교의 영향력이 커지고 복음이 세계로 전파되면서 세상에는 악이 점점 감소하고, 세상이 점점 진보하고 개혁되어 간 후 일정 기간(천년이든 그 이상이든)이 흐른 뒤 예수 그리스도가 재림할 것이라는 해석을 선호하는 신학자들이 증가했습니다. 찰스 하지(Charles Hodge, 1797~1878), A. A. 하지(Archibald A. Hodge, 1823~1886), 그리고 벤저민 워필드(Benjamin B. Warfield, 1851~1921)와 같은 개혁주의 신학자들도 포함되었을 정도입니다(킴 리들바거, 『개혁주의 무천년설』, 38쪽). 그러나 후천년설은 19세기 중반에 등장한 세대주의(성경의 역사를 시대별로 나누어 각각 다른 방식으로 하나님이 통치하시고 구원하신다는 사상) 해석으로 더 이상 영향력을 끼치지 못했습니다. 영국에서 분리주의 플리머스 형제단(Separatist Plymouth Brethren) 지도자 존 넬슨 다비(John Nelson Darby)가 체계를 이룬 신학으로 영국과 미국에서 크게 유행했고, 우리나라에도 큰 영향을 미친 신학이 되어 교회가 극단적인 정치집단으로 변하도록 하거나 여러 이단이 생겨나는 원인이 되었습니다. 1960년대에 우리나라에 들어온 미국 선교사 딕 욕(Dick York)의 세대주의 사상에 영향을 받아 생겨난 이단이 이른바 '구원파'(유병언의 기독교복음침례회, 박옥수의 기쁜소식선교회, 이요한의 생명의말씀선교회 등)입니다. 그밖에 이장림의 '다미선교회', 유재열의 '장막성전'과 이만희의 '신천지'(신천지예수교증거장막성전), '안상홍 증인회'라고도 하는 하나님의교회 세계복음선교협회, '전도관'이라 불린 박태선의 천부교, 조희성의 '영생교' 등이 있고, 또한 신사도 운동, 인터콥 등이 있고, 여기에 언급되지 않았지만 세대주의 영향이 조금이라도 있는 경우까지 포함하면 우리나라 대부분 이단·사이비 집단이 거론될 정도입니다. 세대주의에 의하면, 일반적으로 종말의 시기에 7년 대환란이 있다고 하는데, 신자들은 비밀스러운 주의 공중 재림으로 인해 대환란을 겪지 않고 휴거가 되며, 그 후에(7년 후) 주님의 지상 재림이 있다고 합니다. 그밖에 천년왕국과 144,000(계 7:4, 14:1, 3)을 문자적으로 믿습니다. 세대주의는 시대 또는 인류의 세대를 다음과 같이 구분합니다. 무죄시대(창조 시부터 인간의 타락 전까지), 양심시대(타락 후부터 노아 시대까지), 인간통치시대(노아부터 아브라함까지), 약속시대(아브라함부터 모세까지), 율법시대(모세부터 그리스도까지), 은혜시대(신약시대부터 교회시대까지), 왕국시대(그리스도 재림 후 천년왕국 시대)로 나눕니다. 미국에서는 관주성경으로 유명한 스코필드(Cyrus Scofield)와 달라스신학교(Dallas Theological Seminary)를 세운 채퍼(C. S. Chafer) 등이 대표적인 세대주의자였습니다. 이들이 미국 복음주의 진영에서 주목받게 된 것은 20세기에 일어난 두 번의 세계대전 후였습니다. 후천년주의자들이 낙관했던 세상이 전쟁으로 인해 폐허가 되고 인간의 악이 감소하기는커녕 더욱 증가하면서 세대주의자들의 종말론과 전천년설이 오히려 주목받게 되었습니다. 이처럼 요한계시록 20장 1~6절을 중심으로 한 종말론을 이해하는 관점은 시대와 상황에 따라 달라졌습니다.

천년왕국설을 간략히 정리하면, 크게 문자적 관점으로 접근하는 해석과 상징적 관점으로 접근하는 해석으로 나뉘고, 문자적 해석으로는 역사적 전천년설(Historic Premillennialism, 천년왕국 전 재림설), 세대주의적 전천년설(Dispensational Premillennialism)이 있습니다. 상징적 해석으로는 무천년설(Amillennialism, 천년왕국은 없고, 교회시대를 상징적 천년으로 봄)과 후천년설(Postmillennialism, 천년왕국 후 재림설)이 있습니다. 관점에 따른 차이가 크다 보니 다른 관점에 대해 이단시하는 경우가 많습니다. 이중 세대주의적 전천년설은 성경적으로 해석상의 문제가 가장 많음에도 불구하고 옹호하는 신자들이 많은 것이 특징입니다. 팀 라헤이(Tim LaHaye)와 제리 젠킨스(Jerry Jenkins)가 1995년부터 2007년까지 12년간 시리즈로 출간한 소설 《레프트 비하인드》(Left Behind)가 영미권에서 베스트셀러가 되면서 역사적 전천년설과 세대주의적 전천년설에 따른 종말론이 미국을 비롯한 우리나라에서도 복음주의 진영의 주류 해석이 되었을 정도입니다. 비록 세대주의적 전천년설이 비성경적 해석으로 주류 기독교에서 인정하지 않지만, 그 영향력은 컸다고 볼 수 있습니다. 샘 스톰스(Sam Storms)는 세대주의 종말론과 세대주의 운동에 대해 이런 의견을 내놓았습니다(윤석인 역, 『개혁주의 무천년설 옹호』, 60~61쪽).

많은 세대주의자는 기독교 우익 정치 운동이 출현하는 과정에서 대단히 두드러지고 영향력 있는 지도자로 자리매김했다. 근본주의자가 된다는 것이 세대주의자가 됨을 의미하는 것도 사실이었지만, 많은 사람에게는 레이건(Ronald Reagan) 정부 시절에 공화당원이 된다는 것 또한 세대주의적 신념을 함의하는 것이기도 했다.

세대주의 종말론 시나리오는 세상을 떠들썩하게 만드는 뉴스거리를 만들어내고 많은 사람의 흥미와 상상력을 즉시 사로잡는다. 그래서 역사의 종말에 대한 베스트셀러 작가들이 세대주의자라는 사실도 그리 놀라운 것은 아니다. 수백만 명의 기독교 신자가 전혀 예기치 못한 순간에 돌연 사라지고 그 사건이 가져온 결과로 사회적·정치 적 혼란이 이어지는 상황을 묘사하는 무수한 "휴거" 영화들에 대해서도 똑같이 말할 수 있을 것이다. 이와 같은 재미 외에도, 그 저자들에게는 예언 도표와 함께 역사가 어떻게 종말에 이를지를 자세히 묘사한 연대학적 시나리오도 있는데, 우리는 세대주의가 크게 인기를 끄는 이유를 짐작할 수 있다. 비세대주의자 저자들 가운데 대중의 종말론적 호기심에 부합하는 작품을 쓰는 경우를 생각해 내기란 쉽지 않다. 비세대주의 저자들은 종종 더 학문적이고 학구적인 경향을 보인다. 그리고 성경학자들 사이에서도 세대주의가 나타나는 것은 사실이지만, 가장 성공적인 세대주의 작품들은 대중의 인기에 부합하는 매력을 지니며 확실히 비전문가인 청중을 상대로 저술된다. 티모시 웨버(Timothy Webber)는 "지금까지 가장 많이 팔리는 세대주의 작품들은 종말론 시나리오를 각색한 이야기들이다. 거기에는 세밀한 주석이 완전히 빠져 있고, 다른 대안적 관점들과 공들여 비교하려는 노력도 전혀 나타나지 않으며 단지 재미있게 담아낸, 멋지고 좋은 이야기만 있을 뿐이다. 사람들이 대중에게 인기 있는 세대주의 운동에서 기대하는 바가 바로 이것이다"라고 지적한다.

이러한 세대주의 운동 영향으로 미국 신학계어서는 역사적 전천년설이 주류 종말론이 되었고, 세대주의를 포함한 전천년설은 전체 90%를 차지할 정도입니다. 이에 반해 무천년설은 상징적인 후천년설과 합쳐도 10%를 넘기지 못할 정도로 종말론에 대한 올바른 신앙을 찾기 힘든 현실입니다. 우리나라의 경우 무천년설을 옹호하는 신학자들이 예전에 비해 많이 늘어났지만, 여전히 미국과 비슷한 현상이 유지되고 있습니다. 많은 사람이 믿는다고 해서 진리인 것이 아님을 알아야 합니다. 『설득의 심리학』의 저자 로버트 치알디니가 말한 '사회적 증거의 법칙'은 사람들은 자기 자신의 판단이나 행동이 옳은 것임을 확신하기 위해 사회적 증거를 활용하는데, 많은 사람 또는 권위가 있고 전문적 지식을 갖춘 사람의 판단과 행동을 따른다는 것입니다. 결국 성경적 지식이 깊지 않은 신자들이나, 합리적이고 상식적인 사고를 중심으로 성경에 접근하는 신자들은 다수가 믿으면 쉽게 믿고 따르게 됩니다. 비록 세대주의 사상을 받아들이지는 않더라도 역사적 전천년설 역시 세대주의적 해석처럼 문자적으로 해석하고, 부활 역시 한 번에 일어나는 것으로 받아들이지 않습니다(세대주의는 3회, 전천년설은 2회). 샘 스톰스는 처음에는 전천년설을 따랐으나 무천년설을 따르게 된 이유를 이렇게 밝혔습니다(위의 책, 175~178쪽).

> 나는 전천년설의 입장에서 조금씩 멀어졌는데, 성경을 연구하면서 발견한 두 가지 사실이 결정적 계기로 작용했다. 첫째, 나는 신약성경에서 말하는 내용이 예수님의 재림(또는 '파루시아') 때에 일어날 것인지를 면밀히 조사하는 데 전념했다. 내가 발견한 것은 우리 주님이 이 땅에 다시 오시는 결과로 종결되거나 시작되는 것에 대한 일관성 있는 증언이었다. 하나님의 백성들의 삶 속에 존재하는 죄, 일반 창조계의 부패, 육체적 죽음에 대한 경험은 예수 그리스도가 나타나심으로 종결될 것이다. 뿐만 아니라 몸의 부활, 최후 심판, 새 하늘과 새 땅의 시작이 뒤따라 일어날 것이다.
> …… 다시 말해, 나는 예수님의 재림에 대해 연구하는 동안, 전천년설이 우리에게 믿도록 요구하는 바와 달리 사망은 예수님이 재림하실 때 패배하여 승리에서 삼켜지며, 일반 창조계는 예수님이 재림하실 때 썩어짐의 종 노릇하던 데서 해방되며, 새 하늘과 새 땅은 재림에 곧바로 이어서 시작되

며, 예수님을 구세주로 영접할 모든 기회는 예수님이 재림하실 때 종결되며, 불신자의 최종 부활과 영원한 심판은 모두 재림 때 발생할 것이라는 사실을 깨달았다…….

내가 전천년설에서 무천년설로 돌아서게 된 두 번째 요인은 모든 전천년주의자가 자기 이론을 지지하는 데 인용하는 본문인 요한계시록 20장에 대한 연구에서 비롯되었다. 나는 내가 과거에 배우고 오랫동안 믿어왔던 것과 달리, 요한계시록이 무천년설의 관점을 유력하면서도 확고하게 뒷받침하는 증거임을 깨닫게 되었다.

주의 재림과 심판에 대해 베드로가 쓴 내용에 대해 살펴보더라도 재림 후에 천년이라는 특별한 기간이 존재할 것이라는 단서를 전혀 찾을 수 없습니다. 만약 이 세상의 종말이 바로 오지 않고 주님의 재림 후에 천년왕국의 시간을 보낸 후에 온다면 그렇게 중요한 내용을 반드시 밝히거나 강조했을 것입니다. 리챠드 보쿰(Richard J. Bauckham)은 "천년왕국은 우리가 그 이미지를 문자적으로 취급하는 이상 이해할 수 없는 것이 되어버리고 만다. 일련의 심판들(인을 떼는 것, 나팔들, 대접들)이 문자적인 예언들이라고 가정할 필요 없듯이 우리는 천년왕국을 문자적으로 취급할 필요가 없다. 요한은 의심할 여지 없이 심판이 있게 될 것이라고 기대한다."라고 강조했습니다(이필찬 역, 『요한계시록 신학』, 162쪽). 우리는 베드로 사도가 다음과 같이 이 세상에서 천년왕국을 기대할만한 그 어떤 말도 하지 않았음을 명심해야 합니다.

"너희는 말세에 나타내기로 예비하신 구원을 얻기 위하여 믿음으로 말미암아 하나님의 능력으로 보호하심을 받았느니라"(벧전 1:5)

"너희 믿음의 확실함은 불로 연단하여도 없어질 금보다 더 귀하여 예수

그리스도께서 나타나실 때에 칭찬과 영광과 존귀를 얻게 할 것이니라”(벧
전 1:7)

“그러므로 너희 마음의 허리를 동이고 근신하여 예수 그리스도께서 나타
나실 때에 너희에게 가져다 주실 은혜를 온전히 바랄지어다”(벧전 1:13)

“너희가 이방인 중에서 행실을 선하게 가져 너희를 악행한다고 비방하는
자들로 하여금 너희 선한 일을 보고 오시는 날에 하나님께 영광을 돌리게
하려 함이라”(벧전 2:12)

“만물의 마지막이 가까이 왔으니 그러므로 너희는 정신을 차리고 근신하
여 기도하라”(벧전 4:7)

“사랑하는 자들아 너희를 연단하려고 오는 불 시험을 이상한 일 당하는 것
같이 이상히 여기지 말고 오히려 너희가 그리스도의 고난에 참여하는 것
으로 즐거워하라 이는 그의 영광을 나타내실 때에 너희로 즐거워하고 기
뻐하게 하려 함이라”(벧전 4:12~13)

“너희 중 장로들에게 권하노니 나는 함께 장로 된 자요 그리스도의 고난의
증인이요 나타날 영광에 참여할 자니라”(벧전 5:1)

“그리하면 목자장이 나타나실 때에 시들지 아니하는 영광의 관을 얻으리
라”(벧전 5:4)

“우리 주 예수 그리스도의 능력과 강림하심을 너희에게 알게 한 것이 교묘
히 만든 이야기를 따른 것이 아니요 우리는 그의 크신 위엄을 친히 본 자
라 지극히 큰 영광 중에서 이러한 소리가 그에게 나기를 이는 내 사랑하는

아들이요 내 기뻐하는 자라 하실 때에 그가 하나님 아버지께 존귀와 영광을 받으셨느니라"(벧후 1:16~19)

"주께서 경건한 자는 시험에서 건지실 줄 아시그 불의한 자는 형벌 아래에 두어 심판 날까지 지키시며"(벧후 2:9)

"먼저 이것을 알지니 말세에 조롱하는 자들이 와서 자기의 정욕을 따라 행하며 조롱하여 이르되 주께서 강림하신다는 약속이 어디 있느냐 조상들이 잔 후로부터 만물이 처음 창조될 때와 같이 그냥 있다 하니 이는 하늘이 옛적부터 있는 것과 땅이 물에서 나와 물로 성립된 것도 하나님의 말씀으로 된 것을 그들이 일부러 잊으려 함이로다 이로 말미암아 그 때에 세상은 물이 넘침으로 멸망하였으되 이제 하늘과 땅은 그 동일한 말씀으로 불사르기 위하여 보호하신 바 되어 경건하지 아니한 사람들의 심판과 멸망의 날까지 보존하여 두신 것이니라 사랑하는 자들아 주께는 하루가 천 년 같고 천 년이 하루 같다는 이 한 가지를 잊지 말라 주의 약속은 어떤 이들이 더디다고 생각하는 것 같이 더딘 것이 아니라 오직 주께서는 너희를 대하여 오래 참으사 아무도 멸망하지 아니하고 다 회개하기에 이르기를 원하시느니라 그러나 주의 날이 도둑 같이 오리니 그 날에는 하늘이 큰 소리로 떠나가고 물질이 뜨거운 불에 풀어지고 땅과 그 중에 있는 모든 일이 드러나리로다 이 모든 것이 이렇게 풀어지리니 너희가 어떠한 사람이 되어야 마땅하냐 거룩한 행실과 경건함으로 하나는의 날이 임하기를 바라보고 간절히 사모하라 그 날에 하늘이 불에 타서 풀어지고 물질이 뜨거운 불에 녹아지려니와 우리는 그의 약속대로 의가 있는 곳인 새 하늘과 새 땅을 바라보도다 그러므로 사랑하는 자들아 너희가 이것을 바라보나니 주 앞에서 점도 없고 흠도 없이 평강 가운데서 나타나기를 힘쓰라"(벧후 3:3~14)

서두에서 언급한 바와 같이 15절과 16절 "이같이"와 "이런 일에 관하여"는 베드로후서 내용 전체를 볼 때, 그리스도의 재림과 이에 대한 성도의 신앙에 대해 바울이 기록한 것(데살로니가전서와 후서, 그리고 고린도전서 15장) 중 "그 중에 알기 어려운 것"(16절)은 다음 구절들과 고린도전서 15장에 주로 해당할 것입니다. 데살로니가전서와 후서에 기록된 관련 구절들을 살펴보면 다음과 같습니다. 여기에서도 재림 후에 천년이라는 특별한 기간이 존재할 것이라는 단서를 전혀 찾을 수 없습니다. 또한 예수님이 친히 말씀하셨던 내용이 기록된 마태복음 24장과 마가복음 13장에서도 그런 단서를 찾을 수 없음을 알기를 바랍니다.

"또 죽은 자들 가운데서 다시 살리신 그의 아들이 하늘로부터 강림하실 것을 너희가 어떻게 기다리는지를 말하니 이는 장래의 노하심에서 우리를 건지시는 예수시니라"(살전 1:10)

"너희 마음을 굳건하게 하시고 우리 주 예수께서 그의 모든 성도와 함께 강림하실 때에 하나님 우리 아버지 앞에서 거룩함에 흠이 없게 하시기를 원하노라"(살전 3:13)

"형제들아 자는 자들에 관하여는 너희가 알지 못함을 우리가 원하지 아니하노니 이는 소망 없는 다른 이와 같이 슬퍼하지 않게 하려 함이라 우리가 예수께서 죽으셨다가 다시 살아나심을 믿을진대 이와 같이 예수 안에서 자는 자들도 하나님이 그와 함께 데리고 오시리라 우리가 주의 말씀으로 너희에게 이것을 말하노니 주께서 강림하실 때까지 우리 살아 남아 있는 자도 자는 자보다 결코 앞서지 못하리라 주께서 호령과 천사장의 소리와 하나님의 나팔 소리로 친히 하늘로부터 강림하시리니 그리스도 안에서 죽은 자들이 먼저 일어나고 그 후에 우리 살아 남은 자들도 그들과 함께 구름 속으로 끌어 올려 공중에서 주를 영접하게 하시리니 그리하여 우리가 항상

주와 함께 있으리라”(살전 4:13~17)

“형제들아 때와 시기에 관하여는 너희에게 쓸 것이 없음은 주의 날이 밤에 도둑 같이 이를 줄을 너희 자신이 자세히 알기 때문이라 그들이 평안하다, 안전하다 할 그 때에 임신한 여자에게 해산의 고통이 이름과 같이 멸망이 갑자기 그들에게 이르리니 결코 피하지 못하리라 형제들아 너희는 어둠에 있지 아니하매 그 날이 도둑 같이 너희에게 임하지 못하리니”(살전 5:1~4)

“평강의 하나님이 친히 너희를 온전히 거룩하게 하시고 또 너희의 온 영과 혼과 몸이 우리 주 예수 그리스도께서 강림하실 때에 흠 없게 보전되기를 원하노라”(살전 5:23)

“너희로 환난을 받게 하는 자들에게는 환난으로 갚으시고 환난을 받는 너희에게는 우리와 함께 안식으로 갚으시는 것이 하나님의 공의시니 주 예수께서 자기의 능력의 천사들과 함께 하늘로부터 불꽃 가운데에 나타나실 때에 하나님을 모르는 자들과 우리 주 예수의 복음에 복종하지 않는 자들에게 형벌을 내리시리니 이런 자들은 주의 얼굴과 그의 힘의 영광을 떠나 영원한 멸망의 형벌을 받으리로다 그 날에 그가 강림하사 그의 성도들에게서 영광을 받으시고 모든 믿는 자들에게서 놀랍게 여김을 얻으시리니 이는 [우리의 증거가 너희에게 믿어졌음이라]”(살후 ˙:6~10)

“형제들아 우리가 너희에게 구하는 것은 우리 주 예수 그리스도의 강림하심과 우리가 그 앞에 모임에 관하여 영으로나 또는 말로나 또는 우리에게서 받았다 하는 편지로나 주의 날이 이르렀다고 해서 쉽게 마음이 흔들리거나 두려워하거나 하지 말아야 한다는 것이라 느가 어떻게 하여도 너희가 미혹되지 말라 먼저 배교하는 일이 있고 저 불법의 사람 곧 멸망의 아들이 나타나기 전에는 그 날이 이르지 아니하리니 그는 대적하는 자라 신이라고 불리는 모든 것과 숭배함을 받는 것에 대항하여 그 위에 자기를 높이고 하나님의 성전에 앉아 자기를 하나님이라고 내세우느니라"(살후 2:1~4)

"그 때에 불법한 자가 나타나리니 주 예수께서 그 입의 기운으로 그를 죽이시고 강림하여 나타나심으로 폐하시리라 악한 자의 나타남은 사탄의 활동을 따라 모든 능력과 표적과 거짓 기적과 불의의 모든 속임으로 멸망하는 자들에게 있으리니 이는 그들이 진리의 사랑을 받지 아니하여 구원함을 받지 못함이라 이러므로 하나님이 미혹의 역사를 그들에게 보내사 거짓 것을 믿게 하심은 진리를 믿지 않고 불의를 좋아하는 모든 자들로 하여금 심판을 받게 하려 하심이라"(살후 2:8~12)

아울러 스톰스가 해석한 베드로후서 3장 8~13절에 대한 내용을 소개하고자 합니다(『개혁주의 무천년설 옹호』, 206~208쪽). 본문을 이해하는 데 큰 도움이 될 것입니다.

여기서 베드로는 데살로니가전서 5장 2~3절에 기록된 바울의 진술을 되풀이하는데, 두 사람은 모두 "주의 날", 곧 예수님의 재림/강림을 언급한다(살전 4:13~18, 벧후 3:4, 8~9). 베드로는 하늘이 풀어지는 이유가 바로 "주/하나님의 날"(10, 12절), 곧 예수님이 재림/강림하시는 때가 오기 때문이라고 말한다. 현재의 하늘과 땅이 정결하게 되는 것은 예수님이 강림하시는 결과다. 10절 내용에 따르면, 예수님의 강림은 하늘과 땅에 대한 완전한 심판(그리고 궁극적인 새로워짐)을 수반한다. "주의 날"이 글자 그대로 "하늘이 떠나가는" "시간"이나 "때"라는 사실에 유의하라. 베드로가 말하려는 요지는 예수님의 재림 그리고 하늘과 땅에 대한 심판이 이 세상의 종말을 알리게 될 사건들의 구조 속에서 인과적으로 연관된다는 것이다. "현재의 하늘과 땅", 글자 그대로 "지금 있는 하늘과 땅"(7절)은 이 심판의

"날"을 위해 보존되고 있다.

또한 "현재의(지금 있는) 하늘과 땅"이 이전의 하늘과 땅, 곧 문자적으로 ***"그때 있었던* 세상"**(6절)과 대조된다는 사실에도 유의하라. 이처럼 베드로는 성경 역사가 위대한 세 시기로 구성되는 것으로 보는데, 첫째는 하나님의 심판으로 파괴되었고 하나님이 거기서 새롭게 형성하신 노아 홍수 이전의 하늘과 땅이요, 둘째는 현재 존재하고 심판을 위해 보존되고 있으며 하나님이 거기서 새롭게 창조하실 하늘과 땅이요, 셋째는 앞으로 존재할 것이고 우리가 소망하는 대상인 하늘과 땅이다. 베드로는 너희가 이것들 곧 의가 있는 곳인 새 하늘과 새 땅(13절)을 바라보기 때문에 의롭게 되기를 힘쓰라고 말한다.

예수님의 재림 그리고 새 하늘과 새 땅 사이에 존재하는 지상의 천년왕국이 베드로의 시나리오에 끼어들 자리가 과연 어디에 있을까? 그와 반대로, 현재의 하늘과 땅은 예수님이 재림하실 때 심판받을 텐데, 그때는 (천년왕국이 아니라) ***새 하늘과 새 땅***이 하나님의 백성이 머물 영원한 처소로 나타날 것이다.

…… 우리가 기대하는 대상, 우리가 "바라보고" "기다려야" 하는 것은 ***현재의 하늘과 땅이 새 하늘과 새 땅에 자리를 내주는 예수님의 재림***이 분명한 것 같다. 만일 새 하늘과 새 땅이 예수님의 재림 때 나타난다면, 그 둘 사이에 존재하는 지상의 천년왕국은 결코 있을 수 없다. 전천년주의자가 새 하늘과 새 땅의 창조를 천년왕국 이후에 둔다는 점을 상기하라(계 21~22장). 하지만 만일 (베드로가 그럴 것이라고 진술하듯이) 새 하늘과 새 땅이 예수님과 함께 나타난다면, 어떤 의미에서는 천년왕국 시대가 예수님의 재림에 이어지는 어느 미래의 시기가 아니라 이 시대와 동일시되어야 한다. 마지막으로, 전천년주의자는 사람이 천년왕국 시대 동안 예수님을 믿어서 구원에 이를 수 있으리라고 주장한다. 그러나 베드로가 주장하는 것은 예수님이 아직 다시 오시지 않는 바로 그 이유가 오래 참으심으로 사람들에게 회개할 기회를 주고자 하시기 때문이라는 점이다. 이 진술은 예수님이

재림하신 뒤에는 회개하는 일이 **불가능해야만** 의미가 있다. 만일 예수님이 재림하신 뒤에도 영혼들이 구원받을 수 있다면, 예수님이 현재 보여 주시는 오래 참으심은 불필요하다. 시간의 긴급성은 "지금은 은혜 받을 만한 때요 보라 지금은 구원의 날"(고후 6:2)이라는 가정 아래에서만 설명될 수 있다.

이상과 같이 주님의 재림과 신자들의 부활, 최후의 심판, 영원한 새 하늘과 새 땅에 대한 말씀, 그리고 이러한 것을 믿고 바라보는 그리스도인들을 향한 교훈의 말씀은 인간의 이성으로 모두 이해할 수 있는 것이 결코 아님을 깨닫기를 바랍니다. 하나님의 영의 도우심 없이 이성의 힘으로 "억지로 풀거나" 또는 "알기 어려운 것"을 문자 그 자체만으로 해석하기에는 한계가 있음을 인정해야 합니다. '신앙의 유비'(Analogy of Faith)라는 해석적 원리를 따르지 않고 어느 한 단어나 어느 한 문장에 매몰되는 일이 없도록 주의해야 합니다. 그렇지 않으면 "억지로 풀다가 스스로 멸망에 이르느니라"는 말씀처럼 이단 사상에 빠지게 될 것입니다. 개혁주의 신앙고백이나 요리문답 어디에서도 '천년왕국'이 언급되어 있지 않습니다. 오히려 그리스도의 재림과 최후 심판이 강조됩니다. 또한 신앙고백서와 요리문답은 단순히 사람의 이성적 능력으로만 작성되지 않았고, 성령의 도우심과 깨닫게 하심으로 완성되었다는 사실을 명심해야 합니다. 2,000년 전에 베드로 사도가 그리스도인들을 향해 경계하도록 했던 "무식한 자들과 굳세지 못한 자들"의 길을 따르거나 거짓 교사들에게 미혹을 당하지 않도록 베드로 사도의 당부와 호소를 우리 주 예수 그리스도의 말씀과 성령의 인도하심으로 받아들이기를 바랍니다. 아멘.

(2025년 12월 7일)

τὴν αἰώνιον βασιλείαν τοῦ κυρίου ἡμῶν
καὶ σωτῆρος Ἰησοῦ Χριστοῦ

우리 주 곧 구주 예수 그리스도의 영원한 _나라(벧후 1:11)

무법한 자들의 미혹 성탄절

17. 그러므로 사랑하는 자들아 너희가 이것을 미리 알았은즉 무법한 자들의 미혹에 이끌려 너희가 굳센 데서 떨어질까 삼가라
18. 오직 우리 주 곧 구주 예수 그리스도의 은혜와 그를 아는 지식에서 자라 가라 영광이 이제와 영원한 날까지 그에게 있을지어다

이번 강설은 베드로후서 결론부(3:14~18)의 마지막으로, 그리스도인들에게는 믿음에서 떨어질까 조심하라는 최종적인 당부와 예수 그리스도에 대한 믿음에서 성장하라는 당부 또는 명령, 그리고 믿음의 대상인 예수 그리스도에 대한 송영입니다. 먼저 소극적 행동 한 가지, 그리고 이어서 적극적 행동 한 가지를 요구했습니다. '그리스도의 은혜와 그리스도를 아는 지식'을 요약하면 그리스도에 대한 믿음입니다. 믿음은 한편으로는 하나님이 주셨기에 "하나님의 선물" 즉 은혜고(엡 2:8), 다른 한편으로는 우리가 알아야 하고 신뢰해야 하기에 "그리스도를 아는 지식"(빌 3:8)입니다. 끝으로 두 가지 행동의 동기와 목적이 되는 예수 그리스도께 영광을 돌림으로써 베드로 사도는 그가 해야 할 임무와 책임을 완수하는 편지를 마무리했습니다.

이 메시지를 가장 쉽게 이해할 수 있도록 비유를 들어 설명하자면, 영적 남편 그리스도의 영적 신부인 교회에 대한 메시지라 할 수 있습니다. 먼저 소극적 행동으로 신부는 남편에 대한 부정을 저지르지 않도록 항상 조심하라는 당부입니다. 소극적 행동을 자동차 운전에 비유하면, 자동차가 가야 할 길을 벗어나 다른 곳으로 가는 상황을 만들지 않는 것입니다. 다른 한편으로는 사고를 내지 말라는 것입니다. 적극적 행동을

자동차 운전에 비유하자면, 마땅히 가야 할 방향과 목적지로 안전하고 빠르게 가는 것입니다. 선악의 개념으로 비유하자면, 악한 일에 대해서는 소극적으로 행동하는, 즉 참거나 피하는 선택을 하고, 선한 일에 대해서는 적극적으로 행동하는, 즉 앞장서고 긍정적인 태도로 임하는 것입니다. 이것을 다시 율법에 적용해보면, 하나님은 이스라엘 백성에게 '하지 말라'는 소극적 율법을 주셨고, '하라'는 적극적 율법을 주셨습니다. 하나님이 기뻐하시거나 원하시는 일이 아니면 하지 말아야 합니다. 반면에 하나님이 기뻐하시고 원하시는 일이면 해야 합니다. 영적 남편 그리스도께서 기뻐하시지 않는 일, 원하시지 않는 일은 영적 신부인 교회가 하지 말아야 합니다. 그 반대 즉 그리스도께서 기뻐하시고 원하시는 일은 교회가 마땅히 해야 합니다. 베드로는 바로 이 두 가지를 당부하고 명령한 것임을 명심하기를 바랍니다. 그러므로 17절 *"떨어질까 삼가라"*, 그리고 18절 *"자라 가라"*는 명령 또는 당부가 베드로 사도의 마지막 결론적 메시지임을 깨달아야 합니다. 싱클레어 퍼거슨(Sinclair B. Ferguson)은 히브리서에서 나타난 이러한 소극적이고 적극적인 면에 대한 권면을 통해 영의 아버지 하나님이 영적 자녀들을 권면하시고 격려하신다고 설명했습니다(신호섭 역, 『오직 그리스도 안에서』, 249쪽).

□ 적극적으로 – "그러므로 우리는 들은 것에 더욱 유념함으로"(히 2:1)
□ 소극적으로 – "흘러 떠내려가지 않도록"(히 21)

□ 적극적으로 – "예수를 깊이 생각하라"(히 3:1)
□ 소극적으로 – "형제들아 너희는 삼가 …… 조심할 것이요"(히 3:12)

이제 본문의 내용을 자세히 들여다보고자 합니다. 먼저 *"그러므로 사*

랑하는 자들아"라고 함으로써 편지 내용 전체에 대한 결론에 이르렀음을 보여줍니다. 특히 사도들이 당시에 주로 사용했던 호칭 "사랑하는 자들"(ἀγαπητοί, beloved)을 사용함으로써(벧전 2:11, 4:12, 벧후 3:1, 8, 14, 17) 이단 사상에 미혹되지 않아야 할 참 그리스도인들에 대한 애정 어린 호소와 함께, 그들에게 전하는 결론적 메시지라는 사실을 드러냈습니다. 그리고 이어서 "너희가 이것을 미리 알았은즉"이라는 말을 했습니다. 매우 의미심장한 표현입니다. 문장 자체로는 단순하고 별다른 내용이 없는 것처럼 보이지만 사실은 그렇지 않습니다. 엄청난 것을 담고 있는 표현입니다. 베드로 사도 당시 소아시아 지역 교회들 속에 침투해 있었던 암 즉 악성 종양을 발견한 것입니다. 베드로후서와 비슷한 시기에 기록된 것이라 알려진 바울 사도의 서신 디모데후서 중 "그들의 말은 악성 종양이 퍼져나감과 같은데 그 중에 후메내오와 빌레도가 있느니라"(딤후 2:17)라는 말씀에 묘사된 "악성 종양"을 베드로 사도 역시 소아시아 지역 교회들 속에서 발견한 것입니다. 의학용어로 표현하자면 "악성 종양이 퍼져나감"을 베드로가 진단(diagnosis)한 것이나 다름없습니다. 그래서 "너희가 이것을 미리 알았은즉"은 베드로 사도가 영적으로 진단한 사실과 그 예후(prognosis)를 자세히 말해주었다는 뜻이기에 교회들은 진단 결과와 예후를 참고하여 신속하게 대처해야 했습니다.

먼저 진단 내용은 "먼저 알 것은 성경의 모든 예언은 사사로이 풀 것이 아니니 예언은 언제든지 사람의 뜻으로 낸 것이 아니요 오직 성령의 감동하심을 받은 사람들이 하나님께 받아 말한 것임이라"(벧후 1:20~21)는 말씀과 "먼저 이것을 알지니 말세에 조롱하는 자들이 와서 자기의 정욕을 따라 행하며 조롱하여 이르되 주께서 강림하신다는 약속이 어디 있느냐 조상들이 잔 후로부터 만물이 처음 창조될 때와 같이 그냥 있다 하니"(벧후 3:3~4)라는 말씀에 드러나 있습니다. 이 두 부분의 구절들을 통해 알 수 있는 "악성 종양"은 성경을 사람들이 만든 이야기로 믿고, 성경에 예언된 '예수 그리스도의 강림과 심판으로 인한 세상의 종말'에 대해 믿지 않으며 오히려 조롱하는 이단 사상이었음을 알 수 있습니다. 이들은 자기들이 "교묘히 만든 이야기"(벧후 1:16)를 진리로 받아들이고, 진리의 말씀인 선지자들의 예언은 마치 옛사람들 또는 선지자들이 "교묘히 만든 이야기"라고 치부해버린 것입니다. 오늘날도 진화론을 주장하는 과학자들은 그들 자신이 "교묘히 만든 이야기"를 진리라 여기고, 반면에 성경의 진리는 유대인들과 기독교인들이 신화적으로 "교묘히 만든 이야기"라고 치부해버린 것과 같습니다. 결론적으로 거짓 교사들은 암적 존재로, 성경을 믿지 않고 왜곡하거나 필요에 따라 취사선택한 것만 믿는 자들이었는데, 그런 사상과 행위 자체가 "악성 종양"과 마찬가지였던 것입니다. 그렇다면 교회들 속에 퍼져 있는 그런 "악성 종양"을 내버려 두면 어떻게 되겠습니까? 베드로 사도는 교회들에게 이미 알려 준 진단 사실과 그 예후에 대해 "이것을 미리 알았은즉"이라고 묘사한 것입니다. "미리 알았은즉"에 해당하는 단어가 바로 'προγινώσκοντες'(proginōskontes)인데, 이 말에서 의학용어 '예후'(prognosis)가 생겨났습니다. 그러므로 베드로 사도가 진단한 교회 속 "악성 종양"에 대한 예후를 편지로써 자세히 알려주었고, 그에 대한 언급을 마지막으로 하면서 필요한 처방과 함께 편지의 결론을 맺은 것입니다.

그렇다면 베드로가 그 예후에 대해 어떻게 묘사했는지 정리해서 살펴보고자 합니다. 교회들 속에서 활동한 거짓 선지자들(벧후 2:1)은 "악성 종양"으로써 "멸망하게 할 이단을 가만히 끌어들여 자기들을 사신 주를 부인하고 임박한 멸망을 스스로 취하”고(2:1), “호색”하고(2:2), “탐심으로써 지어낸 말을 가지고 … 이득을 삼”으며(2:3), “육체를 따라 더러운 정욕 가운데서 행하며 … 주관하는 이를 멸시하”고 “당돌하고 자긍하며 떨지 않고 영광 있는 자들을 비방”합니다(2:10). 또한 “낮에 즐기고 노는 것을 기쁘게 여기”고 “연회할 때에 … 속임수로 즐기고 놀며”(2:13), “음심이 가득한 눈을 가지고 범죄하기를 그치지 아니하고 굳세지 못한 영혼들을 유혹하며 탐욕에 연단된 마음을” 가집니다(2:14). “바른 길을 떠나 미혹되어 브올의 아들 발람의 길을 따르”고(2:15), “허탄한 자랑의 말을 토하며…음란으로써 육체의 정욕 중에서 유혹”합니다(2:18). 심지어 “우리 주 되신 구주 예수 그리스도를 앎으로 세상의 더러움을 피한 후에 다시 그 중에 얽매이고 지”고(2:20), 게다가 “하나님의 말씀으로 된 것을 … 일부러 잊으려” 하고(3:5), 성경을 “억지로 풀다가 스스로 멸망에 이르”게 됩니다(3:16). 위와 같은 예후가 있다는 것이 바로 “너희가 이것을 미리 알았은즉”이라는 말입니다. 그래서 의미심장한 표현이라 했던 것입니다. ‘진단’이 질병을 발견하는 행위 또는 과정이라면, ‘예후’는 파악된 질병이 향후 어떻게 진행될지 예측하는 일입니다. 그러므로 베드로 사도는 소아시아 교회들 속에 퍼지고 있는 “악성 종양”을 진단하고 그 예후에 대해 자세히 묘사했고, 마지막으로 “너희가 이것을 미리 알았은즉” 즉 ‘예후를 들었은즉’이라고 한 것입니다.

그런 다음 베드로는 “무법한 자들의 미혹에 이끌려 너희가 굳센 데서 떨어질까 삼가라”라고 당부했는데, “무법한 자들”이 바로 거짓 선생들이나 거짓 선지자들로, “불의한 자들”《새번역》 또는 “악한 사람들”《현대인의성경》입니다. 의사가 환자의 질병에 대한 예후를 말하고 향후 어떻게 대처해야 할지 자세히 말해주듯이 베드로는 영적 의사로서 두 가지를 처방했습니다. 하나는 소극적인 것으로, 마치 '흡연과 음주를 삼가십시오'와 같은 처방이고, 다른 하나는 '계속해서 적극적으로 약을 복용해야 한다는 것'과 같은 처방이었습니다.

첫 번째 처방, "무법한 자들의 미혹에 이끌려 너희가 굳센 데서 떨어질까 삼가라"라는 당부를 살펴봄으로써 우리 역시 개인적으로든 교회 공동체로든 피해야 할 것, 하지 말아야 할 것은 무엇인지 정확히 앎으로써 영적으로 건강한 그리스도인, 그리고 건강한 교회가 되도록 힘써야 합니다. 무엇보다도 "무법한 자들"에 대해 알아야 하고, "무법한 자들의 미혹"이 어떤 것인지 또한 알아야 합니다. 먼저 "무법한 자들"은 베드로후서 2장 7절 "무법한 자들의 음란한 행실로 말미암아 고통 당하는 의로운 롯을 건지셨으니"에서 사용된 똑같은 단어입니다. 이 단어는 '불법적인'(illegal) 또는 '불경스러운'(impious)이라는 뜻으로 하나님의 법을 따르지 않거나 하나님을 경외하지 않는다는 뜻입니다. 베드로는 이 단어를 '소돔 사람들'(the men of Sodom)을 일컫는 말로 사용했습니다. "소돔 사람은 여호와 앞에 악하며 큰 죄인이었더라"(창 13:13)라고 창세기에 기록되었는데, 본문에서는 '거짓 교사들'(거짓 선지자들)을 가리키는 말로 사용되었습니다. 베드로는 거짓 교사들을 소돔 사람들과 동급으로 본 것입니다. 아무리 이스라엘 백성 중에서 예언했던 선지자들이라 하더라도 하나님의 명령과 뜻에 어긋나는 '불법적인' 예언을 전하거나, 하나님을 경외하지 않는 '불경스러운' 자들은 결코 살아남을 수 없었습니다. 그것이 법이었습니다. 모세는 "만일 어떤 선지자가 내가 전하라고 명령하지 아니한 말을 제 마음대로 내 이름으로 전하든지 다른 신들의 이름으로 말하면 그 선지자는 죽임을 당하리라 하셨느니라"(신 18:20)라고 하나님의 법을 선포했습니다. 마찬가지로 소아시아 지역 교회들 가운데서 서서히 악한 영향력을 미치기 시작한 거짓 교사들은 소돔의 악한 재판관들과 다름없었고, 이스라엘과 유다 백성 사이에서 거짓을 선포한 거짓 선지자들과 다름없는 자들이었습니다. 이들이 영지주의적 사상의 씨앗을 뿌린 자들이었고, 이들로 인해 2세기부터 영지주의자들이 본격적으로 교회를 더욱 어지럽히기 시작했습니다. 21세기 현재 한국교회는 신영지주의자들이 온갖 운동과 프로그램을 들고 교회들 속으로 들어와서 "악성 종양"(딤후 2:17)처럼 퍼지고 있는데도 깨닫지 못한 교회들과 신자들이 대부분입니다. 그들이 1세기 "무법한 자들"과 다를 바 없이 '불법적인' 자들이고, '불경스러운' 자들인데 오히려 교회를 이끌어가는 선생들과 지도자들이 되어있는 상황입니다. 1세기에 빌립이 사마리아 땅에 복음을 전했을 때 많은 사람이 세례를 받았는데, 마술사 시몬(Simon)도 그중에 포함되어 있었습니다. 그 자신도 사람들 사이에서 마술을 통해 인기가 있었고 카리스마적 인물로 추앙을 받았는데 "그 *나타나는 표적과 큰 능력을 보고 놀라니라*"(행 8:13)는 말씀처럼 시몬은 빌립을 통해 나타나는 하나님의 능력과 표적을 보고 큰 충격을 받게 되었습니다. 또한 사도들은 사마리아에서 복음을 듣고 예수 그리스도를 믿는 자들이 생겨나기 시작했다는 말을 전해 듣고 예루살렘 사도들은 베드로와 요한을 보냈고, 두 사도는 사마리아에 와서 믿는 자들이 "*성령 받기를 기도*"했습니다(행 8:14~15). 사도행전에는 "이에 *두 사도가 그들에게 안수하매 성령을 받는지라 시몬이 사도들의 안수로 성령 받는 것을 보고 돈을 드려 이르되 이 권능을 내게도 주어 누구든지 내가 안수하는 사람은 성령을 받게 하여 주소서 하니 베드로가 이르되 네가 하나님의 선물을 돈 주고 살 줄로 생각하였으니 네 은과 네가 함께 망할지어다*"(행 8:17~20)라고 기록되어 있습니다. 이 마술사 시몬의 이름에서 '성직 매매'(Simony)라는 말이 생겨났습니다. 시몬은 훗날 영지주의자 중 대표적인 인물로 평가되었고, 시몬과 같은 영지주의자들이 2,000년 동안 계속 이어지고 있습니다. 교회에서 직분을 돈을 주고 사는 자들, 헌금을 통해 은사를 받고자 하는 자들, 성경 교리를 배우는 일보다 영적 카리스마를 얻고자 하는 자들, 무분별한 은사주의자들, CCM을 통해 회중 앞에서 노래하고 악기를 다루면서 마치 영적 지도자가 된 것인 양 우쭐대는 자들, 1세기 고린도 교회 영적 미숙아들이 했던 '거짓 방언'을 똑같이 계승해서 '방언 기도'를 한다고 하는 자들, 영적 진리를 추구하는 일에는 관심이 없고 교회에서 철학적이고 심리학적인 사상을 통해 자기계발이나 자아실현을 추구하도록 이끌거나, 긍정적이고 적극적인 사고방식을 마치 교리처럼 여기고 신자들을 세속적으로 키우는 자들, 현대판 새로운 사도라며 하나님으로부터 받는다는 '직통 계시'를 강조하고, 강력하고 신비적인 힘(예언, 방언, 기적 등)을 과시하며 집회를 이끌어가는 자들, 이 모든 자들이 바로 영지주의적 사상을 가진 자들입니다. 그렇게 진단하는 근거는 하나님의 뜻에 맞지 않는 '불법적인' 신앙 행태이고, 하나님을 섬기는 삶과 거리가 먼 '불경스러운' 행태를 보이기 때문입니다. 이런 자들이 당시 2,000년 전에도 존재했고, 지금도 우리 주변에 존재하는 "무법한 자들"임을 명심하기를 바랍니다.

다음으로 "무법한 자들의 미혹"이 어떤 것인지 알고자 합니다. 베드로는 "여럿이 그들의 호색하는 것을 따르리니"(벧후 2:2)라고 그들의 미혹에 신자들이 이끌려 갈 것이라고 했습니다. 미혹의 도구는 바로 "호색"(ἀσελγείαις, sensuality)이었고, 이 호색을 합리화하기 위해 주님의 재림과 심판이 없다고 주장했던 것입니다. 베드로는 "너희가 음란과 정욕과 술취함과 방탕과 향락과 무법한 우상 숭배를 하여 이방인의 뜻을 따라 행한 것은 지나간 때로 족하도다"(벧전 4:3)라고 했는데, 이는 여전히 교회들 속에서 그런 "호색"(음란, 정욕, 술취함, 방탕 등의 행동과 삶)을 추구하는 자들이 있었고, "*여럿이 그들의 호색하는 것을 따르리니 이로 말미암아 진리의 도가 비방을 받을 것이요*"(벤후 2:2)라는 말씀과 같이 그렇게 호색하는 자들을 따는 자들이 꽤 있었습니다. "*그들이 허탄한 자랑의 말을 토하며 그릇되게 행하는 사람들에게서 겨우 피한 자들을 음란으로써 육체의 정욕 중에서 유혹하는도다*"(벤후 2:18)라는 말씀에서 알 수 있듯이 이제 막 그리스도를 믿고 새로운 삶을 시작한 자들을 음란과 호색을 도구로 유혹해서, 즉 이제 그리스도를 믿어서 구원받았고 자유를 얻게 되었으니 죄에 대해서 더 이상 거리낌 없이 살아도 된다는 매우 '불경스러운' 삶을 가르쳤습니다. 오늘날 이런 가르침은 급진적 여성주의자(Feminist)요 레즈비언이었던 메리 데일리(Mary Daly, 1928~2010)의 음란한 가르침에서 찾아볼 수 있습니다. 피터 존스는 그녀의 영지주의 사상과 '새로운 영성'에 대해 이렇게 소개했습니다(『교회와 사탄의 마지막 영적 전쟁』, 363~364쪽).

> 보스턴 대학(Boston College)의 신학 교수이자 레즈비언 마법의 주요 대변자인 마리아 달리는 『순수한 욕망』(Pure Lust, 1984)이라고 하는 책의 한 항목인 "죄짓는 용기"(The Courage to Sin) 부분에서 '죄'(sin)는 '존재하는 것'(to be)의 의미를 지닌 라틴어 단어에서 파생되었다는 것을 지적하였다. 달리 말하면, 그녀에게 있어서 존재하는 것은 죄를 짓는 것이다. ……
> 그녀는 "기독교의 비극은 수없이 많은 인간으로 하여금 죄를 짓지 못하게 하고, 자기 자신의 영혼에 대해 알지 못하게 만든 것"이라고 주장하였다.
> 이 새로운 영성은 결국 죄악된 행동들, 특히 성과 관련한 죄악된 행동들을 범함으로써 완전한 헌신을 하도록 요구하고 있는 것이다…….
> 로마 가톨릭 언론인이자 작가인 마이클 존스(E. Michael Jones)는 여성의 성직 수임을 촉구하기 위한 목적의 한 수녀들의 모임에 관해 보고하

 21세기 한국교회를 위한 **베드로후서 강설**

고 있는데, 그 모임은 수녀들끼리 서로의 맨 가슴에 쟈스민 향수를 발라주는 의식으로 끝맺었다. …… 그녀는 계속하여 말한다. "성(sexuality)과 영성(spirituality)은 함께 오는 것이다. 그리고 교회여, 우리가 그대를 가르치게 될 것이다."

메리 데일리는 베드로 당시 거짓 교사들처럼 성적 쾌락을 누리는 자유와 방종의 삶을 제자들에게 가르쳐왔고, 교회에 그런 가르침이 퍼지게 하겠다는 야심을 가지고 그런 책을 저술했습니다. 그러나 우리는 잊지 말아야 합니다. 하나님은 이스라엘 백성이 이방인들의 무절제한 방종의 삶을 쫓아가지 않도록 특별한 명령을 하셨다는 사실을 말입니다. 죄를 짓지 않고 하나님의 계명에 따라 살도록 이스라엘 백성에게는 특별히 옷단 귀에 술을 달고 거기에 청색 끈을 달게 하셨습니다. 청색은 하나님의 계명을 기억하라는 의미이고, 이는 옷을 입고 벗을 때마다, 그리고 입고 있을 때마다 거룩한 삶을 살아야 한다는 다짐을 잊지 않도록 교훈하는 의미였습니다. 민수기에 기록된 다음 말씀을 교훈으로 삼아 성적 자극을 일으키는 복장과 외적 단장을 하지 않도록 힘쓰기를 바랍니다.

37. 여호와께서 모세에게 말씀하여 이르시되
38. 이스라엘 자손에게 명령하여 대대로 그들의 옷단 귀에 술을 만들고 청색 끈을 그 귀의 술에 더하라
39. 이 술은 너희가 보고 여호와의 모든 계명을 기억하여 준행하고 너희를 방종하게 하는 자신의 마음과 눈의 욕심을 따라 음행하지 않게 하기 위함이라
40. 그리하여 너희가 내 모든 계명을 기억하고 행하면 너희의 하나님 앞에 거룩하리라(민 15:37~40)

또한 거짓 선생들은 "주께서 강림하신다는 약속이 어디 있느냐 조상들이 잔 후로부터 만물이 처음 창조될 때와 같이 그냥 있다"(벧후 3:4)라면서 하나님의 말씀을 무시하고 왜곡하고 조롱함으로써 주의 재림이나 최후 심판과 같은 성경의 예언(預言)을 믿을 필요가 없다고 했습니다. 심판이 없으니 맘껏 호색을 즐기자는 '음분제일주의' 사상이 "굳세지 못한 자들"(벧후 3:16)을 미혹하기 위한 그들의 강력한 수단이 되었고, 이는 또한 그리스도인들을 미혹하는 사탄의 무기이기도 합니다. 그래서 바울 역시 이러한 미혹에 넘어가지 않도록 "낮에와 같이 단정히 행하고 방탕하거나 술 취하지 말며 음란하거나 호색하지 말며 다투거나 시기하지 말고"(롬 13:13)라고 교훈했던 것입니다.

그렇다면 사도 시대의 끝이라 할 수 있는 사도 요한의 죽음(99~100년경) 이후 2세기가 지나고 로마 황제 콘스탄티누스(306~337년)가 336년 12월 25일을 성탄절로 공포한 이후 지금까지 계속 지켜지고 있는 성탄절에 대해 생각해보고자 합니다. 성탄절은 "무법한 자들의 미혹"으로 대표할만한 종교적 또는 문화적 명절입니다. 미국의 퓨 리서치 센터(Pew Research Center)가 2013년 12월 8일부터 13일까지 전국 성인 남녀 2,001명을 대상으로 한 설문조사 결과 거의 모든 기독교인(96%)이 성탄절을 기념하고, 이날을 종교적 명절로 본 신자들도 3분의 2를 차지한다고 했습니다. 그런데 종교 단체에 속하지 않은 일반인들도 87%가 성탄절을 기념한다고 답했고, 그중 68%가 문화 명절로 생각했습니다. 이 정도 비율이라면 성탄절은 결코 기독교 명절이 아닙니다. 콘스탄티누스 황제가 이교도 축제를 억제하기 위한 정치적 목적으로 성탄절이라는 명절로 통합한 게 사실이라면, 초대교회도 지키지 않았던 날을 지키게 된 것이고, 그것도 이교도 절기와 축제를 교회 속으로 끌어들인 것이 됩니

     21세기 한국교회를 위한 **베드로후서 강설**

다. 『21세기 한국교회를 위한 베드로전서 강설』 제23강 〈쾌락의 제국에서 엑소더스!〉에서 밝혔듯이 이미 BC 497년 로마에서 농경의 신 '사투르누스'(Saturnus, 영. Saturn) 신전이 세워졌고, 12월 17일부터 24일까지 '사투르날리아'(Saturnalia)라는 농신제를 지키면서 선물을 주고받고 축제를 즐겼습니다. 1세기부터 4세기까지 로마 군인들과 일부 상인들 사이에서 유행했던 미트라교(Mithraism) 신자들은 낮이 짧아지는 12월 22일이 지나고 다시 길어지는 25일을 태양신의 탄생일로 지켰습니다. 이교도 세계에서 12월 22일 동지 전후 기간은 선물을 교환하고, 파티를 열고, 상록수 또는 겨우살이로 집이나 신전을 장식하고, 태양신의 탄생을 기념했습니다. 온라인 가톨릭 백과사전(www.newadvent.org)을 보면, '크리스마스'(Christmas)의 기원은 'Cristes messe'(그리스도의 미사, Christ's Mass)로 1038년경 'Crīstesmæsse'로 사용되었고, 1131년에 'Cristes-messe'로 사용되었음을 알 수 있습니다. 바벨론 종교에서 태양신으로 숭배되었던 니므롯이 환생해서 담무스(Tammuz)로 탄생한 날을 태양신의 축제로 지켰는데, 가톨릭교회가 이날을 예수 그리스도의 탄생일로 정해버린 것입니다. 이는 명백히 하나님의 뜻인 성경에 어긋나는 일이고, 베드로 시대 이단 사상가들이 성경을 무시하거나 왜곡함으로써 '불법적인' 행위를 한 것과 다를 바 없습니다.

예수님은 제자들에게 날과 관련해서는 "또 떡을 가져 감사 기도 하시고 떼어 그들에게 주시며 이르시되 이것은 너희를 위하여 주는 내 몸이라 너희가 이를 행하여 나를 기념하라 하시고"(눅 22:19)라는 말씀에서 알 수 있듯이 예수님의 탄생이 아니라 죽음을 기억하도록 말씀하셨습니다. 또한 "내가 너희에게 전한 것은 주께 받은 것이니 곧 주 예수께서 잡히시던 밤에 떡을 가지사 축사하시고 떼어 이르시되 이것은 너희를 위하는 내 몸이니 이것을 행하여 나를 기념하라 하시고 식후에 또한 그와 같이 잔을 가지시고 이르시되 이 잔은 내 피로 세운 새 언약이니 이것을 행하여 마실 때마다 나를 기념하라 하셨으니 너희가 이 떡을 먹으며 이 잔을 마실 때마다 주의 죽으심을 그가 오실 때까지 전하는 것이니라"(고전 11:23~26)라고 예수님의 말씀을 전한 바울 사도의 기록을 통해서도 알 수 있듯이 교회가 예수님에 대해 기억하고 기념해야 할 일은 탄생이 아니라 십자가의 죽음이라는 사실을 명심해야 합니다. 게다가 탄생에 대한 날짜도 성경에서는 전혀 알려주지 않습니다. 특히 예수님은 "이 백성이 입술로는 나를 공경하되 마음은 내게서 멀도다 사람의 계명으로 교훈을 삼아 가르치니 나를 헛되이 경배하는도다 하였느니라"(마 15:8~9)라고 이사야 29장 13절 말씀을 인용하시면서 하나님의 법을 버리고 사람의 법을 세우는 헛된 의식과 경배에 대해 질책하셨습니다. 성탄절은 하나님이 세우신 게 아니라 어리석은 사람들이 세운 것입니다. 또한 사람들은 성탄절의 상업화로 점점 지나친 쇼핑과 물질주의로 흐르는 세태를 걱정하고 있습니다. 그러함에도 불구하고 사람들이 크리스마스를 기대하는 이유는 고대의 전통에 대한 향수일 것입니다. 고대 어떤 민족이든 보편적이고 전통적으로 지켜져 온 풍요와 다산을 기원하는 축제가 신전이나 제단 주변에서 벌어졌고, 이때 난잡한 성관계와 매춘을 즐기는 '음분'(淫奔) 즉 음란과 호색이 축제의 중심이 되었습니다. 이런 음란과 호색은 오늘날 청소년들은 물론 젊은 남녀들이 크리스마스를 고대하고 즐기게 만듭니다. 그러나 더욱 충격적인 일은 교회에서도 이런 '불법적인' 일이 계속되고 있고, 그로 인해 '불경스러운' 행위가 이어지고 있다는 사실입니다. 성경에도 없는 이교도 절기를 지키고, 하나님을 섬기는 경건한 삶과 무관한 '불경스러운' 삶이 이어지고 있습니다. 이제 곧 크리스마스가 다가오고 있습니다. 우리나라 이단·사이비 집단은 대부

분 한국교회가 성탄절을 지키는 것을 비판하는데, 그런 집단은 근본적
으로 예수 그리스도가 거추장스러워서 그렇습니다. 그들에게는 교주가
신이나 다름없거나 신의 아들, 또는 신의 딸이어야 하기에 예수 그리스
도는 거추장스럽고 부담스러운 존재일 수밖에 없습니다. 그런데 이교도
에서 지키던 명절을 교회가 지키고 있으니 그들에게는 교주를 믿는 신
앙의 정당성을 주장하기가 더 좋은 것입니다. 베드로 사도가 교회들을
향해 경계하도록 했던 거짓 선생들이 성경에 대해 '불법적'이었고, 하나
님에 대해 '불경스러운' 자들이었음을 깨닫게 되었다면, 성경에 대해 '불
법적인' 크리스마스를 지키고, 하나님에 대해 '불경스러운' 크리스마스 행
사나 파티 역시 영지주의적이라는 사실을 명심해야 합니다. 베드로 당
시 거짓 선생들처럼 '불경스러운' 호색과 음란을 즐기는 크리스마스를 왜
교회가 앞장서서 지킬까요? 연중 호텔 예약률이 가장 높은 시기가 크리
스마스이브와 당일이고, 케이크도 크리스마스 시즌에 가장 많이 팔립니
다. 연중 콘돔 판매량이 가장 높은 시기 역시 12월인데, 그중 크리스마
스 당일과 이브가 가장 높습니다. GS25, 세븐일레븐 등의 편의점 조사
결과도 그렇게 나타난다고 합니다. 11년 전(2014년) 세븐일레븐 콘돔 구
매 고객 중 여성이 23.5%를 차지했는데, 2년 전(2012년) 17.5%보다 크게
상승한 비율입니다. 2014년 이마트에서는 64% 이상이 여성 구매자였다
고 하니, 아마도 지금은 편의점에서도 절반에 가까운 여성이 구매할 것
이라 짐작됩니다. 미국과 영국의 통계에 따르면 연중 9월 9일부터 19일
사이에 가장 많은 아기가 태어난다고 합니다. 크리스마스 시즌에 임신하
면 이 시기에 출산하게 됩니다. 미국이나 영국 등의 나라에서는 크리스
마스가 되면 대부분 일찍 집으로 들어가기 때문에 생기는 현상입니다.
이러한 통계를 보더라도 BC 5세기에 세워진 농경의 신 사투르누스 신전
에서 성(性)과 관련해서 행해졌던 제의(祭儀)가 모습만 현대적으로 바뀌

었을 뿐이지, 본질적으로는 크리스마스를 구실로 집 안이나 집 밖에서 오늘날까지 이어지고 있다고 볼 수 있습니다.

  콘스탄티누스 황제에 의한 성탄절처럼 우리나라 크리스마스 문화 역시 정치적 개입이 큰 영향을 미쳤다고 해도 과언이 아닙니다. 이승만은 1948년 '대통령 임시 조치'로 크리스마스를 임시 공휴일로 지정했고, 1949년 5월 24일에는 이승만 정부가 국무회의를 통해 '국가 공휴일'로 지정했습니다. 정교(政敎)분리가 되어 있는 우리나라에서 정부가 특정 종교의 명절을 국가 공휴일로 지정한 일은 세계적으로 유례를 찾기 드문 경우였습니다(백중현, 『대통령과 종교』, 47~48쪽). 당시 가톨릭과 기독교 인구 비율이 매우 낮았기 때문에 특혜 시비로 논란이 되기도 했지만, 종교와 상관없이 모든 대중에게 크리스마스 공휴일이 환영받은 데는 이유가 있었습니다. 일제 강점기가 끝나고 해방을 누리자마자 미군정(美軍政)이 시작되면서 질서와 치안을 이유로 1945년 8월 15일로부터 한 달도 되지 않은 9월 8일, 「미군정 포고령 1호」에 따라 '야간통행금지제도'가 시작되어 매일 자정 12시부터 이튿날 새벽 4시까지 사람들의 통행이 전면 금지되었는데, 처음에는 자정보다 이른 밤에 시작되었다고 합니다. 이른바 통금(通禁, 야통[夜通]이라고도 했음)은 1982년 1월 5일에 대부분 지역을 대상으로 폐지될 때까지 36년 이상 시행되었습니다(행정안전부 국가기록원, "기록으로 만나는 대한민국"). 이러한 통금 문화로 인해 통금이 일시적으로 해제되는 크리스마스, 대통령 취임일, 또는 연말연시 기간 중 특히 크리스마스는 전날인 이브부터 젊은이들이 집이 아닌 밖으로 나와서 술과 음악과 춤과 낭만을 밤새도록 즐길 수 있는 쾌락의 명절이 되었고, 통금 해제가 연말 또는 연초까지 이어진 경우는 거리마다 도시마다 불야성을 이루게 되었으며, 타락한 밤 문화와 유흥문화가 자리 잡기 시작한 계기가 되었습니다. 2년 전 한 신문에, 크리스마스를 맞아 외박하려는 딸과 이를 막으려는 아버지의 이야기에 관한 소설의 한 대목이 소개되었는데, 당시 크리스마스에 대한 젊은이들의 생각을 엿볼 수 있습니다(〈한겨레〉 강혜승, "크리스마스가 오면", 2023.11.02.).

1960년대 발표된 최인훈의 연작소설 〈크리스마스 캐럴〉에서도 이런 내용의 대화가 오갔다. 크리스마스 밤거리를 즐기려는 열아홉 살 딸과 딸의 외박을 막으려는 아버지는 "옥아 넌 교인이던가?", "아이, 누가 교인이래요?", "그럼 크리스마스가 어쨌다는 거니?", "크리스마스니깐 그렇죠"라며 '크리스마스'라는 텅 빈 기표로 꼬리 물듯 문답을 반복했다. 그 시절 아버지 세대에게 크리스마스는 온 나라가 야단이지만 그 연유를 알 수 없는 날이었고, 자녀 세대에게는 역시 연유는 알 수 없지만 빨간 글씨로 쓰인 공휴일이었다.

미군정과 이승만 정권 이후 군사정권이 이어지면서 통금 문화는 민중을 통제하는 수단이 되었고, 그로 인해 크리스마스는 각종 시험과 학기가 끝난 시기와 맞물려 젊은이들의 욕망이 분출되는 문화적 명절이 되었고, 교회는 청년들이 밤 문화의 유혹에 빠지지 않도록 고육지책으로 비성경적인 크리스마스 행사를 만들어서 새벽까지(예: 새벽송) 교회당에 머물도록 한 측면도 있습니다. 결국 한국교회가 비성경적인 크리스마스 행사를 이어오게 됨으로써 오히려 이단·사이비 집단으로부터 성경에도 없는 절기를 지키고, 성경에도 없는 그리스도 탄생일을 지킨다고 손가락질당할 정도가 되었습니다. 이명박 정부가 시작된 후 서울을 시작으로 지역마다 지자체가 아닌 기독교 단체가 초대형 크리스마스트리를 설치하고 장식함으로써, 꼭대기에 별 대신 십자가를 달고 쾌락의 명절에 종교적 분위기를 더하기 시작했습니다. 그러나 크리스마스트리의 경우 그 기원은 나무숭배 관습, 또는 신성시 여겼던 나무 아래에서 제사했던 이 교 관습과 무관하지 않음을 잊지 말아야 합니다. 우리는 다음과 같은 구약의 여러 구절을 통해 이스라엘 백성이 "푸른 나무 아래에서" 무엇 을 했는지 알 수 있습니다.

> "또 산당들과 작은 산 위와 모든 푸른 나무 아래에서 제사를 드리며 분향 하였더라"(왕하 16:4)

> "너희가 상수리나무 사이, 모든 푸른 나무 아래에서 음욕을 피우며 골짜기 가운데 바위 틈에서 자녀를 도살하는도다"(사 57:5)

> "네가 옛적부터 네 멍에를 꺾고 네 결박을 끊으며 말하기를 나는 순종하지 아니하리라 하고 모든 높은 산 위에서와 모든 푸른 나무 아래에서 너는 몸 을 굽혀 행음하도다"(렘 2:20)

> "너는 오직 네 죄를 자복하라 이는 네 하나님 여호와를 배반하고 네 길로 달려 이방인들에게로 나아가 모든 푸른 나무 아래로 가서 내 목소리를 듣 지 아니하였음이라 여호와의 말씀이니라"(렘 3:13)

> "그들이 산 꼭대기에서 제사를 드리며 작은 산 위에서 분향하되 참나무와 버드나무와 상수리나무 아래에서 하니 이는 그 나무 그늘이 좋음이라 이 러므로 너희 딸들은 음행하며 너희 며느리들은 간음을 행하는도다 너희 딸 들이 음행하며 너희 며느리들이 간음하여도 내가 벌하지 아니하리니 이는 남자들도 창기와 함께 나가며 음부와 함께 희생을 드림이니라 깨닫지 못 하는 백성은 망하리라"(호 4:13~14)

  이처럼 푸른 나무 아래에서 행했던 이방인의 우상 숭배 관습과 난잡한 성행위를 이스라엘이 따라 행함으로써 하나님의 분노와 심판을 불러일으켰습니다. 생명력과 다산(多産)을 상징했던 푸른 나무 우상은 이제 크리스마스트리로 우리 가운데 여전히 존재하고 있음을 깨달아야 합니다.

  예수 그리스도의 성육신을 부인했던 영지주의자들에게 성탄절은 오히려 성경적으로 긍정적인 역할을 했다고 생각하는 사람들도 있을 것입니다. 그러나 성탄절이 가톨릭교회에서 공식적으로 지켜지기 시작한 4세기에는 영지주의자들이 이단으로 정죄되었고, 그들은 이슬람교로 개종하거나 다른 길을 찾아 사라졌습니다. 그러나 20세기에 '새로운 영성'을 앞세운 신영지주의 관점에서 보면 성탄절 '아기 예수' 모습은 성모 마리아에게 보호받고 그녀를 통해 길러지며 그녀에게 복종해야 할 존재로 비추어집니다. 마리아는 마치 영지주의의 여신 소피아(Sophia)를 연상케 합니다. 이제 영지주의자들에게는 예수가 소피아의 가장 충실한 사절(使節)이고 소피아의 선지자로 여겨지고 있습니다(피터 존스의 책, 247쪽). 피터 존스는 "비록 여성적 소피아가 부드러움과 창조성의 개념들을 연상시키지만, 그녀의 진정한 사역은 기독교 하나님에게 죽음의 치명타를 가하는 일이다."라고 했습니다(위의 책, 251쪽). 매년 아기 예수의 탄생을 강조하는 성탄절은 불신자들에게도 부정적 결과를 초래할 수 있습니다. 2008년 영국의 '브리티시 마케팅 리서치뷰'가 조사한 결과 16~24세 젊은 연령층 78%가 예수 탄생의 역사성을 신뢰하지 않는다고 응답했다고 합니다. 심지어 응답한 사람 중 기독교인이라고 한 사람들의 4분의 1이 예수님의 탄생에 대한 성경 기록을 일부 믿지 않는다고 했을 정도입니다. 결론적으로 기독교 성탄절은 "무법한 자들의 미혹"으로 대표할만한 종교적 또는 문화적 명절에 불과합니다. 일종의 혼합주의 명절이라 할 수 있습니다. 불신자들의 명절 크리스마스 역시 기독교와 세속 문화가 혼합된 형태로, 1~3세기 영지주의자들이 당시 철학과 종교와 문화를 복음과 혼합한 형태와 유사합니다. 이런 점에서 볼 때 미국교회는 물론 한국교회 대부분 이러한 영지주의적 명절을 붙잡고 있다고 말할 수 있습니다.

다음으로 *"미혹에 이끌려 너희가 굳센 데서 떨어질까 삼가라"*는 말씀을 살펴보고자 합니다. 베드로는 믿음이 강한 자로서 약한 자들을 염려하는 마음으로 이런 표현을 했습니다. 바울 사도 역시 로마에 있는 그리스도인들을 대상으로 *"믿음이 강한 우리는 마땅히 믿음이 약한 자의 약점을 담당하고 자기를 기쁘게 하지 아니할 것이라"*(롬 15:1)라고 말했습니다. 또한 *"믿음이 없어 하나님의 약속을 의심하지 않고 믿음으로 견고하여져서 하나님께 영광을 돌리며"*(롬 4:20)라고 함으로써 믿음이 연약한 초보적 신앙과 믿음이 견고한 장성한 상태에 대해 언급했습니다. 베드로는 설령 믿음이 강한 자들이라 할지라도 노파심에서 늘 깨어있도록, 그리고 미혹을 당하지 않도록 *"그러므로 너희가 이것을 알고 이미 있는 진리에 서 있으나 내가 항상 너희에게 생각나게 하려 하노라"*(벧후 1:12)라는 말과 *"근신하라 깨어라 너희 대적 마귀가 우는 사자 같이 두루 다니며 삼킬 자를 찾나니"*(벧전 5:8)라는 말을 함으로써 경계를 늦추거나 방심하지 않도록 경고했습니다. 우리는 여기서 '성도의 견인' 교리를 부정하는 해석을 조심해야 합니다. 베드로는 하나님의 택하심을 입은 자들이 *"굳센 데서 떨어질"* 가능성이 있음을 경고한 것이 아닙니다. 웨스트민스터 대요리문답(79)은 '성도의 견인' 교리에 대해 다음과 같이 제시합니다.

     21세기 한국교회를 위한 **베드로후서 강설**

문〉 성도가 자신들의 불완전함과 세상으로부터 오는 많은 유혹과 죄악 때문에 은혜의 상태에서 타락할 수 있습니까?

답〉 하나님의 작정과 언약 안에서 주시는 변함없는 사랑과 인내로 인해, 그리스도와의 연합을 이루도록 하는 그리스도를 통한 지속적인 기도와 성령의 내주하심과 하나님의 씨로 인해, 또한 은혜의 상태에서 전혀 타락할 수 없이 구원에 이르는 믿음을 통해 성도는 하나님의 권능으로 보호를 받습니다.

베드로는 그리스도인들이 이단 사상에 미혹되어 일시적으로 죄를 지을 수 있다는 사실을 말한 것이지 택함을 받은 신자가 언제든지 지옥으로 떨어질 수 있다는 가능성을 말한 것이 아닙니다. 이에 대해 예수님은 *"거짓 그리스도들과 거짓 선지자들이 일어나 큰 표적과 기사를 보여 할 수만 있으면 택하신 자들도 미혹하리라"*(마 24:24)라고 하심으로써 택함을 받은 자들 역시 미혹의 대상이 될 수는 있어도 결코 타락의 길로 이끌 수 없음을 *"할 수만 있으면"*이라는 가정문을 통해 말씀하셨습니다. 이는 헬라어 2급(second class) 가정문으로, 사실이 아닌 것 즉 가정(假定)이 논증을 위한 전제로 사용된 것입니다. 이는 마귀가 예수님을 시험했을 때 한 말이었던 *"만일 내게 엎드려 경배하면 이 모든 것을 네게 주리라"*(마 4:9)라는 말씀에서 *"만일 내게 엎드려 경배하면"*에 해당하는 것으로 실제로 일어날 수 없는 가정입니다. 설령, 3급(third class) 가정으로 사용되어 미혹될 개연성이 있는 조건 즉 어느 정드 현실성이 있는 가정이라 하더라도 일시적으로 미혹될 수 있다는 것이지 결코 미혹의 결과로 돌이킬 수 없는 타락 상태에 이를 수 있다는 건 아님을 깨닫기를 바랍니다. 이미 베드로는 참 신자들에 대해 *"너희는 말세에 나타내기로 예비*

하신 구원을 얻기 위하여 믿음으로 말미암아 하나님의 능력으로 보호하심을 받았느니라"(벧전 1:5)라고 가르쳤고, 이어서 "너희 믿음의 확실함은 불로 연단하여도 없어질 금보다 더 귀하여 예수 그리스도께서 나타나실 때에 칭찬과 영광과 존귀를 얻게 할 것이니라"(벧전 1:7)라고 분명히 강조했습니다. 그러나 예수님이 제자들에게 교훈하셨던 말씀 즉 "거짓 그리스도들과 거짓 선지자들이 일어나 큰 표적과 기사를 보여 할 수만 있으면 택하신 자들도 미혹하리라"(마 24:24)라는 말씀을 명심하고 "굳센 데서 떨어질까 삼가라"는 '소극적' 명령에 순종하기를 바랍니다.

이제 '하지 말라'는 '소극적' 명령이 아닌 '하라'는 '적극적' 명령을 알아볼 차례입니다. 그리스도인들은 소극적 행동과 적극적 행동이 있음을 잊지 말아야 합니다. 율법은 '하지 말라'와 '하라'로 구성되어 있습니다. 서두에서 언급했듯이 그리스도의 신부인 교회는 소극적 행동으로 남편인 그리스도에 대해 부정을 저지르지 않도록 삼가야 합니다. 또한 교회는 남편인 그리스도를 섬기기 위해 적극적으로 순종해야 합니다. 베드로 사도는 그리스도인들을 향해 "오직 우리 주 곧 구주 예수 그리스도의 은혜와 그를 아는 지식에서 자라 가라"라고 명령했습니다. 이미 베드로전서 1장에서 "그러므로 너희 마음의 허리를 동이고 근신하여 예수 그리스도께서 나타나실 때에 너희에게 가져다 주실 은혜를 온전히 바랄지어다 너희가 순종하는 자식처럼 전에 알지 못할 때에 따르던 너희 사욕을 본받지 말고 오직 너희를 부르신 거룩한 이처럼 너희도 모든 행실에 거룩한 자가 되라 기록되었으되 내가 거룩하니 너희도 거룩할지어다 하셨느니라"(벧후 1:13~16)라고 당부했고, 베드로후서에서도 1장 서두에서 다음과 같이 명령했습니다.

5. 그러므로 너희가 더욱 힘써 너희 믿음에 덕을, 덕에 지식을,

6. 지식에 절제를, 절제에 인내를, 인내에 경건을,

7. 경건에 형제 우애를, 형제 우애에 사랑을 더하라

8. 이런 것이 너희에게 있어 흡족한즉 너희로 우리 주 예수 그리스도를 알기에 게으르지 않고 열매 없는 자가 되지 않게 하려니와

9. 이런 것이 없는 자는 맹인이라 멀리 보지 못하고 그의 옛 죄가 깨끗하게 된 것을 잊었느니라

10. 그러므로 형제들아 더욱 힘써 너희 부르심과 택하심을 굳게 하라 너희가 이것을 행한즉 언제든지 실족하지 아니하리라

11. 이같이 하면 우리 주 곧 구주 예수 그리스도의 영원한 나라에 들어감을 넉넉히 너희에게 주시리라(벧후 1:5~11)

식물이 자라기 위해서는 토양과 수분이라는 환경에서 햇빛이 필요하듯이, 하나님은 그리스도인들의 영적 성장을 위해 *"우리 주 곧 구주 예수 그리스도의 은혜"*와 *"그를 아는 지식"*을 주셨습니다. 햇빛과 같은 은혜를 베푸시고, 토양 및 수분과 같은 성경을 통해 영적 자양분을 주심으로써 자라게 하십니다. 베드로는 앞선 편지에서 *"갓난 아기들 같이 순전하고 신령한 젖을 사모하라 이는 그로 말미암아 너희로 구원에 이르도록 자라게 하려 함이라"*(벧전 2:2)라고 함으로써 하나님의 말씀을 *"순전하고 신령한 젖"*이라 묘사했습니다. 바울도 제자 디모데에게 보낸 편지에서 *"또 어려서부터 성경을 알았나니 성경은 능히 너로 하여금 그리스도 예수 안에 있는 믿음으로 말미암아 구원에 이르는 지혜가 있게 하느니라 모든 성경은 하나님의 감동으로 된 것으로 교훈과 책망과 바르게 함과 의로 교육하기에 유익하니 이는 하나님의 사람으로 온전하게 하며 모든 선한 일을 행할 능력을 갖추게 하려 함이라"*(딤후 3:15~17)라고 함으로써 성경을 통해 교육받고 성장해야 한다고 했습니다. 특히 바

울은 종교와 철학과 문학에 대한 뛰어난 지식이 있었지만 도리어 배설물처럼 여기고, "그리스도를 아는 지식"이 가장 수준이 높고 고결하다는 생각으로 빌립보 교회를 향해 "또한 모든 것을 해로 여김은 내 주 그리스도 예수를 아는 지식이 가장 고상하기 때문이라 내가 그를 위하여 모든 것을 잃어버리고 배설물로 여김은 그리스도를 얻고"(빌 3:8)라고 할 정도였습니다. 여기서 바울은 지식이라는 단어를 사용할 때 대개 '온전한 지식'을 의미하는 'ἐπίγνωσις'(epignosis)를 사용하지 않고 일반적으로 지식을 일컫는 'γνῶσις'(gnosis)를 사용했는데, 베드로 역시 "그(예수 그리스도)를 아는 지식"에서 'γνῶσις'(gnosis)를 사용했습니다. 아마도 "그(예수 그리스도)를 아는 지식" 그 자체가 어떤 지식과도 비교될 수 없기에 굳이 그 단어를 사용할 필요가 없었을 것입니다.

그렇다면 "그(예수 그리스도)를 아는 지식"에서 우리가 자라기 위해서 무엇을 해야 할까요? 먼저 범위 또는 경계를 명확히 해야 합니다. 그것은 바로 '예수 그리스도'입니다. 성장에 필요한 토양 또는 환경이 있듯이 그리스도인들은 '예수 그리스도 안에서' 자라야만 합니다. 세상에 존재하는 모든 박사 학위 중 많은 수의 박사 학위를 받았을지라도 그리스도 예수 밖에 있는 사람이라면 "사람의 본분"을 다하지 못한 헛된 인생이 되고 맙니다. 솔로몬은 전도서 마지막에서 "내 아들아 또 이것들로부터 경계를 받으라 많은 책들을 짓는 것은 끝이 없고 많이 공부하는 것은 몸을 피곤하게 하느니라 일의 결국을 다 들었으니 하나님을 경외하고 그의 명령들을 지킬지어다 이것이 모든 사람의 본분이니라 하나님은 모든 행위와 모든 은밀한 일을 선악 간에 심판하시리라"(전 12:12~14)라는 교훈을 남겼습니다. 바울은 "너희는 사도들과 선지자들의 터 위에 세우심을 입은 자라 그리스도 예수께서 친히 모퉁잇돌이 되셨느니라 그의 안에서 건물마다 서로 연결하여 주 안에서 성전이 되어 가고 너희도 성령 안에서 하나님이 거하실 처소가 되기 위하여 그리스도 예수 안에서 함께 지어져 가느니라"(엡 2:20~22)라는 교훈처럼 그리스도인들이 그리스도의 대리자 사도들과 선지자들이 닦아 놓은 '진리의 터'에서 하나하나 벽돌처럼 건축물로 쌓아 올려지듯이 모퉁잇돌 예수와 연결을 이룬 상태로 지어져 가는 것이 바로 성장입니다. 모퉁잇돌과 연결되지 아니하면 영적 성장을 이룰 수 없는 죽임이요 버려진 것입니다. 다음으로는 그리스도를 알아야 합니다. 이것은 단지 과학적, 철학적, 상식적 앎(γνῶσις)이 아닙니다. 예수 그리스도에 대한 온전하고 관계적인 지식(ἐπίγνωσις)입니다. 이는 사도 바울이 "또한 모든 것을 해로 여김은 내 주 그리스도 예수를 아는 지식이 가장 고상하기 때문이라 내가 그를 위하여 모든 것을 잃어버리고 배설물로 여김은 그리스도를 얻고"(빌 3:8)라고 한 고백에서 찾을 수 있습니다. 과거에는 특별하게 여겼던 것들을 일반적으로 여기거나 아니면 그보다 더 못한 것 또는 쓸모없는 것이라 여기고, 대신 그리스도를 특별한 대상으로 여겨 그리스도와 특별하고도 새롭고 우선적인 관계를 맺는 것입니다. 그로 인해 가치관과 세계관의 완전한 변화를 경험하는 지식입니다. 세상을 바라보는 눈과 세상에 대한 지식에 있어서 근본적인 변화와 개혁이 마땅히 있어야 합니다. 여전히 방송과 언론이 보여주고 들려주는 세상 소식과 지식과 세상의 눈에 맞춰 생각하고 행동한다면, 세상에서 비롯된 영지주의 사상에서 벗어나지 못합니다. 그래서 사도 바울은 에베소 교회를 향해 "진리가 예수 안에 있는 것 같이 너희가 참으로 그에게서 듣고 또한 그 안에서 가르침을 받았을진대 너희는 유혹의 욕심을 따라 썩어져 가는 구습을 따르는 옛 사람을 벗어 버리고 오직 너희의 심령이 새롭게 되어 하나님을 따라 의와 진리의 거룩함으로 지으심을 받은 새 사람을 입으라"(엡 4:21~24)라고 함으로써 전적으로 새로운 삶을 요구했습니다. 예수 그리스도를 아는 것, 즉 온전하고 관계적인 지식인 진리를 아는 삶이 바로 그리스도 안에서 자라는 것임을 깨닫기를 바랍니다.

그렇다면, 그리스도를 알기 위한 실질적인 방법은 무엇일까요? 존 칼빈은 에베소서 4장 10~13절을 인용하면서 다음과 같이 교회와 목사들의 역할을 강조했습니다(『기독교강요』, 4.1.5.)

하나님께서는 물론, 자기의 백성들을 한순간에 완전하게 만드실 수 있지만, 그럼에도 불구하고 그는 그들이 오로지 교회의 교육을 통하여 장성한 자들로 자라나기를 원하신다는 것을 알 수 있다. 그리고 그 구체적인 방법이 제시되어 있다. 곧, 하늘의 도리를 전하는 일이 목사들에게 맡겨졌다는 것이 그것이다. 모든 신자들이 이 규범을 따라서, 이 기능을 행하도록 지정받은 교사들에게 자기 자신을 내어 맡기고 온유하고 부드러운 심령으로 그들의 치리를 받도록 되어 있다는 사실을 보게 되는 것이다.

바울은 *"우리 각 사람에게 그리스도의 선물의 분량대로 은혜를 주셨나니"*(엡 4:7)라고 하면서 그리스도 안에서 은혜로 받은 선물 즉 은사를 통해 그리스도 안에서 연합하고 성장해야 함을 교훈했는데, 연합은 단순히 성장을 통해서만 이루어지는 게 아니라 성장을 저해하는 요소들을 제거하는 일이 필요합니다. 이런 점에서 목사들과 교사들(또는 신학교 교수들)의 역할이 큽니다. 몸의 성장을 위해 영양분을 계속 공급받으면서, 동시에 몸에 해로운 것들, 즉 몸을 병들게 하고 성장을 막는 것들을 계속 제거하고 막아야만 하듯이 교회 역시 개인적으로든 공동체적으로든 끊임없이 잘못을 고치고 오류를 정정해가는 일을 해야만 합니다. 교회

다운 교회는 교회의 표지(말씀과 성찬과 권징)를 아는 것으로만 그쳐서는 안 됩니다. 진정으로 안다는 것은 실천을 포함합니다. 그래서 "[개혁된] 교회는 항상 개혁되어야 한다"(라. Ecclesia semper reformanda est)는 말의 중요성은 아무리 강조해도 지나치지 않습니다. 21세기 한국교회가 신영지주의 사상과 뉴에이지 운동으로 성장이 멈추고 병들어 가고 있음에도, 즉 "악성 종양이 퍼져나감과 같은데"(딤후 2:17) 대부분 진단을 제대로 하지 못하고 있고, 설령 일부가 진단받고 심각한 예후에 대해 들어도 변화와 개선과 대처가 전혀 없습니다. 21세기 한국교회는 베드로 사도의 메시지에 지금이라도 귀를 기울여야 합니다.

그리스도인들이 적극적으로 이행해야 할 다음 성장 명령은 바로 "오직 우리 주 곧 구주 예수 그리스도의 은혜" 안에서 성장하는 것입니다. 이는 다르게 표현하면 그리스도인으로서 정체성을 드러내라는 것이기도 합니다. 즉 은혜를 받은 자로서 거룩하고 경건한 삶을 세상에 있는 동안 이어가는 것입니다. 은혜를 받은 자라면, 은혜 안에 있다면, 그 은혜 가운데서 자라나는 모습이 마땅히 있어야 합니다. 성장을 하기 위해서는 은혜의 햇빛을 공급받음으로써 은혜에 따른 작용이 삶에 나타나야 한다는 것입니다. 베드로는 "그의 신기한 능력으로 생명과 경건에 속한 모든 것을 우리에게 주셨으니"(벧후 1:3)라고 함으로써 하나님 곧 예수 그리스도의 은혜가 그리스도를 믿는 자들에게 주어졌다고 했습니다. 그리고 바로 이 세상을 살아가는 그리스도인들에게 그 은혜를 주신 목적을 말했는데, "이로써 그 보배롭고 지극히 큰 약속을 우리에게 주사 이 약속으로 말미암아 너희가 정욕 때문에 세상에서 썩어질 것을 피하여 신성한 성품에 참여하는 자가 되게 하려 하셨느니라"(벧후 1:4)라고 함으로써 그 목적이 "신성한 성품에 참여하는 자가 되게 하려"는 것이라고 했습니다. 그러므로 은혜 안에서 자라나기 위해서는 제3강(벧후 1:5~9)에서 설명한 '코레고스'가 되도록 힘써야 합니다. '코레고스'는 그리스 연극 경연대회에 나갈 합창단원을 위해 무대에 필요한 장치, 의상, 가면, 그밖에 합창단 유지에 필요한 모든 비용 즉 훈련비, 숙식비, 생활비 등을 공급했습니다. 그렇게 할 수 있었던 것은 재정적으로 부족함이 없는 귀족이었기 때문입니다. 베드로 사도는 그리스도인들 모두 풍성한 은혜를 받은 하나님 나라의 백성이기에 스스로 '코레고스'가 되어 자기 자신에게 다음과 같은 말씀대로 공급하도록, 즉 성장을 위해 스스로 자기 자신을 갖추도록 명령했습니다.

5. 그러므로 너희가 더욱 힘써 너희 믿음에 덕을, 덕에 지식을,
6. 지식에 절제를, 절제에 인내를, 인내에 경건을,
7. 경건에 형제 우애를, 형제 우애에 사랑을 더하라
8. 이런 것이 너희에게 있어 흡족한즉 너희로 우리 주 예수 그리스도를 알기에 게으르지 않고 열매 없는 자가 되지 않게 하려니와
9. 이런 것이 없는 자는 맹인이라 멀리 보지 못하고 그의 옛 죄가 깨끗하게 된 것을 잊었느니라(벧후 1:5~9)

영적 성장에 대한 바울 사도의 다음 교훈(엡 4:13~24)을 통해 베드로 사도가 마지막으로 유언하듯이 교훈한 뜻이 무엇인지 더 확실히 깨닫기를 바랍니다.

13. 우리가 다 하나님의 아들을 믿는 것과 아는 일에 하나가 되어 온전한 사람을 이루어 그리스도의 장성한 분량이 충만한 데까지 이르리니
14. 이는 우리가 이제부터 어린 아이가 되지 아니하여 사람의 속임수와 간사한 유혹에 빠져 온갖 교훈의 풍조에 밀려 요동하지 않게 하려 함이라

15. 오직 사랑 안에서 참된 것을 하여 범사에 그에게까지 자랄지라 그는 머리니 곧 그리스도라

16. 그에게서 온 몸이 각 마디를 통하여 도움을 받음으로 연결되고 결합되어 각 지체의 분량대로 역사하여 그 몸을 자라게 하며 사랑 안에서 스스로 세우느니라

17. 그러므로 내가 이것을 말하며 주 안에서 증언하노니 이제부터 너희는 이방인이 그 마음의 허망한 것으로 행함 같이 행하지 말라

18. 그들의 총명이 어두워지고 그들 가운데 있는 무지함과 그들의 마음이 굳어짐으로 말미암아 하나님의 생명에서 떠나 있도다

19. 그들이 감각 없는 자가 되어 자신을 방탕에 방임하여 모든 더러운 것을 욕심으로 행하되

20. 오직 너희는 그리스도를 그같이 배우지 아니하였느니라

21. 진리가 예수 안에 있는 것 같이 너희가 참으로 그에게서 듣고 또한 그 안에서 가르침을 받았을진대

22. 너희는 유혹의 욕심을 따라 썩어져 가는 구습을 따르는 옛 사람을 벗어 버리고

23. 오직 너희의 심령이 새롭게 되어

24. 하나님을 따라 의와 진리의 거룩함으로 지으심을 받은 새 사람을 입으라

끝으로 베드로는 "영광이 이제와 영원한 날까지 그에게 있을지어다"라고 함으로써, 서신에 일반적으로 사용하는 마무리 인사를 생략하고 '송영'(頌榮, Doxology) 즉 우리 주 예수 그리스도의 영광을 기림으로써 서신을 마무리했습니다. 사도 바울의 로마서는 크게 교리적 부분(1~11장)과 실천적 부분(12~16장)으로 나눌 수 있는데, 11장 끝에서 "이는 만물이 주에게서 나오고 주로 말미암고 주에게로 돌아감이라 그에게 영광

이 세세에 있을지어다 아멘"이라고 한 송영과 사실상 같습니다. 베드로는 "영원한 날까지"(εἰς ἡμέραν αἰῶνος)라고 함으로써 '영원한 시대로 들어가는 그날'이라는 의미로, 영원히 존재하시는 그리스도의 영광이 이 세상에 찬란하고 위엄있게 임하는 '이 세상의 끝날' 즉 '주님의 재림'(파루시아)과 '새 하늘과 새 땅'을 고대하는 마음을 함께 드러낸 송영으로 장엄하게 마침표를 찍었습니다. 이 송영이 그리스도인들의 마음에 새겨지고 울려 퍼지는 순간에도 1세기 당시는 물론이고 21세기에도 그리스도의 영광을 가리고 그리스도를 대적하는 어둠의 세력이 함께 존재함을 잊지 말아야 합니다. 왜냐하면 교회는 사탄과 마지막 영적 전쟁을 치르고 있기 때문입니다. 종말을 향해 나아가는 이 시대에 대해 피터 존스가 경고한 섬뜩한 묘사를 우리는 명심해야 합니다(『교회와 사탄의 마지막 영적 전쟁』, 399~400쪽).

문화전쟁과 성의 전쟁 배후에는 영적 전쟁이 있다. 지배를 위한 마지막 전투에서, 이교의 여신 소피아는 창조주이시자 구속주이신 하나님의 지위를 강탈하려고 애쓰고 있다……. 소피아는 성경의 하나님과 정반대되는 존재이다. 하나님이 유신론을 나타내듯이 그녀는 일원론을 나타낸다. 하나의 원으로써 모든 것을 둘러싸고 있는 그녀의 자궁은 모든 것을 포함하는 신에 대한 이교적 개념의 표현이다. 그녀의 이름인 소피아는 지혜를 자랑하고 있다. 그녀는 관용적이며 비교조주의적(non-dogmatic)임을 내세우면서 아주 교묘한 방법으로 현대의 정신을 유혹하고 있다.
그러나 사실은 전혀 그렇지 않다. 그녀의 벨벳 장갑 속에는 쇠주먹이 감추어져 있다. 교리에 대한 신(新)이교의 거부감 배후에는, 인류와 지구가 필연적으로 향하고 있는 모든 것의 연합(the unity of all things)이라고 하는 것에 대한 타협할 수 없는, 교리에 대한 확고한 헌신의 자세가 자리잡고 있는 것이다. 그녀가 주장하는 관용의 배후에는 성경적 유신론이라고 하는,

거슬리는 목소리에 결코 관용하지 않는 전 지구적 차원의 전체주의적 신념이 자리잡고 있다.

말세는 그리스도와 그리스도를 믿는 자들을 조롱하는 시대요 세상입니다. 말세는 정욕을 따라 행하는 시대요 세상입니다. 말세는 그리스도의 재림과 세상에 대한 심판을 믿지 않는 시대요 세상입니다. 말세는 하나님의 말씀으로 창조된 사실도 외면하려는 시대요 세상입니다(벧후 3:3~5). 심지어 기독교 신자라고 하는 사람 중에도 성경을 외면하고 무시하고 아전인수(我田引水)식으로 해석하고 받아들이는 경우가 많은 시대에 우리는 살고 있습니다. 정치, 경제, 역사, 종교, 심지어 과학 분야에서도 선동과 속임이 난무하는 시대요 세상입니다. 이 20회의 베드로후서 강설이 *"우리 주 곧 구주 예수 그리스도의 영원한 나라에 들어감"*(벧후 1:11)을 고대하면서 *"오직 우리 주 곧 구주 예수 그리스도의 은혜와 그를 아는 지식에서 자라 가라"*(벧후 3:18a)는 명령을 따르는 길잡이가 되기를 바랍니다. 그리고 *"우리는 그의 약속대로 의가 있는 곳인 새 하늘과 새 땅을 바라보도다"*(벧후 3:13)라는 말씀과 같이 죄와 악이 없는 "새 하늘과 새 땅"을 기다리는 여러분이 되기를 기원합니다. 아멘.

(2025년 12월 14일)

베드로후서 1장

1. 예수 그리스도의 종이며 사도인 시몬 베드로는 우리 하나님과 구주 예수 그리스도의 의를 힘입어 동일하게 보배로운 믿음을 우리와 함께 받은 자들에게 편지하노니

2. 하나님과 우리 주 예수를 앎으로 은혜와 평강이 너희에게 더욱 많을지어다

3. 그의 신기한 능력으로 생명과 경건에 속한 모든 것을 우리에게 주셨으니 이는 자기의 영광과 덕으로써 우리를 부르신 이를 앎으로 말미암음이라

4. 이로써 그 보배롭고 지극히 큰 약속을 우리에게 주사 이 약속으로 말미암아 너희가 정욕 때문에 세상에서 썩어질 것을 피하여 신성한 성품에 참여하는 자가 되게 하려 하셨느니라

5. 그러므로 너희가 더욱 힘써 너희 믿음에 덕을, 덕에 지식을,

6. 지식에 절제를, 절제에 인내를, 인내에 경건을,

7. 경건에 형제 우애를, 형제 우애에 사랑을 더하라

8. 이런 것이 너희에게 있어 흡족한즉 너희로 우리 주 예수 그리스도를 알기에 게으르지 않고 열매 없는 자가 되지 않게 하려니와

9. 이런 것이 없는 자는 맹인이라 멀리 보지 못하고 그의 옛 죄가 깨끗하게 된 것을 잊었느니라

10. 그러므로 형제들아 더욱 힘써 너희 부르심과 택하심을 굳게 하라 너희가 이것을 행한즉 언제든지 실족하지 아니하리라

11. 이같이 하면 우리 주 곧 구주 예수 그리스도의 영원한 나라에 들어감을 넉넉히 너희에게 주시리라

12. 그러므로 너희가 이것을 알고 이미 있는 진리에 서 있으나 내가 항상 너
    희에게 생각나게 하려 하노라
13. 내가 이 장막에 있을 동안에 너희를 일깨워 생각나게 함이 옳은 줄로 여
    기노니
14. 이는 우리 주 예수 그리스도께서 내게 지시하신 것 같이 나도 나의 장막
    을 벗어날 것이 임박한 줄을 앎이라
15. 내가 힘써 너희로 하여금 내가 떠난 후에라도 어느 때나 이런 것을 생각
    나게 하려 하노라
16. 우리 주 예수 그리스도의 능력과 강림하심을 너희에게 알게 한 것이 교
    묘히 만든 이야기를 따른 것이 아니요 우리는 그의 크신 위엄을 친히 본
    자라
17. 지극히 큰 영광 중에서 이러한 소리가 그에게 나기를 이는 내 사랑하는
    아들이요 내 기뻐하는 자라 하실 때에 그가 하나님 아버지께 존귀와 영광
    을 받으셨느니라
18. 이 소리는 우리가 그와 함께 거룩한 산에 있을 때에 하늘로부터 난 것을
    들은 것이라
19. 또 우리에게는 더 확실한 예언이 있어 어두운 데를 비추는 등불과 같으
    니 날이 새어 샛별이 너희 마음에 떠오르기까지 너희가 이것을 주의하는
    것이 옳으니라
20. 먼저 알 것은 성경의 모든 예언은 사사로이 풀 것이 아니니
21. 예언은 언제든지 사람의 뜻으로 낸 것이 아니요 오직 성령의 감동하심을
    받은 사람들이 하나님께 받아 말한 것임이라

베드로후서 2장

1. 그러나 백성 가운데 또한 거짓 선지자들이 일어났었나니 이와 같이 너희 중에도 거짓 선생들이 있으리라 그들은 멸망하게 할 이단을 가만히 끌어 들여 자기들을 사신 주를 부인하고 임박한 멸망을 스스로 취하는 자들이라

2. 여럿이 그들의 호색하는 것을 따르리니 이로 말미암아 진리의 도가 비방을 받을 것이요

3. 그들이 탐심으로써 지어낸 말을 가지고 너희로 이득을 삼으니 그들의 심판은 옛적부터 지체하지 아니하며 그들의 멸망은 잠들지 아니하느니라

4. 하나님이 범죄한 천사들을 용서하지 아니하시고 지옥에 던져 어두운 구덩이에 두어 심판 때까지 지키게 하셨으며

5. 옛 세상을 용서하지 아니하시고 오직 의를 전파하는 노아와 그 일곱 식구를 보존하시고 경건하지 아니한 자들의 세상에 홍수를 내리셨으며

6. 소돔과 고모라 성을 멸망하기로 정하여 재가 되게 하사 후세에 경건하지 아니할 자들에게 본을 삼으셨으며

7. 무법한 자들의 음란한 행실로 말미암아 고통 당하는 의로운 롯을 건지셨으니

8. (이는 이 의인이 그들 중에 거하여 날마다 저 불법한 행실을 보고 들음으로 그 의로운 심령이 상함이라)

9. 주께서 경건한 자는 시험에서 건지실 줄 아시고 불의한 자는 형벌 아래에 두어 심판 날까지 지키시며

10. 특별히 육체를 따라 더러운 정욕 가운데서 행하며 주관하는 이를 멸시하는 자들에게는 형벌할 줄 아시느니라 이들은 당돌하고 자긍하며 떨지 않고 영광 있는 자들을 비방하거니와

11. 더 큰 힘과 능력을 가진 천사들도 주 앞에서 그들을 거슬러 비방하는 고발을 하지 아니하느니라

12. 그러나 이 사람들은 본래 잡혀 죽기 위하여 난 이성 없는 짐승 같아서 그 알지 못하는 것을 비방하고 그들의 멸망 가운데서 멸망을 당하며

13. 불의의 값으로 불의를 당하며 낮에 즐기고 노는 것을 기쁘게 여기는 자들이니 점과 흠이라 너희와 함께 연회할 때에 그들의 속임수로 즐기고 놀며
14. 음심이 가득한 눈을 가지고 범죄하기를 그치지 아니하고 굳세지 못한 영혼들을 유혹하며 탐욕에 연단된 마음을 가진 자들이니 저주의 자식이라
15. 그들이 바른 길을 떠나 미혹되어 브올의 아들 발람의 길을 따르는도다 그는 불의의 삯을 사랑하다가
16. 자기의 불법으로 말미암아 책망을 받되 말하지 못하는 나귀가 사람의 소리로 말하여 이 선지자의 미친 행동을 저지하였느니라
17. 이 사람들은 물 없는 샘이요 광풍에 밀려 가는 안개니 그들을 위하여 캄캄한 어둠이 예비되어 있나니
18. 그들이 허탄한 자랑의 말을 토하며 그릇되게 행하는 사람들에게서 겨우 피한 자들을 음란으로써 육체의 정욕 중에서 유혹하는도다
19. 그들에게 자유를 준다 하여도 자신들은 멸망의 종들이니 누구든지 진 자는 이긴 자의 종이 됨이라
20. 만일 그들이 우리 주 되신 구주 예수 그리스도를 앎으로 세상의 더러움을 피한 후에 다시 그 중에 얽매이고 지면 그 나중 형편이 처음보다 더 심하리니
21. 의의 도를 안 후에 받은 거룩한 명령을 저버리는 것보다 알지 못하는 것이 도리어 그들에게 나으니라
22. 참된 속담에 이르기를 개가 그 토하였던 것에 돌아가고 돼지가 씻었다가 더러운 구덩이에 도로 누웠다 하는 말이 그들에게 응하였도다

베드로후서 3장

1. 사랑하는 자들아 내가 이제 이 둘째 편지를 너희에게 쓰노니 이 두 편지로 너희의 진실한 마음을 일깨워 생각나게 하여
2. 곧 거룩한 선지자들이 예언한 말씀과 주 되신 구주께서 너희의 사도들로 말미암아 명하신 것을 기억하게 하려 하노라
3. 먼저 이것을 알지니 말세에 조롱하는 자들이 와서 자기의 정욕을 따라 행하며 조롱하여
4. 이르되 주께서 강림하신다는 약속이 어디 있느냐 조상들이 잔 후로부터 만물이 처음 창조될 때와 같이 그냥 있다 하니
5. 이는 하늘이 옛적부터 있는 것과 땅이 물에서 나와 물로 성립된 것도 하나님의 말씀으로 된 것을 그들이 일부러 잊으려 함이로다
6. 이로 말미암아 그 때에 세상은 물이 넘침으로 멸망하였으되
7. 이제 하늘과 땅은 그 동일한 말씀으로 불사르기 위하여 보호하신 바 되어 경건하지 아니한 사람들의 심판과 멸망의 날까지 보존하여 두신 것이니라
8. 사랑하는 자들아 주께는 하루가 천 년 같고 천 년이 하루 같다는 이 한 가지를 잊지 말라
9. 주의 약속은 어떤 이들이 더디다고 생각하는 것 같이 더딘 것이 아니라 오직 주께서는 너희를 대하여 오래 참으사 아무도 멸망하지 아니하고 다 회개하기에 이르기를 원하시느니라
10. 그러나 주의 날이 도둑 같이 오리니 그 날에는 하늘이 큰 소리로 떠나가고 물질이 뜨거운 불에 풀어지고 땅과 그 중에 있는 모든 일이 드러나리로다
11. 이 모든 것이 이렇게 풀어지리니 너희가 어떠한 사람이 되어야 마땅하냐 거룩한 행실과 경건함으로
12. 하나님의 날이 임하기를 바라보고 간절히 사모하라 그 날에 하늘이 불에 타서 풀어지고 물질이 뜨거운 불에 녹아지려니와
13. 우리는 그의 약속대로 의가 있는 곳인 새 하늘과 새 땅을 바라보도다
14. 그러므로 사랑하는 자들아 너희가 이것을 바라보나니 주 앞에서 점도 없

고 흠도 없이 평강 가운데서 나타나기를 힘쓰라

15. 또 우리 주의 오래 참으심이 구원이 될 줄로 여기라 우리가 사랑하는 형제 바울도 그 받은 지혜대로 너희에게 이같이 썼고

16. 또 그 모든 편지에도 이런 일에 관하여 말하였으되 그 중에 알기 어려운 것이 더러 있으니 무식한 자들과 굳세지 못한 자들이 다른 성경과 같이 그것도 억지로 풀다가 스스로 멸망에 이르느니라

17. 그러므로 사랑하는 자들아 너희가 이것을 미리 알았은즉 무법한 자들의 미혹에 이끌려 너희가 굳센 데서 떨어질까 삼가라

18. 오직 우리 주 곧 구주 예수 그리스도의 은혜와 그를 아는 지식에서 자라 가라 영광이 이제와 영원한 날까지 그에게 있을지어다

:: 참고도서 및 자료

[성경 및 사전류]

- 70인역(LXX)
- Amplified Bible
- Bible Hub(https://biblehub.com)
- DNTB(Dictionary of New Testament Background)
- English Standard Version(ESV)
- Greek–English Bible
- King James Version(KJV)
- New American Standard Bible(NASB)
- New International Version(NIV)
- NTSK(The New Treasury of Scripture Knowledge)
- Revised Standard Version(RSV)
- TDNT(Theological Dictionary of the New Testamert)
- TDOT(Theological Dictionary of the Old Testament)
- The Greek New Testament
- 개역개정
- 개역한글
- 고영민. 『원문번역주석성경(신약)』 서울: 쿰란출판사, 20`5.
- 공동번역
- 온라인 가톨릭 백과사전(www.newadvent.org)
- 표준새번역
- 현대인의성경

[일반 도서]

- Bailey, Alice A. *The Externalization of the Hierarchy*. New York, NY: Lucis Trust, 1985.
- Bauckham, Richard J. *Word Biblical Commentary Vol. 50: Jude, 2 Peter*. Dallas, TX: Word Books, 1983.

- Benton, John. *Christians in a PC World*. MI: EP Books, 2013.
- Bromiley, Geoffrey W. *Theological Dictionary of the New Testament*. MI: William B. Eerdmans Publishing Company, 2000.
- Cloud, David. *United Nations and the New Age*. Port Huron, MI: Way of Life Literature, 2009.
- Crompton, Louis. *Homosexuality & Civilization*. MA: Havard University Press, 2003.
- Elliott, J. H. *1 Peter: A New Translation with Introduction and Commentary*. New York: Doubleday, 2000.
- Ferguson, Everett. *Backgrounds of Early Christianity*, 2nd ed. MI: B. Eerdmans Publishing Co., 1993.
- Moo, Douglass J. *The NIV Application Commentary: 2 Peter & Jude*. MI: Zondervan Publishing House, 1996.
- Palmer, Edwin H. *The Five Points of Calvinism, 3rd Edition: A study Guide*. MI: Baker Publishing Group, 2010.
- Thornhill, Randy & Palmer, Craig T. *A Natural History of Rape: Biological Bases of Sexual Coercion*. MA: Bradford Books, 2001.
- Witherington III, Ben. *New Testament History: A Narrative Account*. MI: Baker Academic, 2001.
- D. A. 카슨(Carson). 『교회와 문화, 그 위태로운 관계』 김은홍 옮김. 서울: 국제제자훈련원, 2009.
- G. K. 빌 & D. A. 카슨. 『신약의 구약사용 주석 시리즈 5: 일반서신·요한계시록』 김주원·김용재·박정식 옮김. 서울 CLC, 2012.
- R. C. 스프로울(Sproul). 『웨스트민스터 신앙고백서 해설 3권: 정부, 가정, 교회, 그리고 최후의 일들(23~33장)』 이상웅·김찬영 옮김. 서울: 부흥과개혁사, 2011.
- __________. 『성경에 나타난 천국, 천사, 지옥, 마귀』 이선숙 옮김. 서울: 아가페북스, 2011.
- 강경호. 『바로 알자! 영지주의의 정체』 고양: 한사랑가족상담연구소, 2024.
- 강성호. 『한국기독교 흑역사』 서울: 도서출판 짓다, 2016.
- 강인철. 『종속과 자율: 대한민국의 형성과 종교정치』 오산: 한신대학교출판부, 2013.
- 게리 길리(Gary Gilley). 『포스트모던 신비주의와 이머징 교회의 도전』 김세민 옮김. 서울: 부흥과개혁사, 2011.
- 게하더스 보스. 『바울의 종말론』 박규태 옮김. 서울: 좋은씨앗, 2016.
- 그랜트 오즈번(Grant R. Osborne). 『요한계시록』 김귀탁 옮김. 서울: 부흥과개혁사,

2014.

- 김근주·배덕만·변상욱·김형원. 『권력과 맘몬에 물든 한국교회』 대전: 대장간, 2016.
- 김동환. 『인공지능, 트랜스휴먼, 사이보그』 서울: 커뮤니케이션북스, 2024.
- 김상우·백승대. 『내란 종결자 이재명』 서울: 매직하우스, 2025.
- 김세민. 『교리가 이끄는 삶: 경건과 개혁을 위한 기초교리 학습교재』 서울: 밴드오브 퓨리탄스, 2012.
- ______. 『그리스도가 이끄는 삶: 하이델베르그 요리문답 학습교재』 서울: 밴드오브 퓨리탄스, 2013.
- ______. 『21세기 한국교회를 위한 갈라디아서 강설』 서울: 지식공감, 2025.
- ______. 『21세기 한국교회를 위한 베드로전서 강설』 서울: 지식공감, 2025.
- 김세윤. 『고린도전서 강해』 서울: 두란노, 2008.
- 김영재. 『기독교 교리사』 수원: 합신대학원출판부, 2009.
- ______. 『뉴에이지(New Age)가 교회를 파괴한다』 파주: 한국학술정보, 2010.
- 김학모 편역. 『개혁주의 신앙고백』 서울: 부흥과개혁사, 2015.
- 낸시 피어시(Nancy R. Pearcey). 『완전한 진리』 홍병룡 옮김. 서울: 복있는 사람, 2006.
- 니제이 굽타(Nijay K. Gupta). 『기독교, 로마를 뒤흔든 낯선 종교』 박장훈 옮김. 서울: IVP, 2025.
- 노재관. 『일반서신 연구』 서울: 도서출판 칼빈서적, 1995.
- 더글라스 스위니 & 오웬 스트라챈(Douglass Sweeney & Owen Strachan). 『조나단 에드워즈의 천국과 지옥』 김찬영 옮김. 서울: 부흥과개혁사, 2013.
- 데이비드 머리(David Murray). 『구약 속 예수: 성경 가득 계시된 예수 그리스도와 복음』 조계광 옮김. 서울: 생명의 말씀사, 2014.
- 데이비드 웰스(David F. Wells). 『거룩하신 하나님』 윤석인 옮김. 서울: 부흥과개혁사, 2007.
- 데이비드 웰스(David F. Wells). 『윤리 실종』 윤석인. 서울: 부흥과개혁사, 2010.
- 라은성. 『이것이 교회사다: 진리의 재발견』 서울: 페텔, 2012.
- 레이 로렌스(Ray Laurence). 『로마제국 쾌락의 역사』 최기철 옮김. 서울: 미래의 창, 2011.
- 레이 윤겐. 『신비주의와 손잡은 기독교』 김성웅 옮김. 서울: 부흥과개혁사, 2009.
- 로널드 웰즈(Ronald A. Wells). 『신앙의 눈으로 본 역사』 한인철 옮김. 서울: 한국기독교학생회 출판부, 1995.
- 로버트 치알디니(Robert B. Cialdini). 『설득의 심리학』 이현우 옮김. 파주: 21세기북스, 2005.

• 로저 오클랜드(Roger Oakland). 「이머징 교회와 신비주의」 스데반 황 옮김. 서울: 부흥과개혁사, 2010.
• __________. 「새 포도주와 바벨론 포도나무」 스데반 황 옮김. 서울: 밴드오브퓨리탄스, 2010.
• 로저 올슨(Roger E. Olson). 「이야기로 읽는 기독교 신학」 김주한·김학도 옮김. 서울: 대한기독교서회, 2009.
• 리처드 개핀(Richard B. Gaffin, Jr.). 「구속사와 오순절 성령강림」 김귀탁 옮김. 서울: 부흥과개혁사, 2010.
• 리처드 도킨스(Richard Dawkins). 「만들어진 신: 신은 과연 인간을 창조했는가?」 이한음 옮김. 서울: 김영사, 2007.
• 리처드 미들턴(J. Richard Middleton). 「새 하늘과 새 땅」(A New Heaven and a New Earth) 이용중 옮김. 새물결플러스, 2015.
• 리챠드 보쿰(Richard Bauckham). 「요한계시록 신학」 이필찬 옮김. 서울: 한들출판사, 2013.
• 마이클 셸렌버거(Michael Shellenberger). 「지구를 위한다는 착각」 노정태 옮김. 서울: 부키, 2022.
• 마이클 호튼(Michael Horton). 「언약신학」 백금산 옮김. 서울: 부흥과개혁사, 2009.
• __________. 「그리스도 없는 기독교」 김성웅 옮김. 서울: 부흥과개혁사, 2011.
• __________. 「언약적 관점에서 본 개혁주의 조직신학」 이용중 옮김. 서울: 부흥과개혁사, 2012.
• 마크 놀(Mark A. Noll). 「미국 캐나다 기독교 역사」 최재건 옮김. 서울: CLC, 2005.
• 마틴 로이드 존스(Martyn Lloyd Jones). 「로이드 존스 교리 강좌 시리즈 1: 성부 하나님과 성자 하나님」 임범진 옮김. 서울: 부흥과개혁사, 2011.
• __________. 「로이드 존스 교리 강좌 시리즈 2: 성령 하나님과 놀라운 구원」 임범진 옮김. 서울: 부흥과개혁사, 2011.
• __________. 「로이드 존스 교리 강좌 시리즈 3: 영광스러운 교회와 아름다운 종말」 임범진 옮김. 서울: 부흥과개혁사, 2011.
• __________. 「십자가와 구속」 서문강 옮김. 서울: 기독교문서선교회, 2001.
• __________. 「베드로후서 강해」 지상우 옮김. 서울: 기독교문서선교회, 2004.
• 마크 오코널(Mark O'Connell). 「트랜스휴머니즘」(TO BE A MACHINE) 노승영 옮김. 파주: 문학동네, 2022.
• 매릴린 퍼거슨(Marilyn Ferguson). 「의식혁명」 정성호 옮김. 서울: 민지사, 2011.
• 매튜 미드(Matthew Mead). 「유사 그리스도인」 장호익 옮김. 서울: 지평서원, 2012.
• 매튜 하몬(Matthew Harmon). 「베드로후서와 유다서 신학」 윤석인 옮김. 서울: 부흥

과개혁사, 2023.

- 메릴 C. 테니(Merrill C. Tenny). 『요한계시록 해석』 김근수 옮김. 서울: 기독교문서선교회, 1993.
- 박석순 & 데이비드 크레이그. 『기후 종말론』 서울: 어문학사, 2023.
- ______________. 『트럼프는 왜 기후협약을 탈퇴했나?: 미국의 새로운 기후에너지 정책』 서울: 세상바로보기, 2024.
- 박성국. 『중국 대륙 곳곳에 남겨진 노아 홍수의 증거』 인천: 도서출판 바울, 2012.
- 백중현. 『대통령과 종교: 종교는 어떻게 권력이 되었는가?』 서울: 인물과사상사, 2014.
- 버드나무말씀연구회. 『야살의 책1』 이상준 옮김. 서울: 이시트윈드, 2023.
- 빌헬름 라이히(Wilhelm Reich). 『성혁명』(Die Sexuelle Revolution) 윤수종 옮김. 서울: 중원문화, 2023.
- 샘 스톰스(Sam Storms). 『개혁주의 무천년설 옹호』(Kingdom Come) 윤석인 옮김. 서울: 부흥과개혁사, 2016.
- 성헌식. 『산서성의 지배자 고구리』 부천: 시민혁명 출판사, 2024.
- 스탠리 하우어워스(Stanley Hauerwas). 『평화의 나라: 예수 그리스도의 비폭력주의』 홍종락 옮김. 서울: 비아토르, 2021.
- 스티븐 제이 굴드(Stephen Jay Gould). 『다윈 이후』 홍욱희·홍동선 옮김. 서울: 사이언스북스, 2008.
- 스티븐 횔러(Stephan Hoeller). 『이것이 영지주의다: 기독교가 숨긴 얼굴, 영지주의의 세계와 역사』 이재길 옮김. 서울: 샨티, 2006.
- 싱클레어 퍼거슨(Sinclair B. Ferguson). 『오직 그리스도 안에서』(In Christ Alone) 신호섭 옮김. 서울: 지평서원, 2012.
- 아더 핑크(Arthur Pink). 『요한복음 강해』 고양: 크리스챤다이제스트, 2011.
- ________. 『아더 핑크의 하나님의 주권』 서울: 도서출판 예루살렘, 2013.
- 알버트 월터스(Albert M. Wolters). 『창조 타락 구속』 양성만·홍병룡 옮김. 서울: IVP, 2014.
- 양지환. 『책보고 한국 중세사 복원 자료집』 부천: 시민혁명 출판사, 2025.
- 올더스 헉슬리(Aldous Huxley). 『멋진 신세계』(Brave New World) 안정효 옮김. 서울: 소담출판사, 2015.
- 이광호. 『베드로전·후서』 평택: 교회와성경, 2021.
- 이동엽. 『기후정음』 서울: 하양인, 2025.
- 이마누엘 칸트(Immanuel Kant). 『이성의 한계 안에서의 종교』 신옥희 옮김. 서울: 이화여대출판부, 2001.

• 이창모. 『방언, 그 불편한 진실』 서울: 밴드오브퓨리탄스, 2014.
• 이태희. 『세계관 전쟁』 서울: 두란노서원, 2016.
• 이필찬. 『신천지 요한계시록 해석 무엇이 문제인가?』 서울: 새물결플러스, 2016.
• 임덕규. 『개혁교회를 무너뜨리는 톰 라이트』 서울: CLC, 2016.
• 장보철. 『교회가 인공지능을 우려해야 할 12가지 이유』 서울: CLC, 2024.
• 저스틴 홀콤(Justin S. Holcomb). 『이단을 알면 교회사가 보인다』 이심주 옮김. 서울: 부흥과개혁사, 2015.
• 전광식 편. 『칼빈과 21세기』 서울: 부흥과개혁사, 2009.
• 정일웅 편(총신대학 부설 한국교회문제연구소). 『천년왕국과 종말』 서울: 도서출판 솔로몬, 1993.
• 제임스 파판드레아(James L. Papandrea). 『로마에서 보낸 일주일: 1세기 로마에서 그리스도를 따른다는 것』 오현미 옮김. 고양: 북오븐, 2021.
• 제자원 편. 『그랜드 종합주석 16권』 서울: 성서교재간행사, 1995.
• 조지 카치아피카스(George Katsiaficas). 『신좌파의 상상력: 전세계적 차원에서 본 1968년』(The Imagination of the New Left: A Global Analysis of 1968) 이재원 등 옮김. 서울: 도서출판 이후, 1999.
• 존 맥아더(John MacArthur). 『존 맥아더, 천국을 말하다』(The Glory of Heaven) 조계광 옮김. 서울: 생명의말씀사, 2013.
• ________. 『우주와 인간의 시작』(The Battle for the Beginning: The Bible on Creation and the Fall of Adam). 이심주 옮김. 서울: 부흥과개혁사, 2011.
• 존 번연(John Bunyan). 『악인 씨의 삶과 죽음』 고성대 옮김. 서울: 크리스천다이제스트, 2015.
• 존 애쉬톤(John F. Ashton) 편저. 『감추어진 신』(In Six Days: Why 50 Scientists Chose to Believe in Creation) 안종희 옮김. 서울: 케루빔, 2013.
• 존 오웬(John Owen). 『그리스도의 죽으심: 택함 받은 자를 위한 대속의 은혜』 조계광 옮김. 서울: 생명의말씀사, 2014.
• ______. 『죤 오웬, 그리스도의 영광』 서문강 옮김. 서울: 지평서원, 2000.
• ______. 『영의 생각, 육신의 생각』 서문강 옮김. 서울: 청교도신앙사, 2011.
• ______. 『죄 죽임』 김귀탁 옮김. 서울: 부흥과개혁사, 2011.
• 존 칼빈(John Calvin). 『기독교강요: 상/중/하』 원광연 옮김. 고양: 크리스챤다이제스트, 2003.
• ______. 『성경주석 10: 히브리서 · 베드로전서 · 베드로후서 · 골로새서 · 빌레몬서』 김영진 발행. 서울: 성서교재간행사, 1995.
• 존 파이퍼(John Piper). 『존 파이퍼가 풀어 쓴 칼빈주의 5대 강령: 나는 나를 구원할

수 없습니다』 윤종석 옮김. 서울: 부흥과개혁사, 2015.

- _______. 『하나님의 두 가지 뜻』 허동원 옮김. 서울: 지평서원, 2015.
- _______. 『나는 나를 구원할 수 없습니다: 존 파이퍼가 풀어쓴 칼빈주의 5대 강령』 윤종석 옮김. 서울: 두란노, 2015.
- _______. 『주 예수여, 오시옵소서』(Come, Lord Jesus) 조계광 옮김. 서울: 개혁된실 천사, 2024.
- 죠나단 에드워즈(Jonathan Edwards). 『그리스도를 아는 지식』 서문강 옮김. 서울: 지평서원, 1994.
- 주영광. 『마지막 영적전쟁 오컬트 문화』 안양: 해피비전, 2013.
- 최갑종·이광복. 『천년왕국, 사실인가 상징인가』 서울: 신망애출판사, 1996.
- 카트린 클레망(Catherine Clement). 『악마의 창녀: 20세기 지식인들은 무엇을 했나』 채계병 옮김. 서울: 새물결, 2000.
- 칼 융(Carl Gustav Jung). 『쿤달리니 요가의 심리학』(The Psychology of Kundalini Yoga) 정명진 옮김. 서울: 부글북스, 2020.
- 캐밀 파야(Camille Paglia). 『성의 페르소나』(Sexual Personae) 이종인 옮김. 고양: 예경, 2003.
- 케네스 젠트리 주니어 & 크레이그 블레이싱 & 로버트 스트림플. 『천년왕국이란 무엇 인가』 박승민 옮김. 서울: 부흥과개혁사, 2011.
- 케이티 맥((Katie Mack). 『우주는 계속되지 않는다』(The End of Everything) 하인해 옮김. 서울: 까치, 2021.
- 쿠어트 알란트(Kurt Aland). 『인물로 본 초대 교회사』 김성주 옮김. 서울: 엠마오, 1992.
- 크리스토퍼 라이트(Christopher Wright). 『구약의 빛 아래서 그리스도를 아는 지식』 홍종락 옮김. 서울: 성서유니온선교회, 2010.
- 클라렌스 바우만(Clarence Bouwman). 『벨직 신앙고백서 해설』 손정원 옮김. 서울: 솔로몬, 2016.
- 킴 리들바거(Kim Riddlebarger). 『개혁주의 무천년설』 박승민 옮김. 서울: 부흥과개혁 사, 2013.
- 탁명환. 『기독교이단연구』 서울: 국제종교문제연구소, 1996.
- 토머스 보스턴(Thomas Boston). 『인간 본성의 4중 상태』 스데반 황 옮김. 서울: 부흥과개혁사, 2016.
- 톰 라이트(Tom Wright). 『새 하늘과 새 땅』 윤상필 옮김. 서울: 성서유니온, 2015.
- 팀 켈러(Timothy Keller). 『팀 켈러의 내가 만든 신』 윤종석 옮김. 서울: 두란노, 2017.
- 팔머 로벗슨(Palmer Robertson). 『선지자와 그리스도』 한정건 옮김. 서울: 개혁주의

신학사, 2007.
- 폴 비츠(Paul C. Vitz). 『신이 된 심리학』 장혜영 옮김. 서울: 새물결플러스, 2010.
- 폴 존슨(Paul Johnson). 『기독교의 역사』 김주한 옮김. 서울: 포이에마, 2013.
- ______. 『유대인의 역사』 김한성 옮김. 서울: 포이에마, 2014.
- 폴 트립(Paul David Tripp). 『돈과 섹스』 이지혜 옮김. 서울: 아바서원, 2014.
- 폴 헬름(Paul Helm). 『하나님의 섭리』(The Providence of God) 이승구 옮김. 서울: IVP, 2014.
- 프란시스 쉐퍼(Francis A. Schaeffer). 『프란시스 쉐퍼 전집: 기독교 사회관』 김창영 펴냄. 서울: 생명의말씀사, 2010.
- __________. 『프란시스 쉐퍼 전집: 기독교 철학 및 문화관』 김창영 펴냄. 서울: 생명의말씀사, 2010.
- 피터 존스(Peter Jones). 『교회와 사탄의 마지막 영적 전쟁』 이광식 옮김. 서울: 도서출판 진흥, 2001.
- 필립 샤프(Philip Schaff). 『교회사전집1: 사도적 기독교』 이길상 옮김. 서울: 크리스챤다이제스트, 2004.
- ______. 『교회사전집2: 니케아 이전의 기독교』 이길상 옮김. 서울: 크리스챤다이제스트, 2004.
- 허순길. 『벨기에 신앙고백서 해설: 개혁교회 신앙고백』 광주: 셈페르 레포르만다, 2016.
- 헤르만 바빙크. 『개혁교의학 제2권』 박태현 옮김. 서울: 부흥과개혁사, 2011.
- __________. 『개혁교의학 제4권』 박태현 옮김. 서울: 부흥과개혁사, 2011.
- 호라티우스 보나르(Horatius Bonar). 『거룩한 길로 나아가라』 이태복. 서울: 지평서원, 2010.
- 황순종·나영주. 『우리 고대 역사의 영웅들』 부천: 시민혁명 출판사, 2024.

[기타 자료]

- American Humanist Association. (2025). *Humanism and Its Aspirations: Humanist Manifesto III, a Successor to the Humanist Manifesto of 1933*. americanhumanist.org(접속일: 2025.12.21.)
- Christian Classics Ethereal Library. (1995). *BOOK OF ENOCH*. Northwest Nazarene College. www.ccel.org(접속일: 2025.09.23.)
- Encyclopedia.Com. (2018). *Scopes Trial*. www.encyclopedia.com(접속일: 2025.11.04.)

- Fondazione Monte Verità. (2024). *History*. www.monteverita.org(접속일: 2025.11.24.~29.)
- Got Questions. (2024). *What does it mean to escape the pollutions of the world(2 Peter 2:20)?*. www.gotquestions.org(접속일: 2025.10.20.)
- Irenaeus. (2021). *Against the heresies*. Internet Archive. archive.org(접속일: 2025.08.05.)
- New Testament Greek. (2023). *Greek Conditional Sentences in the New Testament*. www.ntgreek.org(접속일: 2025.09.22.)
- Pew Research Center. (2013). *Celebrating Christmas and the Holidays, Then and Now*. www.pewresearch.org(접속일: 2025.12.09.)
- Pew Research Center. (2018). *'New Age' beliefs common among both religious and nonreligious Americans*. www.pewresearch.org(접속일: 2025.07.31.)
- Pseudepigrapha, Apocrypha and Sacred Writings. (2000). *THE ASSUMPTION OF MOSES*. Wesley Center for Applied Theology. www.pseudepigrapha.com(접속일: 2025.09.23.)
- Rivista Teosofica Svizzera/Ticinese(ADYAR). (2021). *Theosophical origins of Monte Verità*. teosofia.me(접속일: 2025.11.26.)
- SK HYNIX NEWSROOM. (2025). *SK하이닉스, 2025년 3분기 경영실적 발표*. news.skhynix.co.kr(접속일: 2025.10.30.)
- StudyLight.org. (2025). *Bible Commentaries*. Dr. Constable's Expository Notes. www.studylight.org(접속일: 2025.07.30.~08.05.)
- The White House. (2025). *At UN, President Trump Champions Sovereignty, Rejects Globalism*. www.whitehouse.gov(접속일: 2025.09.24.)
- Wikipedia. (2025). *Humanist Manifesto*. en.wikipedia.org(접속일: 2025.12.13.)
- 김주옥. (2018). *고대 바벨론 밀교의 지혜가 뉴에이지와 우상종교들의 뿌리*. 바른믿음. www.good-faith.net(접속일: 2025.11.05.)
- 김형근. (2023). *세계불교는 지금: 미국 불교사에 발자취를 남긴 주요 사건들*. 백련불교문화재단. www.songchol.com(접속일: 2025.11.22.)
- 남애리. (2025). *한밤에 거리를 활보할 수 있는 자유를 달라: 야간 통행금지와 해제*. 기록으로 만나는 대한민국. 행정안전부 국가기록원. theme.archives.go.kr(접속일: 2025.12.08.)
- 우희종. (2016). *인간·생명·평화 실천에는 종교 경계가 없다*. 불교닷컴. www.bulkyo21.com(접속일: 2025.11.06.)
- 유원기(2009). 「아리스토텔레스의 "탁월한 행동"」, 『철학연구』, 제111집, 25–49.

• 한국창조과학회 미디어위원회. (2025). 스코프스 원숭이 재판: 세계관의 전쟁.
  creation.kr(접속일: 2025.11.05.)
• 한국창조과학회. (2025). 창세기 대홍수 고대 문명들은 다 같이 홍수 설화를 가지
  고 있다는데, 이는 노아 홍수를 의미한다는 것이 사실입니까?. creation.kr(접속일:
  2025.11.06.)
• 〈KBS〉 대기획. "트랜스휴먼"(2025.11.12., 11.19., 11.26.)
• __________. 역사스페셜. "조선 사람은 왜 일본 박람회장에 전시됐나"(2011.12.08.)
• 〈MBC〉 PD수첩. "코로나19와 신천지"(2020.03.10., 03.17.)
• 〈The Music Times〉 김광철. "[김광철이 이야기하는 극장의 역사] 무대예술의 공간:
  극장의 변천 과정7"(2024.05.28.)
• 〈경북도민일보〉 배철현. "교육이란 상대방 입장에 서보는 연습이다"(2020.02.29.)
• 〈경향신문〉 김기범. "[여기선…]서울시청 앞 성탄 트리 꼭대기에 '별 대신 십자가' 논
  란"(2008.12.03.)
• ________. 박경은. "'정교유착 고리' 국가조찬기도회에 기독교 시민단체 '즉각 폐지하
  라'"(2025.09.04.)
• 〈괜찮은 뉴스〉 다다익선. "68혁명과 신자유주의, 그리고 대학에 대한 그들의 생각"
  (2024.03.13.)
• 〈교회와 신앙〉 정동섭. "유병언·이요한·박옥수 구원파는 왜 이단인가?"(2013.06.05.)
• 〈국제신문〉 김찬석. "[도청도설] 대한민국 영토"(2015.10.22.)
• 〈기독일보〉 민성길. "[크리스천이 본 성혁명사(81)] 헤르만 헤세의 경우"(2022.12.16.)
• 〈노컷뉴스〉 이재웅. "신천지·통일교와 공생한 국민의힘이었나"(2025.07.30.)
• 〈뉴스앤조이〉 최승현. "사탄 숭배자 앨리스 베일리의 '교회 파괴 10가지 전략'? '반동
  성애 가짜 뉴스"(2019.09.03.)
• ________. 한경민. "교주부터 신도까지 신천지 '성적 문란' 의혹"(2013.11.17.)
• 〈대검찰청〉 보도자료. "「2023년 마약류 범죄백서」 발간: 마약사범 최초 2만명 넘어,
  10대 여성 공급 사범 급증"(2024.06.26.)
• 〈라이프굿타임즈〉 이용호. "[천년왕국] 천년왕국을 어떻게 이해할 것인가?"
  (2024.04.28.)
• 〈매일경제〉 강영운. "자유롭게 성관계할 권리를 보장하라…성문화를 완전히 바꾼 '이
  시위'"(2024.05.14.)
• 〈미주한국일보〉 준최. "카르마 등 '뉴 에이지 영성주의' 미국 사회에 만연"
  (2022.12.08.)
• 〈바른믿음〉 김주옥. "UN의 목표는 신세계질서의 단일정부와 세계종교인가?"
  (2018.12.21.)

• ______________. "고대 바벨론 밀교의 지혜가 뉴에이지와 우상종교들의 뿌리" (2018.09.13.)

• __________. 정이철. "옹알이 방언기도(meaningless prayer, 마6:7) 중독에서 깨어나라"(2025.08.20.)

• 〈복음기도신문〉 박태양. "세상을 뒤덮는 동양사상"(2023.04.10.)

• 〈아사히신문〉 "박람회장에 조선 동물 두 마리가 있는데, 아주 우습다"(1907.06.16.)

• 〈아시아투데이〉 김선필. "대한민국 국민이 '개, 돼지'라는 고위 공직자"(2016.07.14.)

• 〈아이굿뉴스〉 이상규. "마술사 시몬, 스스로를 '메시아'라고 부른 첫 이단"(2022.05.17.)

• 〈에큐메니안〉 허호익. "내란 세력에 편승한 한국의 극우 기독교: 한국교회의 위기와 4가지 우상"(2025.01.15.)

• 〈연합뉴스〉 강태우. "엔비디아, 韓에 GPU 26만장 푼다…삼성·SK·현대차와 'AI 동맹'(종합)"(2025.10.31.)

• __________. 박수현. "'하루 한명 사망'·'안구적출'…캄보디아 '웬치'선 무슨 일이" (2025.10.14.)

• 〈연합인포맥스〉 박경은. "[대선공약] '코스피 5,000' vs 'ISA·배당 장기투자 세제 확대'"(2025.05.12.)

• 〈오마이뉴스〉 김종성. "'내년' 언급한 윤 대통령…3·1절 기념사가 위험한 진짜 이유"(2024.03.01.)

• ________________. "첫 '일왕 방한' 추진하는 기시다 총리, 무엇을 노리나"(2023.07.15.)

• ____________. 이상옥. "1250개 산 깍아 만든 수로, 이걸 인간이 해냈다니"(2016.10.05.)

• 〈조갑제닷컴〉 김성욱. "한국의 음란한 민낯"(2014.04.05.)

• 〈중앙일보〉 이영근·임성빈. "자급자족하며 성매매 마약…3000명 감금, 단속 알고 떴다"(2025.10.17.)

• 〈직썰〉 낮달. "1970년대 '0시의 이별'이 금지곡이 됐던 이유"(2018.01.05.)

• 〈충청메시지〉 유영안. "'명태균' '통일교'에 이어 '김충식'을 반드시 주목해야 하는 이유"(2025.07.31.)

• 〈크리스찬 투데이〉 "아기예수 탄생을 믿나? 영국 젊은이들 78% '글세'"(2008.12.24.)

• 〈크리스천투데이〉 민성길. "[크리스천이 보는 성혁명사 78] 히피 운동과 성혁명" (2022.11.23.)

• ______________. 박진호. "외경인 '에녹서'를 어떻게 봐야 하나요?"(2018.11.25.)

• ______________. 송경호. "유신진화론, 창조론을 진화론에 타협한 사상" (2024.04.22.)

- ______________. 이대웅. "종말론, '역사적 전천년주의'로 하루속히 통합돼야" (2012.06.12.)
- 〈플러스코리아 타임즈〉 "백제가 대륙에 있었다는 여러 근거들"(2008.05.19.)
- 〈한겨레〉 강혜승. "크리스마스가 오면"(2023.11.02.)
- ______ 김채운. "서울신학대, '유신진화론 옹호' 이유로 박영식 교수 해임" (2024.06.06.)
- ______. 김효진. "콘돔이 가장 많이 팔리는 날은 크리스마스…그 다음은?" (2014.12.23.)
- ______. 유재원. "귀족 출신의 페리클레스, 아테네 민주주의를 완성하다" (2019.10.19.)
- 〈한국경제〉 배현철. "아테네 원형 극장에 모인 2만명의 시민들…비극 작품을 보며 '숭고하는 인간'이 됐죠"(2019.02.18.)
- 〈한국일보〉 이영태. "권력자에 바치는 기도"(2025.09.02.)
- 〈한동신문〉 김호민. "새 시대(New Age)는 물병자리의 시대?"(2012.03.07.)

에필로그 및 헌사(獻詞)

베드로후서는 3개 장으로 구성된 짧은 내용이지만, 강설을 준비하는 시간은 짧지 않았습니다. 그만큼 그리스도인들에게 전하는 교훈의 주제들이 많고 모두 중요한 것들이었습니다. 그렇다고 준비한 모든 것을 강설하는 일도 어려운 일이었습니다. 예배 시간이 지나치게 길어지고 회중의 집중력이 떨어질 수 있기 때문입니다. 하지만 내용이 많아 강설에서 생략한 부분을 책에 담을 수 있었고, 결론부에 해당하는 마지막 세 번의 강설은 베드로 사도의 당시 마음을 헤아리는 심정으로 다른 강설에 비해 두 배 정도의 분량으로 내용을 풍부하게 담았습니다. 또한 영지주의 관련 내용을 더 많이 다루고 싶었으나 어느 한 강설에서 지나치게 많이 다루면 본문의 맥락에 어울리지 않거나 강설 비중의 균형을 깨뜨릴 수 있어서 단편적으로 다룰 수밖에 없었습니다.

이번 강설을 마무리함으로써, 『21세기 한국교회를 위한 갈라디아서 강설』(2025년 2월), 『21세기 한국교회를 위한 베드로전서 강설』(2025년 8월), 그리고 『21세기 한국교회를 위한 베드로후서 강설』(2026년 1월)을 연속으로 출간하게 되어 하나님께 감사를 드리고, 출간을 위해 도움과 기도로 함께해주신 모든 분께 감사를 드립니다. 개인적으로 1년 이상 힘든 날들이 계속되었지만, 마음 깊은 곳에서 샘물처럼 계속 솟아나는 기쁨으로 인해 평안을 누릴 수 있었습니다. 이런 평안을 누릴 수 있도록 은혜를 베푸신 하나님께도 감사하지만, 어려움을 잘 견뎌낼 수 있도록 항상 기도와 격려를 아끼지 않은 분들은 평생 잊을 수 없는 귀하고 소중한 분들입니다. 그중에서도 이 책의 출간과 관련하여 특별히 감사의 마음을 전하고 싶은 이목란 집사 가족 모두 이 책을 통해 주 예수 그리스도의 은혜를 충만히 누리기를 기원하며 이 책을 바칩니다. 감사합니다!

21세기 한국교회를 위한

베드로후서 강설

초판 1쇄　2026년 1월 20일

지은이　김세민
발행인　김재홍
교정/교열　김혜린
디자인　박효은
마케팅　이연실

발행처　도서출판지식공감
등록번호　제2019-000164호
주소　서울특별시 영등포구 경인로82길 3-4 센터플러스 1117호(문래동1가)
전화　02-3141-2700
팩스　02-322-3089
홈페이지　www.bookdaum.com
이메일　jisikwon@naver.com

가격　23,000원
ISBN　979-11-5622-983-4 93230